中華古籍保護計劃

ZHONG HUA GU JI BAO HU JI HUA CHENG GUO

·成果·

（漢）王充 撰

宋本論衡

第一册

國家圖書館出版社

圖書在版編目(CIP)數據

宋本論衡:全六册 / (漢)王充撰.-- 北京:國家圖書館出版社,2017.12

(國學基本典籍叢刊)

ISBN 978-7-5013-6050-5

Ⅰ.①宋… Ⅱ.①王… Ⅲ.①古典哲學—中國—東漢時代 Ⅳ.①B234.81

中國版本圖書館 CIP 數據核字(2017)第 035512 號

書　　名　宋本論衡(全六册)
著　　者　(漢)王充　撰
責任編輯　靳　諾
封面設計　徐新狀

出　　版　國家圖書館出版社(100034　北京市西城區文津街 7 號)
(原書目文獻出版社　北京圖書館出版社)
發　　行　010-66114536　66126153　66151313　66175620
66121706(傳真)　66126156(門市部)
E - mail　nlcpress@ nlc. cn(郵購)
Website　www. nlcpress. com→投稿中心
經　　銷　新華書店
印　　裝　河北三河弘翰印務有限公司
版　　次　2017 年 12 月第 1 版　2017 年 12 月第 1 次印刷

開　　本　880×1230(毫米)　1/32
印　　張　36

書　　號　ISBN 978-7-5013-6050-5
定　　價　120.00 圓

《國學基本典籍叢刊》編委會

《國學基本典籍叢刊》前言

國家圖書館出版社（原書目文獻出版社 北京圖書館出版社）成立三十多年來，出版了大量的中國傳統文化典籍。由於這些典籍的出版往往採用叢書的方式或綫裝形式，供公共圖書館和大學圖書館典藏使用，普通讀者因價格較高、部頭較大，不易購買使用。爲弘揚優秀傳統文化，滿足廣大普通讀者的需求，現將經、史、子、集各部的常用典籍，選擇善本，分輯陸續出版單行本。每書之前均加簡要説明，必要者加編目録和索引，總名《國學基本典籍叢刊》。歡迎讀者提出寶貴意見和建議，以使這項工作逐步完善。

國家圖書館出版社

二〇一六年四月

序言

《論衡》三十卷，漢王充撰，宋翻乾道三年（一一六七）紹興府刻本元明遞修本。錢謙益批點，黃丕烈跋，葉昌熾題款。

王充（二七—？），字仲任，會稽上虞（今屬浙江）人。自幼聰敏，八歲入書館，受《論語》《尚書》，日誦千字。後入洛，受業太學，師事班彪。博通衆流百家之言。學成歸鄉里，屏居教授。仕爲功曹，以數諫争不合，去。後爲刺史董勤辟爲從事，轉治中，亦自免還家。和帝永元中（八九—一〇四）病卒於家。王充一生潛心著述，所著《譏俗》《節義》十二篇、《養性書》十六篇、《政務》等，均不傳。今傳《論衡》三十卷，原八十五篇，已佚《招致》一篇。《後漢書》卷四十九有傳。

《論衡·自紀》云：此書創作主旨乃『疾虚妄』『歸實誠』。范文瀾《中國通史簡編》評該書『根據實在的事理系統地全面地將所有「儒書」（主要是指讖緯）「道家」（方士神仙術）的種種謬説以及日常生活中的各種迷信行爲（陰陽五行家各派别的法術），一概予以駁斥』。此書風格平易、自然、通俗，而略輸文采。

《論衡》一書在宋代多有刻本，據至元七年（一二七〇）韓性跋記載，有三十卷本和二十七卷本兩個系統，『諸本繕寫互有同異，宋慶曆中進士楊文昌所定者號稱完善，鄱陽洪公重刻於會稽蓬萊閣下』。鄱陽洪公，即洪适。其《盤洲文集》卷六十三有『論衡跋』一篇，稱『右王充《論衡》三十卷。王君，是邦人也。帳中異書，漢儒之所争覩。轉寫既久，舛錯滋甚，殆有不可讀者。以數本俾寮屬參校，猶未能盡善也。刻之木，藏諸蓬萊閣，庸見避堂舍蓋之意』。據《宋史》卷三七三，乾道二年，洪适提舉江州太平興國宮，尋起知紹興府、浙東安撫使。即稱王充『是邦人也』，則跋文當作於洪适知紹興府時，故是本之刻亦在乾道二年之後。此刻本，今有殘卷（卷一至二十五）藏日本宫内廳書陵部，刻工有劉文、李文、李昌、李憲、陳明、陳俊、高俊、洪悦、毛昌、王永、王政、宋端等，多爲紹興間浙江地區刻工，與刻兩浙東路茶鹽司本《尚書正義》、江南東路轉運司本《漢書注》、臨安本《武經龜鑑》等書。可證此本確爲洪适主政紹興府時所刻。

國家圖書館藏錢批黄跋本，所存宋刻部分甚少，審其版式，似與宫内廳藏本若合符節；辨其字體，則實與洪适刻本有異，當爲翻刻本。此版元代曾經『江南諸道行御史臺經歷克莊公以所藏善本重加校正，紹興路總管宋公文瓚爲之補刊』，至明則又由南京國子監於弘治十七年（一五〇四）、正德十六年（一五二一）、嘉靖元年（一五二二）補版。今所存，書口上端尚可見補版年份，故此本堪稱遞修本之典型。書中鈐『汲古閣』『錢謙益印』『士禮居藏』『鐵琴銅劍樓』等印記，知其曾經明清兩代藏書名家遞藏。

今國家圖書館出版社將其列入《國學基本典籍叢刊》影印出版，定價低廉，誠望有俾於讀者。

張燕嬰

二〇一七年四月

總目録

第一册

第二册

第三册

第四册

第五册

第六册

第一册目録

據國家圖書館藏宋翻乾道三年（一一六七）紹興府刻本元明遞修本影印原書版框高二十一點五厘米寬十五點四厘米

论衡目录 凡三十卷 八十五篇

王充

自紀第八十五

論衡目録

光緒甲申長洲葉昌熾觀於五百經幢館

正德辛巳四月吉旦

南京國子監補刊完

論衡卷第一

逢遇篇　累害篇

命祿篇　氣壽篇

逢遇篇

操行有常賢仕宦無常遇賢不賢才也遇不遇時也才高行潔不可保以必尊貴能薄操濁不可保以必卑賤或高才潔行不遇退在下流薄能濁操遇在衆上世各自有以取士士亦各自得以進進在遇退在不遇處尊居顯未必賢遇也位卑在下未必愚不遇也故遇或抱洿行尊於桀之朝不遇或持潔節卑於

堯之廷所以遇不遇非一也或時賢而輔惡或以大
才從於小才或俱大才道有清濁或無道德而以技
合或無技能而以色幸伍員帛喜（宜讀伯嚭）俱事夫差
帛喜尊重伍員誅死此異操而同主也或操同而主
異亦有遇不遇伊尹箕子是也伊尹箕子才俱也伊
尹爲相箕子爲奴伊尹遇成湯箕子遇商紂也夫以
賢事賢君君欲爲治臣以賢才輔之趨合偶合其遇
固宜以賢事惡君君不欲爲治臣以忠行佐之操志
乖忤不遇固宜或以賢聖之臣遭欲爲治之君而終
有不遇孔子孟軻是也孔子絕糧陳蔡孟軻困於齊

梁非世材君主不用善也才下知識不能用大才也
能御騏驥者必王良也能臣禹稷臯陶者必堯舜也
御百里之手而以調千里之足必有摧銜折輗之患
有接具臣之才而以御大臣之知必有閉心塞意之
變故至言棄捐聖賢距逆非憎聖賢不甘至言也聖
賢務高至言難行也夫以大才干小才小才不能受
不遇固宜以大才之臣遇大才之主乃有遇不遇虞
舜許由太公伯夷是也虞舜許由俱聖人也並生唐
世俱面於堯虞舜紹帝統許由入山林太公伯夷俱
賢也並出周國皆見武王太公受封伯夷餓死夫賢

聖道同而志合趨齊虞舜太公行耦許由伯夷操違者
生非其世出非其時也道雖同同中有異志雖合合
中有離何則道有精麤志有清濁也許由皇者之輔
也生於帝者之時伯夷帝者之佐也出於王者之世並
由道德俱發仁義主行道德不清不留主為仁義
不高不止此其所以不遇也堯溷舜濁武王誅殘太
公討暴同濁皆麤舉措鈞齊此其所以為遇者也故
舜王天下皋陶佐政北人無擇深隱不見禹王天下
伯益輔治伯成子高委位而耕非皋陶才愈無擇伯
益能出子高也然而皋陶伯益進用無擇子高退隱

進用行耦退隱操違也退隱勢異身雖屈不願進人主
不須其言廢之意亦不恨是兩不相慕也商鞅三說秦
孝公前二說不聽後一說用者前二帝王之論後一霸
者之議也夫持帝王之論說霸者之主雖精見距更調
霸說雖麤見受何則精遇孝公所不得麤遇孝公所欲
行也故說者不在善在所說者善之才不待賢在所事
者賢之馬圄之說無方而野人說之子貢之說有義野人
不聽吹籟工為善聲因越王不喜更為野聲越王大
說故為善於不欲得善之主雖善不見愛為不善於欲
得不善之主雖不善不見憎此以曲伎合合則遇不合

則不遇或無伎妄以姦巧合上志亦有以遇者竊簪之臣雞鳴之客是竊簪之臣親於子反雞鳴之客幸於孟嘗子反好偷臣孟嘗愛僞客也以有補於人君人君賴之其遇固宜或無補益爲上所好籍孺鄧通是也籍孺幸於孝惠鄧通愛於孝文無細簡之才微薄之能偶以形佳骨嫺皮媚色稱夫好容人所好也其遇固宜或以醜面惡色稱媚於上嫫母無鹽是也嫫母進於黃帝無鹽納於齊王故賢不肖可豫知遇難先圖何則人主好惡無常人主所進無豫偶合爲是適可爲上進者未必賢退者未必愚合幸得進不幸失之世俗之議曰賢人

可遇不遇亦自具咎也生不希世准主觀鑒治內調能
定說審司際會能進有補贍上何不遇之有今則不然
作無益之能納無補之說以夏進鑪以冬奏扇爲所不
欲得之事獻所不欲聞之語其不遇禍幸矣何福祐之
有乎進能有益納說有補人之所知也或以不補而得
祐或以有益而獲罪且夏時鑪以炙濕冬時扇以翣火
世可希主不可准也說可轉能不可易也世主好文已
爲文則遇主好武已則不遇主好辯有口則遇主不好
辯已則不遇文王不好武武王不好文辯主不好行行
主不好辯文與言尚可具習行與能不可卒成學不宿

習無以明名名不素著無以遇主倉猝之業須臾之名
日力不足不預聞何以准主而納其說進身而託其能
哉昔周人有仕數不遇年老白首泣涕於塗者人或問
之何爲泣乎對曰吾仕數不遇自傷年老失時是以泣
也人曰仕奈何不一遇也對曰吾年少之時學爲文文
德成就始欲仕宦人君好用老用老主亡後主又用武
吾更爲武武節始就武主又亡少主始立好用少年吾
年又老是以未嘗一遇仕宦有時不可求也夫希世准
主尚不可爲況節高志妙不爲利動性定質成不爲主
顧者乎且夫遇也能不預設說不宿具邂逅逢喜遭合

上意故謂之遇如准主調說以取尊貴是名爲揣不名曰遇春種穀生秋刈穀收求物物得作事事成不名爲遇不求自至不作自成是名爲遇猶拾遺於塗摭棄野若天授地生鬼助神輔禽息之精陰慶鮑叔之薦黙舉若是者乃遇耳今俗人既不能定遇不遇之論又就遇譽之因不遇而毁之是據見效案成事不能量操審才能也

累害篇

凡人仕宦有稽留不進行節有毁傷不全罪過有累積不除聲名有闇昧不明才非下行非悖也又知非

昏冥非昧也逢遭外禍累害之也非唯人行凡物皆
然生動之類咸被累害自外不由內矣不本累害所從生
起而徙歸責於被累害者智不明闇塞於理者也物
以春生人保之以秋成人必不能保之卒然牛馬踐根刀鐮
割莖生者不育至秋不成不成之類遇害不遂不得生
也夫鼠涉飯中捐而不食捐飯之味與彼不污者鈞
以鼠為害棄而不御君子之累害與彼不育之物不
御之飯同一實也俱由外來故為累害脩身正行不
能來福戰栗戒懼不能避禍禍福之至幸不幸也故
曰得非己力故謂之福來不由我故謂之禍不由我者謂

之何由由鄉里與朝廷也夫鄉里有三累朝廷有三害累生於鄉里害發於朝廷古今才洪行淑之人遇此多矣何謂三累三害凡人操行不能慎擇友友同心恩篤異心疎薄疎薄怨恨毀傷其行一累也人才高下不能鈞同同時並進高者得榮下者慙恚毀傷其行二累也人之交遊不能常歡歡則相親怨則疎遠疎遠怨恨毀傷其行三累也位少人衆仕者爭進進者爭位見將相毀增加傳致將昧不明然納其言一害也將吏異好清濁殊操清吏增郁郁之白舉涓涓之言濁吏懷恚怨很徐求其過因纖微之譭被以罪罰二害也將或幸佐吏之身

納愛去其言佐吏非清節必拔人越次迕失其意毀之過度清正之仕抗行伸志遂為所憎毀傷於將三害也夫未進也身被三累已用也身蒙三害雖孔丘墨翟不能自免顏回曾參不能全身也動百行作萬事嫉妒之人隨而雲起枳棘鉤掛容體蜂蠆之黨啄螫懷操豈徒六哉六者章章世曾不見夫不原士之操行有三累仕宦有三害身完全者謂之潔被毀謗者謂之辱官升進者謂之善位廢退者謂之惡完全升進幸也而稱之毀謗廢退不遇也而訾之用心若此必為三害也論者既不知累害者行賢潔也以塗搏泥以黑點繒孰有知

之清受塵白取垢青蠅所汙常在練素處顯者危

者虧頽墜之類常在懸屈平潔白邑犬群吠吠所怪

也非俊傑國庸能也坐以後傑之才招致

群吠之聲夫如是豈宜更勉奴下循不肖哉不肖奴下

非所勉也豈宜更偶俗全身彌弭謗哉偶俗全身則鄉原

也鄉原之人行全無闕非之無舉刺之無刺也此又孔子

之所罪之所惡也古賢美極無以為身故循性行以

俟累素質潔之人也極累之謗而堅潔之實見焉

立賢潔毀謗之塵安得不生絃者思折伯牙之指御

者願攫造父之手何則欲專良善之名惡彼之勝己也是

故魏文色鄭袖劓鼻之朝吴忠貞無忌逐之戚施彌蘧
除多岳是人瀛堂不洒塵卑屋不蔽風風衝之物不得育
氷湍之岸得峭如是牖里陳蔡奇得知而沉江蹈河也
以軼才取媢於俗求全功力於將不遭鄧訢之禍申子
胥之誅文盡貝之尸人不忍者氣絶也死交言解人不
沃著光滅也動身章智顯光氣於世奮志毅黨草卑異於
俗固常通人所讒嫉也以方心偶俗之累求益反損其罪
子所以爲心益輕所以惆悵也德鴻者招謗偽士者多口
以休纖之聲彌口舌之患求無危傾之害遠矣藏金之毀
未嘗絶也公伯寮之愬未嘗滅也埵成丘山汙爲江河

矣夫如是、市虎之訛投杼之誤不足怪則玉變爲石
珠化爲礫不足詭也何則昧心冥冥之知使之然也
文王所以爲糞土而惡來所以爲金玉也非紂憎聖
而好惡也心知惑蔽蔽惑不能審則微子十去比干
五剖未足痛也故三監讒聖人周公奔楚後母毀孝
子伯奇放流當時周世孰有不惑乎後鴟鴞作而黍
離興諷詠之者乃悲傷之故無雷風之變周公之惡
不滅當夏不隕霜鄒衍之罪不除德不能感天誠不
能動變君子篤信審己也安能遏累害於人聖賢不
治名害至不免辟形章墨短掩匿白長不理身冤不

弭流言受垢取毀不求潔完故惡見而善不彰行缺而跡不顯邪僞之人治身以巧俗脩詐以偶衆猶漆盤盂之工穿牆不見弄丸劒之倡手指不知也世不見短故共稱之將不聞惡故顯用之夫如是世俗之所謂賢潔者未必非惡所謂邪汚者未必非善也或曰言有招患行有召耻所在常由小人夫小人性患耻者也含邪而生懷僞而遊沐浴累害之中何招召之有故夫火生者不傷濕水居者無溺患火不苦熱水不痛寒氣性自然焉招之君子也以忠言招患以高行招耻何世不然然而太山之惡君子不得名毛

髮之善小人不得有也以玷汚言之清受塵而白取
垢以毀謗言之貞良見妬高奇見噪以遇罪言之忠
言招患高行招恥以不純言之玉有瑕而珠有毀焦
陳留君兄名稱兖州行完潔無纖芥之毀及其當
爲從事刺史焦康絀而不用夫未進也被三累已用
也蒙三害雖孔丘墨翟不能自免顏回曾參不能全
身也何則夫知純譽之人非真賢也公侯已下玉石
雜糅賢士之行善惡相苞夫采玉者破石拔玉選士
者棄惡取善夫如是累害之人負世以行指擊之者
從何往哉

命祿篇

凡人遇偶及遭累害皆由命也有死生壽夭之命亦有貴賤貧富之命自王公逮庶人聖賢及下愚凡有首目之類含血之屬莫不有命命當貧賤雖富貴之猶涉禍患矣命當富貴雖貧賤之猶逢福善矣故命貴從賤地自達命賤從富位自危故夫富貴若有神助貧賤若有鬼禍命貴之人俱學獨達並仕獨遷命富之人俱求獨得並為獨成貧賤反此難達難遷難成獲過受罪疾病亡遺失其富貴貧賤矣是故才高行厚未可保其必富貴智寡德薄未可信其必貧賤

或時才高行厚命惡廢而不進知寡德薄命善興而
超踰故夫臨事知愚操行清濁性與才也仕宦貴賤
治產貧富命與時也命則不可勉時則不可力知者
歸之於天故坦蕩恬忽雖其貧賤使富貴若鑿溝伐
薪加勉力之趍致彊健之勢鑿不休則溝深斧不止
則薪多無命之人皆得所願安得貧賤凶危之患哉
然則或時溝未通而遇湛薪未多而遇虎仕宦不貴
治產不富鑿溝遇湛伐薪逢虎之類也有才不得施
有智不得行或施而功不立或行而事不成雖才智
如孔子猶無成立之功世俗見人節行高則曰賢哲

如此何不貴見人謀慮深則曰辯慧如此何不富貴富有命福祿不在賢哲與辯慧故曰富不可以籌策得貴不可以才能成智慮深而無財才能高而無官懷銀紆紫未必稷契之才積金累玉未必陶朱之智或時下愚而千金頑魯而典城故宦御同才其貴殊命治生鈞知其富異祿祿命有貧富知不能豐殺性命有貴賤才不能進退成王之才不如周公桓公之智不若管仲然成桓受尊命而周管稟卑秩也案古人君希有不學於人臣知慱希有不爲父師然而人君猶以無能處主位人臣猶以鴻才爲廝役故貴賤

在命不在智愚貧富在祿不在頑慧世之論事者以
能高當爲將相能下者宜爲農商見智能之士官位
不至怪而訾之曰是必毁於行操行操之士亦怪毁
之曰是必乏於才知殊不知才知行操雖高官位祿
有命才智之人以吉盛時舉事而福至人謂才智明
審凶衰禍來謂愚闇不知吉凶之命盛衰之祿也白
圭子貢轉貨致富積累金玉人謂術善學明主父偃
辱賤於齊排擯不用赴闕舉疏遂用於漢官至齊相
趙人徐樂亦上書與偃章會上善其言徵拜爲郎人
謂偃之才樂之慧非也儒者明說一經習之京師明

如匡稱圭洮如趙子郝初階甲乙之科遷轉至郎愽
士人謂經明才高所得非也而説若范雎之干秦明
封爲應侯蔡澤之説范雎拜爲客卿人謂雎澤美善
所致非也皆命祿貴富善至之時也孔子曰死生有
命富貴在天魯平公欲見孟子嬖人臧倉毀孟子而
止孟子曰天也孔子聖人孟子賢者誨人安道不失
是非稱言命者有命審也淮南書曰仁鄙在時不在
行利害在命不在智賈生曰天不可與期道不可與
謀遲速有命爲識其時高祖擊黥布爲流矢所中疾
甚呂后迎良醫醫曰可治高祖罵之曰吾以布衣提

三尺劍取天下此非天命乎命乃在天雖扁鵲何益韓信與帝論兵謂高祖曰陛下所謂天授非智力所得揚子雲曰遇不遇命也太史公曰富貴不違貧賤貧賤不違富貴是謂從富貴爲貧賤從貧賤爲富貴也夫富貴不欲爲貧賤貧賤自至貧賤不求爲富貴富貴自得也春夏囚死秋冬王相非能爲之也日朝出而暮入非求之也天道自然代王自代入爲文帝周亞夫以庶子爲條侯此時代王非太子亞夫非適嗣逢時遇會卓然卒至命貧以力勤致富富至而死命賤以才能取貴貴至而免才力而致富貴命祿不

能奉持猶器之盈量手之持重也器受一升以一升則平受之如過一升則滿溢也手舉一鈞以一鈞則平舉之過一鈞則蹎仆矣前世明是非歸之於命也命審然也信命者則可幽居俟時不須勞精苦形求索之也猶珠玉之在山澤天命難知人不耐審雖有厚命猶不自信故必求之也如自知雖逃富避貴終不得離故曰力勝貧愼勝禍勉力勤事以致富砥才明操以取貴廢時失務欲望富貴不可得也雖云有命當須索之如信命不求謂當自至可不假而自得不作而自成不行而自至夫命富之人筋力自彊命

貴之人才智自高若千里之馬頭目蹄足自相副也
有求而不得者矣未必不求而得之者也精學不求
貴貴自至矣力作不求富富自到矣富貴之福不可
求致貧賤之禍不可苟除也由此言之有富貴之命
不求自得信命者曰自知吉不待求也天命吉厚不
求自得天命凶厚求之無益夫物不求而自生則人
亦有不求貴而貴者矣人情有不教而自善者有教
而終不善者矣天性猶命也越王翳逃山中至誠不
願自冀得代越人熏其穴遂不得免彊立爲君而天
命當然雖逃避之終不得離故夫不求自得之貴歟

氣壽篇

凡人稟命有二品一曰所當觸值之命二曰彊弱壽
夭之命所當觸值謂兵燒壓溺也彊壽弱夭謂稟氣
渥薄也兵燒壓溺遭以所稟為命未必有審期也若
夫彊弱夭壽以百為數不至百者氣自不足也夫稟
氣渥則其體彊體彊則其命長氣薄則其體弱體弱
則命短命短則多病壽短始生而死未產而傷稟之
薄弱也渥彊之人不卒其壽若夫無所遭遇虛居困
劣短氣而死此稟之薄用之竭也此與始生而死未
產而傷一命也皆由稟氣不足不自致於百也人之

禀氣或充實而堅強或虛劣而軟弱充實堅強其年
壽虛劣軟弱失棄其身天地生物物有不遂父母生
子子有不就物有爲實枯死而墮人有爲兒夭命而
傷使實不枯亦至滿歲使兒不傷亦至百年然爲實
兒而死枯者禀氣薄則雖形體完其虛劣氣少不能
充也兒生號啼之聲鴻朗高暢者壽嘶喝濕下者夭
何則禀壽夭之命以氣多少爲主性也婦人疏字者
子活數乳者子死何則疏而氣渥子堅彊數而氣薄
子軟弱也懷子而前已產子死則謂所懷不活名之
曰懷其意以爲已產之子死故感傷之子失其性矣

所產子死所懷子凶者字乳亟數氣薄不能成也雖
成人形體則易感傷獨先疾病病獨不治百歲之命
是其正也不能滿百者雖非正猶為命也譬猶人形
一丈正形也名男子為丈夫尊公嫗為丈人不滿丈
者失其正也雖失其正猶乃為形也夫形不可以不
滿丈之故謂之非形猶命不可以不滿百之故謂之
非命也非天有長短之命而人各有稟受也由此言
之人受氣命於天卒與不卒同也語曰圖王不成其
弊可以霸霸者王之弊也霸本當至於王猶壽當至
於百也不能成王退而為霸不能至百消而為夭王

覇同一葉優劣異名壽夭同一氣長短殊數何以知
不滿百爲夭者百歲之命也以其形體小大長短同
一等也百歲之身五十之體無以異也身體不異血
氣不殊鳥獸與人異形故其年壽與人殊數何以明
人年以百爲壽也世間有矣儒者說曰太平之時人
民侗長百歲左右氣和之所生也堯典曰朕在位七
十載求禪得舜舜徵三十歲在位堯退而老八歲而
終至殂落九十八歲未在位之時必已成人今計數
百有餘矣又曰舜生三十徵用三十在位五十載陟
方乃死適百歲矣文王謂武王曰我百爾九十吾與

爾三焉文王九十七而薨武王九十三而崩周公武
王之第也兄弟相差不過十年武王崩周公居攝七
年復政退老出入百歲矣邵公周公之兄也至康王
之時尚爲太保出入百有餘歲矣聖人稟和氣故年
命得正數氣和爲治平故太平之世多長壽人百歲
之壽蓋人年之正數也猶物至秋而死物命之正期
也物先秋後秋則亦如人死或增百歲或減百也先
秋後秋爲期增百減百爲數物或出地而死猶人始
生而夭也物或踰秋不死亦如人年多度百至於三
百也傳稱老子二百餘歲邵公百八十高宗享國百

年周穆王享國百年并未享國之時皆出百三十

十歳矣

論衡卷第一

論衡卷第二　　王充

幸偶篇

命義篇

無形篇

率性篇

吉驗篇

幸偶篇

凡人操行有賢有愚及遭禍福有幸有不幸舉事有是有非及觸賞罰有偶有不偶並時遭兵隱者不中同日被霜蔽者不傷中傷未必惡隱蔽未必

善隱蔽幸中傷不幸俱欲納忠或賞或罰並欲有
益或信或疑賞而信者未必真罰而疑者未必偽
賞信者偶罰疑不偶也孔子門徒七十有餘顏回
蚤夭孔子曰不幸短命死矣短命稱不幸則知長
命者幸也短命者不幸也服聖賢之道講仁義之
業宜蒙福祐伯牛有疾亦復顏回之類俱不幸也
螻蟻行於地人舉足而涉之足所履螻蟻笮死足
所不蹈生活不傷火燔野草車轢所致火所不燔
俗或喜之名曰幸草夫足所不蹈火所不及未必
善也舉火行道適然也由是以論癰疽之發亦一

眥也氣結閼積聚為癰潰為疽創流血出膿豈癰
疽所發身之豈亢哉營衛之行遇不通也蜘蛛結
網蜚蟲過之或脫或獲獵者張羅百獸群擾或得
或失漁者罾江湖之魚或存或亡或姦盜大辟而
不知或罰贖小罪而發覺災氣加人亦此類也不幸
遭觸而死幸者免脫而生不幸者不徼幸也孔子
曰人之生也直罔之生也幸則夫順道而觸者為
不幸矣立巖牆之下為壞所壓蹈坼岸之上為崩
所墜輕遇無端故為不幸魯城門久朽欲頓孔子
過之趨而疾行左右曰久矣孔子曰惡其久也孔

子戒慎已甚，如遇遭壞可謂不幸也故孔子曰君子有不幸而無有幸小人有幸而無不幸又曰君子處易以俟命小人行險以徼幸佞幸之徒閎籍孺之輩無德薄才以色稱媚不宜愛而受寵不當親而得附非道理之宜故太史公爲之作傳邪人反道而受恩寵與此同科故合其名謂之佞幸無德受恩無過遭禍同一實也俱稟元氣或獨爲人或爲禽獸並爲人或貴或賤或貧或富富或累金貧或乞食貴至封侯賤至奴僕非天稟施有左右也人物受性有厚薄也俱行道德禍福不均並爲

仁義利害不同晉文脩文德徐偃行仁義文公以
賞賜偃王以峻誡魯人爲父報仇安行不走逃者
捨之牛缺爲盜所奪和意不恐盜還殺之文德與
仁義同不走與不恐等然文公魯人得福偃王牛
缺得禍者文公魯人幸而偃王牛缺不幸也韓昭
侯醉卧而寒典冠加之以衣覺而問之知典冠愛
己也以越職之故加之以罪衛之驂乘者見御者
之過從後呼車有救危之義不被其罪夫驂乘之
呼車典冠之加衣同一意也加衣恐主之寒呼車
恐君之危仁惠之情俱發於心然而於韓有罪於

衛為忠臧乘偶典冠不偶也非惟人行物亦有之長數仞之竹大連抱之木二枝之人裁而用之或成器而見舉持或遺材而遭廢棄非工技之人有愛憎也刀斧加有偶然也蒸穀為飯釀飯為酒酒之成也甘苦異味飲之熟也剛柔殊和非庖廚酒人有異意也手指之調有偶適也調飯也殊筐而居甘酒也異器而暴蟲墮一器酒棄不飲鼠涉一筐飯捐不食夫百草之類皆有補益遭醫人採拙成為良藥或遺枯澤為火所燔等之金也或為劍戟或為鋒銛同之木也或梁於宮或柱於橋俱之火

也或爍脂燭或燔枯草均之土也或基殿堂或塗軒
戶皆之水也或溉金鼎或澡腐臭物善惡同遭為人
用其不幸偶猶可傷痛況含血氣之徒乎虞舜聖人
也在世宜蒙全安之福父頑母嚚弟象傲狂無過見
憎不惡而得罪不幸甚矣孔子舜之次也生無尺土
周流應聘削迹絕糧俱以聖才並不幸偶舜尚遭堯
受禪孔子止死於闕里以聖人之才猶不幸偶庸人
之中被不幸偶禍必衆多矣

命義篇

墨家之論以為人死無命儒家之議以為人死有命

言有命者見子夏言死生有命富貴在天言無命者聞歷陽之都一宿沉而為湖秦將白起坑趙降卒於長平之下四十萬衆同時皆死春秋之時敗績之軍死者蔽草尸且萬數饑饉之歲餓死滿道溫氣疫癘千戶滅門如必有命何其秦齊同也言有命者夫天下之大人民之衆一歷陽之都一長平之坑同命俱死未可怪也命當溺死故相聚於歷陽命當壓死故相積於長平猶高祖初起工相入豐沛之邦多封侯之人矣未必老少男女俱貴而有相也卓礫時見往往皆然而歷陽之都男女俱沒長平之坑老少並壓

萬數之衆之中必有長命未當死之人遭時衰微兵革
並起不得終其壽人命有長短時有盛衰衰則疾病被
災蒙禍之驗也宋衛陳鄭同日並災四國之民必有祿盛未當衰之人然而俱災國禍陵之也故
國命勝人命壽命勝祿命人有壽夭之相亦有貧富
貴賤之法俱見於體故壽命脩短皆稟於天骨法善
惡皆見於體命當夭折雖稟異行終不得長祿當貧
賤雖有善性終不得遂項羽且死顧謂其徒曰吾敗
乃命非用兵之過此言實也實者項羽用兵過於高
祖高祖之起有天命焉國命繫於衆星列宿吉凶國有
禍福衆星推移人有盛衰人之有吉凶猶歲之有豐耗命有

衰盛物[illegible]貴一賤一壽之間一衰
一盛物[illegible]之衰盛不在賢愚子夏
曰死生有命富貴在天而不曰死生在天富貴有命
者何則死生者無象在天以性為主稟得堅彊之性
則氣渥厚而體堅彊堅彊則壽命長壽命長則不夭死稟性軟
弱者氣少泊而性羸窳羸窳則壽命短短則蚤死故
言有命命則性也至於富貴所稟猶性所稟之氣得
衆星之精衆星在天天有其象得富貴象則富貴得
貧賤象則貧賤故曰在天在天如何天有百官有衆
星天施氣而衆星布精天所施氣衆星之氣在其中

長含氣而長得貴則貴得賤則賤貴或
秩有高下富或貲有多少皆星位尊卑小大之所授
也故天有百官天有眾星地有萬民五帝三王之精
天有王梁造父人亦有之[illegible]
二曰隨命三曰遭命正命謂本稟之自得吉也性然
骨善故不假操行以求福而吉自至故曰正命隨命者勠力操
行而吉福至縱情施欲而凶禍到故曰隨命遭命者
行善得惡非所冀望逢遭於外而得凶禍故曰遭命
凡人受命在父母施氣之時已得吉凶矣夫性與命
異或性善而命凶或性惡而命吉操行善惡者性也

禍福言之有命也或時行善而得禍是性善而命凶或
行惡而得福是性惡而命吉也性自有善惡命自有
吉凶使命吉之人雖不行善未必無福凶命之人雖
勉操行未必無禍孟子曰求之有道得之有命性善
乃能求之命善乃能得之性善命凶求之不能得也
行惡者禍隨而至而盜跖莊蹻橫行天下聚黨數千
攻奪人物斷斬人身無道甚矣宜遇其禍乃以壽終
夫如是隨命之說安所驗乎遭命者行善於內遭凶
於外也若顏淵伯牛之徒有何如何遭凶顏淵伯
牛行善者也當得隨命福祐隨至何故遭凶顏淵困

於學以才自殺伯牛空居而遭惡疾及屈平伍員之徒盡忠輔上竭王臣之節而楚放其身吳烹其尸行善當得隨命之福乃觸遭命之禍何哉言隨命則無遭命言遭命則無隨命儒者三命之說竟何所定且命在初生骨表著見今言隨操行而至此命在末不在本也則富貴貧賤皆在初稟之時不在長大之後隨操行而至也正命者至百而死隨命者五十而死遭命者初稟氣時遭凶惡也謂妊娠之時遭得惡也或遭雷雨之變長大夭死此謂三命亦有三性有正有隨有遭正者稟五常之性也隨者隨父母之性遭者

遭得惡物象之故也故姙娠婦食兔子生子缺唇[illegible]目
是謂其母三月將養飲食有一不戒其容者生子不備必有其凶
瘖聾跛盲百疾之衆由過胎傷故受性狂悖至老以氣初生之
時著從教豺狼長大性惡被禍而死在母身時遭惡毒
性丹朱商均之類是也性命在本故禮有胎教之法
子在身時席不正不坐割不正不食非正色目不視
非正聲耳不聽及長置以賢師良傅教君臣之道教之
不肖在此時父受氣時母不謹慎心志恚邪則子長
大狂悖不善形體醜惡素女對黃帝陳五女之法非
徒傷父母之身乃又賊男女之性人有命有祿有遺

遇有幸偶命者貧富貴賤也祿者盛衰興廢也以命
當富貴遇當盛之祿常安不危以命當貧賤遇當衰
之祿則禍殃乃至常苦不樂遭者遭逢非常之變若
成湯囚夏臺文王厄羑里矣以聖明之德而有囚厄
之變可謂遭矣變雖甚大命善祿盛變不為害故稱
遭逢之禍晏子所遭可謂大矣直兵指胸白刃加頸
蹈死亡之地當劍戟之鋒執死得生還命善祿盛遭
逢之禍不能害也歷陽之都長平之坑其中必有命
善祿盛之人一宿同填俱有遭逢之禍大命善之祿盛
不能卻也譬猶水火相更也水盛勝火火盛勝水遇

其主而用也雖有善命盛祿不遇知己之主不得效
驗幸者謂所遭觸得善惡也獲罪得脫幸也無罪見
拘不幸也執拘未久蒙令得出命善祿盛夭災之禍
不能傷也偶也謂事君也以道事君君善其言遂用
其身偶也行與主乖退而遠不偶也退遠未久上官
錄召命善祿盛不偶之害不能留也故夫遭遇幸偶
或與命祿并或與命祿離遭遇幸偶遂以成完遭遇不
幸偶遂以敗傷是與命并者也中不遂成善轉為
惡是與命祿離者也故人之在世有吉凶之性命有
盛衰之禍福重以遭遇幸偶之逢獲從生死而卒其

善惡之行得其胷中之志希矣

無形篇

人禀元氣於天各受壽夭之命以立長短之形猶陶者用土爲簋廉冶者用銅爲柈杅矣器形已成不可小大人體已定不可增減用氣爲性性成命定體氣與形骸相抱生死與期節相須形不可變化命不可減加以陶冶言之人命短長可得論也或難曰陶者用埴爲簋廉簋廉壹成遂至毀敗不可復變若夫冶者用銅爲柈杅柈杅雖已成器猶可復爍柈可得爲尊尊不可爲簋人禀氣於天雖各受壽夭之

命立以形體如得善道神藥形可變化命可加增曰冶者變更成器須先以火燔爍乃可大小短長人冀延年欲比於銅器宜有若鑪炭之化乃易形形易壽亦可增人何由變易其形便如火爍銅器乎禮曰水潦降不獻魚鼈何則雨水暴下蟲虵變化化為魚鼈離本真暫變之蟲臣子謹慎故不敢獻人願身之變冀若蟲虵之化乎夫蟲虵未化者不若不化者蟲虵未化人不食也化為魚鼈人則食之有日字食則壽命乃短非所冀也歲月推移氣變物類蝦蟇為鶉雀為蜄蛤人願身之變冀若鶉與蜄蛤魚鼈之類也人設捕蜄

蛤得者食之雖身之不化壽命不得長非所冀也魯公牛哀寢疾七日變而成虎鯀殛羽山化為黃能能奴來反願身變者冀牛哀之為虎鯀之為能乎則夫虎能之壽不能過人天地之性人最為貴變人之形更為禽獸非所冀也凡可冀者以老翁變為嬰兒其次白髮復黑齒落復生身氣丁彊超乘不衰乃可貴也徒變其形壽命不延其何益哉且物之變隨氣若應政治有所象為非天所欲壽長之故變易其形也又非得神草珍藥食之而變化也人恒服藥固壽能增加本性益其身年也遭時變化非天之正氣人所受

之真性也天地不變日月不易星辰不沒正也人受正氣故體不變時或男化為女女化為男由高岸為谷深谷為陵也應政為變為政變非常性也漢興老父授張良書已化為石是以石之精為漢興之瑞也猶河精為人持璧與秦使者亡秦之徵也蠶食桑老績而為璽璽又化而為蛾蛾有兩翼變去蠶形蠐螬化為復育復育轉而為蟬蟬生兩翼不類蠐螬凡諸命蠕蜚之類多變其形易其體至人獨不變者稟得正也生為嬰兒長為丈夫老為父翁從生至死未嘗變更者天性然也天性不變者不可令復變變者不可不變若夫變者

之壽不若不變者人欲變其形輙增益其年可也如徙
變其形而年不增則蟬之類也何謂人願之龍之為
蟲一存一亡一短一長龍之為性也變化斯須輙復
非常由此言之人物也受不變之形不可變更年不
可增減傳稱高宗有桑穀之異悔過反政享福百年
是虛也傳言宋景公出三善言熒惑却三舍延年二
十一載是又虛也又言秦繆公有明德上帝賜之十
九年是又虛也稱赤松王喬好道為仙度世不死是
又虛也假令人生立形謂之甲終老至死常守甲形
如好道為仙未有使甲變為乙者也夫形不可變更

年不可增減何則形氣性天也形為春氣為夏人以
氣為壽形隨氣而動氣性不均則於體不同牛壽半
馬馬壽半人然則牛馬之形與人異矣禀牛馬之形
當自得牛馬之壽牛馬之不變為人則年壽亦短於
人世稱高宗之徒不言其身形變異而徒言其增延
年壽故有信矣形之血氣也猶囊之貯粟米也一石
囊之高大亦適一石如損益粟米囊亦增減人以氣
為壽氣猶粟米形猶囊也增減其壽亦當增減其身
形安得如故如以人形與囊異氣與粟米殊更以苞
瓜喻之苞瓜之汁猶人之血也其肌猶肉也試令人

損益苞瓜之汁令其形如故附爲之乎人不爲損益苞瓜之汁天安耐增減人之年人年不可增減高宗之徒誰益之者而云增加如言高宗之徒形體變易其年亦增乃可信也今言年增不言其體變未可信也何則人稟氣於天氣成而形立則命相須以至終死形不可變化年亦不可增加以何驗之人生能行死則僵仆死則氣減形消而懷稟生人形不可得變其年安可增人生至老身變者髮與膚也人少則髮黑老則髮白白久則黃髮之變形所衛也人少則膚白老則膚黑黑久則黯若有垢矣髮黃而膚爲垢故禮曰

黄耇無彊髮變異故人老壽遲死骨肉不可變更壽
極則死矣五行之物可變改者惟土也埏以為馬變
以為人是謂未入陶竈更火者也如使成器入竈更
火牢堅不可復變今人以為天地所陶冶矣形已成
定何可復更也圖仙人之形體生毛臂變為翼行於
雲則年增矣千歲不死此虛圖也世有虛語亦有虛
圖假使之然蟬蛾之類非真正人也海外三十五國
有毛民羽民羽則翼矣毛羽之民土形所出非言為
道身主毛羽也禹益見西王母不言有毛羽不死之
民亦在外國不言有毛羽毛羽之民不言不死不死

之民不言毛羽毛羽未可以效不死仙人之有翼安足以驗長壽乎

率性篇

論人之性定有善有惡其善者固自善矣其惡者故可教告率勉使之為善凡人君父審觀臣子之性善則養育勸率無令近惡近惡則輔保禁防令漸於善善漸於惡惡化於善成為性行召公戒成王曰今王初服厥命於戲若生子罔不在厥初生生子謂十五子初生意於善終以善初生意於惡終以惡詩曰彼姝者子何以與之傳言譬猶練絲染之藍則青染之丹則赤十五之子其猶絲也其有

所漸化爲善惡猶藍丹之染練絲使之爲青赤也青赤
一成眞色無異是故楊子哭歧道墨子哭練絲也蓋
傷離本不可復變也人之性善可變爲惡惡可變爲
善猶此類也蓬生麻間不扶自直白紗入緇不練自
黑彼蓬之性不直紗之質不黑麻扶緇染使之直黑
夫人之性猶蓬紗也在所漸染而善惡變矣王良造
父稱爲善御不能使不良爲良也如徒能御良其不
良者不能馴服此則駔工庸師服馴技能何奇而世
稱之故曰王良登車馬不罷駑堯舜爲政民無狂愚
傳曰堯舜之民可比屋而封桀紂之民可比屋而誅

斯民也三代所以直道而行也聖主之民如彼惡主之民如此竟在化不在性也聞伯夷之風者貪夫廉而懦夫有立志聞栁下惠之風者薄夫敦而鄙夫寛徒聞風名猶或變節況親接形面相敦告乎孔門弟子七十之徒皆任卿相之用被服聖教文才雕琢知能十倍教訓之功而漸漬之力也未入孔子之門時閭巷常庸無奇其尤甚不率者唯子路也世稱子路無恒之庸人未入孔門時戴雞佩豚勇猛無禮聞誦讀之聲搖雞奮豚揚脣吻之音聒賢聖之耳惡至甚矣孔子引而教之漸漬磨礪闓導牖進猛氣消損驕節屈折卒能政事序在四科斯蓋變性使惡爲善之明效也夫肥沃

墝埆土地之本性也肥而沃者性美樹稼豐茂墝而
埆者性惡深耕細鋤厚加糞壤勉致人功以助地力
其樹稼與彼肥沃者相似類也地之高下亦如此焉
以钁鍤鑿地以埤增下則其下與高者齊如復增钁
鍤則夫下者不徒齊者也反更爲高而其高者反爲
下使人之性有善有惡彼地有高有下勉致其教令
之善則將善者同之矣善以化渥釀其教令變更爲
善善則且更宜反過於往善猶下地增加钁鍤更崇
於高地也賜不受命而貨殖焉賜本不受天之富命
所加貨財積聚爲世富人者得貨殖之術也夫得其術

雖不受命猶自益饒富性惡之人亦不稟天善性得聖人之教志行變化世稱利劍有千金之價棠谿魚腸之屬龍泉太阿之輩其本鋌山中之恒鐵也冶工鍛鍊成為銛利豈利劍之鍛與鍊乃異質哉工良師巧鍊一數至也試取東下直一金之劍更熟鍛鍊足其火齊其銛猶千金之劍也夫鐵石天然尚為鍛鍊者變易故質况人含五常之性賢聖未之熟鍛鍊耳奚患性之不善哉古貴良醫者能知篤劇之病所從生起而以針藥治而已之如徒知病之名而坐觀之何以為奇夫人有不善則乃性命之疾也無其教治

而欲令變更豈不難哉天道有真偽真者固自與天
相應偽者人加知巧亦與真者無以異也何以驗之
禹貢曰璆琳琅玕者此則土地所生真玉珠也然而
道人消爍五石作五色之玉比之真玉光不殊別兼魚
蚌之珠與禹貢璆琳皆真玉珠也然而隨侯以藥作珠
精耀如真道士之教至知巧之意加也陽遂取火於
天五月丙午日中之時消鍊五石鑄以為器磨礪生
光仰以嚮日則火來至此真取火之道也今妄以刀
劒之鉤月摩拭朗白仰以嚮日亦得火焉夫鉤月非
陽遂也所以耐取火者摩拭之所致也今夫性惡之

人使與性善者同類乎可率勉之今其為善使之異類
乎亦可令與道人之所鑄玉隨侯之所作珠人之所摩
刀劍鉤月焉教導以學漸漬以德亦將日有仁義之操
黃帝與炎帝爭為天子教熊羆貔虎以戰于阪泉之野
三戰得志炎帝敗績堯以天下讓舜鯀為諸侯欲得三
公而堯不聽怒其猛獸欲以為亂比獸之角可以為城
舉尾以為旌奮心盛氣阻戰為強夫禽獸與人殊形猶
可命戰況人同類乎推此以論百獸率舞潭魚出聽六
馬仰秣不復疑矣異類以殊為同同類以鈞為異所由
不在於物在於人也凡含血氣者教之所以異化也三

苗之民或賢或不肖先勞齊之恩教加也楚越之人處
壯獄之間經歷歲月變爲舒緩風俗移也故曰齊舒緩秦
慢易楚促急[illegible][illegible]捷以在獄言之四國之民更相出入
久居單處性變緩易夫性惡者心比木石木石猶爲人
用況非木石在君子之迹庶幾可見有癡任之疾歌啼
於路不曉東西不睹燥濕不覺疾痛不知飢飽性已毀
傷不可如何前無所觀卻無所畏也是故王法不廢學
校之官不除獄理之吏欲令凡衆見禮義之教學校勉
其前法禁防其後使丹朱之志亦將可勉何以驗之三
軍之士非能制也勇將率勉視死如歸且闔廬嘗試其

士於五湖之側皆加刃於肩血流至地句踐亦試其士
於寢宮之庭赴火死者不可勝數夫刃火非人性之所
貪也二主激率念不顧生是故軍之法輕刺血孟賁勇
也聞軍令懼是故叔孫通制定禮儀拔劍爭功之臣奉
禮拜伏初驕倨而後遜順教威德變易性也不患性惡
患其不服聖教自遇而以生禍也豆麥之種與稻粱殊
然食能去飢小人君子禀性異類乎譬諸五穀皆為用
實不異而效殊者禀氣有厚泊故性有善惡也殘則授
不仁之氣泊而怒則禀勇渥也仁泊則戾而少慈勇渥
則猛而無義而又和氣不足喜怒失時計慮輕愚妄行

之人罷故為惡人受五常含五臟皆具於身稟之泊少
故其操行不及善人猶或厚或泊也非厚與泊殊其釀
也麴蘖多少使之然也是故酒之泊厚同一麴蘖人之
善惡共一元氣氣有多少故性有賢愚西門豹急佩韋
以自緩董安于緩帶弦以自促急之與緩俱失中和然
而韋弦附身成為完具之人能納韋弦之教補接不足
則豹安于之名可得參也貧劣宅屋不具牆壁宇達人
指訾之如財貨富愈起屋築牆以自蔽鄣為之具宅人
弗復非毀之行田百畝鄴獨二百西門豹灌以漳水成
為膏腴則畝收一鍾夫人之質猶鄴田道教猶漳水也

患不能化不患人性之難率也雒陽城中之道無水水工激上洛中之水日夜馳流水工之功也由此言之迫近君子而仁義之道數加於身孟母之徙宅蓋得其驗人間之水汚濁在野外者清潔俱爲一水源從天涯或濁或清所在之勢使之然也南越王趙他本漢賢人也化南夷之俗背畔王制椎髻箕坐好之若性陸賈說以漢德懼以聖威蹶然起坐心覺改悔奉制稱蕃其於椎髻箕坐也惡之若性前則若彼後則若此由此言之亦在於教不獨在性也

吉驗篇

凡人禀貴命於天必有吉驗見於地見於地故有天命也驗見非一或以人物或以禎祥或以光氣傳言黄帝姙二十月而生生而神靈弱而能言長大率諸矦諸矦歸之教熊羆戰以伐炎帝炎帝敗績性與人異故在母之身留多十月命當爲帝故能教物物爲之使堯體就之如日望之若雲洪水滔天蛇龍爲害堯使禹治水驅蛇龍水治東流蛇龍潛處有殊奇之骨故有詭異之驗有神靈之命故有驗物之效天命當貴故從唐矦入嗣帝后之位舜未逢堯鰥在側陋瞽瞍與象謀欲殺之使之完廩火燔其下令之浚井

土掩其上舜得下廩不被火災穿井旁出不觸土害
（一有字）堯聞徵用試之於職官治職脩事無廢亂使入大
麓之野虎狼不搏蝮蛇不噬逢烈風疾雨行不迷惑
夫人欲殺之不能害之毒螫之野禽獸不能傷卒受
帝命踐天子祚后稷之時履大人跡或言衣帝嚳之
服坐息帝嚳之處妊身怪而棄之隘巷牛馬不敢踐
之寘之冰上鳥以翼覆之慶集其身母知其神怪乃
收養之長大佐堯位至司馬烏孫王號昆莫匈奴攻
殺其父而昆莫生棄於野烏嗛肉往食之單于怪之
以為神而收長及壯使兵數有功單于乃復以其父

之民予昆莫令長守於西城夫后稷不當棄故牛
馬不踐烏以羽翼覆愛其身昆莫不當死故烏銜肉就
而食之北夷橐離國王侍婢有娠王欲殺之婢對曰
有氣大如雞子從天而下我故有娠後產子捐於猪
溷中猪以口氣噓之不死復徙置馬欄中欲使馬藉
殺之馬復以口氣噓之不死王疑以為天子令其母
收取奴畜之名東明令牧牛馬東明善射王恐奪其
國也欲殺之東明走南至掩淲水以弓擊水魚鱉
為橋東明得渡魚鱉解散追兵不得渡因都王夫餘
故北夷有夫餘國焉東明之母初妊時見氣從天下

而生棄之猪馬以氣吁之而生之長大王欲殺之以
弓擊水魚鱉爲橋天命不當死故有猪馬之救命當
都王夫餘故有魚鱉爲橋之助也伊尹且生之時其
母夢人謂己曰臼出水疾東走母顧明旦視臼出水
即東走十里顧其鄉皆爲水矣伊尹命不當溺故其
母感夢而走推此以論歷陽之都其策命若伊尹之
類必有先時感動在他地之效齊襄公之難桓公爲
公子與子糾爭立管仲輔子糾鮑叔佐桓公管仲與
桓公爭引弓射之中其帶鉤夫人身長七尺帶約其
要鉤挂於帶在身所掩不過一寸之内既微小難中

又滑澤銛靡鋒刃中鉤者莫不蹉跌管仲射之正中其鉤中失觸因落不跌中旁肉命當富貴有神灵之助故有射鉤不中之驗楚共王有五子子招子圍子干子晳棄疾五人皆有寵共王無適立乃望祭山川請神決之乃與巴姬埋璧於太室之庭令五子齊而入拜康王跨之子圍肘加焉子干子晳皆遠之棄疾弱抱而入再拜皆壓紐故共王死招為康王至子夾之圍為灵王及身而弒子干為王十有餘日子晳不立又俱誅死皆絕無後棄疾後立竟續楚祀如其神符其王日之長短與拜去璧遠近相應也夫璧在地

中五子不知相隨入行遠近不同壁紐若神將教跽
之矣晉屠岸賈作難誅趙盾之子朔死其妻有遺腹
子及岸賈聞之索於宮中置兒於袴中祝曰趙氏宗
滅乎若當啼即不滅若無聲及索之而終不啼遂脫
得活程嬰杵臼負之匿於山中至景公時韓厥言於景
公景公乃與韓厥共立趙孤續趙氏祀是為文子當
趙孤之死窮若有掩其口者矣而此言之趙文子立
命也高皇帝母曰劉媼嘗息大澤之陂夢與神遇是
時雷電晦冥蛟龍在上及生而有美須性好用酒嘗
從王媼武負貰酒飲醉止臥媼負見其身常有神怪

每留飲醉酒售數倍後行澤中手斬大蛇一嫗當道
而泣云赤帝子殺吾子此驗既著聞見秦始皇帝常
曰東南有天子氣於是東遊以厭當之高祖之氣也
與呂后隱於芒碭山澤間呂后與人求之見其上常
有氣直氣往求輙得其處後與項羽約先入秦關王
之高祖先至項羽怨恨范增曰吾令人望其氣氣皆
爲龍成五彩此皆天子之氣也急擊之高祖往謝項
羽羽與亞父謀殺高祖使項莊拔劒起舞項伯知之
因與項莊俱起每劒加高祖之上者伯輙以身覆高
祖之身劒遂不得下殺勢不得成會有張良樊噲之

救卒治行見戮遂王天下初雖身有蛟龍之神既生酒
會見雲氣之怪夜行斬虵嫗悲哭始皇呂后望見
其氣受殺謀殺項伯爲蕭謀遂不成遭得良會盡富
貴之後乃見一而物應人助輔援也竇太后弟名曰廣
國年四五歲家貧爲人所掠賣其家不知其所在傳
十餘家至宜陽爲其主人入山作炭暮寒卧炭下
百餘人山水崩壓殺之死廣國獨得脫自卜數日當爲侯從
其家之長安聞竇皇后新立家在清河觀津乃上書
自陳竇太后言於景帝召見問其故果是乃厚賜之
天子既立廣國爲章武侯炭崩百餘人皆死廣

妻一福觀命當富貴詳徒得滄文封為侯廣子夫陳留
東西八人也其生時以夜適免母身母見其上若一尺
練紫絓上天頭以問人皆曰吉貴氣與天通長大
仕宦位至司徒公廣文伯河東蒲坂人也其生亦以
夜出時適生有人從門呼其父名父出應之不見人
有一木杖植其門側好善異於衆其父持杖入門以
示人占曰言文伯長大學宦位至廣漢太守文伯
當富貴故父得賜杖其占者若曰杖當子力矣光武
帝建平元年十二月甲子生於濟陽宮後殿第二內
皇考為濟陽令時夜無火室內自明皇考怪之即

召功曹吏充蘭使出問卜工蘭與馬下卒蘇永俱之
卜王長孫所長孫卜謂永蘭曰此吉事也毋多言是
歲有禾生景天備火中三本一莖九穗長於禾一二
尺蓋嘉禾也元帝之初有鳳凰下濟陽宮說一有故今
濟陽宮有鳳凰廬始與李父等俱起到柴界中遇賊
兵惶惑走濟陽舊廬比到見光若火正赤在舊廬道
南光耀憧憧上屬天有頃不見王莽時謂者蘇伯阿
能望氣使過舂陵城郭鬱鬱蔥蔥及光武到河北
與伯阿見問曰卿前過舂陵何用知其氣佳也伯阿
對曰見其鬱鬱蔥蔥耳蓋天命當興聖王當出前

後氣驗照察明著繼体守文因擾前基重宗天光氣驗
不𦤶言創業龍興由微賤起於顛沛若高祖光武
者曷嘗無天人神怪光顯之驗乎

論衡卷第三　王充

偶會篇　骨相篇

初稟篇　本性篇

物勢篇　怪奇篇

偶會篇

命吉凶之主也自然之道適偶之數非有他氣旁物厭勝感動使之然也世謂子胥伏劍屈原自沉子蘭宰嚭誣讒吳楚之君冤殺之也偶二子命當絕子蘭宰嚭適為讒而懷王夫差適信姦也君適不明臣適為讒二子之命偶自不長二偶三合似若有之其實

自然非他為也夏殷之朝適窮桀紂之惡適稔商周
之數適起湯武之德適豐關龍逢殺箕子比干囚死
當桀紂惡盛之時亦二子命訖之期也任伊尹之言
納呂望之議湯武且興之會亦二臣當用之際也人
臣命有吉凶賢不肖之主與之相逢文王時當昌呂
望命當貴高宗治當平傅說德當遂非文王高宗為
二臣生呂望傅說為兩君出也君明臣賢光曜相察
上脩下治度數相得顏淵死子曰天喪予子路死子
曰天祝予孔子自傷之辭非實然之道也孔子命不王
二子壽不長也不王不長所稟不同度數並放適相

應也二龍之祅當效周厲適闓櫝褒姒當喪周國幽
王惡性偶惡非二龍使厲王發孽褒姒令幽王惑亂
也遭逢會遇自相得也僮謠之語當驗鬪雞之變適
生鸜鵒之占當應魯昭之惡適成非僮謠致鬪競鸜
鵒招君惡也期數自至人行偶合也堯老命當禪舜丹
朱爲無道虞統當傳夏商均行不軌非舜禹當得天下
能使二子惡也是以非鸜鵒二子惡相逢也火星與昴星出入昴星
低時火星出昴星見時火星伏非火之性厭服昴也
子因亥丑辰合也正月建寅斗魁破申非寅建使
[illegible]之轉運之會偶自應也父殺兩子詞姑死而婦

伐其子孫伐先後次始終殺也吉數至自相承也
世謂秋氣擊殺穀草穀草不任而死此言失實夫
物以春生夏長秋而熟老適自枯死陰氣適盛與之
會遇何以驗之物有秋不死者生性未極也人生百歲
而終物生一歲而死死謂陰氣殺之人終觸何氣而
亡論者猶或謂鬼喪之夫人終鬼來物死寒至皆適
遭也人終見鬼或見鬼而不死物死觸寒或觸寒而不枯
壞屋所壓崩崖所墜非屋精崖氣殺此人也屋老崖
沮命凶之人遭居適履月毀於天螺消於淵風從虎
雲從龍同類通氣性相感動若夫物事相遭吉凶同

時偶適相遇非氣感也殺人者罪至大辟殺者罪重
死者命當盡也故害氣下降因命先中聖王德施厚
祿先逢是故德令降於殿堂命長之因出於宇中天
非爲因未當死使聖王出德令也聖王適下赦拘因
適當免死猶人以夜卧晝起矣夜月光盡不可以作
人力亦倦欲一休息晝日光明人卧亦覺力亦復足
非天以日作之以夜息之也作與日相應息與夜相
得也鴈鵠集於會稽去避碣石之寒來遭民田之畢
蹈履民田啄食草糧糧盡食索春雨適作避熱北
去復之碣石象耕靈陵亦如此焉傳曰舜葬蒼梧

象爲之耕，禹葬會稽，鳥爲之佃，失事之實，虛妄之言也。丈夫有短壽之相，娶必得早寡之妻；早寡之妻，嫁亦遇夫折之夫也。世曰：男女早死者，夫賊妻，妻害夫。非相賊害，命自然也。使火燃，以水沃之，可謂水賊火。火適自滅，水適自覆，兩名各自敗，不爲相賊。今男女之早夭，非水沃火之比，適自滅覆之類也。賊父之子，妨兄之弟，與此同召。同宅而處，氣相加凌，羸瘠消單，至於死亡，何謂相賊？或客死千里之外，兵燒厭溺，氣不相犯，相賊如何？王莽姑婦正君，許嫁夫二二夫死，當適趙而王，豈氣未相加，遙賊三家，何其痛也！黃公取鄰巫之女，正

謂女相貴故次公位至丞相其實不然次公當貴行
與女會女亦自尊故入次公門偶適然自相遭遇時
也無祿之人商而無盈農而無播非其性賊貨而命
妨禦也命貧居無利之貨祿惡殖不滋之禦也世謂
宅有吉凶徙有歲月實事則不然天道難知假令有
命凶之人當衰之家治宅遭得不吉之地移徙適觸
歲月之忌一家犯忌口以十數坐而死者必祿衰命
泊之人也推此以論仕宦進退遷徙可復見也時適
當退君用讒口時適當起賢人薦己故仕且得官也君
子輔善且失位也小人毀奇公伯寮愬子路於季孫

孔子稱命魯人臧倉讒孟子平公孟子言天道未當
行與讒相遇天未與己惡人用口故孔子稱命不怨
公伯寮孟子言天不尤臧倉誠知時命當自然也推此
以論人君治道功化可復言也命當貴時適平期當
亂祿遭衰治亂成敗之時與人興衰吉凶適相遭遇
因此論聖賢迭起猶此類也聖主龍興於倉卒良輔
超拔於際會世謂韓信張良輔助漢王故秦滅漢興
高祖得王夫高祖命當自王信良之輩時當自興兩
相遭遇若故相求是故高祖起於豐沛豐沛子弟相多富
貴非天以子弟助高祖也命相小大適相應也趙簡

子廢太子伯魯立庶子無恤無恤遭賢命亦當君趙也世謂伯魯不肖不如無恤伯魯命當賤知慮多泯乱也韓生仕至太傅世謂賴倪寬實謂不然太傅當貴遭與倪寬遇也趙武藏於袴中終日不啼非或掩其口閉其声也命時當生睡卧遭出也故軍功之侯必斬兵死之頭富家之商必奪貧室之財削土免侯罷退令相罪法明白祿秩適極故厲氣所中必加命短之人凶歲所苦必飢虛耗之家矣

骨相篇

人曰命難知命甚易知知之何用用之骨體人命稟

於天則有表候於體察表候以知命猶察斗斛以知容
矣表候者骨法之謂也傳言黄帝龍顔顓頊戴午帝
嚳駢齒堯眉八采舜目重瞳禹耳三漏湯臂再肘文
王四乳武王望陽周公背僂皋陶馬口孔子反羽斯
十二聖者皆在帝王之位或輔主憂世世所共聞儒
所共説在經傳者較著可信若夫短書俗記竹帛胤
文非儒者所見衆多非一蒼頡四目為黄帝史晉公
子重耳仳脅為諸侯霸蘇秦骨鼻為六國相張儀仳
脅亦相秦魏項羽重瞳云虞舜之後與高祖分王天
下陳平貧而飲食不足貌体佼好而衆人怪之曰平

何食而肥及韓信為滕公所鑒免於鈇質亦以面狀有異面狀肥佼亦一相也高祖隆準龍顏美鬚頻左股有七十二黑子單父呂公善相見高祖狀貌奇之因以其女妻高祖呂后是也卒生孝惠王魯元公主高祖為泗上亭長當去歸之田與呂后及兩子居田有一老公過請飲因相呂后曰夫人天下貴人也令相兩子見孝惠曰夫人所以貴者乃此男也相魯元曰皆貴老公去高祖從外來呂后言於高祖高祖追及老公止使自相老公曰鄉者夫人嬰兒相皆似君君相貴不可言也後高祖得天下如老公言推此以況

一室之人皆有富貴之相矣類同氣鈞性體法相固
自相似異氣殊類亦兩相遇富貴之男娶得富貴之
妻女亦得富貴之男夫二相不鈞而相遇則有立死
若未相適有豫亡之禍也王莽姑正君許嫁至期當
行時夫輒死如此者再乃獻之趙王趙王未取又薨
清河南宮大與正有君公穉君善者遇相君曰貴為天下
母是時宣帝世元帝為太子穉君乃因魏郡都尉納
之太子太子幸之生子君上宣帝崩太子立正君為皇
后君上為太子元帝崩太子立是為成帝正君為皇
太后竟為天下母夫正君之相當為天下母而前所許

二家及趙王爲無天下父之相故未行而二夫死趙
王薨是則二夫趙王無帝王大命而正君不當與三
家相遇之驗也丞相黃次公故爲陽夏游徼與善相
者同車俱行見一婦人年十七八相者指之曰此婦
人當大富貴爲封侯者夫人次公止車審視之相者
曰今此婦人不富貴卜書不用也次公問之乃其旁
里人巫家子也即娶以爲妻其後次公果大富貴位
至丞相封爲列侯夫次公富貴婦人當配之故果相
遇遂俱富貴使次公命賤不得婦人爲偶不宜爲夫
婦之時則有二夫趙王之禍夫舉家皆有富貴之命然

後乃任富貴之事骨法形體有不應者則必別離死
亡不得父母介福故富貴之家役使奴僮育養牛馬
必有與衆不同者矣僮奴則有不死亡之相牛馬則
有數字乳之性田則有種孳速熟之穀商則有居善
疾售之貨是故知命之人見富貴於貧賤睹貧賤於
富貴案骨節之法察皮膚之理以審人之性命無不
應者趙簡子使姑布子卿相諸子莫吉至翟婢之子
無恤而以為貴無恤最賢又有貴相簡子後廢太子
而立無恤卒為諸侯襄子是矣相工相黥布當先刑
而乃王後竟被刑乃封王衛青父鄭季與楊信公主

家僮衛媼通生青青在建章宮時鉗徒相之曰貴至封
侯青曰人奴之道得不笞罵足矣安敢望封侯其後
青為軍吏戰數有功超封增官遂為大將軍封為萬
戶侯周亞夫未封侯之時許負相之曰君後三歲而
入將相持〔有專〕國秉貴重矣於人臣無兩其後九歲而
君餓死亞夫笑曰臣之兄已代侯矣有如父卒子當
代亞夫何說侯乎然既已貴如負言又何說餓死指
示我許負指其口有縱理入口此餓死法也居三歲
其兄絳侯勝有罪文帝擇絳侯子賢者推亞夫迺封條
侯續絳侯後文帝之後六年匈奴入邊乃以亞夫為

將軍至景帝之時亞夫爲丞相後以疾免其子爲亞
夫買工官尚方甲盾五百被可以爲葬者取庸苦之
不與錢庸知其盜買官器怨而上告其子景帝下吏
責問因不食五日嘔血而死當鄧通之幸文帝也貴
在公卿之上賞賜億萬與上齊體相工相之曰當貧
賤餓死文帝崩景帝立通有盜鑄錢之罪景帝考驗
通亡寄死人家不名一錢韓太傅爲諸生時一有月之兩字
借相工五十錢與之俱入壁雍之中相壁雍弟子誰
當貴者相工指倪寬曰彼生當貴秩至三公韓生謝
遣相工通刺倪寬結膠漆之交盡筋力之敬徙舍從

寬深自附納之寬嘗甚病韓生養視如僕狀恩深踰於骨肉後名聞於天下倪寬位至御史大夫州郡丞旨召請擢用舉在本朝遂至太傅夫鉗徒許負及相鄧通倪寬之工可謂知命之工矣故知命之工察骨體之證睹富貴貧賤猶人見盤盂之器知所設用也善器必用貴人惡器必施賤者尊鼎不在陪廁之側匏瓜不在堂殿之上明矣富貴之骨不遇貧賤之苦貧賤之相不遭富貴之樂亦猶此也器之盛物有斗石之量猶人爵有高下之差也器過其量物溢棄遺爵過其差死亡不存論命者如比之於器以察骨體之

法則命在於身形定矣非徒富貴貧賤有骨體也而
操行清濁亦有法理貴賤貧富命也操行清濁性也
非徒命有骨法性亦有骨法惟知命有明相莫知性
有骨法此見命之表證不見性之符驗也范蠡去越
自齊遺大夫種書曰飛鳥盡良弓藏狡兔死走犬烹
越王為人長頸鳥喙可與共患難不可與共榮樂子
何不去大夫種不能去稱病不朝賜劒而死大梁人
尉繚說秦始皇以并天下之計始皇從其冊與之亢
禮衣服飲食與之齊同繚曰秦王為人隆準長目鷙
膺豺聲少恩虎視狼心居約易以下人得志亦輕視

人我布衣也然見我常身自下我誠使秦王須得志
天下皆為虜矣不可與交游乃亡去故范蠡尉繚見
性行之證而以定處來事之實實有其效如其法相
由此言之性命繫於形體明矣以尺書所載世所共
見准況古今不聞者必衆多非一皆有其實稟氣於
天立形於地察在地之形以知在天之命莫不得其
實也有傳孔子相澹臺子羽唐舉占蔡澤不驗之文
此失之不審何隱匿微妙之表也相或在內或在外或
在形體或在聲氣察外者遺其內在形體者亡其聲氣
孔子適鄭與弟子相失孔子獨立鄭東門鄭人或問子

貢曰東門有人其頭以堯其項若皋陶肩類子產然自腰以下不及禹三寸儽儽若喪家之狗子貢以告孔子孔子欣然笑曰形狀未也如喪家狗然哉然哉夫孔子之相鄭人失其實鄭人不明法術淺也孔子之失子羽唐舉惑於蔡澤猶鄭人相孔子不能具見形狀之實也以貌取人失於子羽以言取人失於宰予也

初稟篇

人生性命當富貴者初稟自然之氣養育長大富貴之命效矣文王得赤雀武王得白魚赤烏儒者論之

以爲雀則文王受命魚烏則武王受命文王受命於天天用雀與魚烏命授之也天用赤雀命文王文王不受天復用魚烏命武王也若此者謂本無命於天脩己行善善行聞天天乃授以帝王之命也故雀與魚烏天使爲王之命也王所奉以行誅者也如實論之非命也命謂初所禀得而生也人生受性則受命矣性命俱禀同時並得非先禀性後乃受命也何以明之棄事堯爲司馬居稷官故爲后稷曾孫公劉居邰後徙居邠後孫古公亶甫三子太伯仲雍季歷季歷生文王昌昌在襁褓之中聖瑞見矣故古公曰我世當

有興者其在昌乎於是太伯知之乃辭之吳文身斷
髮以讓王季文王受命謂此時也天命在人本矣太
王古公見之早也此猶爲未文王在母身之中已受
命也王者一受命内以爲性外以爲體體者面輔骨
法生而稟之吏秩百石以上王侯以下郎將大夫以
至元士外及刺史太守居祿秩之吏稟富貴之命生
而有表見於面故許負姑布子卿輒見其驗仕者隨
秩遷轉遷轉之人或至公卿命祿尊貴位望高大王
者尊貴之率高大之最也生有高大之命其時身有
尊貴之奇古公知之見四乳之怪也夫四乳聖人證

也在母身中禀天聖命豈長大之後脩行道德四乳
乃生以四乳論望羊亦知為胎之時已受之矣劉媼
息於大澤夢與神遇遂生高祖此時已受命也光武
生於濟陽宮夜半無火内中光明軍下卒蘇永謂公
曹史充蘭曰此吉事也毋多言此時已受命獨謂文
王武王得赤雀魚烏乃受命非也上天壹命王者乃
興不復更命也得富貴大命自起王矣何以驗之富
家之翁貲累千金生有富骨治生積貨至於年老成
為富翁矣夫王者天下之翁也禀命定於身中猶鳥
之別雄雌於卵殼之中也卵殼孕而雌雄生日月至

而骨節彊彊則雄自率將雌雄非生長之後或教使為雄然後乃敢將雌此氣性剛彊自為之矣夫王者天下之雄也其命當王王命定於懷姙猶富貴骨生有鳥雄卵成也非唯人鳥也萬物皆然草木生於實核出土為栽蘖稍生莖葉成為長短巨細皆由實核王者長巨之最也朱草之莖如鍼紫芝之栽如豆成為瑞矣王者稟氣而生亦猶此也或曰王者生稟天命及其將王天復命之猶公卿以下詔書封拜乃敢即位赤雀魚鳥上天封拜之命也天道人事有相命使之義自然無為天之道也命文以赤雀武以白魚

是有為也管仲與鮑叔分財取多鮑叔不與管仲不求内有以相知視彼猶我取之不疑聖人起王猶管之取財也朋友彼我無有授與之義上天自然有命使之驗是則天道有為朋友自然也當漢祖斬大蛇之時誰使斬者豈有天道先至而乃敢斬之哉勇氣奮發性自然也夫斬大蛇誅秦殺項同一實也周之文武受命伐殷亦一義也高祖不受命使之將獨謂文武受雀魚之命誤矣難曰康王之誥曰冒聞于上帝帝休天乃大命文王加無命 史經何為言天乃大命文王所謂大命者非天乃命文王也聖人

動作天命之意也與天合同若天使之矣書方激勸
康叔勉使為善故言文王行道上聞于天天乃大命
之也詩曰乃眷西顧此惟予度與此同義天無頭面
眷顧如何人有顧睨以人徼天事易見故曰眷顧天
乃大命文王眷顧之義實天不命也何以驗之夫大人
與天地合其德與日月合其明與四時合其序與鬼神
合其吉凶先天而天不違後天而奉天時如必須天
有命乃以從事安得先天而後天乎以其不待天命直
以心發故有先天後天之勤言合天時故有不違奉
天之文論語曰大哉堯之為君唯天為大唯堯則之王

者則天不違奉天之義也推自然之性與天合同是則所謂大命文王也自文王意文王自爲非天驅赤雀使告文王云當爲王乃敢起也然則文王赤雀及武王白魚非天之命昌熾祐也吉人舉事無不利者人徒不召而至瑞物不招而來黯然諧合若或使之出門閭告顧睨見善自然道也文王當興赤雀適來魚躍鳥飛武王偶見非天使雀至白魚來也吉物動飛而聖遇也白魚入于王舟王陽曰偶適也光祿大夫劉琨前爲弘農太守虎渡河光武皇帝曰偶適自然非或使之也故夫王陽之言適光武之言偶可謂

合於自然也

本性篇

情性者人治之本禮樂所由生也故原情性之極禮為之防樂為之節性有卑謙辭讓故制禮以適其宜情有好惡喜怒哀樂故作樂以通其敬禮所以制樂所為作者情與性也昔儒舊生著作篇章莫不論說莫能實定周人世碩以為人性有善有惡舉人之善性養而致之則善長（有無閱字）性惡養而致之則惡長如此則（有情字）性各有陰陽善惡在所養焉故世子作養書一篇宓子賤漆雕開公孫尼子之徒亦論情性與世子

相出入皆言性有善有惡孟子作性善之篇以爲人

性皆善及其不善物亂之也謂人生於天地皆稟其

性長大與物交接者放縱悖亂不善日以生矣若

孟子之言人幼小之時無有不善也微子曰我舊云

孩子王子不出紂爲孩子之時微子睹其不善之性

性惡不出衆庶長大爲亂不變故云也羊舌食我初

生之時叔姬視之及堂聞其啼聲而還曰其聲豺狼之

聲也野心無親非是莫滅羊舌氏遂不肯見及長一有與字

祁勝爲亂食我與焉國人殺食我羊舌氏由是滅矣

紂之惡在孩子之時食我之亂見始生之聲孩子始

生朱與物接誰令悖者丹朱生於唐宮商均生於虞
室唐虞之時可比屋而封所與接者必多善矣二帝之旁
必多賢也然而丹朱傲商均虐並失帝統歷世爲戒
且孟子相人以眸子焉心清而眸子瞭心濁而眸子眊
人生目輒眊瞭眊瞭稟之於天不同氣也非幼小之
時瞭長大與人接乃更眊也性本自然善惡有質孟子
之言情性未爲實也然而性善之論亦有所緣或仁
或義性術乖也動作趨翔性識詭也面色或白或黑
身形或長或短至老極死不可變易天性然也皆知
水土物器形性不同而莫知善惡稟之異也一有子曰字

一歲嬰兒無乎爭奪之心長大之後或漸利色狂心情
行由此生也告子與孟子同時其論性無善惡之分
譬之湍水決之東則東決之西則西夫水無分於東
西猶人無分於善惡也夫告子之言謂人之性與水
同也使性若水可以水喻性猶金之爲金木之爲木
也人善因善惡亦因惡初豈天然之姿受純善之質
故生而兆見善惡可察兼分於善惡可推移者謂中
人也不善不惡須教成者也故孔子曰中人以上可
以語上也中人以下不可以語上也告子之以決水
諭者徒謂中人不指極善極惡也孔子曰性相近也

論衡

習相遠也夫中人之性在所習焉習善而為善習惡
而為惡也至於極善極惡非復在習故孔子曰惟上
智與下愚不移性有善不善聖化賢教不能復移易也孔
子道德之祖諸子之中最卓者也而曰上智下愚不
移故知告子之言未得實也夫告子之言亦有緣也
詩曰彼姝之子何以與之其傳曰譬猶練絲染之藍
則青染之丹則赤夫決水使之東西猶染絲令之青
赤也丹朱商均已染於唐虞之化矣然而丹朱傲而
商均虐者至惡之質不受藍朱變也孫卿有反孟子
作性惡之篇以為人性惡其善者偽也性惡者以為

……惡性也僞者長大之後勉……
劉子言人幼小無有善也稷為兒以……為戲孔子
能行以俎豆為弄石生而堅蘭生而香……
就成故種樹之戲為唐司馬俎豆之弄為聖師……
蘭石之性故有堅香之……大孫卿之言未為得實然
而性惡之言有緣也一歲嬰兒無推讓之心見食號
欲食之踖[?]好啼欲玩之長大之後恭儉[?]勸勵為
善矣劉子政非之曰如此則天無氣也陰陽善惡不
相當則人之為善安從生陸賈曰天地生人也以禮
義之性人能察己所以受命則順順之謂道夫陸賈

知人禮義爲性人亦能察已所以受命性善者不待
察而自善性惡者雖能察之猶背禮畔義義挹於善
不能爲也故貪者能言廉亂者能言治盜跖非人之
竊也莊蹻刺人之濫也明能察己口能論賢性惡不爲
何益於善陸賈之言未能得實董仲舒覽孫孟之書作
情性之說曰天之大經一陰一陽人之大經一情一性
性生於陽情生於陰陰氣鄙陽氣仁曰性善者是見其
陽也謂惡者是見其陰者也若仲舒之言謂孟子見其
陽孫卿見其陰也處二家各有見可也不處人情性情性
性有善有惡未也夫人情性同生於陰陽其生於陰陽

有渥有治玉在於石有純有駁情性於陰陽亦有純駁
昔仲舒之言未能得實劉子政曰性生而然者也在於
身而不發情接於物而然者也出形於外形外則謂之
陽不發者則謂之陰夫子政之言謂性在身而不發
情接於物形出於外故謂之陽性不發不與物接故
謂之陰夫如子政之言乃謂情為陽性為陰也不據
本所生起苟以形出與不發見定陰陽也必以形出為
陽性亦與物接造次必於是顛沛必於是則陽不忍
不忍仁之氣也卑謙辭讓性之發也有與接會故則
隱卑謙形出於外謂性在內不與物接惡非其實不

論性之善惡徒議外內陰陽理難以知且從子政之
言以性為陰情為陽夫人稟情竟有善惡不也自孟
子以下至劉子政鴻儒博生聞見多矣然而論情性
竟無定是唯世碩儒公孫尼子之徒頗得其正由此
言之事易知道難論也酆文茂記繁如榮華恢諧劇談
甘如飴蜜未必得實實者人性有善有惡猶人才有
高有下也高不可下下不可高謂性無善惡是謂人
才無高下也稟性受命同一實也命有貴賤性有善
惡謂性無善惡是謂人命無貴賤也九州田土之性
善惡不均故有黃赤黑之別上中下之差水潦不

[illegible]有清濁之流東西南北之趨人稟天地之性懷五常之氣或仁或義性術乖也動作趨翔或重或輕性識詭也面色或白或黑身形或長或短至老極死不可變易天性然也余固以孟軻言人性善者中人以上者也孫卿言人性惡者中人以下者也楊雄言人性善惡混者中人也若反經合道則可以爲教盡性之理則未也

物勢篇

儒者論曰天地故生人此言妄也夫天地合氣人偶自生也猶夫婦合氣子則自生也夫婦合氣非當時欲

得生子情欲動而合合而生子矣且夫婦不故生子
以知天地不故生人也然則人生於天地也猶魚之
於淵蟣虱之於人也因氣而生種類相產萬物生天地
之間皆一實也傳曰天地不故生人人偶自生若此論
事者何故云天地爲鑪萬物爲銅陰陽爲火造化爲
工乎案陶冶者之用火爍銅燔器故爲之也而云天
地不故生人人偶自生耳可謂陶冶者不故爲器而
器偶自成乎夫比不應事未可謂喻文不稱實未可
謂是也曰是喻人稟氣不能純一若爍銅之下形燔
器之得火也非謂天地生人與陶冶同也興喻人皆

引人事人事有體不可斷絶以目視頭頭不得不動以手相足足不得不搖目與頭同形手與足同體今夫陶冶者初埏埴作器必模範為形故作之也燃炭生火必調和鑪竈故為之也及銅爍不能皆成器燔不能盡善不能故生也夫天不能故生人則其生萬物亦不能故也天地合氣物偶自生矣夫耕耘播種故為之也及其成與不熟偶自然也何以驗之如天故生萬物當令其相親愛不當令之相賊害也或曰五行之氣天生萬物以萬物含五行之氣五行之氣更相賊害曰天自當以一行之氣生萬物令之相親愛不

當令五行之氣反使相賊害也或曰欲爲之用故令相賊害賊害相成也故天用五行之氣生萬物人用萬物作萬事不能相制不能相使不相賊害不成爲用金不賊木木不成用火不爍金金不成器故諸物相賊相利含血之蟲相勝服相齧噬相啖食者皆五行氣使之然也曰天生萬物欲令相爲用不得不相賊害也則生虎狼蝮蛇及蜂蠆之蟲皆賊害人天又欲使人爲之用邪且一人之身含五行之氣故一人之行有五常之操五常五　之道也五藏在内五行氣俱如論者之言含血之蟲懷五行之氣輙相賊害一人

之身胸懷五藏自相賊也一人之操行義之心自相害也且五行之氣相賊害含血之蟲相勝服其驗何在曰寅木也其禽虎也戌土也其禽犬也丑未亦土也丑禽牛未禽羊也木勝土故犬與牛羊爲虎所服也亥水也其禽豕也巳火也其禽蛇也子亦水也其禽鼠也午亦火也其禽馬也水勝火故豕食蛇火爲水所害故馬食鼠屎而腹脹曰審如論者之言含血之蟲亦有不相勝之效午馬也子鼠也酉雞也卯兔也水勝火鼠何不逐馬金勝木雞何不啄兔亥豕也未羊也丑牛也土勝水牛羊何不殺豕巳蛇也申猴

也火勝金也何不食獮猴獮猴者畏鼠也齧獮猴者
犬也鼠水獮猴金也水不勝金獮猴何故畏鼠也戌
土也申猴也土不勝金猴何故畏犬東方木也其星
倉龍也西方金也其星白虎也南方火也其星朱鳥
也北方水也其星玄武也天有四星之精降生四獸
之體含血之蟲以四獸為長四獸含五行之氣最較
著案龍虎交不相賊鳥龜會不相害以四獸驗之以
十二辰之禽效之五行之蟲以氣性相刻則尤不相
應凡萬物相刻賊含血之蟲則相服至於相啖食者
自以齒牙頓利筋力優劣動作巧便氣勢勇桀若人

之在世勢不與適力不均等自相勝服以力相服則
以刃相賊矣夫人以刃相賊獮狝以齒角爪牙相觸
刺也力強角利勢烈牙長則能勝氣微爪短誅膽小
距頓則服畏也人有勇怯故戰有勝負勝者未必受
金氣負者未必得木精也孔子畏陽虎卻行流汗陽
虎未必色白孔子未必面青也鷹之擊鳩雀鶵之啄
鶻鷹未必鷹鷂生於南方而鳩雀鵠鷹產於西方也
自是筋力勇怯相勝服也一堂之上必有論者一鄉之
中必有訟者訟必有曲直論必有是非而曲者為
負是而直者為勝亦或辯口利舌辭喻橫出為勝或

詘翦鎩跲鞭箠不比者為負以古論訟猶以劍戟鬪

也利劍長戟手足捷疾者勝頓刀短矛手足緩留者

負夫物之相勝或以筋力或以氣勢或以巧便小有

氣勢已足有便則能以小而制大大無骨力角翼不勁

則以大而服小鵲食蝟皮博勞食虵蝟虵不便也

蚊虻之力不如牛馬牛馬困於蚊虻蚊虻乃有勢也

鹿之角足以觸犬獼猴之手足以搏鼠然而鹿制於

犬獼猴服於鼠角爪不利也故十年之牛為牧豎所

驅仞之象為越僮所鉤無便故也故夫得其便也

則以小能勝大無其便也則以彊服於蠹觚也

奇怪篇

儒者稱聖人之生不因人氣更稟精於天禹母吞薏苡而生禹故夏姓曰姒卨母吞燕卵而生卨故殷姓曰子后稷母履大人跡而生后稷故周姓曰姬詩曰不坼不副是生后稷說者又曰禹卨逆生闓母背而出后稷順生不坼不副不感動母體故曰不坼不副逆生者子孫逆死順生者子孫順亡故桀紂誅死赧王奪邑言之有頭足故人信其說明事以驗證故人然其文讖書又言堯母慶都野出赤龍感己遂生堯高祖本紀言劉媼嘗息大澤之陂夢與神遇是時雷電晦

冥太公往視見蛟龍於上已而有身遂生高祖其言
神驗文又明著世儒[illegible]莫謂不然如實論之虛妄
言也彼詩言不坼不[illegible]其不感動母體可也言其
闓母背而出妄也夫[illegible]一生復育也闓背而出天之
生聖子與復育同道[illegible]兔吮毫而懷子及其子生從
口而出案禹母吞薏苡卨母嚥鷰卵與兔吮毫同實也
禹卨之母生宜皆從口不當闓背夫如是闓背之說
竟虛妄也世間血刃死者多未必其先祖初為人者
生背逆也秦失天下閻樂斬胡亥項羽誅子嬰秦之
先祖伯翳豈逆生乎如是為順逆之說以驗三家之

祖誤矣且夫薏苡草也燕卵鳥也大人跡土也三者
皆形非氣也安能生人說聖者以爲稟天精微之氣
故其爲有殊絶之知今三家之生以草以鳥以土可
謂精微乎天地之性唯人爲貴則物賤矣今貴人之
氣更稟賤物之精安能精微乎夫令鳩雀施氣於鴈
鵠終不成子者何也鳩雀之身小鴈鵠之形大也今
燕之身不過五寸薏苡之莖不過數尺二女吞其卵
實安能成七尺之形乎爍一鼎之銅以灌一錢之形
不能成一鼎明矣今謂大人天神故其跡巨跡之
人一鼎之爍銅也姜原之身一錢之形也使大人施

氣於姜原姜原[illegible]得其精不能盡得其
精則后稷不能成[illegible]龍之子子性類父龍
能乘雲堯與高祖[illegible]焉萬物生於土各似本種
不類土者生不出[illegible]徒養育之也母之懷子猶
土之育物也堯高祖之母受龍之施猶土受物之播
也物生自類本種夫二帝宜似龍也且夫含血之類相
與為牝牡牝牡之會皆見同類之物精感欲動乃能授
施若夫牡馬見雌牛雄雀見牝雞不相與合者異類故
也今龍與人異類何以能感於人而施氣或曰夏之衰
二龍鬬於庭吐漦於地龍亡漦在櫝而藏之至周幽王

發出龍漦化爲玄黿入于後宮與處女交遂生褒姒玄黿與人異類何以感於處女而施氣乎夫玄黿所交非正故褒姒爲禍周國以亡以非類妄交則有非道妄亂之子今堯高祖之母不以道接會何故二帝賢聖與褒姒異乎或曰趙簡子病五日不知人覺言我之帝所有熊來帝命我射之中熊死有羆來我又射之中羆羆死後問當道之鬼鬼曰熊羆晉二卿之先祖也熊羆物也與人異類何以施類於人而爲二卿祖夫簡子所射熊羆二卿祖當亡簡子當昌之秋也簡子見之若寢夢矣空虛之象不必有實假令有之或時

熊羆先化為人乃生二卿魯公牛哀病化為虎人化
為獸亦如獸為人玄黿入後宮殆先化為人天地之
間異類之物相與交接未之有也天人同道好惡均
心人不好異類則天亦不與通人雖生於天猶蟣蝨
生於人也人不好蟣蝨天無故欲生於人何則異類殊
性情欲不相得也天地夫婦也天施氣於地以生物
人轉相生精微為聖皆因父氣不更稟取如更稟者
為聖焉后稷不聖如聖人皆當更稟十二聖不皆然
也黃帝帝嚳帝顓頊帝舜之母何所受氣文王武王
周公孔子之母何所感吞此或時見三家之姓曰姒氏

子氏姬氏則因依放空生怪說猶見鼎湖之地而著黃帝升天之說矣失道之意還反其字蒼頡作書與事相連姜原履大人跡跡者基也姓當為其下土乃為女旁臣非基跡之字不合本事疑非實也以周姬況夏殷亦知子之與以非燕子薏苡也或時禹契后稷之毋適欲懷妊遭吞薏苡燕卵履大人跡也世好奇怪古今同情不見奇怪謂德不異故因以為姓世間誠信因以為然聖人重疑因不復定世士淺論因不復辨儒生是古因生其說彼詩言不坼不副者言后稷之生不感動毋身也儒生穿鑿因造禹契逆生之

說感於龍夢與神遇猶此率也堯高祖之母適欲懷妊遭逢雷龍載雲雨而行人見其形遂謂之然夢與神遇得聖子之象也夢見鬼合之非夢與神遇乎安得其實野出感龍及蛟龍居上或堯高祖受富貴之命龍為吉物遭加其上吉祥之瑞受命之證也光武皇帝產於濟陽宮鳳皇集於地嘉禾生於屋聖人之生奇鳥吉物之為瑞應必以奇吉之物見而子生謂之物之子是則光武皇帝嘉禾之精鳳皇之氣歟案帝繫之篇及三代世表禹鯀之子也卨稷皆帝嚳之子其母皆帝嚳之妃也及堯亦嚳之子帝王之妃何為適草野古時雖質

禮已設制帝王之妃何爲浴於水夫如是言聖人更
稟氣於天母有感吞者虗妄之言也實者聖人自有
種世族仁如文武各有類孔子吹律自知殷後項羽
重瞳自知虞舜苗裔也五帝三王皆祖黄帝黄帝聖人本
稟貴命故其子孫皆爲帝王帝王之生必有怪奇不
見於物則效於夢矣

論衡卷第三

論衡卷第四　　王充

書虛篇　　變虛篇

書虛篇

世信虛妄之書，以爲載於竹帛上者，皆賢聖所傳，無不然之事，故信而是之，諷而讀之。睹眞是之傳與虛妄之書相違，則并謂短書不可信用。夫幽冥之實尚可知，沈隱之情尚可定，顯文露書，是非易見，籠總并傳，非實事，用精不專，無思於事也。夫世間傳書諸子之語，多欲立奇造異，作驚目之論，以駭世俗之人，爲譎詭之書，以著殊異之名。傳書言：延陵季子出游，見

路有遺金當夏五月有披裘而薪者季子呼薪者曰
取彼地金來薪者投鎌於地瞋目拂手而言曰何子
居之高視之下儀貌之壯語言之野也吾當夏五月
披裘而薪豈取金者哉季子謝之請問姓字薪者曰
子皮相之士也何足語姓名遂去不顧世以爲然殆
虛言也夫季子恥吳之亂吳欲共立以爲主終不肯
受去之延陵終身不還廉讓之行終始若一許由讓
天下不嫌貪封侯伯夷叔齊去國饑死不嫌貪刀鉤廉讓
之行大可以況小小難以況大季子能讓吳位何嫌
貪地遺金季子使於上國道過徐徐君好其寶劍未

之即予還而徐君死解劍帶冢樹而去廉讓之心恥
負吏前志也季子不負死者棄其寶劍何嫌一北生人取金於地季子
未去吳乎公子也已去吳乎延陵君也公子與君出
有前後輩有附從不能空行於塗明矣既不恥取金何
難使左右而煩披裘者世稱柳下惠之行言其能以
幽冥自脩潔也賢者同操故千歲交志置季子於冥
昧之處尚不取金況以白日前後備具取金於路非
季子之操也或時季子實見遺金憐披裘薪者欲以
益之或時言取彼地金欲以予薪者不自取也世俗
傳言則言季子取遺金也傳書或言顏淵與孔子俱

上魯太山孔子東南望吴昌門外有繫白馬引顔淵指以示之曰若見吴昌門乎顔淵曰見之孔子曰門外何有曰有如繫練之狀孔子撫其目而止之因與俱下下而顔淵髮白齒落遂以病死蓋以精神不能若孔子彊力自極精華竭盡故早夭死世俗聞之（一有人字）皆以爲然如實論之殆虛言也案論語之文不見此言考六經之傳亦無此語夫顔淵能見千里之外與聖人同孔子諸子何諱不言蓋人目之所見不過十里過此不見非所明察遠也傳曰太山之高巍然去之百里不見螘螺遠也案魯去吴千有餘里使離朱

望之終不能見況使顏淵何能審之如才庶幾者明
目異於人則世宜稱亞聖不宜言離朱人目之視也
物大者易察小者難審使顏淵處昌門之外望太
山之形終不能見況從太山之上察白馬之色色不
能見明矣非顏淵不能見孔子亦不能見也何以驗
之耳目之用均也目不能見百里則耳亦不能聞也
陸賈曰離婁之明不能察帷薄之內師曠之聰不能
聞百里之外昌門之與太山非直帷薄之內百里之
外也秦武王與孟說舉鼎不任絕脈而死舉鼎用力
力由筋脈筋脈不堪絕傷而死道理宜也今顏淵用

力望遠望遠目睛不任宜盲眇髮白齒落非其致也
髮白齒落用精於學動力不休氣力竭盡故至於死
伯奇放流首髮早白詩云惟憂用老伯奇用憂而顏
淵用睛暫望太倉安能致此儒書言舜葬於蒼梧禹
葬於會稽者巡狩年老道死邊土聖人以天下爲家
不別遠近不殊內外故遂止葬夫言舜禹實也言其
巡狩虛也舜之與堯俱帝者也共五千里之境同四
海之內二帝之道相因不殊堯典之篇舜巡狩東至
岱宗南至霍山西至太華北至恒山以爲四嶽者四方
之中諸侯之來並會嶽下幽深遠近無不見者聖

人舉事求其宜適也禹王如舜事無所改巡狩所至以復如舜舜至蒼梧禹到會稽非其實也實舜禹之時鴻水未治堯傳於舜舜受爲帝與禹分部行治鴻水堯崩之後舜老亦以傳於禹舜南治水死於蒼梧禹東治水死於會稽賢聖家天下故因葬焉吳君高說會稽本山名夏禹巡守會計於此山因以名郡故曰會稽夫言因山名郡可也言禹巡狩會計於此山虛也巡狩本不至會稽安得會計於此山宜聽君高之說誣會稽爲會計禹到南方何所會計如禹始東死於會稽舜亦巡狩至於蒼梧安所會計百王治定

則出巡巡則案會計是則巡方之山皆會計也百王
承平升禪泰山太山之上封可見者七十有二紛綸
湮滅者不可勝數如舜帝一之巡狩則案會計會計之
地如太山詩者四方宜多六郡國成名猶萬物之名
不可說也獨爲會稽立號周詩舊名吳越也爲吳越
立名從何往哉六國立名又嘗如何天下郡國且百餘
縣邑出萬鄉亭聚里皆有號名賢聖之才莫能說君
焉能說會稽不能辨定方名會計之說未可從也巡
狩乎正法度與時吳爲裸國斷髮文身考之無用會
計如何傳書言舜葬於蒼梧象爲之耕禹葬會稽鳥

爲之田蓋以聖德所致天使鳥獸報祐之也世莫不
然考實之殆虛言也夫舜禹之德不能過堯堯葬於
冀州或言葬於崇山冀州鳥獸不耕而鳥獸獨爲舜
禹耕何天恩之偏駁也或曰舜禹治水不得寧處故
舜死於蒼梧禹死於會稽勤苦有功故天報之遠離
中國故天痛之夫天報舜禹使鳥田象耕何益舜禹
天欲報舜禹宜使蒼梧會稽常祭祀之使鳥獸田耕不
能使人祭祭加舜禹之墓田施人民之家天之報祐聖人
何其拙也且無益哉由此言之鳥田象耕報祐舜禹非
其實也實者蒼梧多象之地會稽衆鳥所居禹貢曰彭

蠡既瀦陽鳥攸居天地之情鳥獸之行也象自蹈土鳥
自食草土蹶草盡若耕田狀壤靡泥易人隨種之世
俗則謂爲舜禹田海陵麋田若象耕狀何嘗帝王葬海
陵者耶傳書言吳王夫差殺伍子胥煑之於鑊乃以
鴟夷橐投之於江子胥恚恨驅水爲濤以溺殺人今
時會稽丹徒大江錢唐浙江皆立子胥之廟蓋欲慰
其恨心止其猛濤也夫言吳王殺子胥投之於江實
也言其恨恚驅水爲濤者虛也屈原懷恨自投湘江
湘江不爲濤申徒狄蹈河而死河水不爲濤世人必
曰屈原申徒狄不能勇猛力怒不如子胥夫衞葅子

路而漢烹彭越子胥勇猛不過子路彭越然二士不
能發怒於鼎鑊之中以烹湯葅汁瀋漎旁人子胥亦自
先入鑊乃入江在鑊中之時其神安居豈怯於鑊湯
勇於江水哉其怒氣前後不相副也且投於江中何
江也有丹徒大江有錢唐浙江有吳通陵江或言投
於丹徒大江無濤欲言投於錢唐浙江浙江山陰江
上虞江皆有濤三江有濤豈分橐中之體散置三江
中乎人若恨恚也仇讎未死子孫遺在可也今吳國
已滅夫差無類吳爲會稽立置太守子胥之神復何
怨苦爲濤不止欲何求索吳越在時分會稽郡越治

山陰吳都今吳餘既以南屬越錢唐以北屬吳錢唐之
江兩國界　山陰上虞在越界中子胥入吳之江爲
濤當自上吳界中何爲入越之地怨恚吳王發怒越
江違失道理無神之驗也且夫水難驅而人易從也
生任筋力死用精魂子胥之生不能從生人營衛其
身自今身死筋力消絕精魂飛散安能爲濤使子胥
之類數百千人乘船渡江不能越水一子胥之身煑
湯鑊之中骨肉糜爛成爲羹葅何能有害也周宣王
殺其臣杜伯趙簡子殺其臣莊子義其後杜伯射宣
王莊子義害簡子事理似然猶爲虛言今子胥不能

正論

完體爲杜伯子義之事以報吳王而驅水往來豈報
讎之義有知之驗哉俗語不實成爲丹青丹青之文
賢聖惑焉夫地之有百川也猶人之有血脈也血脈流
行沉揚動靜自有節度百川亦然其朝夕往來猶人之
呼吸氣出入也天地之性上古有之經曰江漢朝宗于
海唐虞之前也其發海中之時漾馳而已入三江之
中殆小淺狹水激沸起故騰爲濤廣陵曲江有濤文
人賦之大江浩洋曲江有濤竟以隘狹也吳殺其身
爲濤廣陵子胥之神竟無知也溪谷之深流者安洋
淺多沙石激揚爲瀨夫濤瀨一也謂子胥爲濤誰居

溪谷爲瀨者乎案濤入三江岸沸踊中央無聲必以子胥爲濤子胥之身聚岸灌也濤之起也隨月盛衰小大滿損不齊同如子胥爲濤子胥之怒以月爲節也三江時風楊疾之波亦溺殺人子胥之神復爲風也秦始皇渡湘水遭風問湘山何祠左右對曰堯之女舜之妻也始皇大怒使刑徒三千人斬湘山之樹而履之夫謂子胥之神爲濤猶謂二女之精爲風也

傳書言孔子當泗水之葬泗水爲之却流此言孔子之德能使水却不湍其墓也世傳人信之是故儒者說皆言孔子之後當封以泗水却流爲證如原省

殆虛言也夫孔子死孰與其生生能操行慎道應天
死操行絕天祐至德故五帝三王招致瑞應皆以生
存不以死亡孔子生時推排不容故歎曰鳳鳥不至
河不出圖吾已矣夫生時無祐死反有報乎孔子之
死五帝三王之死也五帝三王無祐孔子之死獨有
天報是孔子之魂聖五帝之精不能神也汎水無知
爲孔子却流天神使之然則孔子生時天神不使人
尊敬如和水却流天欲封孔子之後孔子生時功德
應天天不封其身乃欲封其後乎是蓋水偶自却流
江河之流有回復之處百川之行或易道更路與却

流無以異則四水部流不爲神怪也傳書稱魏公子
之德仁惠下士兼及鳥獸方與客飲有鸇擊鳩鳩走
巡於公子案下鸇追擊殺於公子之前公子耻之即
使人多設羅得鸇數十枚責讓以擊鳩之罪擊鳩之
鸇低頭不敢仰視公子乃殺之世稱之曰魏公子爲
鳩報仇此虛言也夫鸇物也情心不同音語不通聖
人不能使鳥獸爲義理之行公子何人能使鸇低頭
自責鳥爲鸇者以千萬數向擊鳩蜚去安可復得能低頭
自責是聖鳥也曉公子之言則知公子之行矣知公
子之行則不擊鳩於其前人猶不能改過鳥與人異

謂之能語世俗之語夫物類之實也亦皆小子書講
鸜鵒得人持其頭變折其頸疾痛低垂不能仰視復
公子惠義之人則因奠下無言鸛服過蓋言語之次空
生盧妾之著功名之下嘗有非奮之加傳書言齊桓
公㝡姑姊妹七人此言虛也夫亂骨肉犯親戚無上
下之序者禽獸之性則亂不知倫理案桓公九合諸
侯一匡天下道之以德將之以威以故諸侯服從莫敢
不率非内亂懷鳥獸之性者所能爲也夫率諸侯朝
事王室恥上無勢而下無禮也外恥禮之不存内何犯
禮而自壞外内不相副則功無成而威不立矣世釋

桀紂之惡不言淫亂實論者謂於桀紂惡微於
亡秦亡秦淫於三世無淫亂之言桓公妻姑姊亡人
是惡於桀紂而過之罪於春秋春秋也春秋桑臺毛之美貶
繼弃之惡桓公無大不疑何哉魯文姜齊襄公之妹
也襄公通焉春秋經曰莊二年冬夫人姜氏會齊侯
于郜春秋何尤於襄公而書其姦何宥於桓公隱而
不識如經矣之信家左丘明公羊穀梁何諱不言察
桓公之過多內寵內嬖如夫人者有五公子爭立
齊亂公薨三月乃殯世聞內嬖六人嫡庶無別則言
亂於姑姊妹七人矣傳書曰齊桓公負婦人而朝諸

雜言

侯此言桓公之淫亂無禮甚也夫桓公大朝之時負婦人於背其游宴之時何以加此乃方脩士禮崇厲肅敬負婦人於背何以能率諸侯朝事王室葵丘之會桓公驕矜當時諸侯畔者九國睚眦不得（一本所載字）九國畔去況負婦人淫亂之行何以肯留或曰管仲告諸侯吾君背有疽創不得婦人創不衰愈諸侯信管仲故無畔者夫十室之邑必有忠信若孔子當時諸侯千人以上必知方術治疽不用婦人管仲為君諱也諸侯知苟為君朝而欺已必恚怒而畔去何以能久統會諸侯成功於霸或曰桓公實無道任賢相管仲

故能霸天下。夫無道之人，與狂無異，信讒遠賢，反害仁義，安能任管仲，能養人令之成事？桀殺關龍逢，紂殺王子比干，無道之君，莫能用賢。使管仲賢，桓公不能用管仲，故知桓公無亂行也。有賢明之君，故有貞良之臣。臣賢，君明之驗，柰何謂之有亂？難曰：衛靈公無道之君，時知賢臣，管仲為輔，何明桓公不為亂也？夫靈公無道，任用三臣，僅以不亡；非有功行也。桓公尊九九之人，拔寧戚於車下，責苞茅不貢，運兵攻楚，九合諸侯，一匡天下，千世一出之主也，而云負婦人於背，虛矣。

說尚書曰：周公居攝，帶天子之綬，戴天子之冠

負扆南面朝諸侯尸禰之間曰扆南面之坐位也
負扆南面鄉坐扆在後也桓公朝諸侯之時或南面
坐婦人立於後也世俗傳云則曰負婦人於背矣此
則夔一足宋丁公鑿井得一人之語也唐虞時夔爲
大夫性知音樂調聲悲善當時人曰調樂如夔一足
矣世俗傳言夔一足案秩宗官缺帝舜博求衆稱
伯夷伯夷稽首讓于夔龍秩宗卿官漢之宗正也斷足
足非其理也且一足之人何用行也夏后孔甲田于東萯
一作莫山天雨晦冥入于民家主人方孔或曰后來之
子必貴或曰不勝之子必賤孔甲曰爲余子孰能

踐之遂㦸以歸析橑斧斬其足卒爲守者孔甲之欲貴
之子有餘力矣斷足無宜故爲守者今夔一足無因
趍步坐調音樂可也秋宗之官不宜一足猶守者斷
足不可貴也孔甲不得貴之子伯夷不得讓於夔焉
宋丁公者宋人也未鑿井時常有寄汲計之日去一
人作自鑿井後不復寄汲計之日得一人之作故曰宋
丁公鑿井得一人俗傳言曰丁公鑿井得一人於
井中夫人生於人非生於土也穿土鑿井無爲得人
推此以論負婦人之語猶此類也負婦人而坐則云
婦人在背知婦人在背非道則生管仲以婦人治疽

之言矣使桓公用婦人徹胃脫婦人於背女氣瘡可去以婦人治疽方朝諸侯桓公重衣婦人襲裳女氣分隔負之何益桓公思士作庭燎而夜坐以思致士反以白日負婦人以見諸侯乎傳書言聶政爲嚴翁仲刺殺韓王此虛也夫聶政之時韓列侯也列侯之三年聶政刺韓相俠累十二年列侯卒與聶政殺俠累相去十七年而言聶政刺殺韓王短書小傳竟虛不可信也傳書又言燕太子丹刺客荊軻刺秦王不得誅死後高漸麗復以擊筑見秦王秦王說之知燕大子之客乃冒其眼使之擊筑漸麗乃置鉛於筑中

以爲重嘗擊筑秦王膝進不能自禁漸麗以筑擊秦王顙秦王病傷三月而死夫言高漸麗以筑擊秦王實也言中秦王病傷三月而死虛也夫秦王者秦始皇帝也始皇二十年燕太子丹使荊軻刺始王始皇殺軻明矣二十一年使將軍王翦攻燕得太子首二十五年遂伐燕而虜燕王嘉後不審何年高漸麗以筑擊始皇不中誅漸麗當十七年游天下到會稽至琅邪北至勞盛山並海西至平原津而病到沙丘平臺始皇崩夫讖書言始皇還到沙丘而亡傳書又言病筑瘡三月而死於秦一始皇之身世或言死於沙

丘或言死於秦其死言恒病儋傳書之言多失其實
世俗之人不能定也

變虛篇

傳書曰宋景公之時熒惑守心公懼召子韋而問之
曰熒惑在心何也子韋曰熒惑天罰也心宋分野也
禍當君雖然可移於宰相公曰宰相所使治國家也
而移死焉不祥子韋曰可移於民公曰民死寡人將
誰爲也寧獨死耳子韋曰可移於歲公曰民饑必死
爲人君而欲殺其民以自活也其誰以我爲君者乎
是寡人命固盡也子毋復言子韋退走北面再拜曰

臣敢賀君天之處高而耳卑君有君人之言三天必
三賞君今夕星必徙三舍君延命二十一年公曰奚
知之對曰君有三善故有三賞星必三徙三徙行七
星星當一年三七二十一故君命延二十一歲臣請
伏於殿下以伺之星必不徙臣請死可是夕也火星
果徙三舍如子韋之言則延年審得二十一歲矣星
徙審則延命延命明則景公爲善天祐之也則夫世
間人能爲景公之行者則必得景公祐矣此言虛也
何則皇天遷怒使熒惑本景公身有惡而守心則雖
聽子韋言猶無益也使其不爲景公則雖不聽子韋

之言亦無損也齊景公時有彗星使人禳之晏子曰
無益也祗取誣焉天道不闇不貳其命若之何禳之
也且天之有彗以除穢也君無穢德又何禳焉若德
之穢禳之何益詩曰惟此文王小心翼翼昭事上帝聿
懷多福厥德不回以受方國君無回德方國將至何
患於彗詩曰我無所監夏后及商用亂之故民卒流
亡若德回亂民將流亡祝史之爲無能補也公說乃
止**辨**言之欲禳彗星之凶猶子韋欲移熒惑之禍也宋
君不聽猶晏子不肯從也則齊君爲子韋晏子爲宋
君之臣也夫禍一重二人夫猶賢宋君使熒惑徙三

言是二十三[illegible]下[illegible]不多爲一作晏子使其消而增其壽
知人而言偏[illegible]不齊一也人君有善行善行動於心
善言出其意一同由共本一氣不異宋景公出三善言
引天元三著見曰之前必有善行也有善行必有善政
[illegible]善瑞祥福祥至熒惑之星無爲守心也使景
公[illegible]太戊之行以致惡也惡政發則妖異見熒之守
伏桑穀之生朝高宗消去桑穀之變以政和以言景公
欽熒惑之異亦宜以行也景公有惡行故熒惑守心不
[illegible]修行坐出三善言六天能動天天安肯應何以致
之[illegible]景公出三惡言能使熒惑守心乎夫三惡言不能

使熒惑食必三善言安能使熒惑退徙三舍以三善言
獲二十一年如有百善言得千歲之壽乎非天祐善
之意應誠爲福之實也子韋之言天處高而聽卑君
有君人之言三天必三賞君夫天體也與地無異諸
有體者耳咸附於首體與耳殊未之有也天之去人
高數萬里使耳附天聽數萬里之語弗能聞也人坐
樓臺之上察地之螻蟻尚不見其體安能聞其聲何
則螻蟻之體細不若人形大聲音孔氣不能達也今
天之崇高非直樓臺人比體於天非若螻蟻於人也
謂天非若螻蟻於人也謂天聞人言隨善惡爲吉凶

設矣四夷入諸夏因譯而通同形均氣語不相曉雖
二帝三王不能去譯獨曉四夷况天與人異體音與
人殊乎人不曉天所爲天安能知人所行使天體乎
耳高不能聞人言使天氣乎氣若雲煙安能聽人辭
說災變之家曰人在天地之間猶魚在水中矣其能
以行動天地猶魚鼓而振水也魚動而水蕩氣變此
皆實事也假使真然不能至天魚長一尺動於水中
振旁側之水不過數尺大若不過與人同所振蕩者
不過百步而一里之外澹然澄靜離之遠也今人操行
變氣遠近宜與魚等氣應而變宜與水均以七尺之

細形形中之微氣不過與一鼎之蒸火同從下地上
變皇天何其高也且景公賢者也賢者操行上不及
聖下不過惡人世間聖人莫不堯舜惡人莫不桀紂
堯舜操行多善無移熒惑之效桀紂之政多惡有反
景公脫禍之驗景公出三善言延年二十一歲是則
堯舜宜獲千歲桀紂宜爲殤子今則不然各隨年壽
堯舜桀紂皆近百載是竟子韋之言妄延年之虛語
也且子韋之言曰熒惑天使也心宋分野也禍當君
若民者天使熒惑加禍於景公也如何可移於將相
若歲與國民乎天之有熒惑也猶王者之有方伯也

諸侯有當死之罪使方伯圍守其國國君問罪於臣臣明罪在君雖然可移於臣子與人民設國君計其言令其臣歸罪於國方伯聞之肯聽其言釋國君之罪更移以付國人乎方伯不聽者自國君之罪非國人之事也方伯不聽自國君之罪熒惑安肯移禍於國人若此子韋之言妄也曰景公聽乎言庸何能動天使諸侯不聽其臣言引過自予方伯聞其言釋其罪委之去乎方伯不釋諸侯之罪熒惑安肯徙去三舍夫聽與不聽皆無福善星徙之實未可信用天人同道好惡不殊人道不然則知天無驗矣宋衛陳鄭

之俱災也氣變見天梓慎知之請於子産有以除之子産不聽天道當然人事不能卻也使子産聽梓慎四國能無災乎堯遭鴻水時臣必有梓慎子韋之知矣然而不卻除者堯與子産同心也案子韋之言曰熒惑天使也心宋分野也禍當君審如此言禍不可除星不可卻也若夫寒温失和風雨不時政事之家謂之失誤所致可以善政賢行變而復也若熒惑守心若必死猶亡禍安可除脩政改行安能卻之善政賢行尚不能卻出虛華之三言謂星卻而禍除增壽延年享長久之福誤矣觀子韋之言景公言熒惑之

禍非寒暑風雨之類身死命終之祥也國且亡身且
死祅氣見於天容色陽於面面有容色雖善操行不
能滅死徵已見也在體之色不可以言行滅在天之
妖安可以治除乎人病且死色見於面人或謂之曰
此必死之徵也雖然可移於五鄰若移於奴役當死
之人正言不可容色肯爲善言之故滅而當死之命
肯爲之長乎氣不可滅命不可長然則熒惑安可卻
景公之年安可增乎由此言之熒惑守心未知所爲
使景公不死也且言星徙三舍者何謂也星三徙於
三舍乎一徙歷於三舍也案子韋之言曰君有君人

之言三天必三賞君今夕星必徙三舍君此星竟徙三舍也夫景公一坐有三善言星徙三舍如有十善言星徙十舍乎熒惑守心爲善言却如景公復出三惡言熒惑食心乎爲善言卻爲惡言進無善無惡熒惑安居不行動乎或時熒惑守心爲旱災不爲君變子韋不知以爲死禍信俗至誠之感熒惑之處星必偶自當去景公自不死世則謂子韋之言審景公之誠感天矣亦或時子韋知星行度適自去自以著已之知明君臣推讓之所致見星之數七因言星七舍復得二十一年因以星舍計年之數是與齊太卜無以異

也齊景公問太卜曰子之道何能對曰能動地晏子
往見公公曰寡人問太卜曰子道何能對曰能動地
地固可動乎晏子嘿然不對出見太卜曰昔吾見鉤
星在房心之閒地其動乎太卜曰然晏子出太卜走
見公臣非能動地地固將自動夫子韋言星徙猶太
卜言地動也地固且自動太卜言已能動之星固將
自徙子韋言君能徙之使晏子不言鉤星在房心閒則
太卜之姦對不覺宋無晏子之知臣故子韋之一言
遂爲其是案子韋書錄序秦亦言子韋曰君出三善言
熒惑宜有動於是候之果徙舍不言三或時星當自

衛子章以爲驗實動離合世增言三既空增三合之

數又虛生二十一年之壽也

論衡卷第四

弘治十七年補刊 論衡四

十九

(漢)王充 撰

宋本論衡

第二册

國家圖書館出版社

第二册目録

論衡卷第五　　王充

異虛篇　感虛篇

異虛篇

殷高宗之時桑穀俱生於朝七日而大拱高宗召其相而問之相曰吾雖知之弗能言也問祖己祖己曰夫桑穀者野草也而生於朝意朝亡乎高宗恐駭側身而行道思索先王之政明養老之義興滅國繼絕世舉佚民桑穀亡三年之後諸侯以譯來朝者六國遂享百年之福高宗賢君也而感桑穀生而問祖己行祖己之言脩政改行桑穀之妖亡諸侯朝而年長

文脩善之義篤故瑞應之福渥此庸言也祖已之言
朝當亡哉夫朝之當亡猶人當死人欲死怪出國欲
亡期盡人死命終死不復生亡不復存祖已之言政
何益於不亡高宗之脩行何益於除禍夫家人見凶
脩善不能得吉高宗見妖改政安能除禍除禍且不
能況能招致六國延期至百年乎故人之死生在於
命之夭壽不在行之善惡國之存亡在期之長短不
在於政之得失案祖已之占桑穀爲亡之妖亡象已
著雖脩孝行其何益哉何以效之魯昭公之時鸜鵒
來巢師已採文成之世童謡之語有鸜鵒之言見今

有來巢之驗則占謂之凶其後昭公爲季氏所逐出於齊國果空虛都有虛驗故野鳥來巢師已處之禍意如占使昭公聞師已之言脩行改政爲善居高宗之操終不能消何則鸜鵒之謠已兆出奔之禍已成也鸜鵒之兆已出於文成之世矣根生葉安得不茂源發流安得不廣此尚爲近未足以言之夏將衰也二龍戰於庭吐漦而去夏王櫝而藏之夏亡傳於殷殷亡傳於周皆莫之發至幽王之時發而視之漦流于庭化爲玄黿走入後宮與婦人交遂生褒姒褒姒歸周厲王惑亂國遂滅亡幽厲王之去夏世以爲千數歲

二龍戰時幽厲褒姒等未爲人也周亡之妖已出久矣妖出禍安得不就瑞見福安得不至若二龍戰時言曰余褒之二君也是則褒姒當生之驗也龍稱褒褒姒不得不生生則厲王不得不惡惡則國不得不亡徵已見雖五聖十賢相與郤之終不能消善惡同實善祥出國必興惡祥見朝必亡謂惡異可以善行除是謂善瑞可以惡政滅也河源出於崑崙其流播於九河使堯禹郤以善政終不能還者水勢當然人事不能禁也河源不可禁二龍不可除則桑穀不可郤也王命之當興也猶春氣之當爲夏也其當亡也

猶秋氣之當爲冬也見春之微葉知夏有莖葉覩秋之零實知冬之枯萃桑穀之生其猶春葉秋實也必然猶驗之令詳脩政改行何能除之夫以周亡之祥見於夏時人何以知桑穀之主不爲紂亡出乎或時祖已言之信野草之占失遠近之實高宗問祖已之後側身行道六國諸侯偶朝而至高宗之命自長未終則謂起桑穀之問改政脩行享百年之福矣夫桑穀之生殆爲紂出亦或時吉而不凶故殷朝不亡高宗壽長祖已信野草之占謂之當亡之徵漢孝武皇帝之時獲白麟戴兩角而共觝使謁者終軍議之軍

曰夫野獸而共一角象天下合同爲一也麒麟野獸
也桑穀野草也俱爲野物獸草何則然軍謂獸爲吉
祖已謂野草爲凶高宗祭成湯之廟有蜚雉升鼎而雊
祖已以爲遠人將有來者說尚書家謂雉凶議駁不
同且從祖已之言雉來吉也雉伏於野草之中草覆
野鳥之形若民人處草廬之中可謂其人吉而廬凶
乎民人入都不謂之凶野草生朝何故不吉雉則民
人之類如謂含血者吉長狄來至是吉也何故謂之
凶如以從夷狄來者不吉介葛盧來朝是凶也如以
草木者爲凶朱草蓂莢出是不吉也朱草蓂莢皆草

也宜生於野而生於朝是爲不吉何故謂之瑞野
之物來至或出吉凶異議朱草蓂莢善草故爲吉則
是以善惡爲吉凶不以都野爲好醜也周時天下太
平越裳獻雉於周公高宗得知而吉雉亦草野之物
何以爲吉如以雉所分有似於士則麏亦仍有似君
子公孫術得白鹿占何以凶然則雉之吉凶未可知則
夫桑穀之善惡未可驗也桑穀或善物象遠方之士
將皆立於高宗之朝故高宗獲吉福享長久也說災
異之家以爲天有災異者所以譴告王者信也夫王
者有過異見於國不改災見草木不改災見於五穀

不改災至身左氏春秋傳曰國之將亡鮮不五稔災
見於五穀五穀安得熟不熟將亡之徵災亦有且亡
五穀不熟之應天不熟或爲災或爲福禍福之實未
可知桑穀之言安可審論說之家著於書記者皆云
天雨穀者凶書傳曰蒼頡作書天雨穀鬼夜哭此方
凶惡之應和者天何用成穀之道從天降而和且猶
謂之善況所成之穀從雨下乎極論訂之何以爲凶
夫陰陽和則穀稼成不則被災害陰陽和者穀之道
也何以謂之凶絲成帛縷成布賜人絲縷猶爲重厚
況遺人以絲帛與縷布乎夫絲縷猶陰陽帛布猶成

穀也賜人帛不謂之惡天與之穀何故謂之凶夫兩
穀吉凶未可定桑穀之言未可知也使暢草生於周
之時天下太平人來獻暢草暢草亦草野之物也與
彼桑穀何異如以夷狄獻之則爲吉使暢草生於周
家肯謂之善乎夫暢草可以熾釀芬香暢達者將祭
灌暢降神設自生於周朝與嘉禾朱草蓂莢之類不
殊矣然則桑亦食蠶蠶爲絲絲爲帛帛爲衣衣以入
宗廟爲朝服與暢無異何以謂之凶衛獻公太子至
靈臺蛇遶左輪御者曰太子下拜吾聞國君之子蛇
遶 輪左者速得國太子遂不下反乎舍御人見太

子太子曰吾聞爲人子者盡和順於君不行私欲共
嚴承令不逆君安今吾得國是君失安也見國之利
而忘君安非子道也得國而拜其非君欲廢子道者不
孝逆君欲則不忠而欲我行之殆吾欲國之危明也授
殿將死其御止之不能禁遂伏劍而死夫虵繞左輪
審爲太子速得國太子宜不死獻公宜疾薨今獻公
不死太子伏劍御者之占俗之虛言也或時虵爲太
子將死之妖御者信俗之占故失吉凶之實夫桑穀
之生與虵遶左輪相似類也虵至實凶御者以爲吉
桑穀實吉祖己以爲凶禹南濟於江有黃龍負舟舟

中之人五色無主禹乃嘻笑而稱曰我受命於天竭
力以勞萬民生寄也死歸也死歸也何足以滑和視
龍猶蝘蜓也龍去而亡案古今龍至皆為吉而禹獨
謂黃龍凶者見其負舟舟中之人恐也夫以桑穀比
於龍吉凶雖反蓋相似野草生於朝尚為不吉殆有
若黃龍負舟之異故為吉而殷朝不亡晉文公將與
楚成王戰於城濮彗星出楚楚操其柄以問咎犯咎
犯對曰以彗鬬到之者勝文公夢與成王搏成王在
上監其腦問咎犯咎犯曰君得天而成王伏其罪戰
必大勝文公從之大破楚師嚮令文公問庸臣必曰

不勝何則彗星無吉搏在上無凶也夫桑穀之占占
爲凶猶晋當彗末搏在下爲不吉也然而吉者殆有
若對彗見天之詭故高宗長久殷朝不亡使文公不
問咎犯咎犯不明其吉戰以大勝世人將曰文公以
至賢之德破楚之無道天雖見妖卧有凶夢猶滅妖
消凶以獲福殷無咎犯之異知而有祖已信常之占
故桑穀之文傳世不絕轉禍爲福之言到今不實

感虛篇

儒者傳書言堯之時十日並出萬物燋枯堯上射十日九
日去一日常出此言虛也夫人之射也不過百步矢

力盡矣日之行也行天星度天之去人以萬里數堯上射之安能得日使堯之時天地相近不過百步則堯射日矢能及之過百步之不能得也假使堯時天地相近堯射得之猶不能傷日傷日何肯去何則日火也使在地之火附一把炬人從旁射之雖中安能滅之地火不爲見射而滅天火何爲見射而去此欲言堯以精誠射之精誠所加金石爲虧蓋誠無堅則亦無遠矣夫水與火各一性也能射火而滅之則當射水而除之洪水之時流濫中國爲民大害堯何不推精誠射而除之堯能射日使火不爲害不能射河使

水不為害夫射水不能卻水則知射日之語虛非實也或曰日氣也射雖不及精誠滅之天天亦遠使其為氣則與日月同使其為体則與金石等以堯之精誠滅日虧金石上射日則能穿天乎世稱桀紂之惡射天而毆地譽高宗之德政消桑穀今堯不能以德滅十日而必射之是德不若高宗惡與桀紂同也安能以精誠獲天之應也傳書言武王伐紂渡孟津陽侯之波逆流而擊疾風晦冥人馬不見於是武王左操黃鉞右執白旄瞋目而麾之曰余在天下誰敢害吾意者於是風霽波罷此言虛也武王渡孟津時士

衆喜樂前歌後舞天人同應人喜天怒非實宜也前
歌後舞未必其實應風而止之迹近爲虛夫風者氣也
論者以爲天地之號令也武王誅紂是乎天當安靜
以祐之如誅紂非乎而天風者怒也武王不奉天令
求索已過瞋目言曰余在天下誰敢害吾者重天怒
增已之惡也風何肯止父母怒子不改過瞋目大言
父母肯貰之乎如風天所爲禍氣自然是亦無知不
爲瞋目麾之故止夫風猶雨也使武王瞋目以麾
雨而止之乎武王不能止雨則亦不能止風或時武
王適麾之風偶自止世褒武王之德則謂武王不能

止風矣。傳書言：魯襄公與韓戰，戰酣日暮，公揮戈而
麾之，日爲之反三舍。此言虛也。凡人能以精誠動天，
專心一意，委務精神，精通于天，天爲變動，然尚未可
謂然。襄公志在戰，爲日暮一麾，安能令日反？使聖人
麾日，日終不反。襄公何人，而使日反乎？鴻範曰：星有
好風，星有好雨。日月之行，則有冬有夏。月之從星，則
有風雨。夫星與日月同精，日月不從星，星輒復變。明日月
行有常度，不得從星之好惡也，安得從襄公之所欲？星
之在天也，爲日月舍，猶地有郵亭，爲長吏廨也。二十八
舍有分度，一舍十度，或增或減。言日反三舍，乃三十

度也日日行一度一舍之間反三十日時所在度也
如謂舍為度三度亦三日行也一舍之間令日却三
日也宋景公推誠出三善言熒惑徙三舍實論者猶
謂之虛襄公爭鬬惡日之暮以此一戈麾無誠心善
言日為之反殆非其意哉且日火也聖人麾火終不
能卻襄公麾日安能使反或於戰時日正卯戰迷謂
日之暮麾之轉左曲道日若卻世好神怪因謂之反
不道所謂也傳書言荊軻為燕太子謀刺秦王白虹
貫日衛先生為秦畫長平之事太白蝕昴此言精感
天天為變動也夫言白虹貫日太白蝕昴實也言荊

太白刑星也長平坑卒四十餘萬秦將之首不秦行刺上應天象理則宜然如唐碟血誓太白經天感應之理星經乎若云七尺之軀不能感動天象則但矣在揮霓氣上柱三尺不同六

軻之謀，衛先生之畫，感動皇天，故白虹貫日，太白蝕昴者，虛也。夫以筯撞鍾，以筭擊鼓，不能鳴者，所用撞擊之者小也。今人之形不過七尺，以七尺形中精神欲有所為，雖積銳意，猶筯撞鍾、筭擊鼓也，安能動天？精非不誠，所用動者小也。且所欲害者人也，人不動，天反動乎？問曰：人之害氣能相動乎？曰：不能。豫讓欲害趙襄子，襄子心動；貫高欲篡高祖，高祖亦心動。二子懷精，故兩主振感。曰：禍變且至，身自有怪，非適人所能動也。何以驗之？時或遭狂人於途，以刃加己，狂人未必念害己身也，然而己身先時已有妖怪矣。由此言之妖怪之至禍變自凶之象非欲害已者之所爲也且凶之人卜得惡兆筮得凶卦出門見不吉占危睹禍氣禍氣見於面猶白虹太白見於天也變見於天妖出於人上下適然自相應也傳書言燕太子丹朝於秦不得去從秦王求歸秦王執留之與之誓曰使日再中天雨粟令烏白頭馬生角廚門木象生肉足乃得歸當此之時天地祐之日爲再中天雨粟烏白頭馬生角廚門木象生肉足秦王以爲聖乃歸之此言虛也燕太子丹何人而能動天聖人之拘不能動天太子丹賢者也何能致此夫天能祐太子生諸

瑞以免其身則能和秦王之意以解其難見拘一事
而易生瑞五事而難。舍一事之易為五事之難何不
之不憚勞也。湯困夏臺，文王拘羑里，孔子厄陳蔡，三
聖之困，天不能祐，使拘之者睹祐知聖，出而尊厚之。
或曰：拘三聖者，不與三誓，三聖心不願，故祐聖之瑞
無因而至。天之祐人，猶借人以物器矣，人不求索，則
弗與也。曰：太子願天下瑞之時，豈有語言乎？心願而
已。然湯閉於夏臺，文王拘於羑里，時心亦願出；孔子
厄陳蔡，心願食。天何不令夏臺、羑里關鑰毀敗，湯、文
涉出；雨粟陳蔡，孔子食飽乎？太史公曰：世稱太子丹之

今天雨粟馬生角亦抵皆虛言也太史公書漢世賢
事之人而云虛言迸非實也傳書言杞梁氏之妻嚮
城而哭城為之崩此言杞梁從軍不還其妻痛之嚮
城而哭至誠悲痛精氣動城故城為之崩也夫言嚮城
而哭者實也城為之崩者虛也夫人哭悲莫過雍門子
雍門子哭對孟嘗君孟嘗君為之於邑蓋哭之精誠故
對嚮之者悽愴感慟也夫雍門子能動孟嘗之心不能
感孟嘗衣者衣不知惻怛不以人心相關通也今城
土也土猶衣也無心腹之藏安能為悲哭感慟而
崩使至誠之聲能動城土則其對林木哭能折草破

木乎鬱水火而治能涌水滅火乎夫草木水火與土無異然杞梁之妻不能崩城明矣或時城適自崩杞梁妻適哭下世好虛不原其實故崩城之名至今不滅傳書言鄒衍無罪見拘於燕當夏五月仰天而嘆天為隕霜此與杞梁之妻哭而崩城無以異也言其無罪見拘當夏仰天而嘆實也言天為之雨霜虛也夫萬人舉口並解吁嗟猶未能感天鄒衍一人冤而壹歎安能下霜鄒衍之冤不過曾子伯奇曾子見疑而吟伯奇被逐而歌疑與拘同吟歌與嘆等曾子伯奇不能致寒鄒衍何人獨能雨霜被逐之冤尚未足

專[illegible]形之大小以人天校量[illegible]雖論也。

言申生伏劍子胥刎頸[illegible]孝而賜死誠忠而被[illegible]王[illegible]
死時皆有聲章辭聲辭也口與仰天歎無異天不[illegible]其言家
動獨為鄒衍歎豈天[illegible]異拘不能流血哉白[illegible]之[illegible]
相似而感動不同也[illegible]大僕一杯炎囊一鐘水終日不
能熱也府一尺冰置庖廚中終夜不能寒也何則微
小之感不能動大巨也今鄒衍之歎不過如一尺
冰而皇天巨大不徒[illegible]承庖廚之[illegible]熱也一仰天歎
天為隕霜何天之易感霜之易降也夫哀與樂同喜
與怒均衍與怨痛使天下霜使[illegible]賞并望之賞仰天
而笑能以冬時使天[illegible]之家曰人君秋賞賢

溫夏罰則暑寒不累時則霜不降溫不兼日則冰不
釋一夫冤而一歎天輒下霜何氣之易變時之易轉
也寒溫自有時不合變復之家且從變復之說或時
燕王好用刑寒氣應至而衍囚拘而歎歎時霜適自
下世見適歎而霜下則謂鄒衍歎之致也傳書言師
曠奏白雪之曲而神物下降風雨暴至平公因之癃
病晉國赤地或言師曠清角之曲一奏之有雲從西
北起再奏之大風至大雨隨之裂帷幕破俎豆墮廊
瓦坐者散走平公恐懼伏于廊室晉國大旱赤地三
年平公癃病夫白雪與清角或同曲而異名其禍敗

同一實也傳書之家載以爲是世俗觀見信以爲然
原省其實殆虛言也夫清角何音之聲而致此清角
木音也故致風而如木爲風雨與風俱三尺之木數
絃之聲感動天地何其神也此復一哭崩城一歎下
霜之類也師曠能鼓清角必有所受非能質性生出
之也其初受學之時宿昔習弄非直一再奏也審如
傳書之言師曠學清角時風雨當至也傳書言瓠芭
鼓瑟淵魚出聽師曠鼓琴六馬仰秣或言師曠鼓清
角一奏之有玄鶴二八自南方來集於廊門之危再
奏之而列三奏之延頸而鳴舒翼而舞音中宮商之

聲聲吁于天平公大悦坐者皆喜尚書曰擊石拊石
百獸率舞此雖奇怪然尚可信何則鳥獸好悲聲耳
與人耳同也禽獸見人欲食亦欲食之聞人之樂何
爲不樂然而魚聽仰秣玄鶴延頸百獸率舞蓋且其
實風雨之至晉國大旱赤地三年平公癃病殆虛言
也或時奏清角時天偶風雨風雨之後晉國適旱平
公好樂喜笑過度偶發癃病傳書之家信以爲然世
人觀見遂以爲實實者樂聲不能致此何以驗之風
雨暴至是陰陽亂也樂能亂陰陽則亦能調陰陽也王者
何須脩身正行擴施善政使鼓調陰陽之曲和氣自至太

平月立后傳書言湯遭七年旱以身禱於桑林自責
以六事天乃雨或言五年千禱辭曰余一人有罪無及
萬夫萬夫有罪在余一人無以一人之不敏使上帝鬼神傷民
之命於是剪其髮磨其手自以爲犧用祈福於上
帝上帝甚說時雨乃至言湯以身禱於桑林自責若
言剪髮磨手自以爲牲用祈福於帝者實也言雨至
爲湯自責以身禱之故殆虛言也孔子疾病子路請
禱孔子曰有諸子路曰有之誄曰禱爾於上下神祇
孔子曰丘之禱久矣聖人脩身正行素禱之日久天
地鬼神知其無罪故曰禱久矣易曰大人與天地合

其德與日月合其明與四時合其序與鬼神合其吉凶
此言聖人與天地鬼神同德行也即須禱以得福是
不同也湯與孔子俱聖人也皆素禱之日久孔子不
使子路禱以治病湯何能以禱得雨孔子素禱身猶
疾病湯亦素禱歲猶大旱然則天地之有水旱猶人
之有疾病也疾病不可以自責除水旱不可以禱謝
去明矣湯之致旱以過乎是不與天地同德也今不
以過致旱乎自責禱謝亦無益也人形長七尺形中
有五常有癉一作瘅熱之病深自剋責猶不能愈況以
在天之天自有水旱之變湯用七尺之形形中之形

自責禱謝安能得雨邪人在層臺之上人從層臺下叩頭求請臺上之物臺上之人聞其言則憐而與之如不聞其言雖至誠區區終無得也夫天去人非徒層臺之高也湯雖自責天安能聞知而與之雨乎夫旱火變也湛水異也堯遭洪水可謂湛矣堯不自責以身禱祈必舜禹治之知水變必須治也除湛不以禱祈除旱亦宜如之由此言之湯之禱祈不能得雨或時旱久時當自雨湯以旱久亦適自責世人見雨之下隨湯自責而至則謂湯以禱祈得雨矣傳書言倉頡作書天雨粟鬼夜哭此言文章興而亂漸見故

其妖變致天雨粟鬼夜哭也夫言天雨粟鬼夜哭實也言其應倉頡作書虛也夫河出圖洛出書聖帝明王之瑞應也圖書文章與倉頡所作字畫何以異天地爲圖書倉頡作文字業與天地同指與鬼神合何非何惡而致雨粟神哭之怪使天地鬼神惡人有書則其出圖書非也天不惡人有書作書何非而致此怪或時倉頡適作書天適雨粟鬼偶夜哭而雨粟鬼神哭自有所爲世見應書而至則謂作書生亂敗之象應事而動也天雨穀論者謂之從天而下變而生以雲雨論之雨穀之變不足怪也何以驗之夫雲雨

出於丘山降散則爲雨矣人見其從上而墜則謂天
雨水也夏日則雨水冬日天寒則雨凝而爲雪皆由
雲氣發於丘山不從天上降集於地明矣夫穀之雨猶復
雲布之亦從地起因與疾風俱飄參於天集於地人
見其從天落也則謂之天雨穀建武三十一年中陳留
雨穀穀下蔽地案視穀形若茨而黑有似於稗實也此或
時夷狄之地生出此穀夷狄不粒食此穀生於草野之
中成熟垂委於地遭疾風暴起吹揚與之俱飛風衰
穀集墜於中國中國見之謂之雨穀何以驗之野火燔
山澤山澤之中草木皆燒其葉爲灰疾風暴起吹揚之參

天而飛風衰葉下集於道路夫天雨穀者草木葉燒飛而集之類也而世以爲雨穀作傳書者以變怪天主施氣地主產物有葉實可啄食者皆地所生非天所爲也今穀非氣所生須土以成雖云怪變怪變因類生地之物更從天集生天之物可從地出乎地之有萬物猶天之有列星也星不更生於地穀何獨生於天乎傳書又言伯益作井龍登玄雲神棲崑崙言龍井有害故龍神爲變也夫言龍登玄雲實也言神棲崑崙又言爲作井之故龍登神去虛也夫作井而飲耕田而食同一實也伯益作井致有變動始爲耕耘者何故無變

神農之梜木爲耒教民耕耨民始食穀穀始播種耕土以爲田鑿地以爲井井出水以救渴田出穀以拯饑天地鬼神所欲爲也龍何故登玄雲神何故棲崑崙夫龍之登玄雲古今有之非始益作井而乃登也方今盛夏雷雨時至龍多登雲雲（一有風興字）龍相應龍乘雲雨而行物類相致非有爲也堯時五十之民擊壤於塗觀者曰大哉堯之德也擊壤者曰吾日出而作日入而息鑿井而飲耕田而食堯何等力堯時已有井矣唐虞之時豢龍御龍龍常在朝夏末政衰龍乃隱伏非益鑿井龍登雲也所謂神者何神也百神皆是

百神何故惡人爲井使神與人同則亦宜有飲之欲有
飲之欲憎井而去非其實也夫益殆不鑿井龍不爲鑿
井登雲神不棲於崑崙傳書意妄造生之也傳書言
梁山崩壅河三日不流晉君憂之晉伯宗以輦者之
言令景公素縞而哭之河水爲之流通此虛言也夫
山崩壅河猶人之有癰腫血脉不通也治癰腫者可
復以素服哭泣之聲治乎堯之時洪水滔天懷山襄
陵帝堯吁嗟傳求賢者水變甚於河壅堯憂深於景
公不聞以素縞哭泣之聲能厭勝之堯無賢人若輦者
之術乎將洪水變大不可以聲服除也如素縞而哭

悔過自責也堯禹之治水以力役不自責梁山堯時山
也所壅之河堯時河也山崩河壅天雨水踊二者之變
無以殊也堯禹治洪水以力役輦者治壅河用自責變
同而治異人鈞而應殊殆非賢聖變復之實也凡變復
之道所以能相感動者以物類也有寒則復之以溫
溫復解之以寒故以龍致雨以刑逐暑皆緣五行之
氣用相感勝之山崩壅河素縞哭之於道何意乎此
或時河壅之時山初崩土積聚水未盛三日之後水
盛土散稍壞沮矣壞沮水流竟注東去遭伯宗得輦者之
言因素縞而哭哭之因流流時謂之河變起此而復

此子曾有論母子相感矣有是理察以虛安說之作矣

其實非也何以驗之使山恒自崩乎素縞哭無益也使其天變應之宜改政治素縞而哭何政所改而天變復乎傳書言曾子之孝與母同氣曾子出薪於野有客至而欲去曾母曰願留參方到即以右手搤其左臂曾子左臂立痛即馳至問母臂何故痛母曰今者客來欲去吾搤臂以呼汝耳蓋以至孝與父母同氣體有疾病精神輒感曰此虛也夫孝弟之至通於神明乃謂德化至天地俗人緣此而說言孝悌之至精氣相動如曾母臂痛曾子臂亦輒痛曾母病曾子亦病乎曾母死曾子輒死乎攷事曾母先死曾子不死矣此精

氣能小相動不能大相感也世稱申喜夜聞其母歌
心動開關問歌者爲誰果其母蓋聞母聲聲音相感
心悲意動開關而問蓋其實也今曾母在家曾子在
野不聞號呼之聲母小搤臂安能動子疑世人頌成
聞曾子之孝天下少雙則爲空生母搤臂之說也世
稱南陽卓公爲緱氏令蝗不入界蓋以賢明至誠災
蟲不入其縣也此又虛也夫賢明至誠之化通於同
類能相知心然後慕服蝗蟲閩虻之類也何知何見而能
知卓公之化使賢者處深野之中閩虻能不入其舍
乎閩虻不能避賢者之舍蝗蟲何能不入卓公之縣

如謂蝗蟲變與閩虵異夫寒温亦災變也使一郡皆
寒賢者長一縣一縣之界能獨温乎夫寒温不能避
賢者之縣蝗蟲何能不入卓公之界夫如是蝗蟲適不
入界卓公賢名稱一有偶字於世世則謂之能卻蝗蟲矣何
以驗之夫蝗之集於野非能普博盡蔽地也往往積
聚多少有處非所積之地則盜跖所居所少之野則
伯夷所處也集過有多少不能盡蔽覆也夫集地有
多少則其過縣有留去矣多少不可以驗善惡有無
安可以明賢不肖也蓋時蝗 自過不謂賢人界不入
明矣

論衡卷第六　王充

福虛篇　禍虛篇

龍虛篇　雷虛篇

福虛篇

世論行善者福至爲惡者禍來福禍之應皆天也人爲之天應之陽恩人君賞其行陰惠天地報其德無貴賤賢愚莫謂不然徒見行事有其文傳又見善人時遇福故遂信之謂之實然斯言或時賢聖欲勸人爲善著必然之語以明德報或福時適遇者以爲然如實論之安得福祐乎楚惠王食葅而得蛭因遂吞

之腹有疾而不能食令尹問王安得此疾也王曰我食寒葅而得蛭念譴之而不行其罪乎是廢法而威不立也非所以使國人聞之也譴而行誅乎則庖宰監食者法皆當死心又不忍也吾恐左右見之也因遂吞之令尹避席再拜而賀曰臣聞天道無親唯德是輔王有仁德天之所奉也病不爲傷是夕也惠王之後而蛭出及久患心腹之積皆愈故大之親德也可謂不察乎曰此虛言也案惠王之吞蛭不肖之主也有不肖之行天不祐也何則惠王不忍譴蛭恐庖廚監食法皆誅也一國之君專擅賞罰而赦人君所爲也

惠王通譴菹中何故有蛭庖廚監食皆當伏法然能
終不以飲食行誅於人赦而不罪惠莫大焉庖廚罪
覺而不誅自新而改後惠王赦細而活微身安不病
今則不然強食害己之物使監食之臣不聞其過失
御下之威無御非之心不肖一也使庖廚監食失甘
苦之和若塵土落於菹中大如蟣虱非意所能覽非
目所能見原心定罪不明其過可謂惠矣今蛭廣有
分數長有寸度在寒菹中眇目之人猶將見之臣不
敬擇罪過至重惠王不譴不肖二也菹中
不當有蛭不食投地如恐左右之見懷屏隱匿之處

是以使蛭不見何必食之如不可食之物誤在菹中可復隱匿而強食之不肖三也有不肖之行而天祐之是天報祐不肖人也不忍譴蛭世謂之賢賢者操行多若吞蛭之類吞蛭天除其病是則賢者常無病也賢者德薄未足以言聖人純道操行少非爲推不忍之行以容人之過必衆多矣然而武王不豫孔子疾病天之祐人何不實也或時惠王吞蛭蛭偶自出食生物者無有不死腹中熱也初吞蛭時未死而腹熱蛭動作故腹中痛須臾蛭死腹中痛亦止蛭之性食血惠王心腹之積殆積血也故食血之蟲死而

積血之病愈猶狸之性食鼠人有鼠病吞狸自愈物類相勝方藥相使也食蛭蟲而病愈安得怪乎食生物無不死死無不出之後蛭出安得祐乎令尹見惠王有不忍之德知蛭入腹中必當死出臣因再拜賀病不爲傷著已知身之德以喜惠王之心是與子韋之言星徙大卜之言地動無以異也宋人有好善行者三世不解家無故黑牛生白犢以問孔子孔子曰此吉祥也以享鬼神即以犢祭一年其父無故而盲牛又生白犢其父又使其子問孔子孔子曰吉祥也以享鬼神復以犢祭一年其子無故而盲其後楚攻

宋圍其城當此之時易子而食之析骸而炊之此獨以父子俱盲之故得毋乘城軍罷圍解父子俱視此脩善積行神報之效也曰此虛言也夫宋人父子脩善如此神報之何必使之先盲後視哉不盲常視不能護乎此神不能護不盲之人則亦不能以盲護人矣使宋楚之君合戰頓兵流血僵尸戰夫禽獲死亡不還以盲之故得脫不行可謂神報之矣今宋楚相攻兩軍未合華元子反結言而退二軍之衆並全而歸矣天之所無頓用者雖有乘城之役無死亡之患爲善人報者爲乘城之間乎使時不盲亦猶不死盲

與不盲俱得脫免神使之盲何益於善當宋國之乏糧
之時也盲人之家豈獨富哉俱與乘城之家易子析
骸反以窮厄獨盲無見則神報祐人失善惡之實也
宋人父子前偶自以風寒發盲圍解之後盲偶自愈
世見父子脩善又用二白犢祭宋楚相攻獨不乘城
圍解之後父子皆視則謂修善之報獲鬼神之祐矣
楚相孫叔敖爲兒之時見兩頭虵殺而埋之歸對其
母泣母問其故對曰我聞見兩頭虵死向者出見兩
頭虵恐去母死是以泣也其母曰今虵何在對曰我
恐後人見之即殺而埋之其母曰吾聞有陰德者天

必報之汝必不死天必報叔敖竟不死遂爲楚相
埋一蛇獲二祐天報善明矣曰此虛言矣夫見兩頭
蛇輒死者俗言也有陰德報之福者俗議也叔敖信
俗言而埋蛇其母信俗議而必報是謂死生無命在
一蛇之死齊孟嘗君田文以五月五日生其父田嬰
讓其母曰何故舉之曰君所以不舉五月子何也嬰曰
五月子長與父同殺其父母曰人命在天乎在户乎
如在天君何憂也如在户則宜高其户耳誰而及之
者後之長與一户同而嬰不死是則五月舉子之忌
無效驗也夫惡見兩頭蛇猶五月舉子也五月舉子

其父不死則知見兩頭蛇者無殃禍也由此言之見
兩頭蛇自不死非埋之故也埋一蛇獲二福如埋十
蛇得幾福乎埋蛇惡人復見叔敖賢也賢者之行豈
徒埋蛇一事哉前埋蛇之時所行矣稟天善性動有
賢行賢行之人宜見吉物無爲乃見殺人之蛇豈叔
敖未見蛇之時有惡天欲殺之見其埋蛇除其過天
活之哉石生而堅蘭生而香如謂叔敖之賢在埋蛇
之時非生而稟之也儒家之徒董無心墨家之役纏
子相見講道纏子稱墨家右鬼神是引秦穆公有明
德上帝賜之九十年纏子難以堯舜不賜年桀紂不

夭死堯舜桀紂猶爲尚遠且近難以秦繆公晉文公夫謚者行之迹也迹生時行以爲死謚繆者誤亂之名文者德惠之表有誤亂之行天賜之年有德惠之操天奪其命乎案繆公之霸不過晉文晉文之謚美於繆公天不加晉文以命獨賜繆公以年是天報誤亂與穆公同也天下善人寡惡人衆善人順道惡人違天然天惡人之命不短善人之年不長天不命善人常享一百載之壽惡人爲殤子惡死何哉

禍虛篇

世謂受福祐者既以爲行善所致又謂被禍害者爲

悪所得以為有況悪伏過天地罰之鬼神報之天地
所罰小大猶發鬼神所報遠近猶至傳曰子夏喪其
子而喪其明曾子弔之哭子夏曰天乎予之無罪也
曾子怒曰商汝何無罪也吾與汝事夫子於洙泗之
間退而老於西河之上使西河之民疑汝於夫子爾
罪一也喪爾親使民未有聞焉爾罪二也喪爾子喪
爾明爾罪三也而曰汝何無罪與子夏投其杖而拜
曰吾過矣吾過矣吾離羣而索居亦以久矣夫子夏
喪其明曾子責以罪子夏投杖拜曾子之言蓋以失
實備罰過故目失其明已實有之故拜受其過闕皆見

以子故而失
明故有罪
也注然失
明惡得為
罪

皆以爲然孰考論之虛妄言也夫失明猶失聽也失
明則盲失聽則聾病聾不謂之有過失明謂之有罪
惑也蓋耳目之病猶心腹之有病也耳目失明聽謂之
有罪心腹有病可謂有過乎伯牛有疾孔子自痛執
其手曰亡之命矣夫斯人也而有斯疾也原孔子言
謂伯牛不幸故傷之也如伯牛以過致疾天報以惡
與子夏同孔子宜陳其過若曾子謂子夏之狀今乃
言命命非過也且天之罰人猶人君罪下也所罰
服罪人君赦之子夏服過拜以自悔天德至明宜
愈其盲如非天罪子夏失明亦無三罪且喪明之痛

歎與飯屬之病長門有三罪據屬者十過乎顏淵早
夭子路葅醢早死葅醢極禍也以喪明言之顏淵子
路有百罪也由此言之曾子之言誤矣蒸子夏之喪
明喪其子也子者人情所通親者人所力報也喪親
民無聞喪子失其明此恩損於親而愛增於子也增
則哭泣無數哭中風目失明矣曾子因俗之議以著
子夏三罪子夏亦縁俗議因以失明故拜受其過
曾子子夏未離於俗故孔子門敘行未在上第也秦
襄子賜白起劍白起劍將自刎曰我有何罪於天
乎良久曰我固當死長平之戰趙卒降者數十萬

我詐而盡坑之是足以死遂自殺白起知已前罪服更
後罰也夫白起知已所以罪不知趙卒所以坑如天
審罰有過之人趙降卒何辜于人如用兵妄傷殺則
四十萬衆必有不亡不亡之人何故以其善行無罪
竟坑之卒不得以蒙天之祐白起何故獨以其
罪伏天之誅由是言之白起之言過矣秦二世使使
者詔殺蒙恬蒙恬喟然嘆曰我何過於天無罪而死
良久徐曰恬罪故當死矣夫起臨洮屬之遼東城徑
萬里此其中不能毋絕地脈此乃恬之罪也即吞藥
自殺太史公非之曰夫秦初滅諸侯天下心未定痍

傷未瘳而恬爲名將不以此時彊諫救百姓之急養
老矜孤脩衆庶之和阿意興功此其子弟過誅不亦
宜乎何與乃罪地脉也夫蒙恬之言既非而太史公
非之亦未是何則蒙恬絶脉罪至當死地養萬物何
過於人而蒙恬絶其脉知己有絶地脉之罪不知地
脉所以絶之過自非如此與不自非何以異太史公
爲非恬之爲名將不能以彊諫故致此禍夫當諫不
諫故致受死亡之戮身任李陵坐下蠶室如太史公
之言所任非其人故殘身之戮天命而至也非蒙恬
以不彊諫故致此禍則已下蠶室有非若矣已無非

則其非蒙恬非也作伯夷之傳則善惡之行云七十子之徒仲尼獨薦顏淵好學然回也屢空糟糠不厭卒夭死天之報施善人如何哉盜跖日殺不辜肝人之肉暴戾恣睢聚黨數千橫行天下竟以壽終是獨遵何哉若此言之顏回不當早夭盜跖不當全活也不怪顏淵不當夭而獨謂蒙恬當死過矣漢將李廣與望氣王朔燕語曰自漢擊匈奴而廣未常不在其中而諸校尉以下才能不及中然以胡軍攻取侯者數十人而廣不爲侯後人然終無尺土之功以得見封邑者何也豈吾相不當侯且固命也朔曰將軍自

念豈嘗有恨者乎廣曰吾爲隴西太守羌嘗反吾詐而降之八百餘人吾詐而同日殺之至今恨之獨此矣朔曰禍莫大於殺已降此乃將軍所以不得侯者也李廣然之聞者信之夫不侯猶不王者也不侯何恨不王何負乎孔子不王論者不謂之有負李廣不侯王朔謂之有恨然則王朔之言失論之實矣論者以爲人之封侯自有天命天命之符見於骨體大將軍衛青在建章宮時鉗徒相之曰貴至封侯後竟以功封萬戶侯衛青未有功而鉗徒見其當封之證由此言之封侯有命非人操行所能得也鉗徒之言實

而有於王朔之言盡而無驗也多横恣而不離禍順
道而違福王朔之說白起自非若愚悟自咎之類也倉
卒之世以財利相劫殺者衆同車共船千里爲商至
闊迥之地殺其人而并取其財尸捐不收骨暴不葬
在水爲魚鱉之食在土爲螻蟻之糧惰窳之人不力
農勉商以積穀貨遭歲饑饉腹餓不飽椎人若畜割而食
之無君子小人並爲魚肉人所不能知吏所不能覺
千人以上萬人以下計一聚之中生者百一死者十
九可謂無道至痛甚矣皆得陽遂富厚安樂天不責
其無仁義之心道相并殺非其無力作而倉卒以人

爲食加以渥禍使之天命章其陰罪明示世人使知不可爲非之驗何哉王朔之言未必審然傳書李斯妬同才幽殺韓非於秦後被車裂之罪商鞅欺舊交擒魏公子卬後受誅死之禍彼欲言其賊賢欺交故受患禍之報也夫韓非何過而爲李斯所幽公子卬何罪而爲商鞅所擒車裂誅死賊賢欺交幽死見擒何以致之如韓非公子卬有惡天使李斯商鞅報之則李斯商鞅爲天奉誅宜蒙其賞不當受其禍如韓非公子卬無惡非天所罰李斯商鞅不得幽擒論者說曰韓非公子卬有陰惡伏罪人不聞見天獨知之

故受戮殃夫諸有罪之人非賊賢則逆道如賊賢則
被所賊者何負如逆道則被所行之道何非元人窮
達禍福之至大之則命小之則時太公窮賤遭周文
而得封寗戚隱阨逢齊桓而見官非窮賤隱阨有非
而得封見官有是也窮達有時遭遇有命也太公寗
戚賢者也尚可謂有非聖人純道者也虞舜爲父弟
所害幾死再三有遇唐堯堯禪舜不爲帝嘗見害未
有非立爲帝未有是前時未到後則命時至也案古
人君臣困窮後得達通未必初有惡天禍其前卒有
善神祐其後也一身之行一行之操結髮終死前後

無異然一成一敗一進一退一窮一通一全一壞遭
遇適然命時當也

龍虛篇

盛夏之時雷電擊折破樹木發壞室屋俗謂天取龍
謂龍藏於樹木之中匿於屋室之間也雷電擊折樹
木發壞屋室則龍見於外龍見雷取以升天世無愚智
賢不肖皆謂之然如考實之虛妄言也夫天之取龍
何意邪如以龍神爲天使猶賢臣爲君使也反報有
時無爲取也如以龍遁逃不還非神之行天亦無用
爲也如龍之性當在天在天上者固當生子無爲復

在地如龍有升降降龍生子於地子長大天取之則世名雷霆爲天怒取龍之子無爲怒也且龍之所居常在水澤之中不在木中屋間何以知之叔向之母曰深山大澤實生龍蛇傳曰山致其高雲雨起焉水致其深蛟龍生焉傳又言禹渡於江黃龍負舡荆次非渡淮兩龍繞舟東海之上有菑丘訢菑或作魯勇而有力出過神淵使御者飲馬馬飲因沒訢怒拔劒入淵追馬見兩蛟方食其馬手劒擊殺兩蛟由是言之蛟與龍常在淵水之中不在木中屋間明矣在淵水之中則魚鼈之類魚鼈之類何爲上天天之取龍何用爲哉如以天

神乘龍而行，神恍惚無形，出入無間，無爲乘龍也。仙人騎龍，天爲仙者取龍，則仙人含天精氣，形輕飛騰，若鴻鵠之狀，無爲騎龍也。世稱黃帝騎龍升天，此言蓋虛，猶今謂天取龍也。且世謂龍升天者，必謂神龍。不神，不升天；升天，神之效也。天地之性，人爲貴，則龍賤矣。貴者不神，賤者反神乎？如龍之性有神與不神，神者升天，不神者不能，龜蛇亦有神與不神，神龜神蛇，復升天乎？且龍禀何氣而獨神？天有倉龍、白虎、朱鳥、玄武之象也，地亦有龍、虎、鳥、龜之物。四星之精降生四獸，虎鳥與龜不神，龍何故獨神也？人爲倮蟲之長，龍

爲鱗蟲之長俱爲物長謂龍升天人復升天乎龍與

人同獨謂能升天者謂龍神也世或謂聖人神而先

知猶謂神龍能升天也因謂聖人先知之明論龍之

才謂龍升天故其宜也天地之間恍惚無形寒暑風

雨之氣乃爲神今龍有形有形則行行則食食則物

之性也天地之性有形體之類能行食之物不得爲

神何以言之龍有體也傳言鱗蟲三百龍爲之長龍

爲鱗蟲之長安得無體何以言之孔子曰龍食於濁

游於清龜食於清游於濁魚食於濁游於清丘上不爲

龍下不爲魚中止其龜與山海經言四海之外有乘

龍蛇之人世俗畫龍之象馬首蛇尾曰此言之馬蛇

之類也慎子曰蜚龍乘雲騰蛇遊霧雲罷霧霽與蚓螾

螘同矣韓子曰龍之爲蟲也鳴可狎而騎也然喉下

有逆鱗尺人或嬰之必殺人此之爲螾螘又言蟲可

狎而騎蛇馬之類明矣韓子曰紂爲象箸而箕子泣泣

之者爲其極也夫食象箸必若玉杯所盛象箸所挾

則必龍肝豹胎夫龍肝可食乎[illegible]得[illegible]則愁下愁下則

禍出故從而爲之如龍[illegible]可得其肝何可得

會合豹肝胎并[illegible]人得食而知其味美

也[illegible]之時龍見于[illegible]蔡墨曰吾聞之

蟲莫知於龍以其不生得也謂之知信乎對曰人實不
知非龍實知古者畜龍故國有豢龍氏有御龍氏獻
子曰是二氏者吾亦聞之而不知其故是何謂也對曰
昔有飂叔安有裔子曰董父實甚好龍能求其耆欲
以飲食之龍多歸之乃擾畜龍以服事舜而錫之姓
曰董氏曰豢龍封諸鬷川鬷夷氏其後也故帝舜
氏世有畜龍及有夏孔甲擾于有帝帝賜之乘龍河漢
各二各有雌雄孔甲不能食而未獲豢龍氏有
陶唐氏既衰其後有劉累學擾龍于豢龍氏以事孔甲
能飲食之夏后嘉之賜氏曰御龍以更豕韋之後

一雌死潛醢以食夏后夏后饗之既而使求之懼而不得遷
于魯縣范氏其後也獻子曰今何故無之對曰夫物
有其官官脩其方朝夕思之一日失職則死及之失
官不食官宿其業其物乃至若泯棄之物乃坻伏鬱
湮不育由此言之[illegible]食也可食之物不能
神矣世無其官[illegible]之人故潛藏伏匿出
見希[illegible]謂之神如存其官而
有其人則龍牛之[illegible]有以山[illegible]言之以
慎子[illegible]之以[illegible]之以天子之位訂之
以[illegible]之對論之[illegible]不能外天天不以雷

電取龍明矣世俗[illegible]雷[illegible]神而上天[illegible]世俗之言
亦有緣也短書言龍無尺木無以昇天又言昇天又
言尺木謂龍從木中昇天也彼短書之家世俗之人
也見雷電發時龍隨而起當雷電擊樹木之時龍適與雷
電俱在樹木之側雷電去龍隨而上故謂從樹木之
中昇天也實者雷龍同類感氣相致故易曰雲從龍
風從虎又言虎嘯谷風至龍興景雲起龍與雲相招
虎與風相致故董仲舒雩祭之法設土龍以為感也
夫盛夏太陽用事雲雨干之太陽火也雲雨水也
激薄則鳴而為雷龍聞雷聲則起起而雲至雲至而

龍乘之雲[illegible]也雲[illegible]天天極雷高雲[illegible]
降人見其乘雲則謂升天見天為雷電則為天取龍
世儒讀易文見傳言皆知龍者雲之類拘俗人之議
不能通其說又見短書為證故遂謂天取龍天不取
龍龍不升天當蓄丘訢之殺兩蛟也手把其尾拽而
出之至淵之外雷電擊之蛟則龍之類也蛟龍見而
雲雨至雲雨至則雷電擊如以天實取龍龍為天用
何以死蛟為取之且魚在水中亦隨雲雨蜚而乘雲
雨非升天也龍魚之類也其乘雷電猶魚之飛也魚
隨雲雨不謂之神龍乘雷電獨謂之神世俗之言失

其實也物在世間各有所乘水蛇乘霧龍乘雲鳥乘風見龍乘雲獨謂之神失龍之實誣龍之能也然則龍之所以爲神者以能屈伸其體存亡其形屈伸其體存亡其形未足以爲神也豫讓吞炭漆身爲厲人不識其形子貢滅鬚爲婦人人不知其狀龍變體自匿人亦不能覺變化藏匿者巧也物性亦有自然狌狌知往乾鵲知來鸚鵡能言三怪比龍性變化也如以巧爲神豫讓子貢神也孔子曰游者可爲綱飛者可爲矰至於龍也吾不知其乘風雲上升今日見老子其猶龍乎夫龍乘雲而上雲消而下物類可察上下可知而云孔子不知

以孔子之聖尚不知龍況俗人智淺好奇之性無實
可之心謂之龍神而升天不足怪也

雷虛篇

盛夏之時雷電迅疾擊折樹木壞敗室屋時犯殺人
世俗以爲擊折樹木壞敗室屋者天取龍其犯殺人
也謂之陰過飲食人以不潔淨天怒擊而殺之隆隆
之聲天怒之音若人之呴吁矣世無愚智莫謂不然
推人道以論之虛妄之言也夫雷之發動一氣一聲
也折木壞屋亦犯殺人犯殺人時亦折木壞屋獨謂
折木壞屋者天取龍犯殺人罰陰過與取龍吉凶不

同並時共聲非道也論者以爲隆隆者天怒呴吁之聲也此便於罰過不宜於取龍罰過天怒可也取龍龍何過而怒之如龍神天取之不宜怒如龍有過與人同罪龍殺而已矣爲取也殺人怒可也取龍龍何過而怒之殺人不取殺龍取之人龍之罪何別而其殺之何異然則取龍之說既不可聽罰過之言復不可從何以效之案雷之聲迅疾之時人仆死於地隆隆之聲臨人首上故得殺人審隆隆者天怒乎怒用口之怒氣殺人也口之怒氣安能殺人人爲雷所殺詢其身體若燔灼之狀也如天用口怒口怒生火乎

且口着於体口之動與体俱當發折之時聲着于下地
其衰也聲着于天夫如是聲着地之時口至地体亦
空然當雷迅疾之時仰視天不見天之下不見天之
下則夫隆隆之聲者非天怒也天之怒與人無異人
怒身近人則聲疾遠人則聲微今天聲近其体遠非
怒之實也且雷聲迅疾之時聲東西或南北如天怒体
動口東西南北仰視天亦宜東西南北或曰天以東
西南北矣雲雨冥晦人不能見耳夫千里不同風百
里不共雷易曰震驚百里雷電之地雷雨晦冥百里
之外無雨之處宜見天之東西南北也口着於天天

十七

宜隨口口一移善天皆移非獨雷雨之地天隨口動

也且所謂怒者誰也天神邪蒼蒼之天也如謂天神

神怒無聲如謂蒼蒼之天天無體不怒怒用口且天

地相與夫婦也其非民父母也子有過父怒笞之致

死而毋不哭子今天怒殺人地宜哭之獨聞天之怒

不聞地之哭如地不能哭則天亦不能怒且天怒則

有喜有陰過亦有陰善有陰過天怒殺之如有陰善

天亦宜以善賞之隆隆之聲謂天之怒如天之喜亦

哂然而笑人有喜怒故謂天喜怒推人以知天知天

本於人如人不怒則亦無緣謂天怒也緣人以知天

宜盡人之性人性怒則呴呴喜則歌笑比聞天之怒
希聞天之喜比見天之罰希見天之賞豈天怒不喜
貪於罰希於賞哉何怒罰有效喜賞無驗也且雷之
擊也折木壞屋時犯殺人以爲天怒時或徒雷無所
折敗亦不殺人天空怒乎人君不空喜怒喜怒必有賞
罰無所罰而空怒是天妄也妄則失威非天行也政
事之家以寒溫之氣爲喜怒之候歲守有人君喜即天
溫怒則天寒雷電之日天必寒也高祖之先劉媼息
大澤之陂夢與神遇此時雷電晦冥天方施氣宜喜
之時也何怒而雷如用擊折者爲怒不擊折者爲喜

則夫陰隂之聲不宜同言人怒喜言其聲天怒喜同音
與人乖異則人何緣謂之天怒且飲食人以不潔淨
小過也以至尊之身親罰小過非尊者之宜也尊不
親罰過故王不親誅罪天尊於王親罰小過是天德
劣於王也且天之用心猶人之用心人君罪惡初聞
之時怒以非之及其誅之哀以憐之故論曰如得其
情則哀憐而勿喜紂至惡也武王將誅哀而憐之故
尚書曰予惟率夷憐爾人君誅惡憐而殺之天之罰
過怒而擊之是天少恩而人多惡也說雨者以為天
施氣天施氣氣渥為雨故雨潤萬物名曰澍人不喜

不施恩天不說不降雨謂雷天怒雨者天喜也雷起
常與雨俱如論之言天怒且喜也人君賞罰不同日
天之怒喜不殊時天人相違賞罰乖也且怒喜具刑
亂也惡人爲亂怒罰其過罰之以亂非天行也冬雷
人謂之陽氣泄春雷謂之陽氣發夏雷不謂陽氣盛
謂之天怒竟虛言也人在天地之間物也物亦物也
物之飲食天不能知人之飲食天獨知之萬物於天
皆子也父母於子恩德一也豈謂貴賢加意賤愚不
察乎何其察人之明省物之闇也犬豕食人腐臭食
之天不殺也如以人貴而獨禁之則鼠涔人飲食人

不知誤而食之天不殺也如天能原鼠則亦能原人
人誤以不潔凈飲食人人不知而食之耳豈故舉腐
臭以予之哉如故予之亦不肯得呂后斷戚夫人手
去其眼置於廁中以爲人豕呼人示之人皆傷心惠
帝見之病卧不起呂后故爲天不罰也人誤不知天
輙殺之不能原誤反而責故天治悖也夫人食不凈
之物口不知大其洿也如食已知之名曰臊洿戚夫
人入廁身體辱之與洿何以別臊之與體何以異爲臊
不爲體傷洿不病辱非天意也且人聞人食不清之物
心平如故觀戚夫人者立矣不傷心人傷天意悲矣天悲

戚夫人則怨呂后案呂后之崩未必遇雷也道士劉春熒惑楚王英使食不清春死未必遇雷也建初四年夏六月雷擊殺會稽鄞專日食羊五頭皆死夫羊何陰過而雷殺之舟人洿溪上流人飲下流舟人不雷死天神之處天猶王者之居地王者居重關之內則天之神宜在隱匿之中王者居宮室之內則天亦有太微紫宮軒轅文昌之坐王者與人相遠不知人之陰惡天神在四宮之內何能見人聞過王者聞人過以人知天知人惡亦宜用鬼使天聞過於鬼神則其誅之宜使鬼神如使鬼神則天怒鬼神也非天也且王斷刑

以秋天之殺用夏此王者用刑違天時奉天而行其
誅殺也宜法象上天天殺用夏王誅以秋天人相違
非奉天之義也或論曰飲食不潔淨天之大惡也殺大
惡不須時王者大惡謀及大逆無道也天之大惡飲
食人不潔清天之所惡小大不均等也如小大同王
者宜法天制飲食人不潔清之法爲死刑也聖王有天
下制刑不備此法聖王闕畧有遺失也或論曰鬼神
治陰王者治陽陰過闇昧人不能覺故使鬼神主之
曰陰過非一也何不盡殺案一過非治陰之義也天
怒不旋日人怨不旋踵人有陰過或時有用冬未必

曾用夏也以冬過誤不輙擊殺遠至於夏非不旋日之意也圖畫之工圖雷之狀纍纍如連鼓之形又圖一人若力士之容謂之雷公使之左手引連鼓右手推椎若擊之狀其意以爲雷聲隆隆者連鼓相扣擊之意也其魄然若敝裂者椎所擊之聲也其殺人也引連鼓相椎并擊之矣世又信之莫謂不然如復原之虛妄之象也夫雷非聲則氣也聲與氣安可推引而爲連鼓之形乎如審可推引則是物也相扣而音鳴者非鼓即鍾也夫隆隆之聲鼓與鍾邪如審是也鍾鼓而不空懸須有筍虡然後能安然後能鳴今鍾鼓

無所懸着雷公之足無所蹈履安得而爲雷或曰如此
固爲神如必有所懸着足有所履然後而爲雷是與人
等也何以爲神曰神者恍惚無形出入無門上下無垠
故謂之神今雷公有形雷聲有器安得爲神如無形
不得爲之圖象如有形不得謂之神謂之神龍升天
實事者謂之不然以人時或見龍之形也以其形見
故體畫升龍之服也以其可畫故有不神之實難曰
人亦見鬼之形鬼復神乎曰人時見鬼有見雷公者
乎鬼名曰神其行蹈地與人相似雷公頭不懸於天
足不蹈於地安能爲雷公飛者皆有翼物無翼而飛

謂仙人畫仙人之形爲之作羽翼如雷公與仙人同宜復着翼使雷公不飛圖雷家言其飛非也使實飛不爲着翼又非也夫如是圖雷之家畫雷之狀皆虛妄也○且說雷之家謂雷天怒呴吁也圖雷之家謂之雷公怒引連鼓也審如說雷之家則圖雷之家非審如圖雷之家則說雷之家誤二家相違也并而是之無是非之分無是非之分故無是非之實無以定疑論故虛妄之論勝也○禮曰刻尊爲雷之形○一出一入一屈一伸○爲相校軫○則鳴○校軫之狀（校軫或作佼軫）鬱律𡾰壘之類也○此象類之矣氣相校軫分裂則隆隆之聲校軫

之音也魄然若襞裂者氣射之聲也氣射中人人則
死矣實説雷者太陽之激氣也何以明之正月陽動
故正月始雷五月陽盛故五月雷迅秋冬陽衰故秋
冬雷潛盛夏之時太陽用事陰氣乗之陰陽分事則
相校軫校軫則激射激射爲毒中人輒死中木木折
中屋屋壞人在木下屋間偶中而死矣何以驗之試
以一斗水灌冶鑄之火氣激襞裂若雷之音矣或近
之必灼人體天地爲鑪大矣陽氣爲火猛矣雲雨爲
水多矣分爭激射安得不迅中傷人身安得不死當
冶工之消鐵也以土爲形燥則鐵下不則躍溢而射

射中人身則皮膚灼剝陽氣之熱非直消鐵之烈也
陰氣激之非直土泥之濕也陽氣中人非直灼剝之
痛也夫雷火也氣剡人人不得無迹如炙處狀似文
字人見之謂天記書其過以示百姓是復虛妄也使
人盡有過天用雷殺人殺人當彰其惡以懲其後明
著其文字不當闇昧圖出於河書出於洛河圖洛書
天地所爲人讀知之今雷死之書今天所爲也何故
難知如以一人皮不可書魯惠公夫人仲子宋武公
女也生而有文在掌曰爲魯夫人文明可知故仲子
歸魯雷書不著故難以懲後夫如是火剡之跡非

天所刻畫也或頗有而增其語或無有而空生其言
虛妄之俗好造怪奇何以驗之雷者火也以人中雷
而死即詢其身中頭則鬚髮燒燋中身則皮膚灼燌
臨其尸上聞火氣一驗也道術之家以為雷燒石色
赤投於井中石燋井寒激聲大鳴若雷之狀二驗也
人傷於寒寒氣入腹腹中素溫溫寒分爭激氣雷
鳴三驗也當雷之時電光時見大若火之耀四驗也當
雷之擊時或燔人室屋及地草木五驗也夫論雷之
為火有五驗言雷為天怒無一效然則雷為天怒虛
妄之言難曰論語云迅雷風烈必變禮記曰有疾風

迅雷甚雨則必變雖夜必興衣服冠而坐懼天怒畏
罰及己也如雷不為天怒其擊不為罰過則君子何為
為雷變動朝服而正坐乎曰天之與人猶父子有不
安之變子安能忽然天變己亦宜變順天時示己不
違也人聞犬聲於外莫不驚駭竦身側耳以審聽之
況聞天變異常之聲軒轤迅疾之音乎論語所指禮
記所謂皆君子也君子重順自知無過如日月之餘
無陰闇食人以不潔清之事內省不懼何畏於如雷
如不畏雷則其變動不足以效天怒何則不為己也
如審畏雷亦不足以效罰陰過何則雷之所擊多無

過之人君子恐懼遇之故恐懼變動夫如是君子變動不能明雷爲天怒而反著雷之妄擊也妄擊不罰過故人畏之如審罰有過之人乃當懼耳君子之人無爲恐也宋王問唐鞅曰寡人所殺戮者衆矣而群臣愈不畏其故何也唐鞅曰王之所罪盡不善者也罰不善善者胡爲畏王欲群臣之畏也不若毋辨其善與不善而時罪之若群臣畏矣宋王行其言群臣畏懼宋王大怒夫宋王妄刑故宋國大恐懼雷電妄擊故君子變動君子變動宋國大恐之類也

論衡卷第六

論衡卷第七　王充

道虛篇　語增篇

道虛篇

儒書言黃帝採首山銅鑄鼎於荊山下鼎既成有龍垂胡髯下迎黃帝黃帝上騎龍羣臣後宮從上七十餘人龍乃上去餘小臣不得上乃悉持龍髯龍髯拔墮黃帝之弓百姓仰望黃帝既上天乃抱其弓與龍胡髯吁號故後世因其處曰鼎湖其弓曰烏號太史公記誄五帝亦云黃帝封禪已仙去羣臣朝其衣冠因葬埋之曰此虛言也實黃帝者何等也號乎謚也

如謚臣子所誄列也誄生時所行爲之謚黃帝好道
遂以升天臣子誄之宜以仙升不當以黃謚謚法曰
靜民則法曰黃黃者安民之謚非得道之稱也百王
之謚文則曰文武則曰武文武不失實所以勸操行
也如黃帝之時質未有謚乎名之爲黃帝何世
之人也使黃帝之臣子知君使後世之人跡其
行黃帝之世號謚有無雖疑未定黃非升仙之
稱明矣龍不升天黃帝騎之乃明黃帝不升天也龍
起雲雨因乘而行雲散雨止降復入淵如實黃帝騎
龍隨溺於淵也案黃帝葬於橋山猶曰羣臣葬其衣

冠乘龍而升天衣不離形如封禪已仙去衣冠
不宜遺黃帝實仙不死而升天臣子百姓所親見也
見其升天知其不死必也葬不死之衣冠與實死者
無以異非臣子實事之心別生於死之意也藏太山
之上者七十有二君皆勞精苦思憂念王事然後功
成事立致治太平太平則天下和安乃升太山而封
禪焉夫修道求仙與憂職勤事不同心思道則忘事
憂事則害性世稱堯若腊舜若腒心愁憂苦形體羸
癯使堯舜致太平升則其形體宜如堯舜窮不得
道黃帝升天非其實也使黃帝廢事修道則心意調

和形體肥醜是與堯舜異也異則功不同矣功不同
天下未太平而升封又非實也五帝三王皆有聖德之
優者黃帝不在上焉如聖人皆仙仙者非獨黃帝如
聖人不仙黃帝何爲獨仙世見黃帝好方術方術仙
者之業則謂帝仙矣又見鼎湖之名則言黃帝採首
山銅鑄鼎而龍垂胡髯迎黃帝矣是與說會稽之山
無以異也夫山名曰會稽即云夏禹巡狩會計於此
山上故曰會稽夫禹至會稽治水不巡狩猶黃帝好
方伎不升天也無會計之事猶無鑄鼎龍垂胡髯之
實也里名勝母可謂實有子勝其母乎邑名朝歌可

謂民朝起者歌也

儒書言淮南王學道招會天下有道之人傾一國之尊下道術之士是以道術之士並會淮南奇方異術莫不爭出王遂得道舉家升天畜產皆仙犬吠於天上雞鳴於雲中此言仙藥有餘犬雞食之并隨王而升天也好道學仙之人皆謂之然此虛言也夫人物也雖貴爲王侯性不異於物物無不死人安能仙鳥有毛羽能飛不能升天人無毛羽何用飛升使有毛羽不過與鳥同況其無有升天如何案能飛升之物生有毛羽之兆能馳走之物生有蹄足之形馳走不

能飛不飛升不能馳走禀性受氣形體殊別也今人
禀馳走之性故生無毛羽之毳長大至老終無奇怪
好道之學何由生毛羽終以飛升使物性可變金木水
火可革更也蝦蟇化為鶉雀入水為蜃蛤禀自然之
性非學道所能為也好道之人恐其意若等之類故
謂人能生毛羽毛羽備具能升天也且夫物之生長
無卒成暴起皆有浸漸為道學仙之人能先生數寸
之毛羽從地自奮升樓臺之階乃可謂升天今無小
升之兆卒有大飛之驗何方術之學成無浸漸也毛
羽大效難以觀實且以人髯髮物色少老驗之物生

也色青其熟也色黃人之少也髮黑其老也髮白黃
爲物熟驗白爲人老效物黃人雖灌溉壅養終不能
青髮白雖吞藥養性終不能黑黑青不可復還老衰
安可復却黃之與白猶肉腥炙之燋魚鮮煑之熟也
燋不可復令腥熟不可復令鮮鮮腥猶少壯燋熟猶
衰老也夫養物能使物暢至秋不得延之至春吞藥
養性能令人無病不能壽之爲仙爲仙體輕氣彊猶
未能升天令見輕彊之驗亦無毛羽之效何用升天
天之與地皆體也地無下則天無上矣天無上升之
始何如穿天之體人力不能入如天之門在西北

升天之人宜從崑崙上淮南之國在地東南如審升
天宜舉家先從崑崙乃得其階如鼓翼邪飛趨西北
之隅是則淮南王有羽翼也今不言其從之崑崙亦
不言其身生羽翼空言升天竟虛非實也案淮南王
劉安孝武皇帝之時也父長以罪遷蜀嚴道至雍道
死安嗣為王恨父徙死懷反逆之心招會術人欲為
大事伍被之屬充滿殿堂作道術之書發怪奇之文
合景亂首（本作齊音）八公之傳欲示神奇若得道之狀道
終不成效驗不立乃與伍被謀為反事事覺自殺或
言誅死誅死自殺同一實也世見其書深冥奇怪又

觀八公之傳似若有效則傳稱淮南王仙而升天失其實也

儒書言盧敖游乎北海經乎太陰入乎玄闕至於蒙穀之上見一士焉深目玄準鴈頸而戴肩浮上而殺下軒軒然方迎風而舞顧見盧敖樊然下其臂遯逃乎碑下敖乃視之方卷然龜背而食合梨（一本作）盧敖仍與之語曰吾子唯以敖爲倍俗去羣離黨窮觀於六合之外者非敖而已敖幼而游至長不偷解周行四極唯北陰之未闚今卒睹夫子於是殆可與敖爲友乎若士者悖然而笑曰嘻子中州之民也不宜遠至

此此猶　光日月而載列星四時之所行陰陽之所
生也此其比夫不名之地猶峡岏也若我南游乎罔
浪之野北息乎沉䵢之鄉西窮乎杳冥之黨而東貫
須懞之先此其下無地上無天聽焉無聞而視焉則
營此其外猶有狀有狀之餘壹舉而能千萬里吾猶
未能之在今子游始至於此乃語窮觀豈不亦遠哉
然子處矣吾與汗漫期於九垓之上吾不可久若士
者舉臂而縱身遂入雲中盧敖目仰而視之不見乃
止喜心不怠悵然有喪曰吾比夫子也猶黃鵠之與
壤蟲也終日行而不離咫尺而自以爲遠豈不悲哉

若盧敖者唯龍無翼者升則乘雲盧敖言若士者有
翼言乃可信今不言有翼何以升雲且凡能輕舉入
雲中者飲食與人殊之故也龍食與蛇異故其舉措
與蚍不同聞爲道者服金玉之精食紫芝之英食精
身輕故能神仙若士者食合蜊之肉與庸民同食無
精輕之驗安能縱體而升天聞食氣者不食物食物
者不食氣若士者食物如不食氣則不能輕舉矣或
時盧敖學道求仙游乎北海離衆遠去無得道之效
慙於鄉里負於論議自知以必然之事見責於世則
作誇誕之語云見一士其意以爲有求仙之未得期數

未至也淮南王劉安坐反而死天下並聞當時並見
儒書尚有言其得道仙去雞犬升天者況盧敖一人
之身獨行絕跡之地空造幽冥之語乎是與河東蒲
坂項曼都之語無以異也曼都好道學仙委家亡去
三年而返家問其狀曼都曰去時不能自知忽見若
臥形有仙人數人將我上天離月數里而止見月上
下幽冥幽冥不知東西居月之旁其寒悽愴口饑欲
食仙人輒飲我以流霞一杯每飲一杯數月不饑不
知去幾何年月不知以何為過忽然若臥復下至此
河東號之曰斥仙實論者聞之乃知不然夫曼都能

上天矣何為不仙已三年下來何故復還夫人去民間升皇天之上精氣形體有變於故者矣萬物變化復還者復育化為蟬羽翼既成不能復化為復育能升之物皆有羽翼升而復降羽翼如故見曼都之身有羽翼乎言乃可信身無羽翼言虛妄也虛則與盧敖同一實也或時聞曼都好道默委家去周章遠方終無所得力勌望極默復歸家慚愧無言則言上天其意欲言道可學得審有仙人己殆有過故成而復斥升而復降

儒書言齊王疾痏使人之宋迎文摯文摯至視王之

疾謂太子曰王之疾必可已也雖然王之疾已則必
殺摯也太子曰何故文摯對曰非怒王疾不可治怒
王怒則摯必死太子頓首彊請曰苟已王之疾臣與
臣之母以死爭之於王王必幸臣之母願先生之勿患
也文摯曰諾請以死為王與太子期將往不至者三
齊王固已怒矣文摯至不解屨登牀履衣問王之疾
王怒而不與言文摯因出辭以重怒王王叱而起疾
乃遂已王大怒不悅將生烹文摯太子與王后急爭
之而不能得果以鼎生烹文摯爨之三日三夜顏色
不變文摯曰誠欲殺我則胡不覆之以絕陰陽之氣

王使覆之文摯乃死夫文摯道人也入水不濡入火
不焦故在鼎三日三夜顏色不變此虛言也夫文摯
而烹三日三夜顏色不變為一覆之故絕氣而死非
得道之驗也諸生息之物氣絕則死死之物烹之輒
爛致生息之物密器之中覆蓋其口漆塗其隙中外
氣隔息不得泄有頃死也如置湯鑊之中亦輒爛矣
何則體同氣均稟性於天共一類也文摯不息乎與
金石同入湯不爛是也令文摯息乎烹之不死非也
令文摯言則以聲華以出口吐之動因血氣之
發血氣之發附於骨肉骨肉之烹死全言其

之不死一虛也既能烹煮不死此真人也與金石同
金石雖覆蓋與不覆蓋其實一也今言文摯覆之
則死二虛也置人寒水之中無湯火之熱鼻中口內
不通於外斯須之頃氣絕而死矣寒水沉人尚不得
生況在沸湯之中有猛火之烈乎言其入湯不死三
虛也人沒水中口不見於外言音不揚烹文摯之時
身必沒於鼎中沒則口不見口不見則言不揚文摯
之言四虛也烹輒死之人三日三夜顏色不變癡愚
之人尚知怪之使齊王無知太子群臣宜見其奇奇
怪文摯則請出尊寵敬事從之問道今言三日三夜

無臣子請出之言五虛也此、或時聞文摯實烹而
輒死世見文摯爲道人也則爲虛生不死之語矣猶
黃帝實死也傳言升天淮南坐反書言世世好傳虛
故摯之語傳至於今世無得道之效而有有壽之人
世見長壽之人學道爲仙踰百不死共謂之仙矣何
以明之如武帝之時有李少君以祀竈辟穀卻老方
見上上尊重之少君匿其年及所生長常自謂七十
而能使物卻老其游以方徧諸侯無妻人聞其能使
物及不老更饋遺之常餘錢金衣食人皆以爲不治
產業饒給又不知其何許人愈爭事之少君資好方

躭世登名今世道家多是此術

善爲巧發奇中嘗從武安侯飲座中有年九十餘老者
少君乃言其王父游射處老人爲兒時從父識其處
一座盡驚少君見上上有古銅器問少君少君曰此
器齊桓公十五年陳於柏寢已而按其刻果齊桓公
器一宮盡驚以爲少君數百歲人也久之少君病死
今世所謂得道之人李少君之類也少君死於人中
人見其尸故知少君性壽之人也如少君處山林之
中入絶跡之野獨病死於山石之間尸爲虎狼狐狸
之食則世復以爲真仙去矣世學道之人無少君之
壽年未至百與衆俱死矣愚夫無知之人尚謂之

尸解而去其實不死所謂尸解者何等也謂身死精神去乎謂身不死得免去皮膚也如謂身死精神去乎是與死無異人亦仙人也如謂不死免去皮膚乎諸學道死者骨肉俱在與死之尸無以異也夫蟬之去復育龜之解甲蛇之脫皮鹿之墮角殼皮之物解殼皮特骨肉去可謂尸解矣今學道而死者尸與復育相似尚未可謂尸解何則案蟬之去復育無以神於復育況不相似復育謂之尸解蓋復虛妄失其實矣太史公與李少君同世並時少君之死臨尸者雖非太史公足以見其實矣如實不死尸解而去太

史公宜紀其狀不宜言死其處座中年九十老父爲
兒時者少君老壽之效也或少君年四十五老父爲
兒隨其王父少君年二百歲而死何爲不識武帝去
桓公鑄銅器且非少君所及見也或時聞宮殿之內
有舊銅器或案其刻以告之者故見而知之今時好
事之人見舊劍古鉤多能名之可復謂目見其鑄作
之時乎
世或言東方朔亦道人也姓金氏字曼倩變姓易名
游宦漢朝外有仕宦之名內乃度世之人此又虛也
夫朔與少君並在武帝之時太史公所及見也少君

有數道祠竈却老之方又名齊桓公所鑄鼎知九十
老人王父所游射之驗然尚無得之實而徒性壽遲
死之人也況朔無少君之方術效驗世人何見謂之
得道秦武帝之時道人文成五利之輩入海求仙人
索不死之藥有道術之驗故爲上所信朔無入海之
使無奇怪之效也如使有奇不過少君之類及文成
五利之輩耳況謂之有道此或時偶復若少君矣自
匿所生之處當時在朝之人不知其故朔盛稱其年
長人見其面狀少性又恬淡不好仕宦善達占卜射
覆爲怪奇之戲世人則謂之得道之人矣

以老子而尚有後議天下豈有神道矣

世或以老子之道爲可以度世恬淡無欲養精愛氣
夫人以精神爲壽命精神不傷則壽命長而不死成
事老子行之踰百度世爲眞人矣夫恬淡少欲孰與
鳥獸鳥獸亦老而死鳥獸含情欲與人相類者矣未
足以言草木之生何情欲而春生秋死乎夫草木無
欲壽不踰歲人多情欲壽至於百此無情欲者反夭
有情欲者壽也夫如是老子之術以恬淡無欲延壽
度世者復虛也或時老子李少君之類也行恬淡之
道偶其性命亦自壽長世見其命壽又聞其恬淡謂
老子以術度世矣世或以辟穀不食爲道術之人謂

王子喬之輩以不食穀與恒人殊食故與恒人殊壽
踰百度世遂爲仙人此又虛也夫人之生也禀食飲
之性故形上有口齒形下有孔竅口齒以噍食孔竅
以注瀉順此性者爲得天正道逆此性者爲違所禀
受失本氣於天何能得久壽使子喬生無齒口孔竅
是禀性與人殊禀性與人殊上未可謂壽況形體均
同而以所行者異言其得受世非性之實也夫人之
不食也猶身之不衣也衣以溫膚食以充腹膚溫腹
飽精神明盛如饑而不飽寒而不溫則有凍餓之害
矣凍餓之人安能久壽且人之生也以食爲氣猶草

本生以土為氣矣拔草木之根使之離土則枯而蚤死閉人之口使之不食則饑而不壽矣

道家相誇曰眞人食氣以氣而為食故傳曰食氣者壽而不死雖不穀飽亦以氣盈此又虛也夫氣謂何氣也如謂陰陽之氣陰陽之氣不能飽人人或噏氣氣滿腹脹不能饜飽如謂百藥之氣人或服藥食一合屑吞數十丸藥力盛胷中憒毒不能飽人食氣者必謂吹呴呼吸吐故納新也昔有彭祖嘗行之矣不能久壽病而死矣

道家或以導氣養性度世而不死以為血脈在形體

流水不
腐户樞
不壞所宿
動揺有非
昔因其形
摇之谓也

之中不動揺屈伸則閉塞不通不通積聚則爲病而死此又虚也夫人之形猶草木之體也草木在高山之巔當疾風之衝晝夜動揺者能復勝彼隱在山谷間鄣於疾風者乎案草木之生動揺者傷而不暢人之導引動揺形體者何故壽而不死夫血脉之藏於身也猶江河之流地江河之流濁而不清血脉之動亦擾不安不安則猶人勤苦無聊也安能得久生乎道家或以服食藥物輕身益氣延年度世此又虚也夫服食藥物輕身益氣頗有其驗若夫延年度世世無其效百藥愈病病愈而氣復氣復而身輕矣凡人

稟性身本自輕氣本自長中於風濕百病傷之故身重氣劣也服食良藥身氣復故非本氣少身重得藥而乃氣長身更輕也稟受之時本自有之矣故夫服食藥物除百病令身輕氣長復其本性安能延年至於度世有血脈之類無有不生生無不死以其生故知其死也天地不生故不死陰陽不生故不死死者生之效生者死之驗也夫有始者必有終有終者必有始唯無終始者乃長生不死人之生其猶冰也水凝而爲冰氣積而爲人冰極一冬而釋人竟百歲而死人可令不死冰可令不釋乎諸學仙術爲不死之

方其必不成猶不能使冰終不釋也

語增篇

傳語曰聖人憂世深思事勤愁擾精神感動形體故稱堯若腊舜若腒桀紂之君垂腴尺餘夫言聖人憂世念人身體羸惡不能身體肥澤可也言堯舜若腊與腒桀紂垂腴尺餘增之也齊桓公云寡人未得仲父極難既得仲父甚易桓公不及堯舜仲父不及禹契桓公猶易堯舜反難乎以桓公得管仲易知堯舜得禹契不難夫易則少憂少憂則不愁不愁則身體不臞舜承堯太平堯舜襲德功假荒服堯尚有憂舜

安然無事故經曰上帝引逸謂虞舜也舜承安繼治
任賢使能恭己無爲而天下治故孔子曰巍巍乎舜
禹之有天下而不與焉夫不與尚謂之躍若臘如德
劣柔寡若孔子栖栖周流應聘身不得容道不得行
可骨立跛附僵仆道路乎紂爲長夜之飲糟丘酒池
沉湎於酒不舍晝夜是必以病病則不甘飲食不甘
飲食則肥腯不得至此經曰惟湛樂是從時亦罔有
克壽魏公子無忌爲長夜之飲困毒而死紂雖未死
宜羸臞矣然紂同行則宜同病言其腴垂過尺餘
非徒增之又失其實矣傳語又稱紂力能索鐵伸鉤

撫梁易柱言其多力也蜚廉惡來之徒並幸愛寵言
好佞力之主致佞力之士也或言武王伐紂兵不血
刃夫以索鐵伸鉤之力輔以蜚廉惡來之徒與周軍
相當武王德雖盛不能奪紂素所厚之心紂雖惡亦
不失所與同行之意雖為武王所擒時亦宜殺傷十
百人今言不血刃非紂多力之效蜚廉惡來助紂之
驗也案武王之符瑞不過高祖武王有白魚赤烏之
祐高祖有斷大虵老嫗哭於道之瑞武王有八百諸
侯之助高祖有天下義兵之佐武王之相望羊而已
高祖之相龍顏隆準項紫美鬚髯身有七十二黑子

高祖又逃呂后於澤中呂后輙見上有雲氣之驗武王不聞有此夫相多於望羊瑞明於魚烏天下義兵並來會漢助彊於諸侯武王承紂高祖襲秦二世之惡隆盛於紂天下畔秦宜多於殷案高祖代秦還破項羽戰場流血暴尸萬數失軍亡衆幾死一再然後得天下用兵苦誅亂劇獨云周兵不血刃非其實也言其易可也言不血刃增之也案周取殷之時太公陰謀之書食小兒丹教云亡殷兵到牧野晨舉脂燭察武成之篇牧野之戰血流浮杵赤地千里由此言之周之取殷與漢秦一實也而云取殷易兵不血刃

美武王之德增益其實也凡天下之事不可增損考
察前後效驗自列自列則是非之實有所定矣世稱
紂力能索鐵伸鉤又稱武王伐之兵不血刃夫以索
鐵伸鉤之力當人則是孟賁夏育之匹也以不血刃
之德取人則是三皇五帝之屬也以索鐵之力不宜
受服以不血刃之德不宜賴兵今稱紂力則武王德
貶譽武王則紂力少索鐵不血刃不得兩立殷周之
稱不得二全不得二全則必一非孔子曰紂之不善
不若是之甚也是以君子惡居下流天下之惡皆歸
焉孟子曰吾於武成取二三策耳以至仁伐不仁如

何其血之浮杵也孔子言沮浮杵是孟子之言
述不血刃浮杵過其實不血刃亦失其實一聖一賢
共論一紂輕重殊稱多少異實紂之惡不若王莽紂
殺比干莽鴆平帝紂以嗣立莽盜漢位殺主隆於誅
臣嗣立順於盜位士衆所畔宜甚於紂漢誅王莽兵
頓昆陽死者萬數軍至漸臺血流沒趾而獨謂周取
天下兵不血刃非其實也
傳語曰文王飲酒千鍾孔子百觚欲言聖人德盛能
以德將酒也如一坐千鍾百觚此酒徒非聖人也飲酒
有法胸腹小大與人均等飲酒用千鍾用肴宜盡百

牛百觚則宜用十羊夫以千鍾百牛百觚十羊之言
文王之身如防風之君孔子之體如長狄之人乃能
堪之案文王孔子之體不能及防風長狄以短小之
身飲食衆多是缺文王之廣貶孔子之崇也案酒誥
之篇朝夕曰祀茲酒此言文王戒慎酒也朝夕戒慎
則民化之外出戒慎之教內飲酒盡千鍾導民率下
何以教化承紂疾惡何以自別且千鍾之效百觚之
驗何所用哉使文王孔子因祭用酒乎則受福胙不
能厭飽因饗射之用酒乎饗射飲酒自有禮法如私
燕賞賜飲酒乎則賞賜飲酒宜與下齊賜尊者之前

荒亂之君
三千牛飲
或有其事

三觴而退過於三爵醉酗生亂文王孔子率禮之人
也賞脊左右至於醉酗亂身自用酒千鍾百觚大之
則爲桀紂小之則爲酒徒又何以立德成化垂名無
譽乎世聞德將毋醉之言見聖人有多德之旋則虛
增文王以爲千鍾空益孔子以百觚矣
傳語曰紂沉湎於酒以糟爲丘以酒爲池牛飲者三
千人爲長夜之飲亡其甲子夫紂雖嗜酒亦欲以爲
樂令酒池在中庭乎則不當言爲長夜之飲坐在深
宮之中閉窻舉燭故曰長夜令坐於宮中每當飲者
起之中庭乃復還坐則是煩苦相踏籍不能甚樂令

至以肴饌
緣其不便
亦非雅談

池在深宮之中則三千人宜臨池坐前俛飲池酒俯
食肴膳倡樂在前乃爲樂耳如審臨池而坐則前飲
害於肴膳倡樂之作不得在前夫飲食既不以禮臨
池牛飲則其啖肴不復用杯亦宜就魚肉而虎食則
知夫酒池牛飲非其實也
傳又言紂懸肉以爲林令男女倮而相逐其閒是爲醉
樂淫戲無節度也夫肉當内於口口之所食宜潔不
辱今言男女倮相逐其閒何等潔者如以醉而不計
潔辱則當其浴於酒中而倮相逐於肉閒何爲不肯
浴於酒中以不言浴於酒知不倮相逐於肉閒傳者

之說或言車行酒騎行炙百二十日爲一夜夫言用酒爲池則言其車行酒非也言其懸肉爲林即言騎行炙非也或時紂沉湎覆酒滂沱於地即言以酒爲池釀酒糟積聚則言糟爲丘懸肉似林則言肉爲林林中幽冥人時走戲其中則言倮相逐或時載酒用鹿車則言車行酒騎行炙或時十數夜則言其百二十或時醉不知問日數則言其亡甲子周公封康叔告以紂用酒期於悉極欲以戒之也而不言糟丘酒池懸肉爲林長夜之飲亡其甲子聖人不言殆非實也

傳語曰紂非時與三千人牛飲於酒池夫夏官百懟
官二百周三百紂之所與相非民必臣也非小臣必
大官其數不能滿三千人傳言家欲惡紂故言三千
者增其實也
傳語曰周公執贄下白屋之士謂候之也夫三公鼎
足之臣王者之貞幹也白屋之士閭巷之微賤者也
三公傾鼎足之尊執贄候白屋之士非其實也時或
待士卑恭不驕白屋人則言其往候白屋或時起白
屋之士以作宇迎禮之人則言其執贄以候其家也
傳語曰堯舜之儉茅茨不剪采椽不斲夫言茅茨采

椽可也言不勇不斵增之也經曰弼成五服五服五
采服也服五采之服又茅茨采椽何宮室衣服之不
相稱也服五采畫日月星辰茅茨采椽非其實也傳
語曰秦始皇帝燔燒詩書坑殺儒士言燔燒詩書滅
去五經文書也坑殺儒士言其皆挾經傳文書之
人也燒其書坑其人詩書絕矣言燔燒詩書坑殺儒
士實也言其欲滅詩書故坑殺其人非其誠又增之
也秦始皇帝三十四年置酒咸陽臺儒士七十人前
爲壽僕射周青臣進頌始皇之德齊淳于越進諫
始皇不封子弟功臣自爲挾輔刺周青臣以爲面諛

始皇下其議於丞相李斯李斯非淳于越曰諸生皆不師今而學古以非當世亂黔首臣請勑史官非秦王記皆燒之非博士官所職天下有敢藏詩書及百家語諸刑書者悉詣守尉雜燒之有敢偶語詩書者棄市以古非今者族滅吏見知不舉與同罪始皇許之明年三十五年諸生在咸陽者多為妖言始皇使御史案問諸生諸生傳相告引者自除犯禁者四百六十七人皆坑之燔詩書起淳于越之陳坑儒士起自諸生為妖言見坑者四百六十七人傳增言坑殺儒士欲絕詩書又言盡坑之此非其實而又增之

傳語曰町町者荆軻之閭言荆軻爲燕太子丹刺秦王後誅軻九族其後恚不已復夷軻之一里一里皆滅故曰町町此言增之也夫秦雖無道無爲盡誅荆軻之里始皇幸梁山之宮從山上望見丞相李斯車騎甚盛恚出言非之其後左右以告李斯李斯立損車騎始皇知左右洩其言莫知爲誰盡捕諸生在旁者皆殺之其後墜星下東郡至地爲石民或刻其石曰始皇帝死地分皇帝聞之令御史逐問莫服盡取石旁人誅之夫誅從行於梁山宮及誅石旁人欲得洩言刻石者不能審知故并誅之荆軻之閭何罪

於秦而盡誅之如刺秦王在閭中不知爲誰盡誅之
可也荆軻已死刺者有人一里之民何爲坐之始皇
二十年燕使荆軻刺秦王秦王覺之體解軻以徇不
言盡誅其閭彼或時誅軻九族九族衆多同里而處
誅其九族一里且盡好增事者則言町町也

論衡卷第七

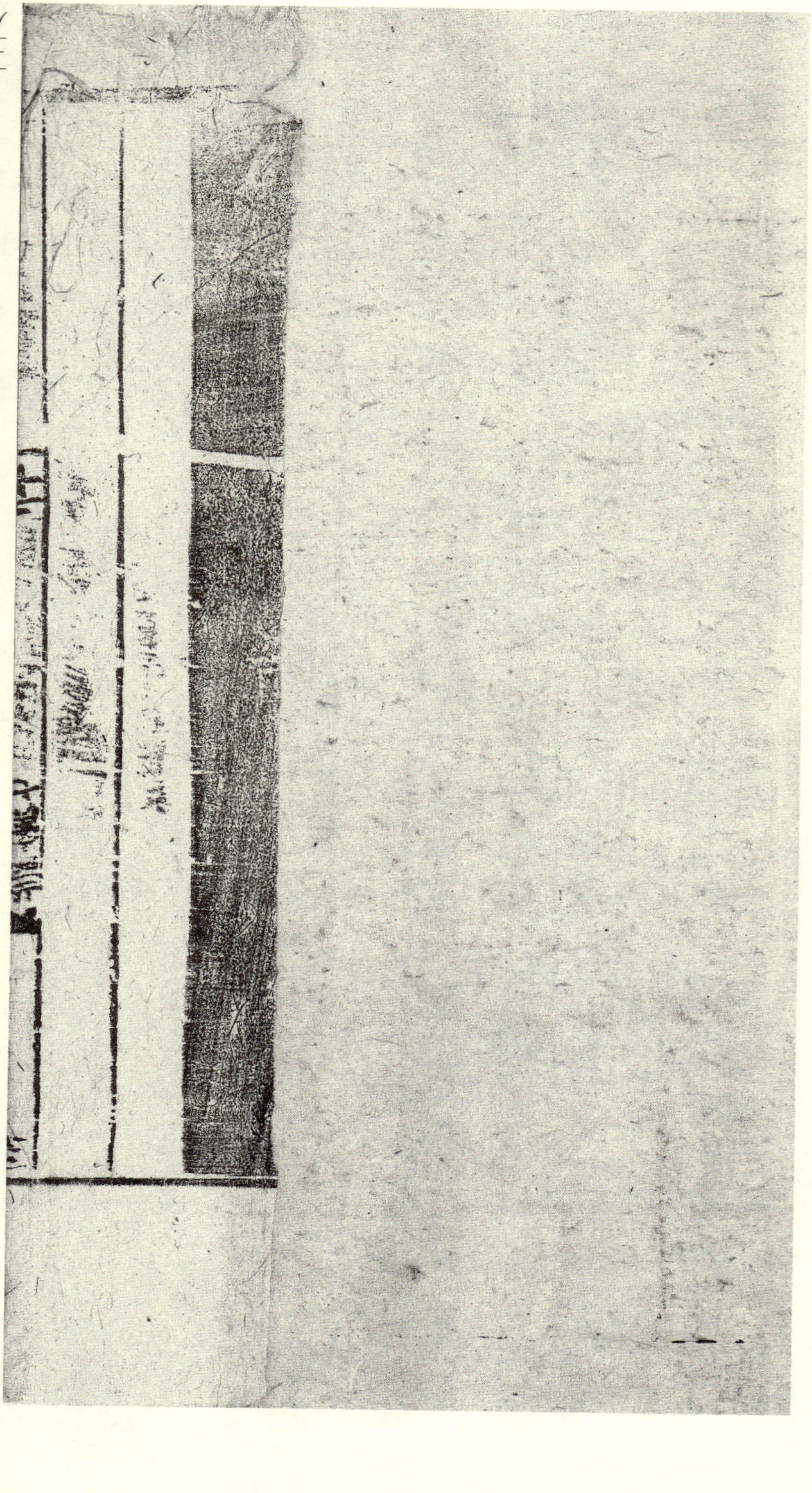

論衡卷第八　　　　王充

儒增篇　　　藝增篇

儒增篇

儒書稱堯舜之德至優至大天下太平一人不刑又言文武之隆遺在成康刑錯不用四十餘年是欲稱堯舜褒文武也夫為言不益則美不足稱為文不渥則事不足褒堯舜雖優不能使一人不刑文武雖盛不能使刑不用言其犯刑者少用刑希踈可也言其一人不刑刑錯不用增之也夫能使一人不刑則能使一國不伐能使刑錯不用則能使兵寢不施案堯

伐冊水舜征有苗四子服罪刑兵設用成王之時四
國纂畔淮夷徐戎並爲患害夫刑人用刃伐人用兵
罪人用法誅人用武武法不殊兵刃不異巧論之人
不能別也夫德（一有爲字）劣故用兵犯法故施刑刑之與兵
猶足與翼也走用足飛用翼形體雖異其行身同刑
之與兵全衆禁邪其實一也稱兵之不用言刑之不
施是猶人耳缺目完以日完稱人體全不可從也人
桀於刺虎怯於擊人而以刺虎稱謂之勇不可聽也
身無敗缺勇無不進乃爲全耳今稱一人不刑不言
一兵不用褒刑錯不用不言一人不畔未得爲優未

可謂盛也

儒書稱楚養由基善射射一楊葉百發能百中之是稱其巧於射也夫言其時射一楊葉中之可也言其百發而百中增之也夫一楊葉射而中之中之一再將敗穿不可復射矣如就葉懸於樹而射之雖不欲射中楊葉繁茂自中之矣是必使上取楊葉一一更置地而射之也射之數十行足以見巧觀其射之者亦皆知射工亦必不至於百明矣言事者好增巧美數十中則言其百中矣百與千數之大者也實欲言十則言百百則言千矣是與書言協和萬邦詩曰子孫千億同一

意也
儒書言衛有忠臣弘演爲衛哀公使未還狄人攻哀公而殺之盡食其肉獨捨其肝弘演使還致命於肝痛哀公之死身肉盡肝無所附引刀自刳其腹盡出其腹實乃内哀公之肝而死言此者欲稱其忠矣言其自刳内哀公之肝而死可也言盡出其腹實乃内哀公之肝增之也人以刃相刺中五藏輒死何則五藏氣之主也猶頭脉之湊也頭一斷手不能取他人之頭著之於頸奈何獨能先出其腹實乃内哀公之肝腹實出輒死則手不能復把矣如先内哀公之肝

出其腹實則文當言內哀公之所出其腹實今亢
言盡出其腹實內哀公之所夕言盡謂其實也
儒書言楚熊渠子出見寢石以為伏虎將弓射之矢
沒其衛或曰養由基見寢石以為兕也射之矢飲羽
或言李廣便是熊渠養由基李廣主名不審無實也
或以為虎或以為兕兕虎俱猛一實也或言沒衛或
言飲羽羽則衛言不同耳要取以寢石似虎兕畏懼
加精射之入深也夫言以寢石為虎射之矢入可也
言其沒衛增之也夫見似虎者意以為是張弓射之
盛精加意則其見真虎與是無異射似虎之石矢入

沒衛若射兕虎之身矢洞度乎石之質雖射肉易射
也以射雖沒衛言之則其射易者洞不若矢善射者
能射遠中微不失毫釐安能使弓弩更多力乎養由
基從軍射晉侯中其目夫以匹夫射萬乘之主其加
精倍力必與射寢石等當中晉侯之目也可復洞
達於項乎如洞達於項晉侯宜死車張十石之弩恐
不能入一寸矢摧為三況以一人之力引微弱之弓雖
加精誠安能沒衛人之精乃氣也氣乃力也有水火
之難惶惑恐懼舉徙器物精誠至矣素舉一石者倍
舉二石然則見伏石射之精誠倍故不過入一寸如

謂之沒倦俾乎如有好用劍者見寢石而斫之可
倶謂能斷石乎以勇夫空拳而暴虎者卒然見寢石
以手推之能厭今石有跡乎巧人之精與拙人等古人
之誠與今人同使當今射工射禽獸於野其欲得之
不餘精力丁及其中獸不過數寸跌誤中石不能內
鋒箭推矢夫如是儒書之言其熊渠子養由基李
廣射寢石矢入沒衛飲羽者皆增之也
儒書稱魯般墨子之巧刻木為鳶飛之三日而不集
夫言其以木為鳶飛之可也言其三日不集增之也
夫刻木為鳶以象鳶形安能飛而不集乎既能飛翔

安能至於三日？如審有機關，一飛遂翔，不可復下，則當言遂飛，不當言三日。猶世傳言曰：魯般巧，亡其母也。言巧工為母作木車馬、木人御者，機關備具，載母其上，一驅不還，遂失其母。如木鳶機關備具，與木車馬等，則遂飛不集。機關為須臾間，不能遠過三日，則木車等亦宜三日止於道路，無為徑去以失其母。二者必失實者矣。

書說孔子不能容於世，周流游說七十餘國，未嘗得安。夫言周流不遇，可也；言干七十國，增之也。案論語之篇、諸子之書，孔子自衛反魯，在陳絕糧，削迹於衛，忘

吳匋葉
苕溪失
次

味於齊伐樹於宋并費貢頓牟至不能十國傳言七
十國非其實也或時千十數國也七十之說文書傳
之因言干七十國矣論語曰孔子問公叔文子於公
明賈曰信乎夫子不言不笑不取乎公明賈對曰以
告者過也夫子時然後言人不厭其言也樂然後笑
人不厭其笑也義然後取人不厭其取也子曰豈其
然乎豈其然乎夫公叔文子實時言時笑義取人傳
說稱之言其不言不笑不取也俗言竟增之也
書言秦繆公伐鄭過晉不假途晉襄公率羌戎要擊
於崤塞之下疋馬隻輪無反者時秦遣三大夫孟明

視西乞術白乙丙皆得復還夫三大夫復還車馬必
有歸者文言疋馬隻輪無反者增其實也
書稱齊之孟嘗魏之信陵趙之平原楚之春申君待
士下客招會四方各三千人欲言下士之至趨之者
衆也夫言士多可也言其三千增之也四君雖好士
士至雖衆不過各千餘人書則言三千矣夫言衆必
言千數言少則言無一世俗之情言事之失也
傳記言高子羔之喪親泣血三年未嘗見齒君子以
爲難難爲故也夫不以爲非實而以爲難君子之言
誤矣高子泣血殆必有之何則荆和獻寶於楚楚則

其足痛竇不進已情不達泣涕涕盡因續以血今高
子痛親哀極涕竭血隨而出實也而云三年未嘗見
齒是增之也言未嘗見齒欲言其不言不笑也孝子
喪親不笑可也安得不言言安得不見齒孔子曰言
不文或時不言傳則言其不見齒或時傳則言其不
見齒三年矣高宗諒陰三年不言尊爲天子不言而
其文言不言猶疑於增况高子位賤而曰未嘗見齒
是必增益之也
儒書言禽息薦百里奚繆公未聽禽息出當門仆頭
碎首而死繆公痛之乃用百里奚此言賢者薦善不

愛其死仆頭碎首而死以達其友也世士相激文書傳稱之莫謂不然夫仆頭以薦善古今有之禽息仆頭蓋其實也言碎首而死是增之也夫人之扣頭痛者血流雖忿恨惶恐無碎首者非首不可碎人力不能自碎也執刃刎頸樹鋒刺匈鋒刃之助故手足得成勢也言禽息舉椎自擊首碎不足怪也仆頭碎首力不能自將也有扣頭而死者未有使頭破首碎者也此時或扣頭薦百里奚世空言其死若或扣頭而死世空言其首碎也

儒書言荊軻爲燕太子刺秦王操匕首之劍刺之不

得荊軻之事以匕首擿秦王不中中銅柱入
尺欲言匕首之利荊軻埶盛投銳利之刃陷堅彊之
柱稱荊軻之勇故增益其事也夫言入銅柱實也言
其入尺增之也夫銅雖不若匕首堅剛入之不過數
寸殆不能入尺以入尺言之設中秦王匕首洞過乎
車張十石之弩射垣木之表尚不能入尺以荊軻之
手力投輕小之匕首身被龍淵之劍刃入堅剛之銅
柱是荊軻之力勁於十石之弩銅柱之堅不若木表
之剛也世稱荊軻之勇不言其多力多力之人莫若
孟賁使孟賁擿銅柱能洞出一尺乎此亦或時匕

首刃若干鍛……無前所擊無下故有入尺之
效夫鐔于奇……其實刺擊無前下亦入銅柱
尺之類也
儒書言董仲舒讀春秋專精一思志不在他三年不
窺園菜夫言不窺園菜實也言三年增之也仲舒雖精亦時解休解
休之間猶宜游於門庭之側則能至門庭何嫌不窺
園菜聞用精者察物不見存道以亡身不聞不至門
庭坐思三年不及窺園也尚書毋佚曰君子所其毋
逸先知稼穡之艱難乃佚佚者也人之筋骨非木非
石不能不解故張而不弛文王不爲弛而不張文王

不行一弛一張文王以爲常聖人材優尚有弛張之時仲舒材力劣於聖安能用精三年不休儒書言夏之方盛也遠方圖物貢金九牧鑄鼎象物而爲之備故入山澤不逢惡物用辟神姦故能叶于上下以承天休夫金之性物也用遠方貢之爲美鑄以爲鼎用象百物之奇安能入山澤不逢惡物辟除神姦乎周時天下太平越裳獻白雉倭人貢鬯草食白雉服鬯草不能除凶金鼎之器安能辟姦且九鼎之來德盛之瑞也服瑞應之物不能致福男子服玉女子服珠珠玉於人無能辟除實奇之物使爲蘭或

作于身或言有益者九鼎之語也[illegible]夫九鼎無能辟除傳言能辟神姦是則書增其文也世俗傳言周鼎不爨自沸不投物物自出此則世俗增其言也儒書增其文也是使九鼎以無怪空爲神也且夫謂周之鼎神者何用審之周鼎之金遠方所貢禹得鑄以爲鼎也其爲鼎也有百物之象如爲遠方貢之爲神乎遠方之物安能神如以爲禹鑄之爲神乎禹聖不能神聖人身不能神鑄器安能神如以金之物爲神乎則夫金者石之類也石不能神金安能神以爲百物之象爲神乎夫百物之象猶雷罇也雷罇刻畫雲雷

之形雲雷在天神於百物雲雷之象不能神百物之象安能神也

傳言秦滅周周之九鼎入于秦案本事周赧王之時秦昭王使將軍摎攻王赧王赧惶懼犇秦頓首受罪盡獻其邑三十六口三萬秦受其獻還王赧王赧卒秦王取九鼎寶器矣若此者九鼎在秦也始皇二十八年北遊至瑯邪還過彭城齋戒禱祠欲出周鼎使千人没泗水之中求弗能得案時昭王之後三世得始皇帝秦無危亂之禍鼎宜不亡亡時殆在周傳言王赧犇秦秦取九鼎或時誤也傳又言宋太丘社亡

爲神物也。没於城泗水中。而從覓斵入延津之意。秦昭王之說誤也。五鼎已入秦何故始皇又從泗水採掌鼎田桀紂時也不亡去。神物存亡各自有數未可以世之仁暴

鼎没水中彭城下其後二十九年秦并天下若此者
鼎未入秦也其亡從周去矣未爲神也春秋之時五
石隕于宋五石者星也星之去天猶鼎之亡於地也
星去天不爲神鼎亡於地何能神春秋之時三山亡
猶太丘社之去宋五星之去天三山亡五石隕太丘
社去皆自有爲然鼎亡亡亦有應也未可以亡之故
乃謂之神如鼎與秦三山同乎亡不能神如有知欲
辟危亂之禍乎則更桀紂之時矣衰亂無道莫過桀
紂桀紂之時鼎不亡去周之衰亂未若桀紂留無道
之桀紂去衰末之周非止去之宜神有知之驗也或

[illegible]見也

時周亡之時將軍摎人衆見鼎盜取姦人鑄爍以爲他器始皇求不得也後因言有神名則空生沒於泗水之語矣孝文皇帝之時趙人新垣平上言周鼎亡在泗水中今河溢通於泗水臣望東北汾陰直有金氣意周鼎出乎兆見弗迎則不至於是文帝使使治廟汾陰南臨河欲祠出周鼎人有上書告新垣平所言神器事皆詐也於是下平事於吏吏治誅新垣平夫言鼎在泗水中猶新垣平詐言鼎有神氣見也

藝增篇

世俗所患患言事增其實著文垂辭辭出溢其眞稱

美過其善進惡沒其罪同則俗人好奇不奇言不用
也故譽人不增其美則聞者不快其意毀人不益其
惡則聽者不愜於心聞一增以爲十見百益以爲千
使夫純樸之事十剖百判審然之語千反萬畔墨子
哭於練絲楊子哭於歧道蓋傷失本悲離其實也蜚
流之言百傳之語出小人之口馳閭巷之間其猶是也
諸子之文筆墨之疏人賢所著妙思所集宜如其實
猶或增之儻經藝之言如其實乎言審莫過聖人經
藝萬世不易猶或出溢增過其實增過其實皆有事
爲不妄亂誤以少爲多也然而必論之者方言經藝

之增與傳語異也經增非一略舉較著令悦惑之人
觀覽采擇得以開心通意曉解覺悟尚書協和萬國
是美堯德致太平之化化諸夏并及夷狄也言協和
方外可也言萬國增之也夫唐之與周俱治五千里
内周時諸侯千七百九十[illegible]荒服戎服要服及四海之
外不粒食之民若穿胷儋耳焦僥跂踵之輩并合其
數不能三千天之所覆地之所載盡於三千之中矣
而尚書云萬國褒增過實以美堯也欲言堯之德大
所化者衆諸夏夷狄莫不雍和故曰萬國猶詩言子
孫千億矣美周宣王之德能恈一作順天地天地祚之

子孫衆多至于千億言子孫衆多可也言千億增之
也夫子孫雖衆不能千億詩人頌美增益其實棄后
稷始受邰封訖於宣王宣王以至外族內屬血脈所
連不能千億夫千與萬數之大名也萬言衆多故尚
書言萬國詩言千億詩云鶴鳴九皐聲聞于天言鶴
鳴九折之澤聲猶聞於天以喻君子修德窮僻名猶
達朝廷也其聞高遠可矣言其聞於天增之也彼言
聲聞於天見鶴鳴於雲中從地聽之度其聲鳴於地
當復聞於天也夫鶴鳴雲中人聞聲仰而視之目見
其形耳目同力耳聞其聲則目見其形矣然則耳目

所聞見不過十里使參天之鳴人不能聞也何則天之去人以萬數遠則目不能見耳不能聞今鶴鳴從下聞之鶴鳴近也以從下聞其聲則謂其鳴於地當復聞於天失其實矣其鶴鳴於雲中人從下聞之如鳴於九皐人無在天上者何以知其聞於天上也無以知意從准況之也詩人或時不知至誠以爲然或時知而欲以喻事故增而甚之詩曰維周黎民靡有孑遺是謂周宣王之時遭大旱之災也詩人傷旱之甚民被其害者無有孑遺一人不愁痛者夫旱甚則有之矣言無孑遺一人增之也夫周之民猶今之民也

使令之民也遭大旱之災貧羸無蓄積扣心思雨若其富人穀食饒足者廩囷不空口腹不飢何愁之有天之旱。山林之間不枯猶地之水江陵之上不湛也山林之間富貴之人必有遺脫者矣而言靡有孑遺增益其文欲言旱甚也

易曰豐其屋蔀其家窺其戶闃其無人也非其無人也無賢人也尚書曰無曠庶官曠空庶衆也毋空衆官寘非其人與空無異故言空也夫不肖者皆懷五常才劣不逮不成純賢非狂妄頑嚚身中無一知也德有大小材有高下居官治職皆欲勉效在官尚書

之官易之戶中猶能有益如何謂之空而無人詩曰
濟濟多士文王以寧此言文王得賢者多而不肖者
少也今易宜言閒其少人尚書宜言無少衆官以少
言之可也言空而無人亦尤甚焉五穀之於人也食
之皆飽稻粱之味甘而多腴豆麥雖糲亦能愈飢食
豆麥者皆謂糲而不甘莫謂腹空無所食竹木之杖
皆能扶病竹杖之力弱劣不及木或操竹杖皆謂不
勁莫謂手空無把持夫不肖之臣豆麥竹杖之類也
易持其具臣在戶言無人者惡之甚也尚書衆官亦
容小材而云無空者刺之甚也

論語曰大哉堯之爲君也蕩蕩乎民無能名焉傳曰
有年五十擊壤於路者觀者曰大哉堯德乎擊壤者
曰吾日出而作日入而息鑿井而飲耕田而食堯何
等力此言蕩蕩無能名之效也言蕩蕩可也乃欲言
民無能名增之也四海之大萬民之衆無能名堯之
德者殆不實也夫擊壤者曰堯何等力欲言民無能
名也觀者曰大哉堯之德乎此何等民者猶能知之
實有知之者云無竟增之儒書又言堯舜之民可比
屋而封言其家有君子之行可皆官也夫言可封可
也言比屋增之也人年五十爲人父爲人父而不知君

何以示子太平之世蒙爲君子人有禮義父不失禮子不廢行夫有行者有知知君莫如臣臣賢能知君能知其君故能治其民今不能知堯何可封官年五十擊壤於路與豎子未成人者爲伍何等賢者子路使子羔爲郈宰孔子以爲不可未學無所知也擊壤者無知官之如何穪堯之蕩蕩不能述其可比屋而封言賢者可比屋而封不能議讓其愚而無知之夫擊壤者難以言比屋比屋難以言蕩蕩二者皆增之所由起美堯之德也

尚書曰祖伊諫紂曰今我民罔不欲喪罔無也我天

下民無不欲王亡者夫言欲王之亡可也言無不增
之也紂雖惡民臣蒙恩者非一而祖伊增語欲以懼
紂也故曰語不益心不惕心不惕行不易增其語欲
以懼之冀其語悟也蘇秦說齊王曰臨菑之中車轂
擊人肩磨袂成幕連衽成帷揮汗成雨齊雖熾盛
不能如此蘇秦增語激齊王也祖伊之諫紂猶蘇秦
之說齊王也賢聖增文外有所爲內未必然何以明
之夫武成之篇言武王伐紂血流浮杵助戰者多故
至血流如此皆欲紂之亡也土崩瓦解安肯戰乎然
祖伊之言民無不欲如蘇秦增語武成言血流浮杵

以太過焉死者血流安能浮杵武王伐紂於牧之野河北地高壤靡不乾燥兵頓血流輒燥入土安得杵浮且周殷士卒皆齎盛糧或作乾糧無杵臼之事安得杵而浮之言血流杵欲言誅紂惟兵頓士傷故至浮杵

春秋莊公七年夏四月辛卯夜恆星不見夜中星霣如雨公羊傳曰如雨者何非雨也非雨則曷爲謂之如雨不脩春秋曰雨星不及地尺而復君子脩之曰星霣如雨不脩春秋者未脩春秋時魯史記曰雨星不及地尺而復君子者謂孔子也孔子脩之曰星霣如雨

文高者[illegible]氣[illegible]也山氣[illegible][illegible]

陝不及堯上侵在天[illegible]曰如爾孔子正言[illegible]大[illegible]

或[illegible]堯[illegible]詩不能尺文之數[illegible]史[illegible]人[illegible]

以[illegible]甚[illegible]夫說言樓言山[illegible]言[illegible]孔子[illegible]

其實矣孔子於春秋故[illegible]言如爾如孔子[illegible]

[illegible]只之文[illegible]傳主之光武皇帝之時[illegible]中[illegible]

言言孝文皇帝朗居明光宮天下斷獄三[illegible]

孝文帝陳其效實光武皇帝曰孝文時不居明[illegible]

斷獄不三人積善修德美名流之是以君子[illegible]

流夫貢光上書於漢漢爲今世增益功[illegible]

況上古帝王久遠賢人從後褒述失實離本獨已多矣不遭光武論十世之後孝文之事載在經藝之上人不知其增居明光宮斷獄三人而遂爲實事也

論衡卷第八

論衡卷第九　　王充

問孔篇

問孔篇

世儒學者好信師而是古以爲賢聖所言皆無非專精講習不知難問夫賢聖下筆造文用意詳審尚未可謂盡得實況倉卒吐言安能皆是不能皆是時人不知難或是而意沉難見時人不知問案賢聖之言上下多相違其文前後多相伐者世之學者不知者也論者皆云孔門之徒七十子之才勝今之儒此言妄也彼見孔子爲師聖人傳道必授異才故謂之殊

夫古人之才今人之才也今謂之英傑古以爲聖神
故謂七十子歷世希有使當今有孔子之師則謂世
學者皆顏閔之徒也使無孔子則七十子之徒今之
儒生也何以驗之以學於孔子不能極問也聖人之
言不能盡解說道陳義不能輒形不能輒形宜問以
發之不能盡解宜難以極之皐陶陳道帝舜之前淺
略未極禹問難之淺言復深略指復分蓋起問難此
說激而深切觸而著明也孔子笑子游之絃歌子游
引前言以距孔子自今案論語之文孔子之言多若
笑絃歌之辭弟子寡若子游之難故孔子之言遂結

不解以七十子不能難世之儒生能實不道是非也凡學問之法不為無才難才距師核道實義證定是非也問難之道非必對聖人及生時也世之解說說人者非必須聖人教告乃敢言也苟有不曉解之問追難孔子何傷於義誠有傳聖業之知伐孔子之說何逆於理謂問孔子之言難其不解之文世間弘才大知生能答問解難之人必將賢吾世間難問之言是非

孟懿子問孝子曰毋違樊遲御子告之曰孟孫問孝於我我對曰毋違樊遲曰何謂也子曰生事之以禮

死葬之以禮問曰孔子之言毋違毋違者禮也孝子亦當先意承志不當違親之欲孔子言毋違不言違禮懿子聽孔子之言獨不爲嫌於無違志乎樊遲問何謂孔子乃言生事之以禮死葬之以禮祭之以禮使樊遲不問毋違之説遂不可知也懿子之才不過樊遲故論語篇中不見言行樊遲不曉懿子必能曉哉孟武伯問孝子曰父母唯其疾之憂武伯善憂父母故曰唯其疾之憂武伯憂親懿子違禮攻其短答武伯云父母唯其疾之憂對懿子亦宜言唯水火之變乃違禮周公告小才勑大材略子游之大材也孔

子告之勑懿子小才也告之反畧違周公之志攻懿子之短失道理之宜弟子不難何哉如以懿子權尊不敢極言則其對武伯亦宜但言毋憂而已但孟氏子也權尊鈞周形武伯而略懿子未曉其故也使孔子對懿子極言毋違禮何害之有專魯莫過季氏譏八佾之舞庭剌太山之旅祭不懼季氏增邑不隱諱之害獨畏答懿子極言之罪何哉且問孝者非一皆有御者對懿子言不但心服臆肯故告樊遲

孔子曰富與貴是人之所欲也不以其道得之不居也貧與賤是人之所惡也不以其道得之不去也此

言人當由道義得不當苟取也當守節安貧不當妄
去也夫言不以其道得富貴不居可也不以其道得
貧賤如何富貴顧可去去貧賤何之夫貧賤得富貴
也不得富貴不去貧賤如謂得富貴不以其道則不
去貧賤邪則所得富貴不得貧賤也貧賤何故當言
得之顧當言貧與賤是人之所惡也不以其道去之
則不去也當言去不當言得得者施於得之也今去
之安得言得乎獨富貴當言得耳何者得富貴乃去
貧賤也是則以道去貧賤如何脩身行道仕得爵禄
富貴得爵禄富貴則去貧賤矣不以其道去貧賤如

何毒苦貧賤趨爲姧盜積聚貨財擅相官秩是爲不
以其道七十子既不問世之學者亦不知難使此言
意不解而文不分是謂孔子不能吐辭也使此言意
結文又不解是孔子相示未形悉也弟子不問世俗
不難何哉
孔子曰公冶長可妻也雖在縲紲之中非其罪也以
其子妻之問曰孔子妻公冶長者何據見哉據年三
十可妻邪見其行賢可妻也如據其年三十不宜稱
在縲紲如見其行賢亦不宜稱在縲紲何則諸入孔
子門者皆有善行故稱備徒役徒役之中無妻則妻

之耳不須稱也如徒役之中多無妻公冶長充賢故獨妻之則其稱之宜列其行不宜言其在縲絏也何則世間彊受非辜者多未必盡賢人也恒人見枉衆多非一必以非辜爲孔子所妻則是孔子不妻賢妻寃也案孔子之稱公冶長有非辜之言無行能之文實不賢孔子妻之非也實賢孔子稱之不具亦非也誠似妻南容云國有道不廢國無道免於刑戮具稱之矣

子謂子貢曰汝與回也孰愈曰賜也何敢望回回也聞一以知十賜也聞一以知二子曰弗如也吾與汝

俱不如也是賢顏淵試以問子貢也問曰孔子所以教者禮讓也子路爲國以禮其言不讓孔子非之使子貢實愈顏淵孔子問之猶曰不如使實不及亦曰不如非失對欺師禮讓之言宜謙卑也今孔子出言欲何趣哉使孔子知顏淵愈子貢則不須問子貢使孔子實不知以問子貢子貢謙讓亦不能知使孔子徒欲表善顏淵稱顏淵賢門人莫及於名多矣何須問於子貢子曰賢哉回也又曰吾與回言終日不違如愚又曰回也其心三月不違仁三章皆直稱不以他人激至是一章獨以子貢激之何哉或曰欲抑子

貢也當此之時子貢之名凌顔淵之上孔子恐子貢
志驕意溢故抑之也夫名在顔淵之上當時所爲非
子貢求勝之也實子貢之知何如哉使顔淵才在已
上已自服之不須抑也使子貢不能自知孔子雖言
將謂孔子徒欲抑已由此言之問與不問無能抑揚
宰我晝寢予曰朽木不可彫也糞土之墻不可杇也
於予予何誅是惡宰予之晝寢問曰晝寢之惡也小
惡也朽木糞土敗毁不可復成之物大惡也責小過
以大惡安能服人使宰我性不善如朽木糞土不宜
得入孔子之門序在四科之列使性善孔子惡之惡

之太甚過也人之不仁疾之已甚亂也孔子疾宰予
可謂甚矣使下愚之人涉耐罪之獄吏令以大辟之
罪必冤而怨邪將服而自咎也使宰我愚則與涉耐
罪之人同志使宰我賢知孔子責人幾微自改矣明
文以識之流言以過之以其言示端而已自改自改
不在言之輕重在宰予能更與否春秋之義采毫毛之
善貶纖介之惡褒毫毛以巨大以巨大貶纖介觀春
秋之義肯是之乎不是則宰我不受不受則孔子之
言棄矣聖人之言與文相副言出於口文立於策俱
發於心其實一也孔子作春秋不貶小以大其非宰

予也以大惡細文語相違服人如何子曰始吾於人也聽其言而信其行今吾於人也聽其言而觀其行於予予改是蓋起宰予晝寢更知人之術也問曰人之晝寢安足以毀行毀行之人晝夜不卧安足以成善以晝寢而觀人善惡能得其實乎案宰予在孔子之門序於四科列在賜上如性情怠不可彫琢何以致此使宰我以晝寢自致此才復過人遠矣如未成就自謂已足不能自知知不明耳非行惡也曉勑而已無爲改術也如自知未足倦極晝寢是精神索也精神索至於死亡豈徒寢哉且論人之法取其行則

棄其言取其言則棄其行今宰予雖無助行有言語
用言令行缺有一槩矣今孔子起宰予晝寢聽其言
觀其行言行相應則謂之賢是孔子備取人也毋求
備於一人之義何所施
子張問令尹子文三仕爲令尹無喜色三已之無慍
色舊令尹之政必以告新令尹何如子曰忠矣曰仁
矣乎曰未知焉得仁子文曾舉楚子玉代己位而伐
宋以百乘敗而喪其衆不知如此安得爲仁問曰子
文舉子玉不知人也智與仁不相干也有不知之性
何妨爲仁之行五常之道仁義禮智信也五者各別

不相須而成故有智人有仁人者有禮人有義人者
人有信者未必智智者未必仁仁者未必禮禮者未
必義子文智蔽於子玉其仁何毀謂之焉得不可且忠
者厚也厚人仁矣孔子曰觀過斯知仁矣子文有仁之
實矣孔子謂忠非仁是謂父母非二親配疋非夫婦也
哀公問弟子孰謂好學孔子對曰有顏回者不遷怒
不貳過不幸短命死矣今也則亡未聞好學者也夫
顏淵所以死者審何用哉令自以短命猶伯牛之有
疾也人生受命皆全當潔今有惡疾故曰無命人生
皆當受天長命今得短命亦宜曰無命如天有短長

則亦有善惡矣言顏淵短命則宜言伯牛惡命言伯
牛無命則宜言顏淵無命一死一病皆痛云命所稟
不異文語不同未曉其故也
哀公問孔子孰爲好學孔子對曰有顏回者好學今
也則亡不遷怒不貳過何也曰并攻哀公之性遷怒
貳過故也因其問則并以對之兼以攻上之短不犯
其罰問曰康子亦問好學孔子以對曰以顏淵康子亦
有短何不并對以攻康子康子非聖人也操行猶所
失成事康子患盜孔子對曰苟子之不欲雖賞之不
竊由此言之康子以欲爲短也不攻何哉孔子見南

子子路不悅子曰予所鄙予者天厭之天厭之南子衛靈公夫人也聘孔子子路不悅謂孔子淫亂也孔子解之曰我所爲鄙陋者天厭殺我至誠自誓不負子路也問曰孔子自解安能解乎使世人有鄙陋之行天曾厭殺之可引以誓子路聞之可信以解今未曽有爲天所厭者也曰天厭之子路肯信之乎行事雷擊殺人水火燒溺人墻屋厭填人如曰雷擊殺我水火燒溺我墻屋壓填我子路頗信之今引未曽有之禍以自誓於子路子路安肯曉解而信之行事適有卧厭不悟者謂此爲天所厭邪案諸卧厭不悟者

未皆爲鄙陋也子路入道雖淺猶知實之實之非實
孔子以誓子路必不解矣孔子稱曰死生有命富貴
在天若此者人之死生自有長短不在操行善惡也成事
顏淵蚤死孔子謂之短命由此知短命夭死之人必
有邪行也子路入道雖淺聞孔子之言知死生之實
孔子誓以予所鄙者天厭之獨不爲子路言夫子雖
命未當死天安得厭殺之乎若此誓子路以天厭之
終不見信不見信則孔子自解終不解也尚書曰毋
若丹朱敖惟慢游是好謂帝舜勑禹毋子不肖子也
重天命恐禹私其子故引丹朱以勑戒之禹曰予娶

若時辛壬癸甲開呱、而泣子弗子陳已行事以往
推來以見卜隱效已不敢私不育子也不曰天厭之
者知俗人誓好引天也孔子爲子路行所疑不引行
事效已不鄙而云天厭之是與俗人解嫌引天祝詛
何以異乎
孔子曰鳳鳥不至河不出圖吾已矣夫夫子自傷不
王也已王致太平則鳳鳥至河出圖矣今不得王故
瑞應不至悲心自傷故曰吾已矣夫問曰鳳鳥河圖
審何據始起始起之時鳥圖未至如據太平太平之
帝未必常致鳳鳥與河圖也五帝三王皆致太平案

其瑞應不皆鳳皇爲必然之瑞於太平鳳皇爲未必
然之應孔子聖人然思不必然以自傷終不應矣或
曰孔子不自傷不得王也傷時無明王故已不用也
鳳鳥河圖明王之瑞也瑞應不致時無明王明王不
存已遂不用矣夫致瑞應何以致之任賢使能治定
功成治定功成則瑞應至矣瑞應致後亦不須孔子
孔子所望何其末也不思其本而望其末也不相其
主而名其物治有未定物有不至以至而效明王必
失之矣孝文皇帝可謂明矣案其本紀不見鳳鳥與
河圖使孔子在孝文之世猶曰吾已矣夫

子欲居九夷或曰陋如之何子曰君子居之何陋之
有孔子疾道不行於中國志恨失意故欲之九夷也
或人難之曰夷狄之鄙陋無禮義如之何孔子曰君
子居之何陋之有言以君子之道居而教之何爲陋
乎問之曰孔子欲之九夷者何起乎起道不行於中
國故欲之九夷夫中國且不行安能行於夷狄夷狄
之有君不若諸夏之亡言夷狄之難諸夏之易也不
能行於易能行於難乎且孔子云以君子居之者何
謂陋邪謂脩君子之道自容乎謂以君子之道教之
也如脩君子之道苟自容中國亦可何必之夷狄如

以君子之道教之夷狄安可教乎禹入躶國躶入衣
出衣服之制不通於夷狄也禹不能教躶國衣服孔
子何能使九夷爲君子或孔子實不欲往患道不行
動發此言或人難之孔子知其陋然而猶曰何陋之
有者欲遂已然距或人之諫也實不欲往志動發言
是爲言也君子於言無所苟矣如知其陋苟欲自遂
此子路對孔子以子羔也子路使子羔爲費宰子曰
賊夫人之子子路曰有社稷焉有民人焉何必讀書
然後爲學子曰是故惡夫佞者子路知其不可苟對
自遂孔子惡之比夫佞者孔子亦知其不可苟應或

人孔子子路皆以佞也

孔子曰賜不受命而貨殖焉億則屢中何謂不受命乎說曰受當富之命自以術知數億中時也夫人富貴在天命乎在人知也如在天命知術求之不能得如在人孔子何為言死生有命富貴在天夫謂富不受命而自知術得之貴亦可不受命而自以努力求之世無不受貴命而自得貴亦知無不受富命而自得富者成事孔子不得富貴矣 周流應聘行說諸侯智窮策困還定詩書望絕無冀稱已矣夫自知無貴命周流無補益也孔子知已不受貴命周流求之不

能得而謂賜不受富命而以術知得富言行相違未
曉其故或曰欲攻子貢之短也子貢不好道德而徙
好貨殖故攻其短欲令窮服而更其行節夫攻子貢
之短可言賜不好道德而貨殖焉何必立不受命與
前言富貴在天相違反也

顔淵死子曰噫天喪予此言人將起天與之輔人將
廢天奪其佑孔子有四友欲因而起顔淵早夭故曰
天喪予問曰顔淵之死孔子不王天奪之邪不幸短
命自爲死也如短命不幸不得不死孔子雖王猶不
得生輔之於人猶杖之扶疾也人有病須杖而行如

斬杖本得短可謂天使病人不得行乎如能起行杖短能使之長乎夫顏淵之短命猶杖之短度也且孔子言天喪予者以顏淵賢也案賢者在世未必爲輔也夫賢者未必爲輔猶聖人未必受命也爲帝有不聖爲輔有不賢何則祿命骨法與才異也由此言之顏淵生未必爲輔其死未必有喪孔子云天喪予何據見哉且天不使孔子王者本意如何本禀性命之時不使之王邪將使之王復中悔之也如本不使之王顏淵死何喪如本使之王復中悔之此王無骨法便宜自在天也且本何善所見而使之王後何惡所

聞中悔不命天神也闕議誤不諦也

孔子之衛遇舊館人之喪入而哭之出使子貢脫驂

而賻之子貢曰於門人之喪未有所脫驂脫驂於舊

館毋乃已重乎孔子曰予鄉者入而哭之遇於一哀

而出涕予惡夫涕之無從也小子行之孔子脫驂以

賻舊館者惡情不副禮也副情而行禮情起而恩動

禮情相應君子行之顏淵死子哭之慟門人曰子慟

矣吾非斯人之慟而誰爲夫慟哀之至也哭顏淵慟

者痛之衆徒哀痛之甚也死有棺無槨顏路請車以

爲之槨孔子不予爲大夫不可以徒行也而舊館脫

衰其稱家有無夫子不欲以厚葬畢備故有不得視猶子之喊之夫不可徒行亦是寫言而[illegible][illegible]

驂以賻惡涕無從哭顏淵慟請車不與使慟無副豈
涕哭慟殊馬輿車異邪於彼則禮情相副於此則恩
義不稱奔曉孔子爲禮之意孔子曰鯉也死有棺無
椁吾不徒行以爲之椁鯉之恩深於顏淵鯉死無椁
大夫之儀不可徒行也鯉子也顏淵他姓也子死且
不禮況其禮他姓之人乎曰是蓋孔子責惡之效也
副情於舊館不稱恩於子豈以前爲士後爲大夫哉
如前爲士士乘二馬如爲大夫大夫乘三馬大夫不
可去車徒行何不截賣兩馬以爲椁乘其一乎爲士
時乘二馬截一以賻舊館今亦何不截其二以副恩

乘一以紹門不徒行乎不脫馬以賻舊館未必亂制葬
子有棺無椁廢禮傷法孔子重賻舊人之恩輕廢葬
子之禮此禮得於他人制失親子也然則孔子不粥
車以為鯉椁何以解於貪官好仕恐無車而自云君
子殺身以成仁何難退位以成禮
子貢問政子曰足食足兵民信之矣曰必不得已而
去於斯三者何先曰去兵曰必不得已而去於斯二
者何先曰去食自古皆有死民無信不立信最重也
問使治國無食民饑棄禮義禮義棄信安所立傳曰
倉廩實知禮節衣食足知榮辱讓生於有餘爭生於

足今言去食信安得成春秋之時戰國饑餓易子而
食析骸而炊口饑不食不暇顧恩義也夫父子之恩
信矣饑餓棄信以子爲食孔子教子貢去食存信如
何夫去信存食雖不欲信信自生矣去食存信雖欲
爲信信不立矣子適衛冉子僕子曰庶矣哉曰既庶
矣又何加焉曰富之曰既富矣又何加焉曰教之矣
冉子先富而後教之教子貢去食而存信食與富何
別與教何異二子殊教所尚不同孔子爲國意何定
識
蘧伯玉使人於孔子孔子對曰夫子何爲對曰夫子

欲寡其過而未能也使者出孔子曰使乎使乎非之
也說論語者非之者非其代人謙也夫孔子之問使
者曰夫子何為問所治為非問操行也如孔子之問
也使者宜對曰夫子為其事治其政令及言欲寡其
過而未能也何以知其對不失指孔子非之也且實
孔子何以非使者非其代人謙非乎其非乎對失指
也所非猶有一實不明其過而徒云使乎使乎後世
疑或不知使者所以為過韓子曰書約則弟子辯孔
子之言使乎何其約也或曰春秋之義也為賢者諱
蘧伯玉賢故諱其使者夫欲知其子視其友欲知其

君視其所使伯玉不賢故所使過也春秋之義為賢
者諱亦貶纖介之惡今不非而諱貶纖介安所施哉
使孔子為伯玉諱宜默而已揚言曰使乎使乎時人
皆知孔子之非也出言如此何益於諱
佛肸召子欲往子路不說曰昔者由也聞諸夫子曰
親於其身為不善者君子不入也佛肸以中牟畔子
之往也如之何子曰有是也不曰堅乎磨而不磷不
曰白乎涅而不淄吾豈匏瓜也哉焉能繫而不食也
子路引孔子往時所言以非孔子也往前孔子出此
言欲令弟子法而行之子路引之以諫孔子曉之不

曰前言戲若非而不可行而曰有是言者審有常行
之也不曰堅乎磨而不磷不曰白乎涅而不淄孔子
言此言浩能解子路雖乎親於其身為不善者君子
不入也解之宜佛肸未為不善尚猶可入而曰堅磨
而不磷白涅而不淄如孔子之言有堅白之行者可
以入君子之行歟而易汙邪何以獨不入之也孔子
不飲盜泉之水曾子不入勝母之閭避惡去汙不以
義恥辱名也盜泉勝毋有空名而孔曾恥之佛肸有
惡實而子欲往不飲盜泉是則欲對佛肸非矣不義
而富且貴於我如浮雲枉道食篡畔之祿可謂浮雲

者非也或權時欲行道也即權時行道子路雖之當
云行道不言食有權時以行道無權時以求食吾豈
匏瓜也哉焉能繫而不食自比以匏瓜者言人當仕
而食祿我非匏瓜繫而不食非子路也孔子之言不
解子路之難子路雖孔子豈孔子不仕當豈哉當擇
善国而入之也孔子自比匏瓜孔子欲安食也且孔
子之言何其鄙也何彼仕為食哉君子不但言也匏
瓜繫而不食亦繫而不仕苛也距子路可云吾豈匏
瓜也哉繫而不仕也今瓜繫而不食孔子之仕不為
行道徒求食也人之仕也主貪祿也礼義之言為行

道也猶人之要也主爲歡也禮義之言爲供親也仕
而直言食要可直言欲乎孔子之言解情而無依違
之意不假義理之名是則俗人非君子也儒者說孔
子周流應聘不濟閔道不行失孔子情矣
公山弗擾以費畔召子欲往子路曰末如也已何必
公山氏之之也子曰夫召我者而豈徒哉如用我吾
其爲東周乎爲東周欲行道也公山佛肸俱畔者行
道於公山求食於佛肸孔子之言無定趨也言無定
趨則行無常務矣周流不用豈獨有以乎陽貨欲見
之不見呼之仕不仕何其清也公山佛肸召之欲往

何其濁也公山不擾與陽虎俱畔執季桓子二人同
惡呼召禮等獨對公山不見陽虎豈公山尚可陽虎
不可乎子路難公山之名孔子宜解以尚及佛肸未
甚惡之狀也

論衡卷第九

（漢）王充 撰

宋本論衡

第三册

國家圖書館出版社

第三册目録

非韓篇　刺孟篇

非韓篇

韓子之術明法尚功賢無益於國不加賞不肖無害於治不施罰責功重賞任刑用誅故其論儒也謂之不耕而食比之於一蠹論有益與無益也比之於鹿馬馬之似鹿者千金天下有千金之馬無千金之鹿鹿無益馬有用也儒者猶鹿有用之吏猶馬也夫韓子知以鹿馬喻不知以冠履譬使韓子不冠徒履而朝吾將聽其言也加冠於首而立於朝受無益之服

增無益之仕言與服相違行與術相反吾是以非其
言而不用其法也煩勞人體無益於人身莫過跪拜
使韓子逢人不拜見君父不謁未必有賊於身體也
然須拜謁以尊親者禮義至重不可失也故禮義在
身身未必肥而禮義去身身未必瘠而化衰以謂有
益禮義不如飲食使韓子賜食君父之前不拜而用
肯爲之乎夫拜謁禮義之效非益身之實也然而韓
子終不失者不廢禮義以苟益也夫儒生禮義也耕
戰飲食也貴耕戰而賤儒生是棄禮義求飲食也使
禮義廢綱紀敗上下亂而陰陽繆水旱失時五穀不

登，萬民飢死，農不得耕，士不得戰也。子貢去告朔之餼羊，孔子曰：「賜也！爾愛其羊，我愛其禮。」子貢惡費羊，孔子重廢禮也。故以舊防為無益而去之，必有水災；以舊禮為無補而去之，必有亂患。儒者之在世，禮義之舊防也，有之無益，無之有損。庠序之設，自古有之，重本尊始，故立官置吏。官不可廢，道不可棄。儒生，道官之吏也，以為無益而廢之，是棄道也。夫道無成效於人，成效者須道而成。然足蹈路而行，所蹈之路，須不蹈者；身須手足而動，待不動者。故事或無益，而益者須之；無效，而效者待之。儒生，耕戰所須待也，棄而不存，如何？

也韓子非儒謂之無益有損蓋謂俗儒無行操舉措
不重禮以儒名而俗行以實學而僞說貪官尊榮故
不足貴夫志絜行顯不徇爵祿去卿相之位若脫躧
者居位治職功雖不立此禮義爲業者也國之所以
存者禮義也民無禮義傾國危主今儒者之操重禮
愛義率無禮之士激無義之人人民爲善愛其主上
此亦有益也聞伯夷風者貪夫廉懦夫有立志聞柳
下惠風者薄夫敦鄙夫寬此上化也非人所見段干
木闔門不出魏文敬之表式其閭秦軍聞之卒不攻
魏使魏無干木秦兵入境境土危亡秦彊國也兵無

不勝兵加於魏魏國必破三軍兵頓流血千里今魏文式閭門之士郤彊秦之兵全魏國之境濟三軍之衆功莫大焉賞莫先焉齊有高節之士曰狂譎華士二人昆弟也義不降志不仕非其主太公封於齊以此二子解沮齊衆開不爲上用之路同時誅之韓子善之以爲二子無益而有損也夫狂譎華士段干木之類也太公誅之無所郤到魏文侯式之郤彊秦而全魏功孰大者使韓子善干木闔門高節魏文式之是也狂譎華士之操干木之節也善太公誅之非也使韓子非干木之行下魏文之式則干木以此行而有

益魏文用式之道爲有功是韓子不賞功尊有益也論
者或曰魏文式段干木之閭秦兵爲之不至非法度
之功一功特然不可常行雖全國有益非所貴也夫
法度之功者謂何等也養三軍之士明賞罰之命嚴
刑峻法富國彊兵此法度也案秦之彊肯爲此乎六
國之士皆藏於秦兵六國之兵非不銳士衆之力非
不勁也然而不勝至於破亡者彊弱不敵衆寡不同
雖明法度其何益哉使童子變孟賁之意孟賁怒之
童子操刃與孟賁戰童子必不勝力不如也孟賁怒
而童子脩禮盡敬孟賁不忍犯也秦之與魏孟賁之

與童子也魏有法度秦必不畏猶童子之操刃而責不避也其尊士式賢者之閭非徒童子修禮盡敬也夫力少則修德兵彊則奮威秦以兵彊威無不勝卻軍還衆不犯魏境者賢干木之操高魏文之禮也夫敬賢弱國之法度力少之彊助也謂之非法度之功如何高皇帝議欲廢太子呂后患之即召張子房而取策子房教以敬迎四皓而厚禮之高祖見之心消意沮太子遂安使韓子為呂后議進不過彊諫退不過勁力以此自安取誅之道也豈徒易哉夫太子敬厚四皓以消高帝之議猶魏文式段干木之閭卻彊秦之

兵也
治國之道所養有二一曰養德二曰養力養德者養
名高之人以示能敬賢養力者養氣力之士以明能
用兵此所謂文武張設德力具足者也事或可以德
懷或可以力摧外以德自立內以力自備慕德者不
戰而服犯德者畏兵而卻徐偃王脩行仁義陸地朝
者三十二國彊楚聞之舉兵而滅之此有德守無力
備者也夫德不可獨任以治國力不可直任以御敵也
韓子之術不養德偃王之操不任力二者偏駮各有
不足偃王有無力之禍知韓子必有無德之患凡人

稟性也清濁貪廉各有操行猶草木異質不可復變
易也狂譎華士不仕於齊猶段干木不仕於魏矣性
行清廉不貪富貴非時疾世義不苟仕雖不誅此人
此人行不可隨也太公誅之韓子是之是謂人無性
行草木無質也太公誅二子使齊有二子之類必不爲
二子見誅之故不清其身使無二子之類雖養之終
無其化堯不誅許由唐民不皆樸處武王不誅伯夷
周民不皆隱餓魏文侯式段干木之閭魏國不皆閭
門向此言之太公不誅二子齊國亦不皆不仕何則
清廉之行人所不能爲也夫人所不能爲養使爲之

不能使勸人所能爲誅以禁之不能使止然則太公誅二子無益於化空殺無辜之民賞無功殺無辜韓子所非也太公殺無辜韓子是之以韓子之術殺無辜也夫執不仕者未必有正罪也太公誅之如出仕未有功太公肯賞之乎賞須功而加罰待罪而施使太公不嘗出仕未有功之人則其誅不仕未有罪之民非也而韓子是之失誤之言也且不仕之民性廉寡欲好仕之民性貪多利利欲不存於心則視爵祿猶糞土矣廉則約省無極貪則奢泰不止奢泰不止則其所欲不避其主案古篡畔之臣希清白廉潔之人貪故能

立功僑故能輕生積功以取大賞奢泰以貪主位太
公遺此法而去故齊有陳氏劫殺之患太公之術致
劫殺之法也韓子善之是韓子之術亦危亡也周公
聞太公誅二子非而不是然而身執贄以下白屋之
士白屋之士二子之類也周公禮之太公誅之二子
之操孰爲是者宋人有御馬者不進拔劍剄而棄之
於溝中又駕一馬馬又不進又剄而棄之於溝若是
者三以此威馬至矣然非王良之法也王良登車馬
無罷駑堯舜治世民無狂悖王良馴馬之心堯舜順
民之意人同性馬殊類也王良能調殊類之馬太公

不能齊同性之士。然則周公之所下白屋，王良之馴馬
也；太公之誅二子，宋人之剄馬也。舉王良之法，與宋
人之擾，韓子子罕之韓子必是王良而非宋人是王
良全馬，宋人賊馬也。馬之賊則不君其全，然則民之
死不若其生。使韓子非王良，自同於宋人，賊害人矣；
如非宋人，宋人之術與太公同，非宋人是太公，韓子
好惡無定矣。治國猶治身也。治一身猶是德之行多
傷害之端，則交寧罷疏絕所厚。一身猶治身以況治國，
治國之道當任德也。韓子任刑獨以治世，民則治身
之人任傷害也。韓子豈不知任德之為[illegible]以為世表。

事變民心靡薄故作法術專意於刑也夫世不乏於德猶歲不絶於春也謂世衰難以德治可謂歲亂不可以春生乎人君治一國猶天地生萬物天地不爲亂歲去春人君不以衰世弃德孔子曰斯民也三代所以直道而行也

周穆王之世可謂衰矣任刑治政亂而無功甫侯諫之穆王存德享國久長功傳於世夫穆王之治初亂終治非知昏於前才妙於後也前任蚩尤之刑後用甫侯之言也夫治人不能捨恩治國不能廢德治物不能去春韓子欲獨任刑用誅如何

魯繆公問於子思曰吾聞龐𫍲是子不孝不孝其行
奚如子思對曰君子尊賢以崇德舉善以勸民若夫
過行是細人之所識也臣不知也子思出子服厲伯
見君問龐𫍲是子服厲伯對以其過皆君子所未
曾聞自是之後君貴子思而賤子服厲伯韓子聞之
以非繆公以爲明君求姦而誅之子思不以姦聞厲
伯以姦對厲伯宜貴子思宜賤今繆公貴子思賤厲
伯失貴賤之宜故非之也夫韓子所尚者法度也人
爲善法度賞之惡法度罰之雖不聞善惡於外善惡
有所制矣夫聞惡不可以行罰猶聞善不可以行賞

也非人不舉姦者非韓子之術也使韓子聞善必將
試之試之有功乃肯賞之夫聞善不輒加賞虛言未
必可信也若此聞善與不聞無以異也夫聞善不輒
賞則聞惡不輒罰矣聞善必試之聞惡必考之試有
功乃加賞考有驗乃加罰虛聞空見實試未立賞罰
未加賞罰未加善惡未定之事須術乃立則欲耳聞
之非也鄭子産晨出過東匠之宮聞婦人之哭也撫
其僕之手而聽之有間使吏執而問之手殺其夫者
也翼日其僕問曰夫子何以知之子産曰其聲不慟
凡人於其所親愛也知病而憂臨死而懼已死而哀

亦猶孟子譏子產乘輿濟人之意

今哭夫已死不哀而懼是以知其有姦也韓子賢而非之曰子產不亦多事乎姦必待耳目之所及而後知之則鄭國之得姦寡矣不任典城之吏不察參伍之政不明度量待盡聰明勞知慮而以知姦不亦無術乎韓子之非子產是也其非繆公非也夫婦人之不哀猶龐惆子不孝也非子產持耳目以知姦獨欲繆公須問以定邪子產不任典城之吏而以耳定實繆公亦不任吏而以口問立誠夫耳聞口問一實也俱不任吏皆不參伍衢伯之劉不可以立實猶婦人之哭不可以定誠矣不可定法使人執而問之不可以

立實不使吏考獨信厲伯口以罪不考之姦如何韓
子曰子思不以過聞繆公貴之子服厲伯以姦聞繆公
賤之人情皆喜貴而惡賤故季氏之亂成而不上聞此
魯君之所以劫也夫魯君所以劫者以不明法度邪以
不早聞姦也夫法度明雖不聞姦姦無由生法度不
明雖日求姦決其源鄣之以掌也御者無銜見馬且
犇無以制也使王良持轡馬無欲犇之心御之有數
也今不言魯君無術而曰不聞姦不言審法度而曰
不通下情韓子之非繆公也與術意而相違矣龐撊
是子不孝子思不言繆公貴之韓子非之以爲明君

求善而賞之求姦而誅之夫不孝之人下愚之才也
下愚無禮順情從欲與鳥獸同謂之惡可也謂姦非
也姦人外善内惡色厲内荏作爲操上像類賢行以
取升進容媚於上安肯作不孝著身爲惡以取棄殉
之咎乎龐㒺是子可謂不孝不可謂姦韓子謂之姦
失姦之實矣韓子曰布帛尋常庸人不擇爍金百鎰
盜跖不搏以此言之法明民不敢犯也設明法於邦
有盜賊之心不敢犯矣不測之者不敢發矣姦心藏
於胷中不敢以犯罪法罪法恐之也明法恐之則不
須考姦求邪於下矣使法峻民無姦者使法不峻民

多爲姦而不言明王之嚴刑峻法而云求姦而誅之
言求姦是法不峻民或犯之也世不專意明法而專心
求姦韓子之言與法相違人之釋溝渠也知者必溺
身不塞溝渠而繕舡檝者知水之性不可閼其勢必
溺人也臣子之性欲姦君父猶水之性溺人也不教
所以防姦而非其不聞知是猶不備水之具而徒欲
早知水之溺人也溺於水不責水而咎己者已失防
備也然則人君劫於臣已失法也備溺不閼水源防劫不
求臣姦韓子所宜用教已也水之性勝火如裹之以釜
水煎而不得勝必矣夫君猶火也臣猶水也法度釜

也火不求水之姦君亦不宜求臣之罪也

刺孟篇

孟子見梁惠王王曰叟不遠千里而來將何以利吾國乎孟子曰仁義而已何必曰利夫利有二有貨財之利有安吉之利惠王曰何以利吾國何以知不欲安吉之利而孟子徑難以貨財之利也易曰利見大人利涉大川乾元亨利貞尚書曰黎民亦尚有利哉皆安吉之利也行仁義得安吉之利孟子不且語問惠王何謂利吾國惠王言貨財之利乃可荅若設令惠王之問未知何趣孟子徑荅以貨財之利如惠王

實貨財孟子無以驗效也如問安吉之利而孟子
答以貨財之利失對上之指違道理之實也齊王問
時子我欲中國而授孟子室養弟子以萬鍾使諸大
夫國人皆有所矜式子盍為我言之時子因陳子而
以告孟子孟子曰夫時子惡知其不可也如使予欲
富辭十萬而受萬是為欲富乎夫孟子辭十萬失讓
讓之理也夫富貴者人之所欲也不以其道得之不
居也故君子之於爵祿也有所辭有所不辭豈以已
不貪富貴之故而以距逆宜當受之賜乎陳臻問曰
於齊王餽兼金一百鎰而不受於宋歸七十鎰而受

於辭歸五十鎰而受取前日之不受是則今受之非
也今日之受是則前日之不受非也夫君子必居一
於此矣孟子曰皆是也當在宋也予將因遠行者必
以贐辭曰歸贐予何為不受當在薛也予有戒心辭曰
聞戒故為兵戒歸之備乎予何為不受若於齊則未有
處也無處而歸之是貨之也焉有君子而可以貨取乎◎
夫金歸或受或不受皆有故非受之時已貪當不受之
時已不貪也金有受不受之義而室亦宜有受不受之理
今不曰已無功若已致仕受室非理而曰已不貪富引
前辭十萬以況後萬前當受十萬之多安得辭之彭

更問曰後車數十乘從者數百人以傳食於諸侯不亦泰乎孟子曰非其道則一簞食而不可受於人如其道則舜受堯之天下不以爲泰受堯天下孰與十萬舜不辭天下者是其道也今不曰受十萬非其道而曰已不貪富貴失謙讓也安可以爲戒乎

沈同以其私問曰燕可伐與孟子曰可子噲不得與人燕子之不得受燕於子噲有士於此而子悅之不告於王而私與之子之爵祿夫士也亦無王命而私受之於子則可乎何以異於是齊人伐燕或問曰勸齊伐燕有諸曰未也沈同曰燕可伐與吾應之曰可彼

獻得是

然而伐之彼如曰孰可以伐之則應之曰爲天吏則可以伐之今有殺人者或問之曰人可殺與則將應之曰可彼如曰孰可以殺之則應之曰爲士師則可以殺之今以燕伐燕何爲勸之也夫或問孟子勸王伐燕不誠是乎沈同問燕可伐與此挾私意欲自伐之也知其意慊於是宜曰燕雖可伐須爲天吏乃可以伐之沈同意絶則無伐燕之計矣不知有此私意而徑應之不省其語是不知言也公孫丑問曰敢問夫子惡乎長孟子曰我知言又問何謂知言曰詖辭知其所蔽淫辭知其所陷邪辭知其所離遁辭知其所窮生

於其心害於其政發於其政害於其事雖聖人復起
必從吾言矣孟子知言者也又知言之所起之禍其
極所致之福見彼之問則知其指辭所欲之矣知其
所致之知其極所當害矣

孟子云民舉安王庶幾改諸予日望之孟子所去之
王豈前所不朝之王哉而是何其前輕之疾而後重
之甚也如非是前王前不去而復後去之是後王不
肖甚於前而去三日宿於前不甚不朝而宿於景丑
氏何孟子之操前後不同所以爲王終始不一也且
孟子在魯魯平公欲見之嬖人臧倉毀孟子止平公

樂正子以告曰行或使之止或尼之行止非人所能也予之不遇魯侯天也前不遇於魯後不遇於齊無以異也前歸之天今則歸之於王孟子論稱竟何定哉夫不行於齊王不用則若臧倉之徒毁讒之也此亦止或尼之也皆天命不遇非人所能也去何以不徑行而留三宿乎天命不當遇於齊王不用其言天豈爲三日之間易命使之遇乎在魯則歸之於天絶意無冀在齊則歸之於王庶幾有望夫如是不遇之議一在人也或曰初去未可以定天命也冀三日之間王復追之天命或時在三日之間故可也夫言如是

齊王初使之去者非天命乎如使天命在三日之間魯平公比三日亦時棄臧倉之議更用樂正子之言往見孟子孟子歸之於天何其早乎如三日之間公見孟子孟子奈前言何乎孟子去齊充虞塗問曰夫子若不豫色然前日虞聞諸夫子曰君子不怨天不尤人曰彼一時也此一時也五百年必有王者興其間必有名世者矣由周以來七百有餘歲矣以其數則過矣以其時考之則可矣夫天未欲平治天下乎如欲平治天下當今之世舍我而誰也吾何爲不豫哉夫孟子言五百年有王者興何以見乎帝嚳王者而

堯又王天下堯傳於舜舜又王天下舜傳於禹禹又
王天下四聖之王天下也繼踵而興禹至湯且千歲
湯至周亦然始於文王而卒傳於武王武王崩成王
周公共治天下由周至孟子之時又七百歲而無王
者五百年必有王者之驗在何世乎云五百歲必有
王者誰所言乎論不實事考驗信浮淫之語不遇去
齊有不豫之色非孟子之賢效與俗儒無殊之驗也
五百年者以爲天出聖期也又言以天未欲平治天
下也其意以爲天欲平治天下當以五百年之間生
聖王也如孟子之言是謂天故生聖人也然則五百

歲者天生聖人之期乎如是其期天何不生聖聖王非其期故不生孟子猶信之孟子不知天也自周已來七百餘歲矣以其數則過矣以其時考之則可矣何謂數過何謂可乎數則時時則數矣數過過五百年也從周到今七百餘歲踰二百歲矣設或王者生失時矣又言時可何謂也云五百年必有王者興又言其間必有名世與王者同乎異也如同爲再言之如異名世者謂何等也謂孔子之徒孟子之輩教授後生覺悟頑愚乎已有孔子已又以生矣如謂聖臣乎當與聖同時聖王出聖臣見矣言五百年而已何爲言其間

如不謂五百年時謂其中間乎是謂二三百年之時
也聖人不與五百年時聖王相得夫如是孟子言其間
必有名世者竟謂誰也夫天未欲平治天下也如欲
治天下舍予而誰也言若此者不自謂當爲王者有
王者若爲王臣矣爲王者臣皆天也已命不當平治
天下不浩然安之於齊懷恨有不豫之色失之矣
彭更問曰士無事而食可乎孟子曰不通功易事以
羨補不足則農有餘粟女有餘布子如通之則梓匠
輪輿皆得食於子於此有人焉入則孝出則悌守先
王之道以待後世之學者而不得食於子子何尊梓

匠輪輿而輕爲仁義者哉曰梓匠輪輿其志將以求食也君子之爲道也其志亦將以求食與子曰子何以其志爲哉其有功於子可食而食之矣且子食志乎食功乎曰食志曰有人於此毀瓦畫墁其志將以求食也則子食之乎曰否曰然則子非食志食功也夫孟子引毀瓦畫墁者欲以詰彭更之言也知毀瓦畫墁無功而有志彭更必不食也雖然引毀瓦畫墁非所以詰彭更也何則諸志欲求食者毀瓦畫墁者不在其中不在其中則難以詰人矣夫人無故毀瓦畫墁此不癡狂則遨戲也癡狂人之志不求食遨戲之人

亦不求食求食者皆多人所不得利之事以作此鬻
賣於市得賈以歸乃得食焉今毀瓦畫墁無利於人
何志之有有知之人知其無利固不爲也無知之人
與癡狂比固無其志夫毀瓦畫墁猶比童子擊壤於
塗何以異哉擊壤於塗者其志亦欲求食乎此尚童
子未有志也巨人博戲亦畫墁之類也博戲之人其
志復求食乎博戲者尚有相奪錢財錢財衆多已亦
得食或時有志夫投石超距亦畫墁之類也投石超
距之人其志有求食者乎然則孟子之詰彭更也未
爲盡之也如彭更以孟子之言可謂禦人以口給矣

匡章子曰陳仲子豈不誠廉士乎居於於陵三日不
食耳無聞目無見也井上有李螬食實者過半扶服
往將食之三咽然後耳有聞目有見孟子曰於齊
國之士吾必以仲子爲巨擘焉雖然仲子惡能廉充
仲子之操則蚓而後可者也夫蚓上食槁壤下飲黃
泉仲子之所居室伯夷之所築與抑亦盜跖之所築
與所食之粟伯夷之所樹與抑亦盜跖之所樹與是
未可知也曰是何傷哉彼身織屨妻辟纑以易之也
曰仲子齊之世家兄戴蓋祿萬鍾以兄之祿爲不義
之祿而不食也以兄之室爲不義之室而弗居也辟

兒離母處於於陵他日歸則有饋其兄生鵝者也已頻顣曰惡用是鶃鶃者爲哉他日其母殺是鵝也與之食之其兄自外至曰是鶃鶃之肉也出而吐之以母則不食以妻則食之以兄之室則不居以於陵則居之是尚能爲充其類也乎若仲子者蚓而後充其操者也夫孟子之非仲子也不得仲子之短矣仲子之怪鵝如吐之者豈爲在母不食乎乃先譏鵝曰惡用鶃鶃者爲哉他日其母殺以食之其兄曰是鶃鶃之肉仲子恥負前言即吐而出之而兒不告則不吐吐則是食於母也謂之在母則不食失其意矣使

仲子執不食於母鵝膳至不甞食也今既食之知其
爲鵝怪而吐之故仲子之吐鵝也恥食不合己志之
物也非負親親之恩而欲勿毋食也又仲子惡能廉
充仲子之性則蚓而後可者也夫蚓上食槁壤下飲
黄泉是謂蚓爲至廉也仲子如蚓乃爲廉潔耳今所
居之宅伯夷之所築所食之粟伯夷之所樹仲子居
而食之於廉潔可也或時食盜跖之所樹粟居盜跖
之所築室汙廉潔之行矣用此非仲子亦復失之室
因人故粟以纑纑易之正使盜之所樹築已不聞知今
兒之不義有其操矣操見於衆昭晳見論故避於陵不處

其宅織屨辟纑不食其祿也而欲使仲子處於陵之地避若兄之宅吐若兄之祿耳聞目見昭晳不疑仲子不處不食明矣今於陵之宅不見築者爲誰粟不知樹者爲誰何得成室而居之得成粟而食之孟子非之是爲太備矣仲子所居或時盜之所築仲子不知而居之謂之不充其操唯蚓然後可者也夫盜室之地中亦有蚓焉食盜宅中之槁壤飲盜宅中之黃泉蚓惡能爲可乎在仲子之操滿孟子之議魚然後乃可夫魚處江海之中食江海之土海非盜所鑿土非盜所聚也然則仲子有大非孟子非之不能得也

夫仲子之去母辟兄與妻獨處於陵以兄之宅爲不
義之宅以兄之禄爲不義之禄故不處不食廉潔之
至也然則其從於陵歸候母也宜自齎食而行鵝膳
之進也必與飯俱母之所爲飯者兄之禄也母不自
有私粟以食仲子明矣仲子食兄禄也伯夷不食周
粟餓死於首陽之下豈一食周粟而以汙其潔行哉
仲子之操近不若伯夷而孟子謂之君蚓乃可矣仲
子之操所當比矣
孟子曰莫非受命也順受其正是故知命者不立乎
巖墻之下盡其道而死者爲正命也桎梏而死者非

慎操修行
身被刑戮
此所謂[illegible]
其道而死
正命也子夏
失明濟愛之無
子孫雖醜事
非其君亦有
得死之道皆

正命也夫孟子之言是謂人無觸値之命也順操行
者得正命妄行苟爲得非正是天命於操行也夫子
不王顔淵早夭子夏失明伯牛爲癘四者行不順與
何以不受正命比干剖子胥烹子路葅天下極戮非
徒桎梏也必以桎梏效非正命則比干子胥行不順
也人稟性命或當壓溺兵燒雖或愼操脩行其何益
哉竇廣國與百人俱臥積炭之下炭崩百人皆死廣
國獨濟命當封侯也積炭與巖墻何以異命不壓雖
巖崩有廣國之命者猶將脫免行或使之止或尼之
命當壓猶或使之立於墻下孔甲所入主人子之命

今當從雖載入之猶爲中者不立巖牆之下錄孔甲
載子入宮同一演也

論衡卷第十

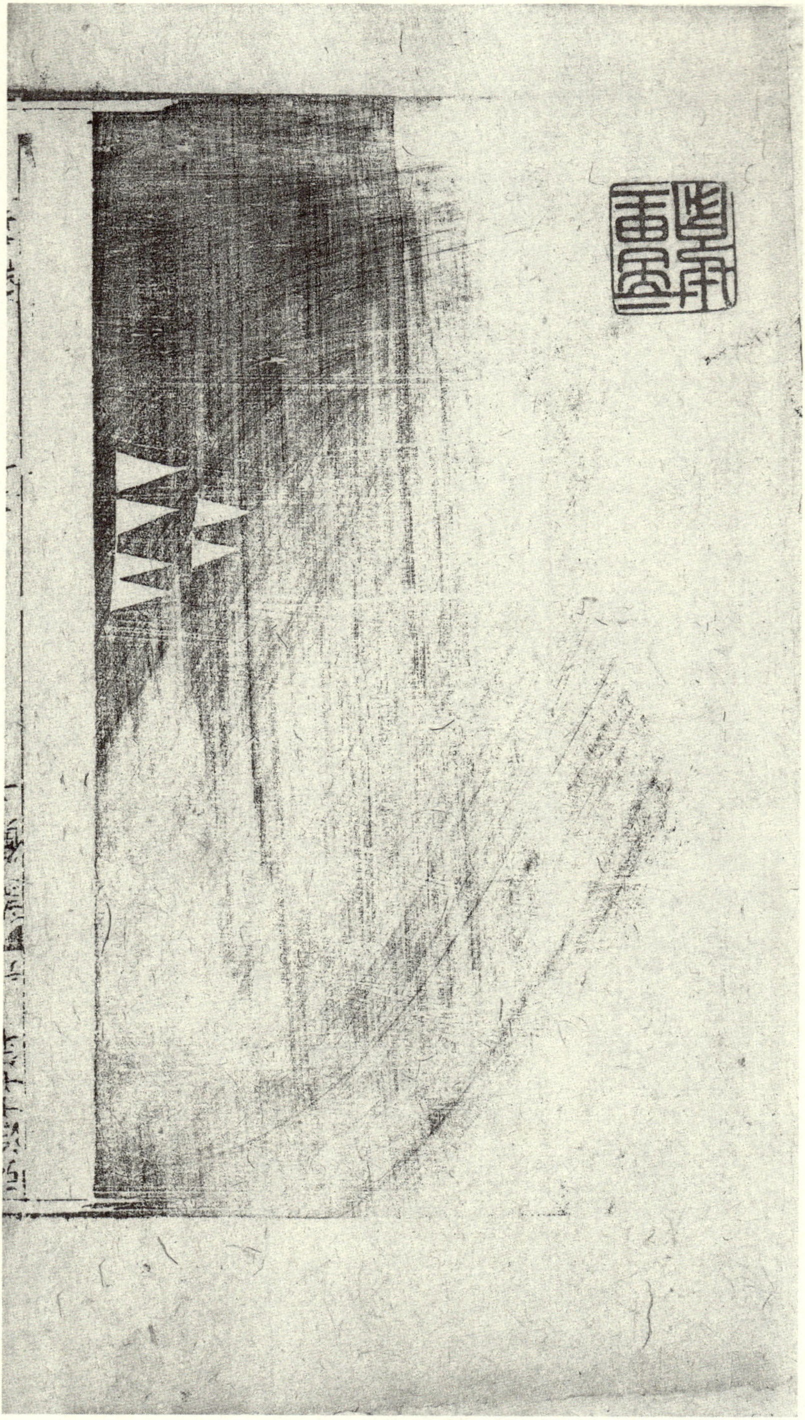

論衡卷第十一　王充

談天篇　說日篇

荅佞篇

談天篇

儒書言共工與顓頊爭爲天子不勝怒而觸不周之山使天柱折地維絕女媧銷煉五色石以補蒼天斷鼇足以立四極天不足西北故日月移焉地不足東南故百川注焉此久遠之文世間是之言也文雅之人怪而無以非若非而無以奪又恐其實然不敢正議以天道人事論之殆虛言也與人爭爲天子不勝

怒觸不周之山使天柱折地維絶有力如此天下無敵以此之力與三軍戰則士卒螻蟻也兵革毫芒也安得不勝之恨怒觸不周之山乎且堅重莫如山以萬人之力共推小山不能動也如不周之山大山也使是天柱乎折之固難使非柱乎觸不周山而使天柱折是亦復難信顓頊與之爭舉天下之兵悉海内之衆不能當也何不勝之有且夫天者氣邪體也如氣乎雲煙無異安得柱而折之女媧以石補之是體也如審然天乃玉石之類也石之質重千里一柱不能勝也如五嶽之巔不能上極天乃爲柱如觸不周

上極天乎不周爲共工所折當此之時天毀壞也如
審毀壞何用舉之斷鼇之足以立四極說者曰鼇古
之大獸也四足長大故斷其足以立四極夫不周山
也鼇獸也夫天本以山爲柱共工折之代以獸足骨
有朽腐何能立之久且鼇足可以柱天體必長大不
容於天地女媧雖聖何能殺之如能殺之殺之何用
足可以柱天則皮革如鐵石劍矛戟不能刺之彊弩
利矢不能勝射也察當今天去地甚高古天與今無
異當共工缺天之時天非墜於地也女媧人也人雖
長無及天者夫其補天之時何登緣階據而得治之

豈古之天若屋廡之形去人不遠故共工得敗之女
媧得補之乎如審然者女媧多前齒爲人者人皇最
先人皇之時天如蓋乎說易者曰元氣未分渾沌爲
一儒書又言溟涬濛澒氣未分之類也及其分離清
者爲天濁者爲地如說易之家儒書之言天地始分
形體尚小相去近也近則或枕於不周之山共工得
折之女媧得補之也含氣之類無有不長天地含氣
之自然也從始立以來年歲甚多則天地相去廣
狹遠近不可復計儒書之言殆有所見然其言觸不
周山而折天柱絕地維消煉五石補蒼天斷鼇之足

以立四極猶爲虛也何則山雖動共工之力不能折
也豈天地始分之時山小而人反大乎何以能觸而
折之以五色石補天尚可謂五石若藥石治病之狀
至其斷鼇之足以立四極雖其論言也從女媧以來久
矣四極之立自若鼇之足乎
鄒衍之書言天下有九州禹貢之上所謂九州也禹
貢九州所謂一州也若禹貢以上者九焉禹貢九州
方今天下九州也在東南隅名曰赤縣神州復更有八
州每一州者四海環之名曰裨海九州之外更有瀛
海此言詭異聞者皆驚駭然亦不能實然否相隨觀讀

諷述以談故虛實之事並傳世間真偽不別也世人
惑焉是以難論案鄒子之知不過禹禹之治洪水以
益爲佐禹主治水益之記物極天之廣窮地之長辨
四海之外竟四山之表三十五國之地鳥獸草木金
石水土莫不畢載不言復有九州淮南王劉安召術
士伍被左吳之輩充滿宮殿作道術之書論天下之
事地形之篇道異類之物外國之怪列二十五國之
異不言更有九州鄒子行地不若禹益聞見不過被
吳才非聖人事非天授安得此言案禹之山經淮南
之地形以察鄒子之書虛妄之言也太史公曰禹本

紀言河出崑崙其高三千五百餘里日月所於辟隱爲光明也其上有玉泉華池今自張騫使大夏之後窮河源惡睹本紀所謂崑崙者乎故言九州山川尚書近之矣至禹本紀山經所有怪物余不敢言也夫弗敢言者謂之虛也崑崙之高玉泉華池世所共聞張騫親行無其實案禹貢九州山川怪奇之物金玉之珍莫不悉載不言崑崙山上有玉泉華池案太史公之言山經禹紀虛妄之言凡事難知是非難測極爲天中方今天下在禹極之南則天極北必高多民禹貢東漸于海西被于流沙此則天地之極際也日刺

徑千里今從東海之上會稽鄞鄮則察日之初出徑二尺尚遠之驗也遠則東方之地尚多東方之地尚多則天極之北天地廣長不復訾矣夫如是鄒衍之言未可非禹紀山海淮南地形未可信也鄒衍曰方今天下在地東南名赤縣神州天極爲天中如方今天下在地東南視極當在西北今正在北方今天下在極南也以極言之不在東南鄒衍之言非也如在東南近日所出日如出時其光宜大今從東海上察日及從流沙之地視日小大同也相去萬里小大不變方今天下得地之廣少矣雒陽九州之中也從雒

陽北顧極正在北東海之上去雒陽三千里視極亦在北推此以度從流沙之地視極亦必復在北焉東海流沙九州東西之際也相去萬里視極猶在北者地小居狹未能辟離極也日南之郡去雒且萬里從民還者問之言日中之時所居之地未能在日南也度之復南萬里日在日之南是則去雒陽二萬里乃爲日南也今從雒地察日之去遠近非與極同也極爲遠也今欲北行三萬里未能至極下也假令之至是則名爲距極下也以至日南五萬里極北亦五萬里也極北亦五萬里極東西亦皆五萬里焉東西十

萬南北十萬相承百萬里鄒衍之言天地之間有若
天下者九案周時九州東西五千里南北亦五千里
五五二十五一州者二萬五千里天下若此九之乘
二萬五千里二十二萬五千里如鄒衍之書若謂之
多計度驗實反爲少焉
儒者曰天氣也故其去人不遠人有是非陰爲德害
天輙知之又輙應之近人之效也如實論之天體非
氣也人生於天何嫌天無氣猶有體在上與人相遠
祕傳或言天之離天下六萬餘里數家計之三百六
十五度一周天下有周度高有里數如天審氣氣如

雲煙安得里度又以二十八宿效之二十八宿爲日月舍猶地有郵亭爲長吏廨矣郵亭著地亦如星舍著天也案附書者天有形體所據不虛猶此考之則無恍惚明矣

說日篇

儒者曰日朝見出陰中暮不見入陰中陰氣晦冥故沒不見如實論之不出入陰中何以效之夫夜陰也氣亦晦冥或夜舉火者光不滅焉夜之陰北方之陰也朝出日入所舉之火也火夜舉光不滅日暮入獨不見非氣驗也夫觀冬日之出入朝出東南暮入西

南東南西南非陰何故謂之出入陰中且夫星小猶見日大反滅世儒之論竟虛妄也儒者曰冬日短夏日長亦復以陰陽夏時陽氣多陰氣少陽氣光明與日同耀故日出輙無鄣蔽冬陰氣晦冥掩日之光日雖出猶隱不見故冬日日短陰多陽少與夏相反如實論之日之長短不以陰陽何以驗之復以北方之星北方之陰日之陰也北方之陰不蔽星光冬日之陰何故猶滅日明由此言之以陰陽說者失其實矣實者夏時日在東井冬時日在牽牛牽牛去極遠故日道短東井近極故日道長夏北至東井冬南至牽牛故

冬夏節極皆謂之至春秋未至故謂之分或曰夏時陽氣盛陽氣在南方故天舉而高冬時陽氣衰天降而下高則日道多故日長下則日道少故日短也日陽氣盛天南方舉而日道長月亦當復長案夏日長之時日出東北而月出東南冬日短之時日出東南月出東北如夏時天舉南方日月當俱出東北冬時天復下日月亦當俱出東南由此言之夏時天不舉南方冬時天不抑下也然則夏日之長也其所出之星在北方也冬日之短也其所出之星在南方也問曰當夏五月日長之時在東井東井近極故日道長今

案察五月之時日出於寅入於戌日道長去人遠何
以得見其出於寅入於戌乎日東井之時去人極近
夫東井近極若極旋轉人常見之矣使東井在極旁
側得無夜長爲晝乎日晝行十六分人常見之不復出
入焉儒者或曰日月有九道故曰日行有近遠晝夜
有長短也夫復五月之時晝十一分夜五分六月晝
十分夜六分從六月往至十一月月減一分此則日
行月從一分道也歲日行天十六道也豈徒九道或
曰天高南方下北方日出高故見入下故不見天之
居若倚蓋矣故極在人之北是其效也極其天下之

中今在人北其若倚蓋明矣日明既以倚蓋喻當若
蓋之形也極星在上之北若蓋之蔕矣其下之南有
若蓋之葉者正何所乎夫取蓋倚於地不能運立而
樹之然后能轉今天運轉其北際不著地者觸礙何
以能行由此言之天不若倚蓋之狀日之出入不隨
天高下明矣或曰天北際下地中日隨天而入地地
密鄣隱故人不見然天地夫婦也合為一體天在地
中地與天合天地并氣故能生物北方陰也合體并
氣故居北方天運行於地中乎不則北方之地低下
而不平也如審運行地中鑿地一丈轉見水源天行

地中出入水中乎如北方低下不平是則九川北注

不得盈滿也實者天不在地中日亦不隨天隱天平

正與地無異然而日出上日入下者隨天轉運視天

若覆盆之狀故視日上下然似若出入地中矣然則

日之出近也其入遠不復見故謂之入運見於東方

近故謂之出何以驗之繫明月之珠於車蓋之橑轉

而旋之明月之珠旋邪人望不過十里天地合矣遠

非合也今視日入非入也亦遠也當日入西方之時

其下民亦將謂之日中從日入之下東望今之天下

或時亦天地合如是方天下在南方也故日出於東

方入於北方之地日出北方入於南方各於近者爲出遠者爲入實者不入遠矣臨大澤之濱望四邊之際與天屬其實不屬遠若屬矣日以遠爲入澤以遠爲屬其實一也澤際有陸人望而不見陸在察之若望日亦在視之若入皆遠之故也太山之高參天入雲去之百里不見埵塊夫去百里不見太山況日去人以萬里數乎太山之驗則既明矣試使一人把大炬火夜行於道平易無險去人不一里火光滅矣非滅也遠也今日西轉不復見者非入也問曰天平正與地無異今仰視天觀日月之行天高南方下北方何

也曰方今天下在東南之上視天若高日月道在人
之南今天下在日月道下故觀日月之行若高南下
北也何以驗之即天高南方之星亦當高今視南方
之星低下天復低南方乎夫視天之居近者則高遠
則下焉極北方之民以爲高南方爲下極東極西亦
如此焉皆以近者爲高遠者爲下從北塞下近仰視
斗極且在人上匈奴之北地之邉陲北上視天天（一有下字）
復高北下南日月之道亦在其上立太山之上太山
高去下十里太山下夫天之高下猶人之察太山也
平正四方中央高下皆同今望天之四邉若下者非

也遠也非徒下若合矣儒者或以旦暮日出入爲近
日中爲遠或以日中爲近日出入爲遠其以日出入
爲近日中爲遠者見日出入時大日中時小也察物
近則大遠則小故日出入爲近日中爲遠也其以日
出入爲遠日中時爲近者見日中時溫日出入時寒
也夫火光近人則溫遠人則寒故以日中爲近日出
入爲遠也二論各有所見故是非曲直未有所定如
實論之日中近而日出入遠何以驗之以植竿於屋
下夫屋高三丈竿於屋棟之下正而樹之上扣棟下
抵地是以屋棟去地三丈如旁邪倚之則竿末旁跌

不得扣棟是爲去地過三丈也日中時日正在天上
猶竿之正樹去地三丈也日出入邪在人旁猶竿之
旁跌去地過三丈也夫如是日中爲近出入爲遠可
知明矣試復以屋中堂而坐一人一人行於屋上其
行中屋之時正在坐人之上是爲屋上之人與屋下
坐人相去三丈矣如屋上人在東危若西危上其與
屋下坐人相去過三丈矣日中時猶人正在屋上矣
其始出與入猶人在東危與西危也日中去人近故
溫日出入遠故寒然則日中時日小其出入時大者
日中光明故小其出入時光暗故大猶晝日察火光

小夜察之火光大也既以火為效又以星為驗晝日
星不見者光耀滅之也夜無光耀星乃見夫日月星
之類也平旦日入光銷故視大也儒者論日旦出扶
桑暮入細柳扶桑東方地細柳西方野也桑柳天地
之際日月常所出入之處問曰歲二月八月時日出
正東日入正西可謂日出於扶桑入於細柳今夏日
長之時日出於東北入於西北冬日短之時日出東
南入於西南冬與夏日之出入在於四隅扶桑細柳
正在何所乎所論之言猶謂春秋不謂冬與夏也如
實論之日不出於扶桑入於細柳何以驗之隨天而

轉近則見遠則不見當在扶桑細柳之時從扶桑細
柳之民謂之日中之時從扶桑細柳察之或時爲日
出入若以其上者爲中旁則爲旦夕安得出於扶桑
入細柳儒者論曰天左旋日月之行不繫於天各自
旋轉難之曰使日月自行不繫於天日行一度月行
十三度當日月出時當進而東旋何還始西轉繫於
天隨天四時轉行也其喻若蟻行於磑上日月行遲
天行疾天持日月轉故日月實東行而反西旋也
或問日月天皆行行度不同三者舒疾驗之人物爲
以何喻曰天日行一周日行一度二千里日晝行千

里夜行千里麒麟晝日亦行千里然則日行舒疾與麒麟之步相似類也月行十三度十度二萬里三度六千里月一旦夜行二萬六千里與晨鳧飛相類似也天行三百六十五度積凡七十三萬里也其行甚疾無以爲驗當與陶鈞之運弩矢之流相類似乎天行已疾去人高遠視之若遲蓋望遠物者動若不動行若不行何以驗之乘船江海之中順風而驅近岸則行疾遠岸則行遲船行一實也或疾或遲遠近之視使之然也仰視天之運不若麒麟負日而馳皆暮而日在其前何則麒麟近而日遠也遠則若遲近則

若疾六萬里之程難以得運行之實也

儒者說曰日行一度天一日一夜行三百六十五度天左行日月右行與天相迎問日月之行也繫著於天也日月附天而行不直行也何以言之易曰日月星辰麗乎天百果草木麗於土麗者附也附天所行若人附地而圓行其取喻若蟻行於磑上焉

問曰何知不離天直自行也如日能直自行當自東行無為隨天而西轉也月行與日同亦皆附天何以驗之驗之似雲雲不附天常止於所處使不附天亦當自止其處由此言之日行附天明矣問曰日火也

火在地不行日在天何以爲行曰附天之氣行附地
之氣不行火附地地不行故火不行難曰附地之氣
不行水何以行曰水之行也東流入海也西北方高
東南方下水性歸下猶火性趨高也使地不高西方
則水亦不東流難曰附地之氣不行人附地何以行
曰人之行求有爲也人道有爲故行求古者質朴鄰
國接境雞犬之聲相聞終身不相往来焉難曰附天
之氣行列星亦何以不行曰列星著天天已行也隨
天而轉是亦行也難曰人道有爲故行天道無爲何
行曰天之行也施氣自然也施氣則物自生非故施

氣以生物也不動氣不施氣不施物不生與人行異

日月五星之行皆施氣焉

儒者曰日中有三足烏月中有兔蟾蜍夫日者天之火也與地之火無以異也地火之中無生物天火之中何故有烏火中無生物生物入火中燋爛而死焉烏安得立夫月者水也水中有生物非兔蟾蜍也兔與蟾蜍久在水中無不死者日月毀於天螺蚌泊於淵同氣審矣所謂兔蟾蜍者豈反螺與蚌邪且問儒者烏兔蟾蜍死乎生也如死久在日月燋枯腐朽如生日蝕時既月晦常盡烏兔蟾蜍皆何在夫烏兔蟾

蜍。日月氣也。若人之腹臟，萬物之心膂也。月尚可察

也。人之察日，無不眩，不能知日審何氣，通而見其中

有物名曰烏乎。審日不能見烏之形，通而能見其足

有三乎。此已非實。且聽儒者之言，蟲物非一，日中何

爲有烏，月中何爲有兔、蟾蜍。儒者謂：日蝕，月蝕也。彼

見日蝕常於晦朔，晦朔月與日合，故得蝕之。夫春秋

之時，日蝕多矣。經曰：某月朔，日有蝕之。日有蝕之者，

未必月也。知月蝕之，何諱不言月？說日蝕之變，陽弱

陰彊也。人物在世，氣力勁彊，乃能乘凌。案月晦光既，

朔則如盡，微弱甚矣，安得勝日？夫日之蝕，月蝕也。日

蝕謂月蝕之月誰蝕之者無蝕月也月自損也以月
論日亦如日蝕光自損也大率四十二月日一食百八
十日月一蝕蝕之皆有時非時爲變及其爲變氣自
然也日時晦朔月復爲之乎夫日當實滿以虧爲變
必謂有蝕之者山崩地動蝕者誰也或說日食者月掩
之也日在上月在下障於日之形也日月合相襲月
在上日在下者不能掩日日在上月在日下障於日
月光掩日光故謂之食也障於月也若陰雲蔽日月
不見矣其端合者相食是也其合相當如襲辟者日
既是也日月合於晦朔天之常也日食月掩日光非也

何以驗之使日月合月掩日光其初食崖當與月復
時易處假令日在東月在西月之行疾東及日掩日
崖須臾過日而東西崖初掩之處光當復東崖未掩
者當復食今察日之食西崖光缺其復也西崖光復
過掩東崖復西崖謂之合襲相掩障如何
儒者謂日月之體皆至圓彼從下望見其形若斗筐
之狀狀如正圓不如望遠光氣氣不圓矣夫日月不
圓視若圓者人遠也何以驗之夫日者火之精也月
者水之精也在地水火不圓在天水火何故獨圓日
月在天猶五星五星猶列星列星不圓光耀若圓去

人遠也何以明之春秋之時星霣宋都就而視之石
也不圓以星不圓知日月五星亦不圓也
儒者說日及工伎之家皆以日爲一禹貢山海經言
日有十在海外東方有湯谷上有扶桑十日浴沐水
中有大木九日居下枝一日居上枝淮南書又言燭
十日堯時十日竝出萬物焦枯堯上射十日以故不
竝一日見也世俗又名甲乙爲日甲至癸凡十日日
之有十猶星之有五也通人談士歸於難知不肯辨
明是以文二傳而不定世兩言而無主誠實論之且
無十焉何以驗之夫日猶月也日而有十月有十二

乎星有五五行之精金木水火土各異光色如日有十
其氣必異今觀日光無有異者察其小大前後若一如
審氣異光色宜殊如誠同氣宜合為一無爲十也驗日
陽遂火從天來日者大火也察火在地一氣也地無十
火天安得十日然則所謂十日者殆更自有他物光質如
日之狀居湯谷中水時緣據扶桑爲眾見之則紀十日
數家度日之光數日之質刺徑千里假令日出是扶桑
木上之日扶桑木宜覆萬里乃能受之何則一日徑千里
十日宜萬里也天之去人萬里餘也仰察之日光眩耀
火光盛明不能堪也便日出是扶桑木上之日爲益

見之不能知其為日也何則仰察一日目猶眩耀況察十日乎當禹益見之若斗筐之狀故名之為日夫火如斗筐望六萬之形非就見之即察之體也由此言之禹益所見意似日非日也天地之間物氣相類其實非者多海外西南有珠樹焉察之是珠然非魚中之珠也夫十日之日猶珠樹之珠也珠樹似珠非真珠十日似日非實日也淮南見山海經則虛言真人爛十日妄紀堯時十日竝出且日火也湯谷水也水火相賊則十日浴於湯谷當滅敗焉火燃木扶桑木也十日處其上宜燋枯焉今浴湯谷而光不滅登扶桑而枝不燋不枯與今日

出同不驗於五行故知十日非眞日也且禹益見十
日之時終不以夜猶以晝也則一日出九日冝留安
得俱出十日如平旦日未出且天行有度數日隨天
轉行安得留扶桑枝閒浴湯谷之水乎留則失行度
行度差跌不相應矣如行出之日與十日異是意似
日而非日也春秋莊公七年夏四月辛卯夜中恒星
不見星霣如雨者公羊傳曰如雨者何非雨也非雨
則曷爲謂之如雨不修春秋曰雨星不及地尺而復
君子修之曰星霣如雨不修春秋者未修春秋時魯
史記曰星霣如雨不及地尺而復君子者孔子孔子

修之曰星霣如雨孔子之意以爲地有山陵樓臺云
不及地尺恐失其實更正之曰如雨如雨者爲從地
上而下星亦從天霣而復與同故曰如夫孔子雖云
不及地天但言如雨其謂霣之者皆是星也孔子雖
定其位著其文謂霣爲星與史同焉從平地望泰山
之巔鶴如烏烏如爵者泰山高遠物之小大失其實
天之去地六萬餘里高遠非直泰山之巔也星著於
天人察之失星之實非直望鶴烏之類也數等星之
質百里體大光盛故能垂耀人望見之若鳳卵之狀
遠失其實也如星霣審者天之星霣而至地人不知

其爲星也何則霣時小大不與在天同也今見星霣
如在天時是時星也非星則氣爲之也人見鬼如死
人之狀其實氣象聚非真死人然則霣星之形其實
非星孔子云正霣者非正而正言如雨非雨之文蓋俱失星之實矣春
秋左氏傳四月辛卯夜中恒星不見夜明也星霣如
雨與雨俱也其言夜明故不見與易之言日中見斗
相依類也日中見斗幽不明也夜中星不見夜光明也
事異義同蓋其實也妄言月雨俱之集也夫辛卯之
夜明故星不見明則不雨之驗也兩氣陰暗安得明
明則無雨安得與雨俱夫如是言與雨俱者非實且

言夜明不見安得見星與雨俱又僖公十六年正月
戊申霣石于宋五左氏傳曰星也夫謂霣石爲星則
謂霣爲石矣辛卯之夜星霣爲星則霣爲石矣辛卯
之夜星霣如是石地有樓臺樓臺崩壞孔子雖不合
言及地又雖地必有實數魯史目見不空言者也云
與雨俱雨集於地石亦宜然至地而樓不壞非星明
矣且左丘明謂石爲星何以審之當時石霣輕然何
以從天墜也秦時三山亡亡有不消散有在其集下
時必有聲音或時夷狄之山從集於宋宋聞石霣則
謂之星也左丘明省則謂之星夫星萬物之精與日

月同說五星者謂五行之精之光也五星衆星同光耀
獨謂列星爲石恐失其實實者辛卯之夜霣星若雨
而非星也與彼湯谷之十日若日而非日也儒者又
曰雨從天下謂正從天墜也如當論之雨從地上不
從天下見雨從上集則謂從天下矣其實地上也然
其出地起於山何以明之春秋傳曰觸石而出膚寸
而合不崇朝而徧天下惟太山也太山雨天下小山
雨一國各以小大爲近遠差雨之出山或謂雲載而
行雲散水墜名爲雨矣夫雲則雨雨則雲矣初出爲
雲雲繁爲雨猶甚而泥露濡汙衣服若雨之狀非雲

與俱雲載行雨也或曰尚書曰月之從星則以風雨詩曰月離于畢俾滂沱矣二經咸言所謂爲之非天如何夫雨從山發月經星麗畢之時麗畢之時當雨也時不雨月不麗山不雲天地上下自相應也月麗上山烝於下氣體偶合自然道也雲霧雨之徵也夏則爲露冬則爲霜温則爲雨寒則爲雪雨露凍凝者皆由地發不從天降也

答佞篇

或問曰賢者行道得尊官厚禄矣何必爲佞以取富貴曰佞人知行道可以得富貴必以佞取爵禄者不

能禁不欲也知力耕可以得穀勉貿可以得貨然而必盗竊情欲不能禁者也以禮進退也人莫不貴然而違禮者衆尊義者希心情貪之志慮亂溺也夫佞與賢者同材佞以情自敗偷盗力田商同知偷盗以欲自劾也

問曰佞與賢者同材材行宜鈞而佞人曷爲獨以情自敗曰富貴皆人所欲也雖有君子之行猶有食渴之情君子耐以禮防情以義割欲故得循道循道則無禍小人縱貪利之欲踰禮犯義故進得苟佞苟佞則有罪夫賢者君子也佞人小人也君子與小人本

殊操異行取捨不同

問曰佞與讒者同道乎有以異乎曰讒與佞俱小人也同道異材俱以嫉妒爲性而施行發動之異讒以口害人佞以事危人讒人以直道不違佞人依違匿端讒人無詐慮佞人有術數故人君皆能遠讒親仁莫能知賢別佞難曰人君皆能遠讒親仁而莫能知賢別佞然則佞人意不可知乎曰佞可知人君不能知庸庸之君不能知賢不能知賢不能知佞唯聖賢之人以九德檢其行以事效考其言行不合於德言不檢於事效考其言人非賢則佞矣夫知佞以知賢

知賢以知佞知佞則賢賢智自覺知賢則姦佞自得賢

佞異行考之一檢情心不同觀之一實

問曰九德之法張設久矣觀讀之者莫不曉見斗斛之量多少權衡之縣輕重也然而君國有土之君曷爲常有邪佞之臣與常有欺惑之患與患斗斛過所量非其穀不患無銓衡所銓非其物故也在人君位者皆知九德之可以檢行事效可以知情然而惑亂不能見者則明不察之故也人有不能行行無不可檢人有不能考情乘不可知

問曰行不合於九德故不檢於考功進退非賢非賢

則佞夫庸庸之材無高又知不能及賢賢功不效賢行不應可謂佞乎曰材有不相及行有不相追功有不相襲若知無相襲人材相什百取舍宜同賢佞殊行是是非非實名俱立而效有成敗是非之言俱當功有正邪言合行違名盛行廢

佞人問曰行合九德則賢不合則佞世人操行者可盡謂佞乎曰諸非皆惡惡中之逆者謂之無道惡中之功者謂之佞人聖王刑憲佞在惡中聖王賞勸賢在善中純潔之賢善中殊高賢中之聖也善中大佞惡中之雄也故曰觀賢由善察佞由惡善惡定成賢

佞形矣

問曰聰明有蔽塞推行有謬誤今以是者爲賢非者爲佞殆不得賢之實乎曰聰明蔽塞推行謬誤人之所稟也故曰刑故無小宥過無大聖君原心省意故誅故貰誤故賊加增過誤減損一獄吏所能定也賢者見之不疑矣

問曰言行無功效可謂佞乎蘇秦約六國爲從彊秦不敢窺兵於關外張儀爲横六國不敢同攻於關内六國約從則秦畏而六國彊三秦稱横則秦彊而天下弱功著效明載紀竹帛雖賢何以加之太史公敘

言衆賢儀秦有篇無嫉惡之文功釣名敵不異於賢
夫功之不可以效賢猶名之不可失也儀秦排難之
人也處擾攘之世行揣摩之術當此之時稷契不能
與之爭計禹皋陶不能與之比效若大陰陽調和風
雨時適五穀豐熟盜賊衰息人舉廉讓家行道德之
功命祿貴美術數所致非道德之所成也太史公記
功故高來禩記錄成則著效明驗攬載高卓以儀秦
功美故列其狀由此言之佞人亦能以權說立功為
效無效未可為佞也難曰惡中立功者謂之佞能為
功者材高知明思慮遠者必傍義依仁亂於大賢故

覺佞之篇曰人主好辯佞人言利人主好文佞人辭
麗心合意同偶當人主説而不見其非何以知其僞
而司其辭乎曰是謂庸庸之君也材下知昏蔽惑不
見后又賢之君察之審明若視俎上之脯指掌中之
理數局上之棋摘轅中之馬魚鼈匿淵捕魚者知其
源禽獸藏山畋獵者見其脉佞人異行於世世不能
見庸庸之主無高材之人也難曰人君好辯佞人言
利人主好文佞人辭麗言操合同何以覺之曰文王
官人法曰推其往言以揆其來言聽其來言以省其
往行觀其陽以考其陰察其內以揆其外是故詐善

設節者可知飾偽無情者可辨貨誠居善者可得全
忠守節者可見也人之舊性不辨人君好辨佞人學
隶合於心也人之敢能不文人君好文佞人繫欲稱
上上奢已麗服上儉已不飾令操與古殊朝行與家
別鄉里之迹證朝廷之行察共親之節明事君之操
外内不相稱名實不相副際會發見姦爲覺露也
問曰人操行無恒權時制宜信者欺人直者曲
撓權變所設前後異操事有所應左右異語儒
書所載權變非一今以素故考之毋乃失寶乎曰賢
者有權佞者有權賢者之有權後有應佞人之有權

亦反經後有惡故賢人之權爲事爲國佞人之權爲

身爲家觀其所權賢佞可論察其發動邪正可名

問曰佞人好毀人有諸曰佞人不毀人如毀人是讒

人也何則佞人求利故不毀人苟利於已曷爲毀之

苟不利已於毀之無益以計求便以數取利利則便

得妬人共事然後危人其危人也非毀之也其害人

也非泊之譽而危之故人不知厚而害之故人不疑

是故佞人危而不怨害人之敗而不仇隱情匿意爲

之功也如毀人人亦毀之衆不親士不附也安能得

容世取利於上

問曰佞人不毀人於世間毀人於將前乎曰佞人以
人斯將不毀人於將然則佞人奈何曰佞人毀人譽
之危人安之毀危奈何假令甲有高行奇知名聲顯
聞君恐人君召問扶而勝己欲故發不言常騰譽之
薦之者衆將議欲用問人人必不對曰甲賢而宜召
也何則甲意不欲留縣前聞其語矣聲望欲入府在
郡則望欲入州志高則操與人異望遠則意不
屈而用之其心不滿不則臥病賤而命之則傷賢不
則損威故人君所以失名損譽者好臣所當臣也自
附下之用之可也自度不能下之用之不便夫用之

不兩相益舍之不兩相損人君宜長其志信佞人之言遂置不用

問曰佞人直以高才洪知考正世人乎將有師學檢也曰人自有知以詐人及其說人主須術以動上猶上人自有勇威人及其戰鬬須兵法以進衆術則從橫師則鬼谷也傳曰蘇秦張儀從橫習之鬼谷先生掘地爲坑曰下說令我泣出則耐分人君之地蘇秦下說鬼谷先生泣下沾襟張儀不若蘇秦相趙并相六國張儀貧賤往歸蘇秦座之堂下食以僕妾之食數讓激怒欲令相秦儀忿恨遂西入秦蘇秦使人厚

送其後覺知曰此在吾術中吾不知也此吾所不及
蘇君者知深有術權變鋒出故身尊崇榮顯爲世雄
傑深須明術深淺不能並行明闇不能並知
問曰佞人養名作高有諸曰佞人食利專權不養名
作高貪權據凡則高名自立矣稱於小人不行於君
子何則利義相伐正邪相反義動君子利動小人佞
人貪利名之顯君子不安不則身危安世爲佞者皆
以禍衆不能養其身安能養其名上世列傳棄宗養
身違利赴名竹帛所載伯成子高委國而耕於陵子
辭位灌園近世蘭陵王仲子東都昔廬君陽寢位又

病不應上徵可謂養名矣夫不以道進必不以道出身不以義正必不以義立名佞人懷貪利之心輕禍重身傾死爲僇矣何名之養義廢德壞操行隨辱何云作高

問曰大佞易知乎小佞易知也曰大佞易知小佞難知何則大佞材高其跡易察小佞知下其效難省何以明之成事小盜難覺大盜易知也攻城襲邑剽劫虜掠發則事覺道路皆知盜也穿鑿垣墻狸步鼠竊莫知謂誰曰大佞姦深惑亂其人如大佞易知人君何難書云知人則哲惟帝難之虞舜大聖驩兜大佞

大聖難知大佞大佞不憂大聖何易之有是謂下知
之上知之上知之大難小易下知之大易小難何則佞
人材高論説麗美因麗美之説人主之威人立心並
不能責知或不能覺小佞材下對鄉矣漏際會不容
人君警悟得知其故大難小易也屋漏在上知者在
下漏大下見之著漏小下見之微或曰雍也仁而不
佞孔子曰焉用佞禦人以口給屢憎於民誤設繫數
煩擾農商損下益上愁民説主損上益下忠臣之説
也損下益上佞人之義也季氏富於周公而求也爲
之聚斂而附益之小子鳴鼓而攻之可也聚斂季氏

不知其惡不知百姓所共非也

論衡卷第十一

論衡卷第十二　　王充

程材篇　　量知篇

謝短篇

程材篇

論者多謂儒生不及彼文吏見文吏利便而儒生陸落則詆訾儒生以爲淺短稱譽文吏謂之深長是不知儒生亦不知文吏也儒生文吏皆有材智非文吏材高而儒生智下也文吏更事儒生不習也謂文吏更事儒生不習可也謂文吏深長儒生短淺知妄矣世俗共短儒生儒生之徒亦自相少何則並好仕學

宦用吏爲繩表也儒生有闕俗共短之文吏有過俗不敢訾歸非於儒生付是於文吏也夫儒生材非下於文吏又非所習之業非所當爲也然世俗共短之者見將不好用也將之不好用之者事多已不能理須文吏以領之也夫論善謀材施用累能期於有益文吏理煩身役於職職判功立將尊其能儒生栗栗不能當劇將有煩疑不能效力力無益於時則官不及其身也將以官課材材以官爲驗是故世俗常高文吏賤下儒生儒生之下文吏之高本由不能之將世俗之論緣將好惡今世之將材高智深通達衆事

舉綱持領事無不定其置文吏也備數滿員足以輔

已志志在修德務在立化則夫文吏瓦石儒生珠玉

也夫文吏能破堅理煩不能守身 則亦不能輔將

儒生不習於職長於匡救將相傾側諫難不懼案世

間能建蹇蹇之節成三諫之議令將檢身自勑不敢

邪曲者率多儒生阿意苟取容幸將欲放失低嘿不

言者率多文吏文吏以事勝以忠負儒生以節優以

職劣二者長短各有所宜世之將相各有所取取儒

生者必軌德立化者也取文吏者必優事理亂者也

材不自能則須助須助則待勁官之立佐爲力不足

也吏之取能爲材不及也日之照幽不須燈燭賁育
當敵不待輔佐使將相知力若日之照幽賁育之難敵
則文吏之能無所用也病作而醫用禍起而巫使如
自能案方和藥入室求祟則醫不售而巫不進矣橋
梁之設也足不能越溝也車馬之用也走不能追遠
也足能越溝走能追遠則橋梁不設車馬不用矣天
地事物人所重敬皆力劣知極須仰以給足者也今
世之將相不責己之不能而賤儒生之不習不原文
吏之所得用而尊其材謂之善吏非文吏憂不除
非文吏患不救是以選擧取常故案吏取無害儒生

無閥閱所能不任能劇故陋於選舉佚於朝庭聰慧
捷疾者隨時變化學知吏事則踵文吏之後未得良
善之名守古循志案禮脩義輒爲將相所不任文吏
所毗戲不見任則執欲息退見毗戲則意不得臨職
不勸察事不精遂爲不能斥落不習有俗材而無雅
度者學知吏事亂於文吏觀將所知適時所急轉志
易務晝夜學問無所羞恥期於成能名文而已其高
志妙操之人恥降意損崇以稱媚取進深疾才能之
儒泊入文吏之科堅守高志不肯下學亦時或精闇
不及意疏不密臨事不識對向謬誤拜起不便進退

失度奏記言事蒙士解過援引古義割切將欲直言
一指觸諱犯忌封蒙約縛簡繩檢署事不如法文辭
卓詭辟刺雜實曲不應義故世俗輕之文吏薄之將
相賤之是以世俗學問者不肯竟經明學深知古今
急欲成一家章句義理略具同趨學史書讀律諷令
治作情奏習對向滑習跪拜家成室就召署輒能徇
今不顧古趨讎不存志競進不案禮廢經不念學是
以古經廢而不脩舊學闇而不明儒者寂於空室文
吏譁於朝堂材能之士隨世驅馳節操之人守隘屏
竄驅馳日以巧屏竄日以拙非材頓知不及也希見

也為不狎習也蓋足未嘗行堯禹問曲折目未嘗見
瞿量閈形象齊部世刺繡恒女無不能襄邑俗織錦
居婦無不巧日見之日為之手狎也使材士未嘗見
恒女未嘗為見易事之說手斷為卒睹顯露易為者猶憤
憒焉方今論事不謂希更而曰材不敏不曰未嘗為
而曰知不達失其實也儒生材無不能敏業無不能
通志不肯為今俗見不習謂之不能睹不為謂之不
通科用累能故文吏在前儒生在後是從朝廷謂之
也如從儒堂言之則儒生在上文吏在下矣從豐庭論
田田夫勝從高論曾賢人賢全從朝廷謂之文吏朝

庭之人也幼爲幹吏以朝庭爲田畝以刀筆爲耒耜以文書爲農業猶家人子弟生長宅中其知曲折愈於賓客也賓客暫至雖孔墨之材不能分別儒生猶賓客文吏猶子弟也以子弟論之則文吏曉於儒生儒生闇於文吏今世之將相知子弟以文吏爲慧不能知文吏以狎爲能知賓客以暫爲固不知儒生以希爲拙惑蔽闇昧不知類也一縣佐史之材任郡掾史一郡脩行之能堪州從事然而郡不召佐史州不取脩行者巧習無害文少德高也五曹自有條品簿書目有故事勤力玩弄成爲巧吏安足多矣賢明之

將程吏取材不求習論高存志不顧文也稱良吏曰忠忠之所以為效非簿書也夫事可學而知禮可習而善忠節公行不可立也文吏儒生皆有所志然而儒生務忠良文吏趨理事苟有忠良之業疏拙於事無損於高論者以儒生不曉簿書置之於下第法令比例吏斷決也文吏治事必問法家縣官事務莫大法令必以吏職程高是則法令之家宜最為上或曰固然法令漢家之經吏議決焉事定於法誠為明矣曰夫五經亦漢家之所立儒生善政大義皆出其中董仲舒表春秋之義稽合於律無乖異者然則春秋

漢之經孔子制作垂遺於漢論者徒尊法家不高春
秋是闇蔽也春秋五經義相關穿既是春秋不大五
經是不通也五經以道爲務事不如道道行事立無
道不成然則儒生所學者道也文吏所學者事也假
使材同當以道學如比於文吏洗洿泥者以水燔腥
生者用火水火道也用之者事也事末於道儒生治本
文吏理末道本與事末比定尊卑之高下可得程矣
堯以俊德致黎民雍孔子曰孝悌之至通於神明張
釋之曰秦任刀筆小吏陵遲至於二世天下土崩張
湯趙禹漢之惠吏太史公序累置於酷部而致土崩

孰與通於神明令人塡膺也將相知經學至道而不尊經學之生彼見經學之生能不及治事之吏也牛刀可以割鷄鷄刀難以屠牛刺繡之師能縫帷裳納縷之工不能織錦儒生能爲文吏之事文吏不能立儒生之學文吏之能誠劣不及儒生之不習實優而不爲禹決江河不秉钁鍤周公築雒不把築杖夫筆墨簿書钁鍤築杖之類也而欲合志大道者躬親爲之是使將軍戰而大匠斲也說一經之生治一曹之事旬月能之典一曹之吏學一經之業一歲不能立也何則吏事易知而經學難見也儒生擿經窮竟聖

意文吏搖筆考跡民事夫能知大聖之意曉細民之情孰者爲難以立難之材含懷章句十篇以上行有餘力博學覽古今計胷中之頴出溢十萬文吏所知不過辨解簿書富累千金孰與貲直百十也京廩如丘孰與委聚如坻也世名材爲名器器大者盈物多然則儒生所懷可謂多矣蓬生麻閒不扶自直白紗入緇不染自黑此言所謂善惡變易質性也儒生之性非能皆善也被服聖教日夜諷詠得聖人之操矣文吏幼則筆墨手習而行無篇章之誦不聞仁義之語長大成吏舞文巧法徇私爲己勉赴權利考事則

受賂臨民則采漁處右則弄權幸上則賣將一旦在
位鮮冠利劒一歲典職田宅并兼性非皆惡所習爲
者違聖教也故習善儒路歸化慕義志操則勵變從
高明將見之顯用儒生東海相宗叔犀犀廣召幽隱
春秋會饗設置三科以第補吏一府員吏儒生什九
陳留太守陳子瑀開廣儒路列曹掾史皆能教授簿
書之吏什置一二兩將知道事之理曉多少之量故
世稱褒其名書記紀累其行也

量知篇

程材所論論材能行操未言學知之殊奇也夫儒生

之所以過文吏者學問日多簡練其性彫琢其材也
故夫學者所以反情治性盡材成德也材盡德成其
比於文吏亦彫琢者程量多矣貧人與富人俱賫錢
百並爲賻禮死哀之家知之者知貧人劣能共百以
爲富人饒羨有奇餘也不知之者見錢俱百以爲財
貨貧富皆若一也文吏儒生皆有似於此皆爲掾吏
並典一曹將知之者知文吏儒生筆同而儒生胸中
之藏尚多奇餘不知之者以爲皆吏深淺多少同一
量失實甚矣地性生草山性生木如地種葵韭山樹
棗栗名曰美園茂林不復與一恒地庸山比矣文吏

儒生有似於此俱有材能並用筆墨而儒生奇有先王之道先王之道非徒葵韮棗粟之謂也恒女之手紡績織經如或奇能織錦刺繡名曰卓殊不復與恒女科矣夫儒生與文吏程材而儒生侈有經傳之學猶女工織錦刺繡之奇也貧人好濫而富人守節者貧人不足而富人饒侈儒生不爲非而文吏好爲奸者文吏少道德而儒生多仁義也貧人富人並爲賓客受賜於主人富人不慙而貧人常媿者富人有以效貧人無以復也儒生文吏俱以長吏爲主人者也儒生受長吏之祿報長吏以道文吏空胸無仁義之

學居住食祿終無以效所謂尸位素飡者也素者空
也空虛無德食人之祿故曰素飡無道藝之業不曉
政治默然朝廷不能言事與尸無異故曰尸位然則
文吏所謂尸位素飡者也居右食嘉見將傾邪豈能
舉記陳言得失乎一則不能見是非二則畏罰不敢
直言禮曰情欲巧其能力言者文醜不好者有骨無
肉脂腴不足犯干將相指遂取閑郤爲地戰者不能
立功名貪爵祿者不能諫於上文吏貪爵祿一日居
位輙欲圖利以當資用侵漁徇身不爲將貪官顯義
雖見大山之惡安肯揚擧乎髮之言事理如此何用

自解於尸位素飡乎儒生學大義以道事將不可則止有大臣之志以經勉為公正之操敢言者也位又疏遠而近諫禮謂之諂此則郡縣之府庭所以常廓無人者也或曰文吏筆扎之能而治定簿書考理煩事雖無道學筋力材能盡於朝庭此亦報上之效驗也曰此有以於貧人負官重責貧無以償則身為官作責乃畢竟夫官之作非屋廡則牆壁也屋廡則用斧斤牆壁則用築鍤荷斤斧把築鍤與彼握刀持筆何以殊哉謂治文書者報上之效驗此則治屋廡牆壁之人亦報上也俱為官作刀筆斧斤築鍤鈞也

抱布貿絲交易有亡各得所願儒生抱道貿祿文吏無所抱何用貿易農商殊業所畜之貨貨不可同計其精麤量其多少其出溢者名曰富人富人在世鄉里願之夫先王之道非徒農商之貨也其爲長吏立功致化非徒富多出溢之榮也且儒生之業豈徒出溢哉其身簡練知慮光明見是非審尤可奇也蒸所與衆山之材幹同也代以爲蒸熏以火烟熱究浹光色澤潤燔之於堂其耀浩廣火竈之效加也繡之未刺錦之未織恒絲庸帛何以異哉加五綵之巧施針縷之飾文章炫耀黼黻華蟲山龍日月學士有文章

之學猶絲帛之有五色之巧也本質不能相過學業積聚超踰多矣物實無中核者謂之郁無刀斧之斷者謂之樸文吏不學世之教無核也郁樸之人孰與程哉骨曰切象曰瑳玉曰琢石曰磨切瑳琢磨乃成寶器人之學問知能成就猶骨象玉石切瑳琢磨也雖欲勿用賢君其舍諸孫武闔廬世之善用兵者也知或學其法者戰必勝不曉什伯之陣不知擊刺之術者彊使之軍軍覆師敗無其法也穀之始熟曰粟舂之於臼簸其粃糠蒸之於甑爨之以火成熟爲飯乃甘可食可食而食之味生肌腴成也粟未爲米米

未成飯氣腥未熟食之傷人夫人之不學猶穀未成粟米未爲飯也知心亂少猶食腥穀氣傷人也學士簡練於學成熟於師身之有益猶穀成飯食之生肌腴也銅錫未採在衆石之間工師鑿掘鑪橐鑄鑠乃成器未更鑪橐名曰積石積石與彼路畔之瓦山間之礫一實也故夫穀未舂蒸曰粟銅未鑄鑠曰積石人未學問曰矇矇者竹木之類也夫竹生於山木長於林未知所入截竹爲筒破以爲牒加筆墨之跡乃成文字大者爲經小者爲傳記斷木爲槧析之爲板力加刮削乃成奏牘夫竹木麤苴之物也彫琢刻削

乃成爲器用況人含天地之性最爲貴者乎不入道
門無經傳之教以郁樸之實不曉禮義立之朝庭植
笥樹表之類也其何益哉山野草茂鉤鐮斬刈乃成
道路也士未入道門邪惡未除猶山野草木未斬刈
不成路也染練布帛名之曰采貴吉之服也無染練
之治名縠麤縠麤不言喪人服之人無道學仕宦朝
庭其不能招致也猶喪人服麤不能招吉也能斲削
柱梁謂之木匠能穿鑿穴埳謂之土匠能彫琢文書
謂之史匠夫文吏之學學治文書也當與木土之匠同
科安得程於儒生哉御史之遇文書不失分銖者

陳籩豆不設行伍其巧習者亦先學之人[illegible]
是小賤之能非尊大之職也無經藝之本有筆墨之末
大道未足而小伎過多雖曰吾多學問御史之知
有司之惠也飯黍粱者餍餐糟糠者飽雖俱曰食為
腸不同儒生文吏學俱稱習其於朝庭有益不鈞[illegible]
子皮使尹何為政子產比於未能操刀使之割也子
路使子羔為費宰孔子曰賊夫人之子皆以未學不
見大道也醫無方術云吾能治病問之曰何用治病
曰以心意病者必不信也吏無經學曰吾能治民問
[illegible]曰以材能是醫無方術以心意[illegible]

[illegible]而人君任用使之乎手中無錢

[illegible]從主問曰錢何在對曰無錢貸主必不與也夫[illegible]

不學猶手中無錢也欲人君任使之百姓信向之

奈何也

謝短篇

程材量知言儒生文吏之材不能相過以儒生修大

道以文吏曉簿書道勝於事故謂儒生頗愈文吏矣

此職業外相程相量也其內各有所以為短未實謝

也夫儒生能說一經自謂通大道以驕文吏文吏曉

簿書自謂文無害以戲儒生各持滿而自藏非彼[illegible]

是我不知所為短不悟於己未足論衡訓之將使[illegible]
[illegible]各知所之夫儒生所短不徒以不曉簿書文吏所
劣不徒以不通大道也反以閉闇不覽古今不能各
自知其所業之事未具足也二家各短不能自知也
世之論者而亦不能訓之如何夫儒生之業五經也
南面為師旦夕講授章句滑習義理究備於五經可
也五經之後秦漢之事無不能知者短也夫知古不
知今謂之陸沉然則儒生所謂陸沉者也五經之前
至於天地始開帝王初立者主名為誰儒生又不知
也夫知今不知古謂之盲瞽五經比於上古猶為今

所說經不曉上古然則儒生所謂曾聞者也儒
者猶曰上古久遠其事闇昧故經不載而師不說也
夫三王之事雖近矣經雖不載義所連及五經所當
共知儒生所當審說也夏自禹嚮國幾載而至於殷
殷自湯幾祀而至於周周自文王幾年而至於秦桀亡
夏而紂棄殷滅周者何王也周猶為遠秦則漢之所
伐也夏始於禹殷本於湯周祖后稷秦初為人者誰
秦燔五經坑殺儒士五經之家所共聞也秦何起而
燔五經何感而坑儒生秦則前代也漢國自儒生之
家也從高祖至今朝幾世歷年訖今幾載初受何命

復獲何瑞得天下難易孰與殷周家人子弟學問歷
幾歲人問之曰居宅幾年祖先何爲不能知者愚子
弟也然則儒生不能知漢事世之愚蔽人也溫故知
新可以爲師古今不知稱師如何彼人問曰二尺四
寸聖人文語朝夕講習義類所及故可務知漢事未
載於經名爲尺籍短書比於小道其能知非儒者之
貴也儒不能都曉古今欲各別說其經經事義類乃
以不知爲貴也事不曉不以爲短請復別問儒生各
[illegible]其經旦夕之所講說先問易家易本何所起造作
[illegible]爲誰彼將應曰伏羲作八卦文王演爲六十

[illegible]繫辭　三聖重業易乃具足問之曰易[illegible]

三家一曰連山二曰歸藏三曰周易伏羲所作文王

所造連山乎歸藏周易也秦燔五經易何以得脫漢

興幾年而復立宣帝之時河內女子壞老屋得易一

篇名爲何易此時易具足矣[illegible]書家曰今旦夕所

授二十九篇尚書亡已二篇又有百篇二十九篇何所

起百二篇何所造秦焚詩書之時尚書詩篇皆何在

漢興始録尚書者何言初受學者何人問禮家曰禮

孔子時已有禮周禮夏禮凡三王因時損益篇者

多少文有增減不等今禮周公所定之數以漢承

周禮曰周禮云周禮六典又六轉六六三十六三百
六十是以周官三百六十也案今禮不見六典無三
百六十官又不見天子元子禮廢何時古[illegible]之義
宣帝時河内女子壞老屋得佚禮一篇六十篇中是
何篇定之高祖詔叔孫通制作儀品十六篇何在而
復定儀禮見在十六篇秦火之餘也亘又秦之時篇凡
有幾問詩家曰詩作何帝王時也彼將曰周衰而詩
作蓋康王時也康王德缺於房大臣刺晏故詩作也
文武之際貢在成康康王未衰詩安得作周非一[illegible]
[illegible]康王也二王之[illegible]曾衰更毅衰[illegible]何不[illegible]

一一一一一

尚書曰詩言志歌詠言此時已有詩也斷取周以來
而謂興於周古者采詩詩有文也今詩無書何知非
秦燔五經詩獨無餘禮也問春秋家曰孔子作春秋
周何王時也自衛反魯然後樂正春秋作矣自衛反
魯哀公時也自衛何君也俟孔子以何禮而孔子反
魯作春秋乎孔子錄史記以作春秋史記本名春秋
乎制作以為經乃歸春秋也法律之家亦為儒生問
曰九章誰所作也彼聞皐陶作獄必將曰皐陶也詰
曰皐陶唐虞時唐虞之刑五刑案今律無五刑之文
或曰蕭何也詰曰蕭何高祖時也孝文之時齊太倉

令済三字安[illegible]皇[illegible]語[illegible]表安異文異字萬文一書言内
刑宣施一不善政悟文帝痛善言為政由刑[illegible]今九章
家刑者有刑也文帝在言何以知時有刑之言何為
遂辰是帝刑之所云之言讀所造字古書三百充
儀三之詩育正詞三百刑修三千出於禮入於刑[illegible]
之兩言見之示求故言多少同一數也今禮經上[illegible]
書何意見之言不福慮又有五經題為皆以事[illegible]
之三字是禮經之題之[illegible]言時禮信言盡禮[illegible]
[illegible]字以古今之義也不能知别名以[illegible]
同之又一不[illegible][illegible]言詩[illegible]不願[illegible]

也文字白謂[illegible]者問之曰讀[illegible]
究達其義通見其意否 又必將同然問之曰書[illegible]
尚書各幾篇上今置士令寺 守長何義古人斗田幾[illegible]
[illegible]家[illegible]今晝[illegible]有意一[illegible]使民居更一月何義[illegible]
二十三篇于五篇士歲篇 錢二十三何緣有賜何[illegible]
五十[illegible]戶[illegible]何立法長 [illegible]皇[illegible]臺是何君貴[illegible]
何輩大[illegible]王氣象人[illegible]門戶何旨甚虛宗安三戶上[illegible]
[illegible]天[illegible]何[illegible]臺[illegible]大夫大夫何見步之一六大
尾之六宇[illegible]夫今文無家長吏何[illegible]
書曰良吉[illegible]人[illegible]今言何[illegible]言言二席曰貴言

之司[illegible]言之上[illegible]長書六[illegible]何法者曰書[illegible]立[illegible]
何[illegible]之上動曰[illegible]名[illegible]墨[illegible]何指七十賜三杖[illegible]
是者[illegible]於長子不食[illegible]何以鳩爲言不[illegible]鳩[illegible]
賜鳩杖而不[illegible]何說曰分六十一漏之壹自鼓之數[illegible]
何故更衣[illegible]衣官闕赤冒何[illegible]於[illegible]佩刀者[illegible]
[illegible]於左何人儀者齒於履冠在於首何象[illegible]
郡出乘[illegible]鳥坐治文書起城郭何王造[illegible]何工作
馬何地作畫何人王造城郭〻馬所生難知也[illegible]也
造章作書易曉也必將應曰今[illegible]領作[illegible]奚仲作[illegible]
曰倉頡何藏而作書奚仲何[illegible]而作[illegible]文不知也之文

吏所當知然而不知亦不博覽之過也夫儒生不覽古今何知一永不過守信經文滑習章句解剥互錯分明乖異文吏不曉吏道所能不過案獄考事移書下記對鄉便給之準無一閱備皆淺略不及偏駮不純俱有闕遺何以相言

論衡卷第十二

弘治十七年新刊 論衡十二 十[illegible] [illegible]

論衡卷第十三　王充

效力篇

程才量知之篇徒言知學未言才力也人有知學則有力矣文吏以理事爲力而儒生以學問爲力或問楊子雲曰力能扛鴻鼎揭華旗知德亦有之乎荅曰百人矣夫知德百人者與彼扛鴻鼎揭華旗者爲料敵也壯士力多者扛鼎揭旗儒生力多者博達疏通故博達疏通儒生之力也舉重拔堅壯士之力也梓材曰

彊人有王開賢之歎率化民此言賢人亦壯彊於禮義故
能開賢其率化民化民須禮義禮義須文章行有餘力
則以學文能學文有力之驗也陳留龐少都每薦諸
謂有力者曰非有力者也陳留龐少都每薦諸生之
吏常曰王甲某子才能百人太守非其能不答少都
更曰言之尚少王甲某子才能百萬人太守怒曰親
吏妄言少都曰文吏不通一經一文不調師一言諸
生能說百萬章句非才知百萬人乎太守無以應夫
少都之言實也然猶未也何則諸生能傳百萬言不
能覽古今守信師法雖辭說多終不為博殷周以前

頗載六經儒生所不能説也秦漢之事儒生不見力劣不能覧也周監二代漢監周秦周秦以来儒生不知漢欲觀監儒生無力使儒生博觀覧則爲文儒文儒者力多於儒生如少都之言文儒才能千萬人矣曾子曰士不可以不弘毅任重而道遠仁以爲已任不亦重乎死而後已不亦遠乎由此言之儒者所懷獨已重矣志所欲至獨已遠矣身載重任至於終死不倦不衰力獨多矣夫曾子載於仁而儒生載於學所載不同輕重均也夫一石之重一人挈之十石以上二人不能舉也世多挈一石之任寡有舉十石之力

儒生所載非徒十石之重也地力盛者草木暢茂一畝之
收當中田五畝之分苗田人知出穀多者地力盛不知
出文多者才知茂失事理之實矣夫文儒之力過於儒
生況文吏乎能舉賢薦士世謂之多力也然能舉賢薦
士上書日記也能上書日記者文儒也文儒非必諸生
也賢達用文則是矣谷子雲唐子高章奏百上筆有餘
力極言不諱文不折乏之非夫才到之人不能爲也孔子
周世多力之人也作春秋散五經祕書微文無所不定
山大者雲多泰山不崇朝辨雨天下而然則賢者有雲
雨之知故一有學其吐文萬牒以上可謂多力矣世稱力

者常褒烏獲然則董仲舒揚子雲文之烏獲也秦武王與孟說舉鼎不任絕脉而死少文之人與董仲舒較其胷中之思必將不任有絕脉之變王莽之時省五經章句皆爲二十萬博士弟子郭路夜定舊說死於燭下精思不任絕脉氣滅也顏氏之子已曾馳過孔子於塗矣劣倦罷極髮白齒落夫以庶幾之材猶有仆頓之禍孔子力優顏淵不任也才力不相如則其知思不相及也勉自什伯萬中嘔血失魂狂亂遂至氣絕書五行之牘書十奏之記其才劣者筆墨之力尤難況乃連句結章篇至十百哉力獨多矣江河

之水馳流滄溟常有長遠無枯竭之流本源盛矣如
江河之流遠[illegible]盛不如萬牒之人胷中之才
茂一有米字[illegible]或惑者也故望見驥足不異於衆馬之蹄躡平
陸而馳騁[illegible]千里之跡斯須可見夫馬足人手同一實
也稱驥之足不薦文人之手不知類也夫能論筋力
以見比類者則能取文力之人立之朝廷故夫文力
之人固有力之將乃能以力爲功有力無助以力爲
禍何以驗之長巨之物彊力之人乃能舉之重任之
車彊力之牛乃能輓之是任車上阪彊牛引前力人
推後乃能升踰如牛羸人罷任車退却還墮坑谷有

破覆之敗矣文儒懷先王之道含百家之言其難推
引非徒任車之重也薦致之者罷羸無力遂却退竄
於巖穴矣河發崑崙江起岷山水力盛多滂沛之流
浸下益盛不得廣岸低地不能通流入乎東海如岸
狹地仰溝洫決泆散在丘墟矣文儒之知有似於此
文章滂沛不遭有力之將援引薦舉亦將棄遺於
門之下固安得升陟聖主之庭論說政事之務乎火
之光也不舉不明有人於斯其知如京其德如山力
重不能自稱須人乃舉而莫之助抱其盛高之力竄
於閭巷之滯何時得達夏育古之多力者身能負荷

千鈞手能決解伸鈞使之自舉不能離地智能滿胷之人宜在王闕須三寸之舌一尺之筆然後自動不能自進進之又不能自安須人能動待人能安道重知大位地[illegible]也小石附於山山力能得持之在沙丘之間小石輕微亦能自安至於大石沙土不覆山不能持危峭之際則能崩墜於坑谷之間矣大智之重遭小才之將無左右沙土之助雖在顯位將不能持則有大石崩墜之難也或伐薪於山輕小之木合能束之至於大木十圍以上引之不能動推之不能移則委之於山林収所以束之小木而[illegible]由斯以論知

能之大者其由十圍以上木也人力不能舉薦其猶
薪者不能推引大木也孔子周流無所留止非聖才
不明道大難行人不能用也故夫孔子山中巨木之
類也
桓公九合諸侯一匡天下管仲之力管仲有力桓公
能舉之可謂壯彊矣吳不能用子胥楚不能用屈原
二子力重兩主不能舉也舉物不勝委地而去可也
時感恚怒斧鑕破敗此則子胥屈原所取害也淵中
之魚遞相吞食度口所能容然後嚥之口不能受哽
咽不能下故夫商鞅三說孝公後說者用前二難用

後一易行也觀管仲之明法察商鞅之耕戰固非弱
劣之主所能用也六國之時賢才之臣入楚楚重出
齊齊輕爲趙趙完畔魏魏傷韓用申不害行其三符
兵不侵境蓋十五年不能用韓又不能察其書兵挫軍
破國并於秦殷周之世亂跡相屬亡禍比肩豈其心
不欲爲治乎力弱智劣不能納至言也是故搥重一
人之跡不能蹈也礚大一人之掌不能推也賢臣有
勁彊之優患上有不堪之劣以此相求禽魚相與遊
也干將之刃人不能推頓於瓠不能傷篠簬之箭機不
能動發魯縞不能穿非無干將篠簬之才也無推頓

發動之主亦鏃骨繩不穿傷焉望斬旗穿革之功乎

故引弓之力不能引强弩弩力五石引以三石筋絶

骨折不能舉也故力不任强引則有變惡折脊之禍

知不能貪賢則有傷德毁名之敗論事者不曰才大

道重上不能用而曰不肖不能自達自達者帶絶不

坑自衒者賈賤不讎棄諸爲人用之物須人用之功

力乃立鑿所以入木者槌叩之也鍤所以能撅地者

跖蹈之也諸有鋒刃之器所以能斷斬割削者手能

把持之也力能推引之也韓信去楚入漢項羽不能

安高祖能持之也能用其善能安其身則能量其力

能一别其功樊酈有攻城野戰之功高祖行封先及蕭何則比蕭何於獵人同樊酈於獵犬也夫蕭何安坐樊酈馳走封不及馳走而先安坐者蕭何以知爲力而樊酈以力爲功也蕭何所以能使樊酈者以入秦收斂文書也衆將拾金何獨掇書坐知秦之形勢是以能圖其利害衆將馳走者何驅之也故叔孫通定儀而高祖以尊蕭何造律而漢室以寧案儀律之功重於野戰斬首之力不及尊主故夫墾草殖穀農夫之力也勇猛攻戰士卒之力也構架斲削工匠之力也治書定簿佐史之力也論道議政賢儒之力也

人生莫不有力所以爲力者或尊或卑孔子能舉北門之關不以力自章知夫筋骨之力不如仁義之爲榮也

別通篇

富人之宅以一丈之地爲内内中所有檀柙所羸縑布絲綿也貧人之宅亦以一丈爲内内中空虛徒四壁立故名曰貧夫通人猶富人不通者猶貧人也俱以七尺爲形通人胸中懷百家之言不通者空腹無一牒之誦貧人之内徒四所壁立也慕料貧富不相如則夫通與不通不相及也世人慕富不榮通羞貧

賤不賢不推類以況之也夫富人可慕者貨財多則
饒裕故人慕之夫富人不如儒生儒生不如通人通
積文十篋以上聖人之言賢者之語上自黃帝下
漢治國肥家之術刺世譏俗之言備矣使人通
明專見其爲可榮非徒縑布絲綿也蕭何入秦收拾
文書漢所以能制九州者文書之力也以文書御天
下天下之富孰與家人之財人目不見青黃曰盲耳
不聞宮商曰聾鼻不知香臭曰癰癰聾與盲不成人
也人不博覽者不聞古今不見事類不知然否猶目
盲耳聾鼻癰者也儒生不博覽猶爲閉闇況庸人無

篇章之業不知是非其爲[illegible]闇甚矣此則土木之人耳目俱足無聞見也涉淺水者見蝦其頗深者窺魚鼈其尤甚者觀蛟龍足行跡殊故所見之物異也入道淺深其猶此也淺者則見傳記諸文深者入聖室觀秘書故入道彌深所見彌大人之遊也必欲入都都多奇觀也入都必欲見市市多異貨也百家之言古今行事其爲奇異非徒都邑大市也遊於都邑者心猒觀於大市者意飽況遊於道藝之際哉大川旱不枯者多所疏也潢汙兼日不雨泥輙見者無所通也是故大川相閒小川相屬東流歸海故海大也海

不通於百川安得巨大之名夫人含百家之言猶海
懐百川之流也不謂之大者是謂海小於百川也夫
海大於百川也人皆知之通者明於不通莫之能別
也潤下作鹹水之滋味也東海水鹹流廣大也西州
鹽井源泉深也人或無井而食或穿井不得泉有鹽
井之利乎不與賢聖通業望有高世之名難哉法令
之家不見行事議罪不可審章句之生不覽古今論
事不實或以　説一經爲是何須博覽夫孔子之門講
習五經五經　皆習庶幾之才也顔淵曰博我以文約
智高者能為　博矣顔淵又曰博者豈徒一經哉我不

能博五經又不能博衆事守信一學不好廣觀無温故知新之明而有守愚不覽之闇其謂一經是者其宜也開户内日之光日光不能照幽鑿窻啓牖以助户明也夫一經之説猶日明也助以傳書猶窻牖也百家之言令人曉明非徒窻牖之開日光之照也是故日光照室内道術明㫖中開户内光坐高堂之上眇升樓臺窺四鄰之廷人之所願也閉户幽坐向冥冥之内穿壙穴卧造黄泉之際人之所惡也夫閉心塞意不高瞻覽者死人之徒也哉孝武皇帝時燕王旦在明光宫欲入所卧户三百盡閉使侍者二十人

開户户不閉其後旦坐謀反自殺夫户閉燕王旦死之狀也死者幽事也故以閉塞爲占齊慶封不通六國大夫會而賦詩慶封不曉其後果有楚靈之禍也夫不開通於學者尸尚能行者也亡國之社屋其上柴其下者示絶於天地春秋薄社周以爲城夫經藝傳書人當覽之猶社當通氣於天地也故人之不通覽者薄社之類也是故氣不通者彊壯之人死榮華之物枯東海之中可食之物集糅非一以其大也海水精氣渥盛故其生物也衆多奇異故夫大人之胸懷非一才高知大故其於道術無所不包學士同門

髙業之生衆共宗之何則知經指深曉師言多也夫
古今之事百家之言其爲深多也豈徒師門髙業之
生哉甘酒醴不酤粭宻未爲能知味也耕夫多殖嘉
穀謂之上農夫其少者謂之下農夫學士之才農夫
之力一也能多種穀謂之上農能博學問謂之上儒
是稱牛之服重不譽馬速也譽手毀足孰謂之慧夫
縣道不通於野野路不達於邑騎馬乘舟者必不由
也故血脉不通人以甚病夫不通者惡事也故其禍
變致不善是故盜賊宿於𦬒草邪心生於無道無道
者無道術也醫能治一病謂之巧能治百病謂之良

是故良醫服百病之方治百人之疾大才懷百家之
言故能治百族之亂扁鵲之衆方孰若巧之一伎子
貢曰不得其門而入不見宗廟之美百官之富蓋以
宗廟百官喻孔子道也孔子道美故譬以宗廟衆多
非一故喻以百官由此言之道達廣博者孔子之徒
也殷周之地極五千里荒服要服勤能牧之漢氏廓
土牧萬里之外要荒之地襃衣博帶夫德不優者不
能懷遠才不大者不能博見故多聞博識無頑鄙之
譏知道術無淺闇之毀也人好觀圖畫者圖上所
畫古之列人也見列人之面孰與觀其言行置之空壁

形容具存人不激勸者不見言行也古賢之遺文竹帛之所載粲然豈徒墻壁之畫哉空器在廚金銀塗飾其中無物益於饑人不顧也肴膳甘醢土釜之盛入者鄉之古賢文之美善可甘非徒器中之物也讀觀有益非徒膳食有補也故器空無實饑者不顧匈虛無懷朝廷不御也劍伎之家鬬戰必勝者得曲城越女之學也兩敵相遭一巧一拙其必勝者有術之家也孔墨之業賢聖之書非便曲城越女之功也成人之操益人之知非徒戰鬬必勝之策也故劍伎之術有必勝之名賢聖之書有必尊之聲縣邑之吏召諸

[illegible]將相問以政化曉慧之吏陳所聞見將相覺悟
得以改政古文聖賢言行竹帛所傳練人之心聰人
之知非徒縣邑之吏對向之語也禹益並治洪水禹
王治水益主記異物海外山表無遠不至以所聞見
作山海經非禹益不能行遠山海不造然則山海之
造見物博也董仲舒睹重常之鳥劉子政曉貳負之
尸皆見山海經故能立二事之說使禹益行地不遠
不能作山海經董劉不讀山海經不能定二疑實沈
臺台子產博物故能言之龍見絳郊蔡墨曉占故
能禦之父兄在千里之外且死遺教戒之書子弟賢

者求索觀讀服膺不舍重先敬長謹慎之（一有力字）也不肖

者輕慢佚忽無原察之意古聖先賢遺後人文字其

重非徒父兄之書也或觀讀采取或棄損不録二者

之於高下也行路之人皆能論之况辯昭然否者實

能别之乎孔子病商瞿卜期日中孔子曰取書來比

至日中何事乎聖人之好事也且死不休念在經書

不以臨死之故棄忘道藝其為百世之聖師漢祖脩

蓋不虚矣自孔子以下至漢之際有才能之稱者非

有飽食終日無所用心也不説五經則讀書傳書傳

文六難以備人卜卦占射凶吉皆文武之道昔有商

瞿能占爻卦末有東方朔翼少君能達占射覆道雖小㣲聖人之術也曾又不知人生禀五常之性好道樂學故辨物今則不然飽食快飲慮深求臥腹為飯坑腸為酒囊是則物也倮蟲三百人為之長天地之性人為貴貴其識知也今閉闇脂塞無所好欲與三百倮蟲何以異而謂之為長而貴之乎

諸夏之人所以貴於夷狄者以其通仁義之文知古今之學也知徒作其匈中之知以取衣食經歷年月白首沒齒終無曉知夷狄之次也觀夫蜘蛛之經絲以罔飛蟲也人之用作安能過之任匈中之知舞權利

之詐以取富壽之樂無古今之學蜘蛛之類也含血
之蟲無餓死之患皆能以知求索飲食之人不通者
亦能自供仕官爲吏亦得高官將相長吏猶吾大夫
高子也安能別之隨時積功以命得官不曉古今以
位爲賢與文之異術安得識別通人俟以不次乎將
相長吏不得若右扶風蔡伯偕鬱林太守張孟嘗東
萊太守李季公之徒心自通明覽達古今故其敬通
人也知見大[illegible]無昭爲鄉術擁篲彼獨受何性哉東
成令董仲綬知爲儒者海內稱通故其接人能別奇
律是以鍾離產公以編戶之民受圭璧之敬知之明

也故夫能知之也凡石生光氣不知之也金玉無潤
色自武帝以至今朝數舉賢良令人射策甲乙之科
若董仲舒唐子高谷子雲丁伯玉策既中實文說美
善博覽膏腴之所生也使四者經徒能摘筆徒能記
疏不見古今之書安能建美善於聖王之庭乎孝明
之時讀蘇武傳見武官名曰栘中監以問百官百官
莫知夫倉頡之章小學之書文字備具至於無能對
聖國之問者是皆美命隨牒之人多在官也木旁多
文字且不能知其欲及若董仲舒之知重常劉子政
之知貳負難哉或曰通人之官蘭臺令史職校書定

字比夫太史太祝職在文書無典民之用不可施設是
以蘭臺之史班固賈逵楊終傅毅之徒名香文美委
積不紲大用於世曰此不繼周世通覽之人鄒衍之
徒孫卿之輩受時王之寵尊顯於世董仲舒雖無鬥
足之位知在公卿之上周監二代漢監周秦然則蘭
臺之官國所監得失也以心爲丸卵爲體內藏牟子
如豆爲身光明令史雖微興國道藏通人所由進猶
博士之官儒生所由興也委積不紲豈聖國微遇之
哉殆以書未定而職未畢也

超奇篇

通書千篇以上萬卷以下弘暢雅閑審定文讀而以
教授為人師者通人也杼其義旨損益其文句而以
上書奏記或興論立說結連篇章者文人鴻儒也好
學勤力博聞強識世間多有著書表文論說古今萬
不耐一然則著書表文博通所能用之者也入山見
木長短無所不知入野見草大小無所不識然而不
能伐木以作室屋採草以和方藥此知草木所不
能用也夫通人覽見廣博不能掇以論說此為匿生
書主人孔子所謂誦詩三百授之以政不達者也與
彼草木不能伐採一實也孔子得史記以作春秋及

立義創意褒貶賞誅不復因史記者眇思自出於
胷中也凡貴通者貴其能用之也即徒誦讀讀詩諷
術雖千篇以上鸚鵡能言之類也衍傳書之意出膏
腴之辭非俶儻之才不能任也夫通覽者世間比有
著文者歷世希然近世劉子政父子楊子雲桓君山
其猶文武周公並出一時也其餘直有往往而然譬
珠玉不可多得以其珍也故夫能說一經者爲儒生
博覽古今者爲通人采掇傳書以上書奏記者爲文
人能精思著文連結篇章者爲鴻儒故儒生過俗人
人勝儒生文人踰通人鴻儒超文人故夫鴻儒所

謂超而又超者也以超之奇退與儒生相料文軒之
比於敝車錦繡之方於緼袍也其相過遠矣如與俗
人相料太山之巔墆長狄之項跖不足以喻故夫丘山
以土石爲體其有銅鐵山之奇也銅鐵旣奇或出金
玉然鴻儒世之金玉也奇而又奇矣奇而又奇才相
超乘皆有品差儒生說名於儒門過俗人遠也或不
能說一經教誨後生或帶徒聚衆說論洞溢稱爲經
明或不能成牘治一說或能陳得失奏便宜言應經
傳文如星月其高第若谷子雲唐子高者說書於牘
奏之上不能連結篇章或抽列古今紀著行事若司

馬子長劉子政之徒累積篇第文以萬數其過子雲
子高遠矣然而因成紀前無胷中之造若夫陸賈董
仲舒論說世事由意而出不假取於外然而淺露易
見觀讀之者猶曰傳記陽成子長作樂經楊子雲作
太玄經造於助思極窅冥之深非庶幾之才不能成
也孔子作春秋二子作兩經所謂卓爾蹈孔子文迹
鴻茂參貳聖之才者也王公子問於桓君山以楊子
雲君山對曰漢興以來未有此人君山差才可謂得
高下之實矣采玉者心羨於玉鑽龜能知神於龜能
差衆儒之才累其高下賢於所累又作新論論世間

事辯照然否虛妄之言僞飾之辭莫不證定徐子長
子雲說論之徒君山爲甲自君山以來皆爲鴻眇之
才故有嘉令之文筆能著文則心能謀論文由胸中
而出心以文爲表觀見其文奇偉俶儻可謂得論也
由此言之繁文之人人之傑也有根株於下有榮葉
於上有實核於內有皮殼於外文墨辭說士之榮葉
皮殼也實誠在胸臆文墨著竹帛外內表裏自相副
稱意奮而筆縱故文見而實露也人之有文也猶禽
之有毛也毛有五色皆生於體苟有文無實是則五
色之禽毛妄生也選士以射心平體正執弓矢審固

洲後射中論說之出猶弓矢之發也論之應理猶矢
之中的夫射以矢中效巧論以文墨驗奇奇巧俱發
於心其實一也文有深指巨略君臣治術身不得行
口不能紲表著情心以明己之必能為之也孔子作
春秋以示王意然則孔子之春秋素王之業也諸子
之傳書素相之事也觀春秋以見王意讀諸子以睹
相指故曰陳平割肉丞相之端見叔孫敖決期令
尹之兆著觀讀傳書之文治道政務非徒割肉決水
之占也足不彊則跡不遠鋒不銛則割不深連結篇
章必大才智鴻懿之俊也或曰著書之人博覽多聞

學問習熟則能推類興文文由外而興未必實才學
文相副也且淺意於華葉之言無根核之深不見大
道體要故立功者希安危之際文人不與無能建功
之驗徒能筆說之效也曰此不然周世著書之人皆
權謀之臣漢世直言之士皆通覽之吏豈謂文非華
葉之生根核推之也心思為謀集札為文情見於辭
意驗於言商鞅相秦致力於霸作耕戰之書虞卿為
趙決計定說行退作春秋之思趙城中之議耕戰之
書秦堂上之計也陸賈消呂氏之謀與新語同一意
桓君山易鼂錯之策與新論共一思觀谷永之陳說

唐林之直言，劉向之切議，以知為本，筆墨之文，將而送之，豈徒雕文飾辭，苟為華葉之言哉？精誠由中，故其文語感動人深。是故魯連飛書，燕將自殺；鄒陽上疏，梁孝開牢。書疏文義，奪於肝心，非徒博覽者所能造，習熟者所能為也。夫鴻儒希有，而文人比然，將相長吏，安可不貴？豈徒用其才力，游文於牒牘哉？州郡有憂，能治章上奏，解理結煩，使州郡連事，有如唐子高、谷子雲之吏，出身盡思，竭筆牘之力，煩憂適有不解者哉？古昔之遠，四方辟匿，文墨之士，難得紀錄，且近自以會稽言之，周長生者，文士之雄也，在州為刺

史任安舉奏在郡爲太守孟觀上書事解憂除州郡
無事二將以全長生之身不尊顯非其才知少功力
薄也二將懷俗人之節不能貴也使遭前世燕昭則
長生已蒙鄒衍之寵矣長生死後州郡遭憂無舉奏
之吏以故事結不解徵詣相屬文軏不尊筆既不續
也豈無憂上之吏哉乃其中文筆不足類也長生之
才非徒鋭於牒牘也作洞歷十篇上自黄帝下至漢
朝鋒芒毛髮之事莫不紀載與太史公表記相似類
也上通下達故曰洞歷然則長生非徒文人所謂鴻
儒者也前世有嚴夫子後有吴君商未有周長生白

雉貢於越暢草獻於宛雍州出玉荆揚生金珍物産
於四遠幽遼之地未可言無奇人也孔子曰文王既
沒文不在兹乎文王之文在孔子孔子之文在仲舒
仲舒既死豈在長生之徒與何言之卓殊文之美麗
也唐勒宋玉亦楚文人也竹帛不紀者屈原在其上
也會稽文才豈獨周長生哉所以未論列者長生尤
踰出也九州多山而華岱爲嶽四方多川而江河爲
瀆者華岱高而江河大也長生州郡高大者也同姓
之伯賢舍而譽他族之孟未爲得也長生說文辭之
伯文人所共宗獨紀錄之春秋記元於魯之義也俗

好高古而稱所聞前人之業菜果甘酣後人所造蜜
酪辛苦長生家在會稽生在今世文章雖奇論者猶
謂稗於前人天稟元氣人受元精豈爲古今者差殺
哉優者爲高明者爲上實事之人見然否之分者睹
非却前退置於後見推令進置於古心明知昭不惑
於俗也班叔皮續太史公書百篇以上記事詳悉義
淺理備觀讀之者以爲甲而太史公乙子男孟堅爲
尚書郎文比叔皮非徒五百里也乃夫周召魯衛之
謂也苟可高古而班氏父子不足紀也周有郁郁之
文在百世之末也漢在百世之後文論辭説安得不

不茂喻大以小推民家事以營王廷之義廬宅始成
桑麻財有居之歷歲子孫相續桃李梅杏菴丘斂野
根莖衆多則華葉繁茂漢氏治定久矣士廣民衆義
興事起華葉之言安得不繁夫華與實俱成者也無
華生實物希有之山之秃也孰其茂也地之瀉也歟
其滋也文章之人滋茂漢朝者乃夫漢家熾盛之瑞
也天晏列宿煥炳陰雨日月蔽匿方今文人並出見
者乃夫漢朝明明之驗也高祖讀陸賈之書歎稱万
歲徐樂主父偃上疏徵拜郎中方今未聞膳無苦酸
之肴口所不甘味手不辛苦以歎人詔書每下文義經

傳四科詔書斐然郁郁好文之明驗也上書不實核
著義無義指萬歲之聲徵拜之恩何從發哉飾面者
皆欲為好而運目者希聞音者皆欲為悲而驚耳者
寡陸賈之書未奏徐樂主父之策未聞羣諸瞽言之
徒言事麤醜文不美潤不指所謂文辭淫滑不被濤
沙之謫幸矣焉蒙徵拜為郎中之寵乎

論衡卷第十三

論衡卷第十四　　王充

狀留篇　　寒溫篇

譴告篇

狀留篇

論賢儒之才既超程世之人怪其仕宦不進官爵卑
細以賢才退在俗吏之後信不怪也夫如是而適足
以見賢不肖之分睹高下多少之實也龜生三百歲
大如錢游於蓮葉之上三千歲青邊緣巨尺二寸蓍
生七十歲生一莖七百歲生十莖神靈之物也故生
遲留歷歲長久故能明審實賢儒之在世也猶靈蓍

神龜也計學問之日同已盡年之半矣銳意於道遂
無貪仕之心及其仕也純持方正無員銳之操故世
人遲取進難也針錐所穿無不暢達使針錐末方穿
物無一分之深也賢儒方節而行無針錐之銳固安
能自穿取暢達之功乎且驥一日行千里者無所服
也使服任車輿奚馬同音驥曾以引鹽車矣垂頭落
汗行不能進伯樂顧之王良御之空身輕馳故有千
里之名今賢儒懷古今之業負荷礼義之重內累於
胷中之知外拘於礼義之操不敢妄進苟取故有稽
留之難無伯樂之友不遭王良之將安得馳於清明

之朝立千里之迹乎且夫含血氣物之生也行
在上而腹在下其病若死則背在下而腹在上何則
背肉厚而重腹肉薄而輕也賢儒俗吏並在當世有
似於此將明道行則俗吏載賢儒賢儒乘從吏將闔
道廢則俗吏乘賢儒賢儒處下位猶物遇害腹在上
而背在下也且背法天而腹法地生行得其正故腹
背得其位病死失其宜故腹反而在背上非唯腹也
凡物仆僵者足又在上賢儒不遇仆廢於世踝足之
吏皆在其上東方朔曰日月不在面而在於足救昧不
給餘何見乎汲黯 武帝曰愍下用吏如積薪矣後

来者居上原汲黯之言察東方朔之語獨以非俗吏
之得地賢儒之失職哉故夫仕宦失地雖以觀位得
地雖以察不肖名生於高官而毀起於卑位卑位固
常賢儒之所在也遵礼蹈繩修身守節在下不汲汲
故有沉滯之留沉滯在能自濟故有不拔之扼其積
學於身也多故用心也固俗吏無以自修身雖拔進
利心搖動則有下道侵漁之操矣楓桐之樹生而速
長故其皮肌不能堅剛樹檀以五月生葉後彼春榮
之木其材彊勁車以爲軸殷之桑穀七日大拱長速
大暴故爲変怪大器晚成寶貨難售者不崇一朝輒

戍貴者菜果之物也是故湍瀨之流沙石轉而大石
不移何者大石重而沙石輕也沙石轉積於大石之
上大石沒而不見賢儒俗吏並在世俗有似於此遇
闇長吏轉移俗吏超在賢儒之上賢儒處下受馳走
之使至或巖居穴處沒身不見咎在長吏不能知賢
而賢者道大力劣不能拔舉之故也夫手指之物器
也度力不能舉則不敢動賢儒之道非徒物器之重
也是故金鐵在地猋風不能動毛芥在其間飛揚千
里夫賢儒所懷其猶水中大石在地金鐵也其進不
若俗吏速者長吏力劣不能用也毛芥在鐵石間也

一口之氣能吹毛芥非必猋風俗吏之易遷猶毛芥
之易吹也故夫轉沙石者湍瀨也飛毛芥者猋風也
活水洋風毛芥不動無道理之將用心暴猥察吏不
詳遭以好遷遷妄受官爵猛水之轉沙石猋風之飛毛
芥足故毛芥因異風而飛沙石遭猛流而轉俗遇悖
將而遷且圓物投之於地東西南北無之不可策杖叩
動繞徼輒停方物集地一投而止及其移徙湏人動之
賢儒世之方物也其難轉移者其動湏人也鳥輕便
於人趍遠人不如鳥然而天地之性人爲貴蝗蟲之
飛能至萬里麒麟湏獻乃達闕下然而蝗蟲爲災麒

麟爲瑞麟有四足尚不能自致人有兩足安能自達故曰鸞飛輕於鳳凰兎走疾於麒麟鼃躍躁於靈龜蚍騰便於神龍呂望之徒白首乃顯百里奚之知明於黃髮深爲國謀因爲王輔皆夫沉重難進之人也輕躁早成禍害暴疾故曰其進銳者退速陽溫陰寒歷月乃至災變之氣一朝成怪故夫河冰結合非一日之寒積土成山非斯須之作干將之劍久在爐炭銛鋒利刃百熟煉厲久銷乃見作留成遲故能割斷肉暴長者曰腫泉暴出者曰涌酒暴熟者易酸醢暴酸者易臭由此言之賢儒遲留皆有狀故狀故云何

學道多重爲身累也草木之生者濕濕者重死者枯枯而輕者易舉濕而重者難移也然[一有能字]元氣所在在生不在枯是故車行於陸船行於溝其滿而重者行遲實而輕者行疾先王之道載在胷中之內其重不徒船車之任也任貴其取進疾速難矣竊人之物其得非[不疾速也然而]非其有得之非已之力也世人早得高官非不有光榮也而尸位素飡之謗諠譁甚徒且賢儒之不進將相長吏不開通也農夫載穀奔都貿人齎貨赴遠皆欲得其願也如門郭閉而不通津梁絕而不過雖有勉力趨時之勢奚由早至以得盈利故

長吏妬賢不能容善不被鉗赭之刑幸矣焉敢望官位升舉道理之早成也

寒溫篇

説寒溫者曰人君喜則溫怒則寒何則喜怒發於胷中然後行出於外外成賞罰賞罰喜怒之效故寒溫渥盛凋物傷人夫寒溫之代至也在數日之間人君未必有喜怒之氣發胷中然後渥盛於外見外寒溫則知胷中之氣也當人君喜怒之時胷中之氣未必更寒溫也胷中之氣何以異於境內之氣胷中之氣不爲喜怒變境內寒溫何所生起六國之時秦漢之際

諸侯相伐兵革滿道國有相攻之怒將有相勝之志
夫有相殺之氣當時天下未必常寒也太平之世唐
虞之時政得民安人君常喜絃歌鼓舞比屋而有當
時天下未必常溫也豈喜怒之氣為小發不為大動
邪何其不與行事相中得也夫近水則寒近火則溫
遠之繞微何則氣之所加遠近有差也成事火位在
南水位在北北邊則寒南極則熱火之在鑪水之在
溝氣之在軀其實一也當人君喜怒之時寒溫之氣
閨門宜甚境外宜微今案寒溫外內均等殆非人君
喜怒之所致世儒說稱妄處之也王者之變在天下

諸侯之變在境内卿大夫之變在其位庶人之變在
其家夫家人之能致變則喜怒亦能致氣父子相怒
夫妻相督若當怒反喜縱過飾非一室之中宜有寒
温由此言之變非喜怒所生明矣或曰以類相招致
也喜者和温和温賞賜陽道施予陽氣温故温氣應
之怒者愠恚愠恚誅殺陰道者殺陰氣寒故寒氣應
之虎嘯而谷風至龍興而景雲起同氣共類動相招
致故曰以形逐景以龍致雨雨應龍而來影應形而
去天地之性自然之道也秋冬斷刑小獄微原大辟
盛寒寒隨刑至相招審矣夫比寒温於風雲齊喜怒

於龍虎同氣共類動相招致可矣虎嘯之時風從谷中起龍興之時雲起百里内他谷異境無有風雲今寒温之變並時皆然百里用刑千里皆寒殆非其驗齊魯接境賞罰同時設齊賞魯罰所致宜殊當時可齊國温魯地寒乎案前世用刑者蚩尤亡秦甚矣蚩尤之民湎湎紛紛亡秦之路赤衣比肩當時天下未必常寒也帝都之市屠殺牛羊日以百數刑人殺牲皆有賊心帝都之市氣不能寒或曰人貴於物唯人動氣夫用刑者動氣乎用受刑者爲變也如用刑者刑人殺禽同一心也如用受刑者人禽皆物也俱爲

萬物石賤不能當一貴乎或曰唯人君動氣衆庶不能夫氣感必須人君世何稱於鄒衍鄒衍匹夫一人感氣世又然之刑一人而氣輒寒八生一人而氣輒温乎赦令四下萬刑並除當時歲月之氣不温往年萬戶失火煙焱參天河决千里四望無垠火與温氣同水與寒爲類失火河决之時不寒不温然則寒温之至殆非政治所致然而寒温之至遭與賞罰同時變復之家因緣名之矣春温夏暑秋凉冬寒人君無事四時自然夫四時非政所爲而謂寒温獨應政治正月之治正月之後立春之際百刑皆斷囹圄空虛然

而一寒一温當其寒也何刑所斷當其温也何賞所施由此言之寒温天地節氣非人所爲明矣有人寒温之病非操行之所及也遭風逢氣身生寒温變慘易行寒温不除夫身近而猶不能變除其疾國邑遠矣安能調和其氣入中於寒飲藥行解所苦稍衰轉爲温疾吞發汗之丸而應愈燕有寒谷不生五穀鄒衍吹律其谷可種燕人種黍其中號曰黍谷如審有之寒温之災復以吹律之事調和其氣變政易行何能滅除是故寒温之疾非藥不愈黍谷之氣非律不調堯遭洪水使禹治之寒温與堯之洪水同一實也

堯不變政易行知夫洪水非政行所致洪水非政行
所致亦知寒溫非政治所招或難曰洪範庶徵曰急
恒寒若舒恒燠若若順燠溫恒常也人君急則常寒
順之舒則常溫順之寒溫應急舒謂之非政如何夫
豈謂急不寒舒不溫哉人君急舒而寒溫遞至偶適
自然若故相應猶卜之得兆筮之得數也人謂天地應
令問其實適然夫寒溫之應急舒猶兆數之應令問
也外若相應其實偶然何以驗之矣天道自然自然
無為二■令參偶遭適逢會人事始作天氣已有故
曰道也始應政事是有非自然也易京氏布六十四

卦於一歲中六日七分一卦用事卦有陰陽氣有升降陽升則温陰升則寒由此言之寒温隨卦而至不應政治也案易無妄之應水旱之至自有期節百災萬變殆同一曲變復之家疑且失實何以爲疑夫大人與天地合德先天而天不違後天而奉天時洪範若急恒寒若舒恒燠若如洪範之言天氣隨人易從當先天而天不違耳何故復言後天而奉天時乎後者天已寒温於前而人賞罰於後也由此言之人言與尚書不合一疑也京氏占寒温以陰陽升降變復之家以刑賞甚殹兩家乖迹二疑也民間占寒温今

日寒而明日溫朝有繁霜夕有列光旦雨氣溫旦暘
氣寒夫雨者陰暘者陽也旦寒者陰而溫者陽也雨旦
暘反寒暘旦雨反溫不以類相應三疑也三疑不定
自然之說亦未立也

譴告篇

論災異謂古之人君爲政失道天用災異譴告之也
災異非一復以寒溫爲之效人君用刑非時則寒施
賞違節則溫天神譴告人君猶人君責怒臣下也故
楚嚴王曰天不下災異天其忘予乎災異爲譴告故
嚴王懼而思之也曰此疑也夫國之有災異也猶家

人之有變怪也有災異以問天譴人君有變怪天復譴
告家人乎家人既明人之身中亦將可以諭身中病
猶天有災異也血脈不調人生疾病風氣不和歲生
災異災異謂天譴告國政疾病天復譴告人乎釀酒
於罌烹肉於鼎皆欲其氣味調得也時或鹹苦酸淡
不應口者猶人勺藥失其和也夫政治之有災異也
猶烹釀之有惡味也苟謂災異爲天譴告是其烹釀
之誤得見譴告也占天以小明物事之喻足以審天
使嚴王知如孔子則其言可信衰世霸者之才猶夫
反復之家也言未必信故疑之夫天道自然也無爲

如譴告人是有爲非自然也黃老之家論說天道得其實矣且天審能譴告人君宜變易其氣以覺悟之用刑非時刑氣寒而天宜爲溫施賞違節賞氣溫而天宜爲寒變其政而易其氣故君得以覺悟知是非今乃隨寒從溫爲寒爲溫以譴告之意欲令變更之且太王亶父以王季之可立故易名爲歷歷者適也太伯覺悟之吳越採藥以避王季使太王不易季名而復字之季子太伯豈覺以避之哉今刑賞失法天欲改易其政宜爲異氣若太王之易季名今乃重爲同氣以譴告之人君何時將能覺悟以見刑賞之誤

哉鼓忌者誤於柱弦設柱言商易麈其部知之易其
弦而復移其位上八尺之見皆言之誤猶忌部之睹弦
柱之非也不足變氣以悟人反害其氣以淫其心忌則
天無心意者隨人君爲誤也也紂爲長夜之飲文王
朝夕曰祀茲酒孟子戒於祀子祭廟豚不犧俎句則
非疾之者宜有以致易之也子弟恭慢父兄教以謹
敬吏民橫桴長吏示以和順是故康叔伯禽失子道
之道見於周公拜起驕桴三見三笞往見商子商子
今觀橋梓之樹二子見橋梓感覺信以知父子之
禮周公可隨意慢必酒加之撻

觀外物者與二人之見異以奇自覺悟也夫人君之
失政猶二子失道也天下不告以政道令其覺悟若二
子觀見橋梓而顧隨刑賞之誤爲寒溫之報此則天
與人君俱爲非也無相與覺悟之感有相隨從之氣非
皇天之意愛下譴告之宜也凡物能相割截者必異
性者也能相奉成者必同氣者也是故離下兌上曰
革革更也火金殊氣故能相革如俱火而皆金安能
相成屈原疾楚之臭洿故稱香潔之辭漁父議以不
隨俗故陳沐浴之言凡相溷者或教之薰隧或令之
負豕二言之於除臭洿也孰是孰非非有不易少有

以益夫用寒温非刑賞也能易之乎西門豹急佩韋
以自寬董安于緩帶弦以自促二賢知佩帶變已之物
而以攻身之短天至明矣人君失政不以他氣譴告
變易反隨其誤就起其氣此則皇天用意不若二賢
審也楚莊王好獵樊姬爲之不食鳥獸之肉秦繆公
好淫樂華陽后爲之不聽鄭衛之音二姬非兩主拂
其欲而不順其行皇天非賞罰而順其操而渥其氣
此蓋皇天之德不若婦人賢也故諫之爲言間也持
善閭惡必謂之一亂周繆王任刑甫刑篇曰報虐用
威威虐皆惡也用惡報惡亂莫甚焉今刑失賞寬惡

也夫復爲惡以應之此則皇天之操與繆王同也故
以善駁惡以惡懼善告人之理勸勵爲善之道也舜
戒禹曰毋若丹朱敖周公勑成王曰毋若殷王紂毋
者禁之也丹朱殷紂至惡故曰毋以禁之夫言毋若
孰與言必若哉故毋必二辭聖人審之況背邇非爲
非順人之過以增其惡哉天人同道大人與天合德
聖賢以善反惡皇天以惡隨非豈道同之效合德之
驗哉孝武皇帝好仙司馬長卿獻大人賦上乃僊僊宜讀爲飄飄字
有淩雲之氣孝成皇帝好廣宮室楊子雲上
甘泉頌妙稱神怪若曰非人力所能爲鬼神力乃可

成皇帝不覺爲之不止長卿之賦如言仙無實其效子
雲之頌言奢有害孝武豈有僊僊之氣者孝成豈有
不覺之惑哉然即天之不爲他氣以譴告人君反順
人心以非應之猶二子爲賦頌令兩帝惑而不悟也
竇嬰灌夫疾時爲邪相與日引繩以糾纏之心疾之
甚安肯從其欲太伯教其冠帶孰與隨從其俗與之
俱倮也故吳之知禮義也太伯改其俗也蘇武入匈
奴終不左衽趙他入南越箕踞椎髻漢朝稱蘇武而
毀趙他之性習越土氣畔冠帶之制陸賈說之夏服
雅禮風告以義趙他覺悟運心嚮內如陸賈復越服

吏談從其亂俗安能令之覺悟自變從漢制哉三教
之相遣文質之相反政失不相反襲也譴告人君誤
不變其失而襲其非欲行譴告之教不從如何管蔡
篡畔周公告教之至于再三其所以告教之者豈云
當篡畔哉人道善善惡惡施善以賞加惡以罪天道
宜然刑賞失實惡也爲惡氣以應之惡惡之義安所
施哉漢正首匿之罪制亡從之法惡其隨非而與惡
人爲羣黨也如束罪人以詣吏離已人與異居首匿
亡從之法除矣狄牙之調味也酸則沃之以水淡則
加之以鹹水火相變易故膳無鹹淡之失也今刑罰

失實不爲異氣以變其過而又爲寒於寒爲溫於溫（一有寒溫字）此猶憎酸而沃之以鹹惡淡而灌之以水也由斯言之譴告之言疑乎必害也今熯薪燃釜火猛則湯熱火微則湯冷夫政猶火寒溫猶熱冷也顧可言人君而政賞罰失中也逆亂陰陽使氣不和乃言天爲人君爲寒爲溫以譴告人乎儒者之說又言人君失政天爲異不改災其人民不改乃災其身也先異後災先教後誅之義也曰此復疑也以夏樹物物枯不生以秋收穀穀棄不藏夫爲政教猶樹物收穀也可言政治失時氣物爲災乃言天爲異以爲告之不

改爲災以譴伐之乎儒者之說俗人言也盛夏陽氣
熾烈陰氣干之激射𢡟裂中殺人物謂天罰陰過外
一聞若是內實不然夫謂災異爲譴告誅伐猶爲雷
殺人罰陰過也非謂之言不然之說也或曰谷子雲
上書陳言變異明天之譴告不改後將復有願貫械
待時後竟復然即不爲譴告(一有復告復字)何故復有子雲
之言故後有以示改也曰夫變異自有占候陰陽物
氣自有終始履霜以知堅冰必至天之道也子雲識
微知後復然借變復之說以效其言故願貫械以待
時也猶齊晏子見鉤星在房心之間則知地且動也使

子雲見鉤星則將復曰天以鉤星譴告政治不改將
有地動之變矣然則子雲之願貫械待時猶子韋之
願伏陛下以俟熒惑徙處必然之驗故譴告之言信
也予之譴告何傷於義損皇天之德使自然無爲爲人薄
事故難聽知也稱天之譴告譽天之聰察也及以聽
察傷損於天德何以知其聾也以其聽之聰也何以
知其盲也以其視之明也何以知其狂也以其言之
當也夫言當視聽聰明而道家謂之狂而盲聾今言
天之譴告是謂天狂而盲聾也易曰大人與天地合
其德故大人曰天不言殖其道於賢者之心夫大人

之德則天德也賢者之言則天言也大人剌而賢者
諫是則天譴告也而反歸告於災異故疑之也六經
之文聖人之語動言天者欲化無道懼愚者欲言非
獨吾心亦天意也及其言天猶以人心非謂上天蒼
蒼之體也變復之家見誣言天災異時至則生譴告
之言矣驗古以知今天以人受終于文祖不言受終
于天堯之心知天之意也堯授之天亦授之百官臣
子皆鄉與舜舜之授禹禹之傳啓皆以人心效天意
詩之眷顧洪範之震怒皆以人身效天之意文武之
卒成王幼少周道未成周公居攝當時豈有上天之

敎哉周公推心合天志也上天之心在聖人之胷及其譴告在聖人之口不信聖人之言反然災異之氣求索上天之意何其遠哉世無聖人安所得聖人之言聖人庶幾之才亦聖人之次也

論衡卷第十四

（漢）王充　撰

宋本論衡

第四册

國家圖書館出版社

第四册目録

論衡卷第十五　　王充

變動篇　　招致篇

明雩篇　　順鼓篇

變動篇

論災異者已疑於天用災異譴告人矣更說曰災異之至殆人君以政動天天動氣以應之譬之以物擊鼓以椎扣鍾鼓猶天椎猶政鍾鼓聲猶天之應也人主爲於下則天氣隨人而至矣曰此文疑也夫天能動物物焉能動天何則人物繫於天天爲人物主也故曰王良策馬車騎盈野非車騎盈野而乃王良策

馬也天氣變於上人物應於下矣故天且雨商羊起
舞使天雨也商羊者知雨之物也天且雨屈其一足
起舞矣故天且雨螻蟻徙丘蚓出琴絃緩固疾發此
物為天所動之驗也故天且風巢居之蟲動且雨穴
處之物擾風雨之氣感蟲物也故人在天地之間猶
蚤虱之在衣裳之內螻蟻之在穴隙之中蚤虱螻蟻
為逆順橫從能令衣裳穴隙之間氣變動乎蚤虱螻
蟻不能而獨謂人能不達物氣之理也夫風至而樹
枝動樹枝不能致風是故夏末蜻蛚鳴寒螿啼感陰
氣也雷動而雉驚發蟄而蛇出起氣也夜及半而鶴

唳晨將旦而雞鳴此雖非變天氣動物物應天氣之
驗也頗可言寒溫感動人君人君起氣而以賞罰乃
言以賞罰感動皇天天爲寒溫以應政治乎六情風
家言風至爲盜賊者感應之而起非盜賊之人精氣
感天使風至也風至怪不軌之心而盜賊之操發矣
何以驗之盜賊之人見物而取睹敵而殺皆在徙倚
漏刻之間未必宿日有其思也而天風已以貪狼陰
賊之日至矣以風占貴賤者風從王相鄉來則貴從
因死地來則賤夫占貴賤多少斗斛茲也風至而糴穀之
人貴賤其價天氣動怪人物者也故穀價低昂一貴

一賤矣天官之書以正月朝占四方之風風從南方
來者旱從北方來者湛東方來者爲疫西方來者爲
兵太史公實道言以風占水旱兵疫者人物吉凶統
於天也使物生者春也物死者冬也春生而冬殺也
天者如或欲春殺冬生物終不死生何也物生統於
陽物死繫於陰也故以口氣吹人人不能寒吁人人
不能溫使見吹吁之人淡冬觸夏將有凍暍之患矣寒
溫之氣繫於天地而統於陰陽人事國政安能動之
且天本而人末也登樹怪其枝不能動其株如伐株萬莖枯
矣人事猶樹枝能溫猶根株也生於天含天之氣以

天爲主猶耳目手足繫於心矣心有所爲耳目視聽手足動作謂天應人是謂心爲耳目手足使乎旌旗垂旒旒綴於杆（杆宜讀爲[illegible]杠之杠）杆東則旒隨而西苟謂寒溫隨刑罰而至是以天氣爲綴旒也鉤星在房心之間地且動之占也齊太卜知之謂景公臣能動地景公信之夫謂人君能致寒溫（溫猶齊景公信太卜之能動地大人不能動地而亦不能動天夫寒溫天氣也）天至高大人至卑小篙（或作筳）不能鳴鍾而熒火不鑠鼎者何也鍾長而篙短鼎大而熒小也以七尺之細形感皇天之大氣其無分銖之驗必也占大將且入國邑氣寒則將且怒溫則將喜夫喜怒起事而發未

入界未見吏民是非未察喜怒未發而寒溫之氣已豫至矣怒喜致寒溫怒喜之後氣乃當至是竟寒溫之氣使人君怒喜也或曰未至誠也行事至誠若鄒衍之呼天而霜降杞梁妻哭而城崩何天氣之不能動乎夫至誠猶以心意之好惡也有果蓏之物在人之前去口一尺心欲食之口氣吸之不能取也手掇送口然後得之夫以果蓏之細員圖易轉去口不遠至誠欲之不能得也況天去人高遠其氣莽蒼無端末乎盛夏之時當風而立隆冬之月鄉日而坐其夏欲得寒而冬欲得溫也至誠及矣欲之甚者至或當風

鼓箑鬻日爍爐而天終不爲冬夏易氣寒暑消息節不
爲人變改也夫政欲得之而猶不能致況自刑賞意
思不欲求寒溫乎萬人俱歎未能動天一鄒衍之口
安能降霜鄒衍之狀孰與屈原見拘之冤孰與沉江
離騷楚辭悽愴孰與一歎屈原死時楚國無霜此懷
襄之世也厲武之時卞和獻玉刖其兩足奉玉泣出
涕盡續之以血夫鄒衍之誠孰與卞和見拘之冤孰
與刖足仰天而歎孰與泣血夫歎固不如泣拘固不
如刖料計冤情衍不如和當時楚地不見霜李斯趙
高讒殺太子扶蘇并及蒙恬蒙驁其時皆吐痛苦之言

與歎聲同又禍至死非徒苟徙而其所之地寒氣不生秦坑趙卒於長平之下四十萬衆同時俱陷當時啼號非徒歎也誠雖不及鄒衍四十萬之寃度當一賢臣之痛入坑陷之啼度過拘囚之呼當時長平之下不見隕霜甫刑曰庶僇旁告無辜于天帝此言蚩尤之民被寃旁告無罪于上天也以衆民之叫不能致霜鄒衍之言殆虛妄也南方至熱煎沙爛石父子同水而浴北方至寒凝冰坼土父子同穴而處燕在北邊鄒衍時周之五月正歲三月也中州內正月二月霜雪時降此邊至寒三月下霜未爲變也此殆北

邊三月尚寒霜適自降而衍適呼與霜逢會傳曰燕
有寒谷不生五穀鄒衍吹律寒谷復温則能使氣温
亦能使氣復寒何知衍不令時人知己之冤以天氣
表己之誠竊吹律於燕谷獄令氣寒而因呼天乎即
不然者霜何故降范雎爲須賈所讒魏齊僇之折幹
摺脅張儀遊於楚楚相掠之被捶流血二子冤屈太
史公列記其狀鄒衍見拘雎儀之比也且子長何諱
不言案衍列傳不言見拘而使霜降僞書遊言猶太
子丹使日再中天雨粟也由此言之衍呼而降霜虛
矣則杞梁之妻哭而崩城妄也頓牟叛趙襄子帥師

攻之軍到城下頓弁之城崩者十餘丈襄子擊金而退之夫以杞梁妻哭而城崩襄子之軍有哭者乎秦之將滅都門內崩霍光家且敗第墻自壞誰哭於秦宮泣於霍光家者然而門崩墻壞秦霍敗亡之徵也或時杞國且圮而杞梁之妻適哭城下猶燕國適寒而鄒衍偶呼也事以類而時相因聞見之者或而然之又城老墻朽猶有崩壞一婦之哭崩五丈之城是城則一指摧三仞之楹也春秋之時山多變山城一類也哭能崩城復能壞山乎女然素縞而哭河河流通信哭城崩固其宜也案杞梁從軍死不歸其婦迎

之曾君弔於途妻不受弔棺歸於家曾君就弔不者

哭於城下本從軍者從軍死不在城中妻向城哭非

其處也然則杞梁之妻哭而崩城復虛言也因類以

及荊軻秦王白虹貫日衛先生為秦畫長平之計太

白食昴復妄言也夫豫子謀殺襄子伏於橋下襄子

至橋心動貫高欲殺高祖藏人於壁中高祖至柏人

亦動心二子欲刺兩主兩主心動實論之尚謂非二

子精神所能感也而況荊軻欲刺秦王秦王之心不

動而白虹貫日乎然則白虹貫日天變自成非荊軻之

精為虹而貫日也昴星在房心間地且動之占也

且動鉤星應房心上太白食昴猶鉤星在房心也[illegible]
衛先生長平之議今太白食昴疑矣歲星害鳥尾鳳
楚惡之緐然之氣見宋衛陳鄭災案時周楚未有非
而宋衛陳鄭未有惡也然而歲星先守尾災氣署著
於天其後周楚有禍宋衛陳鄭同時皆然歲星之害
周楚天氣災四國也何知白虹貫日不致刺秦王太
白食昴使長平計起也

明雩篇

變復之家以久雨為湛久暘為旱旱應亢陽湛應
或難曰夫一歲之內十日者一雨五日者一風

頗留湛之兆也暘頗久旱之漸也湛之時人君未必
沉溺也旱之時未必亢陽也人君為政前後若一然
而一湛一旱時氣也范蠡計然曰太歲在子水毀金
穰木饑火旱夫如是水旱饑穰有歲運也歲直其運
氣當其世變復之家指而名之人君用其言求過自
改暘久自雨雨久自暘變復之家遂名其功人君然
之遂信其術試使人君恬居安處不求已過天猶自
雨雨猶自暘暘濟雨濟之時人君無事變復之家猶
名其術是則陰陽之氣以人為主不說於天也夫人
不能以行感天天亦不隨行而應人春秋魯大雩旱

求雨之祭也旱久不雨禱祭求福若人之疾病祭神解禍矣此變復也詩云月離于畢比滂沲矣書曰月之從星則以風雨然則風雨隨月所離從也房星四表三道日月之行出入三道出北則湛出南則旱或言出北則旱南則湛案月爲天下占房爲九州候月之南北非獨爲魯也孔子出使子路齎雨具有頃天果大雨子路問其故孔子曰昨暮月離于畢後日月復離畢孔子出子路請齎雨具孔子不聽出果無雨子路問其故孔子曰昔日月離其陰故雨昨暮月離其陽故不雨夫如是魯雨自以月離豈以政哉如審以政令月離于畢爲雨占天下共之魯雨天下亦宜皆雨六

國之時政治不同人君所行賞罰異時發之雨為應
政令月離六七畢星然然後見也魯繆公之時歲旱
繆公問縣子天旱不雨寡人欲暴巫奚如縣子不聽欲徙
市奚如對曰天子崩巷市七日諸侯薨巷市五日為
之徙市不亦可乎案縣子之言徙市得雨也案詩書
之文月離畢星得雨日月之行有常節度宜為徙市
故離畢之陰爭夫月畢天下占從魯之市安耐移月
月之行天三十日而周一月之中一過畢星離陽則陽假
令徙市之感能令月離畢陽宜[illegible]徙市而得雨乎夫
如縣子言可[illegible]也董仲舒[illegible]雨申春秋之義設虛

立祀父不食於支庶天不食於下地諸侯雩禮所祀未知何神如天神也唯王者天乃歆諸侯及今長吏天不享也神不歆享安耐得神如雲雨之氣也雲雨之氣何用歆享觸石而出膚寸而合不崇朝而徧雨天下泰山也泰山雨天下小山雨國邑然則大雩所祭豈祭山乎假令審然而不得也何以效之水異川而居相高分寸不決不流不鑿不合誠令人君禱祭水旁能令高分寸之水流而合乎夫見在之水相差無幾人君請之終不耐行況雨無形兆深藏高山人君雩祭安耐得之夫雨米在天地之間也猶人涕

泣在人形中也或齎酒食請於惠人之前未出其泣惠人終不爲之隕涕夫泣不可請而出雨安可求而得雍門子悲哭孟嘗君爲之流涕蘇秦張儀悲說宛中鬼谷先生泣下沾襟或者儻可爲雍門之聲出蘇張之說以感天乎天又耳目高遠音氣不通杞梁之妻又已悲哭天不雨而城反崩夫如是竟當何以致雨雩祭之家何用感天按月出北道離畢之陰希有不雨由此言之北道畢星之所在也北道星肎爲雩祭之故下其雨乎孔子出使子路齎雨具之時魯未必雩祭也不祭沛然自雨不求曠然自暘夫如是天之

暘雨自有時也一歲之中暘雨連屬當其雨也誰求之者當其暘也誰止之者人君聽請以安民施恩必非賢也天至賢矣時未當雨僞請求之故妄下其雨人君聽請之類也變復之家不推類驗之空張法術惑人君或未當雨而賢君求之而不得或適當自雨惡君求之遭遇其時是使賢君受空責而惡君蒙虛名也世稱聖人純而賢者駁純則行操無非無非則政治無失然而世之聖君莫有如堯湯堯遭洪水湯遭大旱如謂政治所致堯湯惡君也如非政治是運氣也運氣有時安可請求世之論者猶謂堯湯水旱

水旱者時也其小旱湛皆政也假令審然何用致湛
審以政致之不脩所以失之而從請求安耐復之世
審稱堯湯水旱天之運氣非政所致夫天之運氣時
當自然雖雩祭請求終無補益而世又稱湯以五過
禱於桑林時立得雨夫言運氣則桑林之説絀稱桑
林則運氣之論消世之説稱者竟當何由救水旱之
術審當何用天災變大都有二有政治之災有無妄
之變政治之災須耐求之求之雖不耐得而惠愍惻
隱之恩不得已之意也慈父之於子孝子之於親知
病不祀神疾痛不和藥又知病之必不可治治之無益

然終不肯安坐待絕，猶卜筮求祟，召醫和藥者，惻痛慇懃，冀有驗也。既死氣絕，不可如何，升屋之危，以衣招復，悲恨思慕，冀其悟也。雩祭者之用心，慈父孝子之用意也。無妄之灾，百民不知，必歸於主。爲政治者慰民之望，故亦必雩。問政治之灾、無妄之變，何以別之？曰：德鄭政得，灾猶至者，無妄也；德衰政失，變應來者，以治也。夫政治〔一有也治字〕，則外雩而內改，以復其戲；無安，則內守舊政，外脩雩禮，以慰民心。故夫無妄之變，歷世時至，當固自一，不宜改政。何以驗之？周公爲成王陳立政之言曰：時則物有間之，自一話一言，我則

未惟成德之彥以乂我受民周公立政可謂得矣知
非常之物不賑不至故勑成王自一話一言政事無非毋
敢變易然則非常之變無妄之氣間而至也水氣間
堯旱氣間湯周宣以賢遭遇乂旱建初孟季北州連
旱牛死民之於流就賤聖主覽明於上百官共職於
下太平之明時也政無細非旱猶有氣間之也聖主知
之不改政行轉穀賑贍損鄭濟耗斯見之審明所
以救赴之者得宜也魯文公間歲大旱臧文仲曰脩
城郭貶食省用務嗇勸分文仲知非政故徒脩備不
改政治變復之家見變輒歸於政不揆政之無非見

異懼感變易操行以不宜改而（綴文）祇取災焉何以言

必當雩也曰春秋大雩傳家在宣公羊穀梁無譏之

文當雩明矣曾晳對孔子言其志曰暮春者春服既

成冠者五六人童子六七人浴乎沂風乎舞雩詠而

歸孔子曰吾與點也魯設雩祭於沂水之上（暮者晚也春者四）

月也春服既成謂四月之服成也冠者童子雩祭樂

人也浴乎沂涉沂水也象龍之從水中出也風乎舞

雩風歌也詠而饋詠歌饋祭也歌詠而祭也說論之

家以爲浴者浴沂水中也風乾身也周之四月正歲

二月也尚寒安得浴而風乾身由此言之涉水不浴

雩祭審矣春秋左氏傳曰啓蟄而雩又曰龍見而雩
啓蟄龍見皆二月也春二月雩秋八月亦雩春祈穀
雨秋祈穀實當今靈星秋之雩也春雩廢秋雩在故
靈星之祀歲雩祭也孔子曰吾與點也善點之言欲
以雩祭調和陰陽故與之也使雩失正點欲爲之孔
子宜非不當與也樊遲從游感雩而問刺魯不能崇
德而徒雩也夫雩古而有之故禮曰雩祭祭水旱也
故有雩禮故孔子不譏而仲舒申之夫如是雩祀祭
禮也雩祭得禮則大水鼓用牲于社亦古禮也得禮
無非當雩一也禮祭也社報生萬物之功土地廣遠

難得辨祭故立社爲位主心事之爲水旱者陰陽之氣也蒲六合難得盡祀故脩壇設位敬恭祈求效事社之義復災變之道也推生事死推人事鬼陰陽精氣儻如生人能飲食乎故共馨香奉進旨嘉區區惓惓冀見荅享推祭社言之當雩二也歲氣調和災害不生尚猶而雩今有靈星古昔之禮也況歲氣有變水旱不時人君之懼必痛甚矣雖有靈星之祀猶復雩恐前不備形繹之義也冀復災變之虧獲鄷穰之報三也禮之心悃愊樂之意歡忻悃愊以玉帛效心歡忻以鍾鼓驗意雩祭請祈人君精誠也精誠在中

無以效外故雩盡已惶懼闗納精心於雩祀之前玉
帛鐘鼓之義四也臣得罪於君子獲過於父比自改
更且當謝罪惶懼於旱如政治所致臣子得罪獲過
之類也黙改政治潛易操行不彰於外天怒不釋故必
雩祭惶懼之義五也漢立博士之官師弟子相訶難欲
極道之深形是非之理也不出橫難不得從說不發
苦詰不聞甘對導才低仰欲求裨也砥石劘厲欲求
銛也推春秋之義求雩祭之說實孔子之心考仲舒
之意孔子既歿仲舒已死世之論者孰當復問唯若
孔子之徒仲舒之黨爲能說之

順鼓篇

春秋之義大水鼓用牲于社說者曰鼓者攻之也或曰脅之脅則攻矣陽勝攻社以救之或難曰攻社謂得勝負之義未可得順義之節也人君父事天母事地母之黨類爲害可攻母以救之乎以政令失道陰陽繆盭者人君也不自攻以復之反逆節以犯尊天地安肯濟使湛水害傷天不以地害天攻之可也今湛水所傷物也萬物於地卑也害犯至尊之體於道違逆論春秋者曾不知難案雨出於山流出於川湛水之類山川是矣大水之災不攻山川社土也五行之

丘三六三六不同以水爲害而攻土土勝水攻社之義毋
乃□□□世工匠之用雚鑿也以椎擊鑿令鑿穿木今
德攻土令家水平且夫攻社之義以爲攻陰之類也
甲乙爲害殘傷害人民甲在不二舍甲而攻乙之家謂
上甲乙令雨害木也水在不自攻水而乃攻社寨天
無雨山先出雲雲積爲雨雨流爲水然則山者父母
水者子孫也重罪刑及族屬罪父母子孫乎罪其明
狗也詩出水臭社俱爲雨類也孰爲亂者社土也五
行異氣有遠殺太歲條義俱生或曰高宗聚騐側
身所道浸□□乎□之政暴□國選經世暴虐民明養

老之義亳蒼消三言三圖長文此說者春秋所共闕也
本哭臭桑妄之變有於異者王政政春數攻社道相
逢反行之何後月令王之時天下雷雨偃禾拔木為
言大矣成王開金縢之書乃求行周公之功說書
以位過雨止風反令天大木復起大稔文若真實也
成王改過春秋攻上兩經二義行之如何月令之家
每食殺豚取蟲消 狠象之吏昔聲像辱以滅其變實
論者謂之未必然 而為之猒合人意今致雨者
故也更也不變言 政不罪其吏而從攻社能何復塞
苟以為當攻其類 衆陰之精月也方諸鄉月水自下

來月離于畢出房北道希有不雨月中之獸兔蟾蜍
也其類在地螺與蚄也月毀於天螺蚄舀缺同類明
矣雨久不霽攻陰之類宜捕斬兔蟾蜍椎破螺蚄為
其得實蝗蟲時至或飛或集所集之地穀草枯索吏
卒部民塹道作埳榜驅內於塹埳杷蝗積聚以千斛
數正攻蝗之身蝗猶不止況徒攻陰之類雨安肯霽
尚書大傳曰煙氛郊社不脩山川不祝風雨不時霜
雪不降責於天公臣多弑主孽多弑宗五品不訓責
於人公城郭不繕溝池不修水泉不隆水為民害責
於地公王者三公各有所生諸侯卿大夫各有分職

大水不責卿大夫而擊鼓攻社何知不然魯國失禮孔子作經表以為戒也公羊高不能實董仲舒不能定故攻社之義至今復行之使高尚生仲舒未死將難之曰久雨湛水溢誰致之者使人君也宜改政易行以復塞之如人臣也宜罪其人以過解天如非君臣陰陽之氣偶時運也擊鼓攻社而何救止春秋說曰人君亢陽致旱沈溺致水夫如是旱則為沈溺之行水則為亢陽之操何乃攻社攻社不解朱絲縈之亦復未曉說者以為社陰朱陽也水陰也以陽色縈之助鼓為救夫大山失火灌以壅水衆知不能救之者何也

火盛水少熱不能勝也今國湛水猶大山失火也以
若繩之絲營社為救猶以難求灌大山也原天心以
人意狀天治以人事人相攻擊氣不相兼兵不相負
不能取勝今一國水使其欲攻陽以絕其氣悉發國
人操刀把杖以擊之若歲終逐疫然后為可楚漢之
際六國之時兵革戰攻力彊則勝弱劣則負攻社一
人擊鼓無兵革之威安能救雨夫一暘一雨猶一晝
一夜也其遭若堯湯之水旱猶一冬一夏也如或欲
以人事祭祀復塞其變冬求為夏夜求為晝也何以
效之久雨不霽試使人君高枕安卧雨猶自止止久

至於大旱試使人君高枕安卧旱猶自雨何則暘極
反陰陰極反暘故夫天地之有湛也何以知不如人
之有水病也其有旱也何以知不如人有癉疾也禱
請求福終不能愈變操易行終不能救使醫食藥冀
得衰命盡期至醫藥無效堯遭洪水春秋之大水也
聖君知之不禱於神不改乎政使禹治之百川東流
夫堯之使禹治水猶病水者之使醫也然則堯之洪
水天地之水病也禹之治水洪水之良醫也說者何
以易之攻社之義於事不得雨不霽祭女媧於禮何見
伏羲女媧俱聖者也舍伏羲而祭女媧春秋不言董

仲舒之議其故何哉夫春秋經但言鼓豈言攻哉說
者見有鼓文則言攻矣夫鼓未必為攻說者用意異
也季氏富於周公而求也為之聚斂而附益之孔子
曰非吾徒也小子鳴鼓而攻之可也攻者責也責讓
也六国兵革相攻不得難此此又非也以卑而責尊
為逆矣或據天責之也王者母事地母有過子可據
父以責之乎下之於上宜言諫若事臣子之禮也責
讓上之禮也乖違禮意行之如何夫禮以鼓助號呼
明聲響也古者人君將出撞鍾擊鼓故警戒下也必
以伐鼓為攻此社此則鍾聲鼓鳴攻擊上也大水用

鼓或時再告社陰之大盛雨湛不霽陰盛陽微非道
之宜口祝不副以鼓自助與日食鼓用牲于社同一
義也俱爲吉急彰陰盛也事大而急者用鍾鼓小而
緩者用鈴篍彰事告急助口氣也大道難知大水久
湛假令政治所致猶先告急乃斯政行盜賊之發與
此同操盜賊亦政所致比求闕失猶先發告鼓用牲
于社發覺之也社者衆陰之長故伐鼓使社知之說鼓
者以爲政之故攻毋逆義之難緣此而至今言告以陰
盛陽微攻尊之難奚從來哉且告宜於用牲用牲不宜
於攻告事用牲也禮也攻之用牲於禮何見朱絲如

繩示在腸也腸氣實微故用物微也投一寸之鍼布
一丸之艾於血脈之蹊篤病有瘳朱絲如一寸之鍼
與一丸之艾也吳攻破楚昭王亡走申包胥閒步赴
秦哭泣求救卒得助兵卻吳而存楚擊鼓之人伐如
何耳使誠若申包胥一人擊鼓假令一人擊鼓將耐令
社與秦王同感以土勝水之威卻止雲雨雲雨氣得
與吳同恐消散入山百姓被害者得蒙霽晏有楚國
之安矣迅雷風烈君子必變雖夜必興衣冠而坐懼
威變異也夫水旱猶雷風也雖運氣無妄欲令人君
高枕幄卧（幄字一本作握）以俟其時無則心恒憂民之心亢

不用牲或時上世質也倉頡作書奚仲作車可以前
代之時無書車之事非後世為之乎時同作殊事乃
可難異世易俗相非如何世俗圖畫女媧之象為婦
人之形又其號曰女仲舒之意殆謂女媧古婦人帝
王者也男陽而女陰陰氣為害故祭女媧求福祐也
傳又言共工與顓頊爭為天子不勝怒而觸不周之
山使天柱折地維絕女媧消煉五色石以補蒼天斷
鼇之足以立四極仲舒之祭女媧殆見此傳也本有
補蒼天立四極之神天氣不和陽道不勝儻女媧以
精神助聖王止雨湛乎

拾伍卷

論衡卷第十六　　王充

亂龍篇　　遭虎篇

商蟲篇　　講瑞篇

亂龍篇

董仲舒曰春秋之雩設土龍以招雨其意以雲龍相致易曰雲從龍風從虎以類求之故設土龍陰陽從類雲雨自至儒者或問曰夫易言雲從龍者謂真龍也豈謂土哉楚葉公好龍牆壁盤盂皆畫龍必以象類為若真是則葉公之國常有雨也易又曰風從虎謂虎嘯而谷風至也風之與虎亦同氣類設為土虎

置之谷中風能至乎夫土虎不能而致風土龍安能
而致雨古者畜龍乘車駕龍故有豢龍氏御龍氏夏
后之庭二龍常在季年夏裹二龍低伏眞龍在地猶
無雲雨況僞象乎禮畫雷樽象雷之形雷樽不聞能
致雷也龍安能而動雨頓牟掇芥磁石引針皆以其
眞是不假他類他類肖似不能掇取者何也氣性異
殊不能相感動也劉子駿掌雩祭典土龍事桓君山
亦難以頓牟磁石不能眞是何能掇針取芥子駿窮
無以應子駿漢朝智盡筆墨淵海窮無以應者是非
議誤不得道理實也曰夫以非眞難是也不以象類

說非也夫東風至（一有感字）酒湛溢鯨魚死彗星出天道自然非人事也事與彼雲龍相從同一實也日火也月水也水火感動常以真氣今伎道之家鑄陽燧取飛火於日作方諸取水於月非自然也而天然之也土龍亦非真何為不能感天一也陽燧取火於天五月丙午日中之時消煉五石鑄以為器乃能得火今妄取刀劍偃月之鉤摩以向日亦能感天夫土龍既不得比於陽燧當與刀劍偃月鉤為比二也齊孟嘗君夜出秦關關未開客為雞鳴而真雞鳴和之夫雞可以姦聲感則雨亦可以偽象致三也李子長為政欲

知囚情以梧桐爲人象囚之飛鑿地爲埳以盧爲槨
臥木囚其中囚罪正則木囚不動囚冤侵奪木囚動
出不知囚之精神著木人乎將精神之氣動木囚也
夫精神感動囚何爲獨不應從土龍四也舜以聖
德入大麓之野虎狼不犯蟲虵不害禹鑄金鼎象百
物以入山林亦辟凶殃論者以爲非實然而上古久
遠周鼎之神不可無也夫金與土同五行也使作土
龍者如禹之德則亦將有雲雨之驗五也頓牟掇芥
礠石鉤象之石非頓牟也皆能掇芥土龍亦非真當
與礠石鉤象爲類六也楚葉公好龍墻壁盂樽皆畫

龍象眞龍聞而下之夫龍與雲雨同氣故能感動以類相從葉公以爲畫致眞龍今獨何以不能致雲雨也七也神靈示人以象不以實故寢臥夢悟見事之象將吉象來將凶凶象至神靈之氣雲雨之類八也神靈以象見實土龍何獨不能以僞致眞也上古之人有神荼鬱壘者昆弟二人性能執鬼居東海度朔山上立桃樹下簡閱百鬼鬼無道理妄爲人禍荼與鬱壘縛以盧索執以食虎故今縣官斬桃爲人立之戶側畫虎之形著之門闌夫桃人非荼鬱壘也畫虎非食鬼之虎也刻畫效象其以御凶今土龍亦非致雨之龍獨信桃人畫虎不

如土龍九也此尚因緣昔書不見實驗魯般墨子刻木
爲鳶蜚之三日而不集爲之巧也使作土龍者若魯
般墨子則亦將有木鳶蜚不集之類夫蜚鳶之氣雲
雨之氣也氣而蜚木鳶何獨不能從土龍十也夫雲
雨之氣也知於蜚鳶之氣未可以言釣者以木爲魚
丹漆其身近之水流而擊之起水動作魚以爲眞並
來聚會夫丹木非眞魚也魚含血而有知猶爲象至
雲雨之知不能過魚見土龍之象何能疑之十一也
此尚魚也知不如人匈奴敬畏郅都之威刻木象郅都
之狀交弓射之莫能一中不知郅都之精神在形象邪

亡也將匈奴敬鬼精神在木也如都之精神在形象
天龍之神亦在土龍如匈奴精在於木人則雩祭者
之精亦在土龍十二也金翁叔休屠王之太子也與
父俱來降漢父道死與母俱來拜爲騎都尉母死武
帝圖其母於甘泉殿上署曰休屠王焉提翁叔從上
上甘泉拜謁起立向之泣涕沾襟久乃去夫圖畫非
母之實身也因見形象涕泣輒下思親氣感不待實
然也夫土龍猶甘泉之圖畫也雲雨見之何爲不動
十三也此尚夷狄也有若似孔子孔子死弟子思慕
共坐有若孔子之坐弟子知有若非孔子也猶共坐

而尊事之雲雨之知使若諸弟子之知雖知土龍非
真然猶感動思類而至十四也有若孔子弟子疑其
體象則謂知似孝武皇帝幸李夫人夫人死思見其
形道士以術爲李夫人夫人步入殿門武帝望見知
其非也然猶感動喜樂近之使雲雨之氣如武帝之
心雖知土龍非真然猶愛好感起而來十五也既效
驗有十五又亦有義四焉立春東耕爲土象人男女
各二人秉耒把鋤或立土牛未必能耕也順氣應時
示率下也今設土龍雖知不能致雨亦當夏時以類
應變與立土人土牛同一義也禮宗廟之主以木爲之

長尺二寸以象先祖孝子入廟主心事之雖知木主
非親亦當盡敬有所主事土龍與木主同雖知非真
示當感動立意於象二也塗車芻靈聖人知其無用
示象生存不敢無也夫設土龍知其不能動雨也示
若塗車芻靈而有致三也天子射熊諸侯射麋卿大
夫射虎豹士射鹿豕示服猛也名布爲侯示射無道
諸侯也夫畫布爲熊麋之象名布爲侯禮貴意象示
義取名也土龍亦夫熊麋布侯之類四也夫以象類
有十五驗以禮示意有四義仲舒覽見深鴻立事不
妄設土龍之象果有狀也龍暫出水雲雨乃至古者

畜龍御龍常存無雲雨猶舊交相闊遠卒然相見歡欣歌笑或至悲泣涕偃伏少久則不行各恍忽矣易曰雲從龍非言龍從雲也雲罇刻雷雲之象龍安肯來夫如是傳之者何可解則桓君山之難可說也則劉子駿不能對劣也劣則董仲舒之龍說不終也論衡終之故曰亂龍亂者終也

遭虎篇

變復之家謂虎食人者功曹為姦所致也其意以為功曹衆吏之率虎亦諸禽之雄也功曹為姦采漁於吏故虎食人以象其意夫虎食人人亦有殺虎謂虎

食人功曹受取於吏如人食虎吏受於功曹也乎案世
清廉之士百不能一居功曹之官皆有姦心私舊故
可所幸也苞苴賂遺小大皆有必謂虎應功曹是野中
之虎常害人也夫虎出有時猶龍見有期也陰物以
冬見陽蟲以夏出出應其氣氣動其類參伐以冬出
心尾以夏見參伐則虎星心尾則龍象象出而物見
氣至而類動天地之性也動於林澤之中遭虎搏噬
之時稟性狂勃貪叨飢餓觸自來之人安能不食人
之筋力羸弱不適巧便不知故遇輒死使孟賁登山
馮婦入林亦無此害也孔子行魯林中婦人哭甚哀

使子貢問之何以哭之哀也曰去年虎食吾夫今年
食吾子是以哭哀也子貢曰若此何不去也對曰吾
善其政之不苛吏之不暴也子貢還報孔子孔子曰
弟子識諸苛政暴吏甚於虎也夫虎害人古有之矣
政不苛吏不暴德化之足以卻虎然而二歲比食二
人林中獸不應善也爲廉亦不應姦吏爲獸矣或曰
虎應功曹之姦所謂不苛政者非功曹也婦人廉部
之吏也雖有善政安耐化虎夫魯無功曹之官功曹
之官相國是也魯相者殆非孔墨必三家也爲相必
無賢操以不賢居權位其惡必不廉也必以相國爲

殺令虎食人是則魯野之虎常食人也水中之毒不
及陵上陵上之氣不入水中各以所近罹殃取禍是
故漁者不死於山獵者不溺於淵好入山林窮幽測
深涉虎窟寢虎搏噬之間以爲變魯公牛哀病化爲
虎搏食其兄同變化者不以爲怪入山林草澤見害
於虎怪之非也蝮蛇悍猛亦能害人行止澤中於蝮
蛇應何官吏蜂蠆害人入毒氣害人入水火害人人
爲蜂蠆所螫在毒氣所中爲火所燔爲水所溺又誰
致之者苟諸會歐乃言毒言致行山林中麋鹿野豬牛
象能齧觸皆害人者食人乃應爲毒蛇

[illegible]
蟲閽室宅者食人人身遭大故一旦卒死食者卒之世謂虎食
之責言其[illegible]食[illegible]虎變復之家不
處其政且虎所食[illegible]人也含血之禽有形之獸虎
皆[illegible]之人謂應功曹之姦食他禽獸[illegible]夫虎
毛蟲人倮蟲毛蟲飢食倮蟲何變之有四夷之外大
人食小人虎之與蠻夷氣性一也平陸廣都虎所不
由也山林草澤虎所生出也必以虎食人應功曹之
姦是則平陸廣都之縣功曹常爲賢山林草澤之邑
功曹常伉欺夫虎害人於野應功曹之姦虎時入
邑行於民間功曹游於閭巷之中乎實說虎[illegible]

野不應政其行都邑乃為怪夫虎山林之獸不狎之物也常在草野之中不為馴畜猶人家之有鼠也伏匿希出非可常見也命吉居安鼠不擾亂祿衰居危鼠為殃變夫虎亦然也邑縣吉安長吏無患虎匿不見長吏且危則虎入邑行於民間何則長吏光氣已消都邑之地與野均也推此以論虎所食人亦命時也命訖時衰光氣去身視肉猶尸也故虎食之天道偶會虎適食人長吏遭惡故謂為變應上天矣古今凶驗非唯虎也野物皆然楚王英宮樓未成鹿走上階其後果薨魯昭公旦出鸜鵒來巢其後季氏逐昭

公昭公奔齊遂死不還賈誼爲長沙王傅鵩鳥集舍發
書占之曰主人將去其後遷爲梁王傅懷王好騎墜
馬而薨賈誼傷之亦病而死昌邑王時夷鴣鳥集宮
殿下王射殺之以問郎中令龔遂龔遂對曰夷鴣野
鳥入宮亡之應也其後昌邑王竟亡盧奴令田光與
桑弘羊等謀反其日覺時狐鳴光舍屋上光心惡之
其後事覺坐誅會稽東部都尉禮文伯時羊伏廳下
其後遷爲東萊太守都尉王子鳳時麕入府中其後
遷丹陽太守夫吉凶同占遷免一驗俱象空亡精氣
消去也故人且亡也野鳥入宅城且空也草蟲入邑

等類衆多，行事比肩，略舉較著，以定實驗也。

商蟲篇

變復之家，謂蟲食穀者，部吏所致也。貪則侵漁，故蟲食穀。身黑頭赤，則謂武官；頭黑身赤，則謂文官。使加罰於蟲所象類之吏，則蟲滅息，不復見矣。夫頭赤則謂武，頭黑則謂文吏所致也。時或頭赤身白，頭黑身黃，或頭身皆黃，或頭身皆青，或皆白若魚肉之蟲，應何官吏？時或白布豪民猾吏被刑乞貸，其威勝於官，取多於吏，其蟲形象何如狀哉？蟲之滅也，皆因風雨。案蟲滅之時，則吏未必伏罰也。陸田之中時有鼠

水中之蟲時有魚蟲之屬之類皆為災害或時希出而
暫為害或常有而為災等類眾多應何官吏魯宣公
履畝而稅應時而有蝝生者或言若蝗蝗時至蔽天
如雨集地食物不擇穀草察其頭身象類何吏變復
之家謂蝗何應建武三十一年蝗起太山郡西南過
陳留河南遂入夷狄所集鄉縣以千百數當時鄉縣
之吏未皆履畝蝗食穀草連日老極或蜚徙去或止
枯死當時鄉縣之吏未必皆伐也夫蟲食穀自有
止期猶蠶食桑自有足時也生出有日死極有月期
盡變化不常為蟲使人君不罪其吏蟲猶自亡夫蟲

風氣所生故須知之 故凡蟲爲風之字取氣於風故八
日而化生春夏之物 或食五穀或食衆草食五穀吏受
錢穀也其食也責也 人何物保蟲三百人爲之長由此言
之人亦蟲也人食 所食蟲亦食人所食俱爲蟲而相
食物何爲怪之 用知亦將非人已文食天之所生
吾亦食之謂我爲 不自謂爲究含氣之類所甘嗜
者口腹不異人 殺惡蟲食之自生天地之間惡蟲
之出設蟲罷言以此非 人亦無以詰也夫蟲之在物間也
知者不怪其食爲物 一口謂之蟲 甘香濕味之物蟲生常
多故蠢之多蠹者 稻時舍蟲 無蟲以有蟲

貰主者吏是宜豪鄉[illegible]當[illegible]皆非也在[illegible]辰[illegible]建之方

煮以馬屎以汁漬種者[illegible]亦[illegible]或以馬屎漬[illegible]鄉部

吏飽焦何佇之[illegible]養[illegible]術用則主鄉吏何免

爲藏何則[illegible]從生上[illegible]以[illegible]逆蟲食他草[illegible]不[illegible]食

五穀葉乃[illegible]災[illegible]有息[illegible]桑有蝗[illegible]中藥而桑[illegible]

亦急與[illegible]不爲怪獨謂蟲爲災不適物[illegible]

實閔於災變之情也穀蟲曰蠱蠱若蛾矣[illegible]

蟲夫蟲食粟米不謂之災蝕食苗桑歸之於政如說[illegible]

之家謂粟輕苗重之蟲也種類衆多非一魚肉[illegible]

蟲醯醬不閉有蟲飯溫濕有蟲書卷不舒有蟲衣[illegible]

懸有蟲蝸疽蜷螻蠍蝦有蟲或白或黑或長或短大小鴻殺不相似類皆風氣所生并連以所生不擇日若生日短促見而輒滅變復之家見其希出出又食物則謂之災災出當有所罪則依所似類之吏順而說之人腹中有三蟲下地之澤其蟲曰蛭蛭食人足三蟲食腸順說之家蛭與三蟲何似類乎凡天地之間陰陽所生蛟蟯之類蜫蠕之屬含氣而生開口而食食有甘不同心等欲彊大食細弱知慧反頓愚他物以大連相蠶噬不謂之災獨謂蟲食穀物爲應政事失道理之實不達物氣之性也然夫蟲之生也必依温

濕温濕之氣常在春夏秋冬之氣寒而乾燥蟲未曾
生若以蟲生罪鄉部吏是則鄉部吏貪於春夏廉於
秋冬雖盜跖之吏以秋冬署蒙伯夷之旱矣夫春夏
非一而蟲時生者温濕甚也甚則陰陽不和陰陽不
和政也徒當歸於政治而指謂部吏爲姦失事實矣
何如蟲以温濕生也以蠱蟲知之穀乾燥者蟲不生
温濕饐餲蟲生不禁藏宿麥之種烈日乾暴投於燥
器則蟲不生如不乾暴閘喋之蟲生如雲煙以蠱閘
喋准況衆蟲温濕所生明矣詩云營營青蠅止于藩
豈悌君子無信讒言讒言傷善青蠅汚白同一禍敗

詩以爲興昌邑王夢西階下有積蠅矢明旦召問郎中龔遂遂對曰蠅者讒人之象也夫矢積於階下王將用讒臣之言也由此言之蠅之爲蟲應人君用讒何故不謂蠅爲災乎如蠅可以爲災夫蠅歲生世間人君常用讒乎案蟲害人者莫如蚊虻蚊虻歲生如以蚊虻應災世間常有害人之吏乎必以食物乃爲災人則物之最貴者也蚊虻食人尤當爲災必以暴生害物乃爲災夫歲生而食人與時出而害物交孰爲甚人之病疥亦希非常疥蟲何故不爲災且天將雨螘出蚋蜚爲與氣相應也或時諸蟲之生自與時

氣相應如何輒歸罪於部吏乎天道自然吉凶偶會
非常之蟲適生貪吏遭署人察貪吏之操又見災蟲
之生則謂部吏之所爲致也

講瑞篇

儒者之論自說見鳳皇騏驎而知之何則案鳳皇騏
驎之象又春秋獲麟文曰有麏而角麏而角者則是
騏驎矣其見鳥而象鳳皇者則鳳皇矣黃帝堯舜周
文之時皆致鳳皇孝宣帝之時鳳皇集於上林後又
於長樂之宮東門樹上高五尺文章五色周獲麟麟
如麏而角武帝之麟亦如麏而角如有大鳥文章五

雨螳出螂蜚為與氣相應也或時諸蟲之生自與果

缺第十一頁

氣相應如何輒歸罪於部吏乎天道自然吉凶偶會
非常之蟲適生貪吏遭署人察貪吏之操又見災蟲
之生則謂部吏之所爲致也

講瑞篇

儒者之論自說見鳳皇騏驎而知之何則案鳳皇騏
驎之象又春秋獲麟文曰有麏而角麏而角者則是
騏驎矣其見鳥而象鳳皇者則鳳皇矣黃帝堯舜周
文盛時皆致鳳皇孝宣帝之時鳳皇集於上林後又
於長樂之宮東門樹上高五尺文章五色周獲麟麟
如麏而角武帝之麟亦如麏而角如有大鳥文章五

色獸狀如麞首戴一角考以圖象驗之古今則鳳麟可
得審也夫鳳皇鳥之聖者也騏驎獸之聖者也五帝
三王皐陶孔子人之聖也十二聖相各不同而欲以
麞戴角則謂之騏驎相與鳳皇象合者謂之鳳皇如
何夫聖鳥獸毛色不同猶十二聖骨體不均也戴角之
相猶戴午也顓頊戴午堯舜未必然今魯所獲麟戴
角即後所見麟未必戴角也如用魯所獲麟求知世
間之麟則必不能知也何則毛羽骨角不合同也假
令不同或時似類未必真是虞舜重瞳王莽亦重瞳
晉文騈脅張儀亦騈脅如以骨體毛色比則王莽宜虞

舜而張儀晉文也有若在魯最似孔子孔子死弟子
共坐有若問以道事有若不能對者何也體狀似類
實性非也今五色之鳥一角之獸或時似類鳳皇麒
麟其實非真而說者欲以骨體毛色定鳳皇騏麟誤
矣是故顏淵庶幾不似孔子有若恒庸反類聖人由
是言之或時真鳳皇騏驎骨體不似恒庸鳥獸毛色
類真知之如何儒者自謂見鳳皇騏驎輒而知之則
是自謂見聖人輒而知之也皐陶馬口孔子反宇設
使輒有知而絕殊馬口反宇尚未可謂聖何則十二
聖相不同前聖之相難以照後聖也骨法不同姓名

不等身形殊狀生出異土雖復有聖何如知之桓君山謂揚子雲曰如後世復有聖人徒知其才能之勝己多不能知其聖與非聖人也子雲曰誠然夫聖人難知知能之美若桓揚者尚復不能知世儒懷庸庸之知齎無異之議見聖不能知可保必也夫不能知聖則不能知鳳皇與騏驎世人名鳳皇騏驎何用自謂能之乎夫上世之名鳳皇騏驎聞其鳥獸之奇者其毛角有奇又不妄翔苟遊與鳥獸爭飽則謂之鳳皇騏驎矣世人之知聖亦猶此也聞聖人之奇者身有奇骨知能博達則謂之聖矣及其知之非卒見

暫聞而輒名之爲聖也與之偃伏從文受學然後知
之何以明之子貢事孔子一年自謂過孔子二年自
謂與孔子同三年自知不及孔子當一年二年之時
未知孔子聖也三年之後然乃知之以子貢知孔子
三年乃定世儒無子貢之才其見聖人不從之學任
倉卒之視無三年之接自謂知聖誤矣少正卯在魯
與孔子並孔子之門三盈三虛唯顏淵不去顏淵獨
知孔子聖也夫門人去孔子歸少正卯不徒不能知
孔子之聖又不能知少正卯門人皆惑子貢曰夫少
正卯魯之聞人也子爲政何以先之孔子曰賜退非

爾所及其才能則能[illegible]聖世儒見聖自
謂能知之妄也夫以不能知聖言之則亦知其不能知
鳳凰與騏驎使鳳凰羽翮長廣騏驎體高大則
見之者以為大鳥巨獸耳何以別之如必巨大別
之則其知聖人亦宜以巨大春秋之時鳥畜異者不
可以為鳳凰長狄來至不可以為聖人然則鳳凰騏
驎與鳥獸等也世人見之何用知之如以中國無有
從野外來而知之則是鸜鵒同也鸜鵒非中國之禽
也鳳凰騏驎亦非中國之禽獸也皆非中國之物儒
者何[illegible]為[illegible]鳳凰騏驎善乎或曰孝宣之時鳳

凰集□□□群鳥從上以千萬數以其衆鳥之長聖神有異故群鳥附從如見大鳥來集群鳥附之則是鳳凰鳳凰審則定矣夫鳳凰與騏驎同性鳳凰見群鳥從騏驎見衆獸亦宜隨案春秋之驎不言衆獸隨之宣帝武帝皆得騏驎無衆獸附從之文如以騏驎為人所獲附從者散鳳凰人不獲自來蜚翔附從可見書曰簫韶九成鳳凰來儀大傳曰鳳凰在列樹不言群鳥從也豈宣帝所致者異哉或曰記事者失之唐虞之君鳳凰實有附從上世久遠記事遺失經書之文未足以實也夫實有而記事者失之亦有實無

而記事者失之夫，如是儒書之文，難以實事案附從
以之鳳凰未得實也且人有佞猾而聚者鳥亦有狡
黠而從群者當唐虞之時鳳愨愿宣帝之時狡黠乎
何其俱有聖人之德行動作之操不均同也無爲附
從或時其鳳凰群鳥附從或時非也君子在世清節
自守不廣結從出入動作人不附從豪猾之人任使
用氣往來進退士衆雲合夫鳳凰君子也必以隨多
者效鳳凰是豪黠爲君子也歌曲彌妙和者彌寡行
操益清交者益鮮鳥獸亦然必以附從効鳳凰是
用和多爲妙曲也龍與鳳凰爲比類宣帝之時黃龍

出于新豐羣蛇不隨神雀鸞鳥皆衆鳥之長也其仁
聖雖不及鳳凰然其從羣鳥亦宜數十信陵孟嘗食客
三千稱爲賢君漢將軍衛青及將軍霍去病門無一
客亦稱名將太史公曰盜跖横行聚黨數千人伯夷
叔齊隱處首陽鳥獸之操與人相似人之得衆不足
以别賢以鳥附從審鳳凰如何或曰鳳凰騏驎太
平之瑞也太平之際見來至也然亦有未太平而來
至也鳥獸奇骨異毛卓絶非常則是矣何爲不可知
鳳凰騏驎通常以太平之時來至者春秋之時騏驎
常嫌於王孔子而至光武皇帝生於濟陽鳳凰來集

夫光武始生之時成哀之際也時未太平而鳳皇至
如以自爲光武有聖德而來是則爲聖王始生之瑞
不爲太平應也嘉瑞或應太平或爲始生其實難知
獨以太平之際驗之如何或曰鳳皇騏驎生有種類
若龜龍有種類矣龜故生龜龍故生龍形色小大不
異於前用也見之父察其子孫何爲不可知夫恒物
有種類瑞祐無種適生故曰德應龜龍然也人見神
龜靈龍而別之乎宋元王之時漁者網得神龜焉漁
父不知其神也方今世儒漁父之類也以漁父而不
知神龜則亦知夫世人而不知靈龍也龍或時似蛇

蛇或時似龍韓子曰馬之似鹿者千金良馬似鹿神龍或時似蛇如審有類形色不異王莽時有大鳥如馬五色龍文與衆鳥數千集于沛國蘄縣宣帝時鳳皇集于地高五尺與言如馬身高同矣文章五色與言五色龍文物色均矣衆鳥數千與之俱集附從等也如以宣帝時鳳皇體色衆鳥附從安知鳳皇則王莽所致鳥鳳皇也如審是王莽致之是非瑞也如非鳳皇體色附從何爲均等且瑞物皆起和氣而生生於常類之中而有詭異之性則爲瑞矣故夫鳳皇之來也猶赤烏之集也謂鳳皇有種赤烏復有類乎嘉

禾醴泉甘露出而美甘也皆泉露之所生出非天上
有甘露之種地下有醴泉之類乎嘉禾生於禾中與
禾中異穗謂之嘉禾醴泉甘露出而甘美也皆醴泉
生出非天上有甘露之種地下有醴泉之類聖治公
平而乃沾下產出也蓂莢朱草亦生在地集於衆
草無本根暫生產出旬月枯折故謂之瑞夫鳳皇
麒麟亦瑞也何以有種類案周太平越常獻白雉白
雉生短而白色耳非有白雉之種也魯人得戴角之
麞謂之騏驎亦或時生於麞非有騏驎之類由此言
之鳳皇亦或時生於鵠鵲毛奇羽殊出異衆鳥則謂

之鳳皇耳安得與衆鳥殊種類也有若曰麒麟之於
走獸鳳皇之於飛鳥太山之於丘垤河海之於行潦
類也然則鳳皇騏驎都與鳥獸同一類體色詭耳安
得異種同類而有奇奇爲不世不世難審識之如何
堯生丹朱舜生商均商均丹朱堯舜之類也骨性詭
耳鯀生禹瞽瞍生舜舜禹鯀瞽瞍之種也知德殊矣
試種嘉禾之實不能得嘉禾恒妄粢梁之粟莖穗怪
奇人見叔梁紇不知孔子父也見伯魚不知孔子之
子也張湯之父五尺湯長八尺湯孫長六尺孝宣鳳
皇高五尺所從生鳥或時高二尺後所生之鳥或時

高一尺安得常種種類無常故曾晳生參氣性不世
顏路出回古今卓絕馬有千里不必騏驎之駒鳥有
仁聖不必鳳皇之鶵山頂之溪不通江湖然而有魚
水精自爲之也廢庭壞殿基上草生地氣自出之也
按溪水之魚殿基上之草無類而出瑞應之自至天
地未必有種類也夫瑞應猶災變也瑞以應善災以
應惡善惡雖反其應一也災變無種瑞應亦無類也
陰陽之氣天地之氣也遭善而爲和遇惡而爲變豈
天地爲善惡之政更生和變之氣乎然則瑞應之出
殆無種類因善而起氣和而生亦或時政平氣和衆

物變化猶春則鷹變爲鳩秋則鳩化爲鷹蛇鼠之類
輒爲魚鼈蝦蟇爲鶉雀爲蜃蛤物隨氣變不可謂無
黄石爲老父授張良書去復爲石也儒知之或時太
平氣和麞爲騏驎鵠爲鳳皇因政氣性隨時變化豈
必有常類哉褒姒玄黿之子二龍漦也晉之二卿熊
羆之裔也吞燕子薏苡履大跡之語世之人然之獨
謂瑞有常類哉以物無種計之以人無類議之以體
變化論之鳳皇騏驎生無常類則形色何爲當同案
禮記瑞命篇云雄曰鳳雌曰皇雄鳴曰即即雌鳴足
足詩云梧桐生矣于彼高岡鳳皇鳴矣于彼朝陽唪

唪嘍嘍噰噰喈喈瑞命與詩俱言鳳皇之鳥瑞命之言即即足足詩云雍雍喈喈此聲異也使聲審則形不同也使聲同詩與禮異世傳鳳皇之鳴故將疑焉案魯之獲麟云有麏而角言有麏者色如麏也麏色有常若鳥色有常矣武王之時火流爲烏云其色赤赤非烏之色故言其色亦如似麏而色異亦當言其色白若黑今成事色同故言有麏麏無角有異於故故言而角也夫如是魯之所得驎者若麏之狀也武帝之時西巡狩得白驎一角而五趾角或時同言五趾者足不同矣魯所得麟云有麏不言色者麏無異

色者武帝云得白驎色白不類麞故言有麞正言白驎色不同也孝宣之時九真貢獻驎狀如麞而兩角者孝武言一角不同矣春秋之驎如麞宣帝之驎言如鹿鹿與麞小大相倍體不同也夫三王之時驎如色角趾身體高大不相似類推此准後世驎出必不與前同明矣夫騏驎鳳皇之類騏驎前後體色不同而欲以宣帝之時所見鳳皇高五尺文章五色準前況後當復出鳳皇與之同謂誤矣後當出復見之鳳皇騏驎必已不與前世見出者相似類而世儒自謂見而輒知之奈何案魯人得驎不敢正名驎曰有麞

一角者時誠無以知也武帝使謁者終軍議之終軍
曰野禽并角明本同也不正名麟而言野禽者終
軍亦疑無以審也當今世儒之知不能過魯人與終
軍其見鳳皇騏驎必從而疑之非恒之鳥獸耳何能
審其鳳皇騏驎乎以體色言之未必等以鳥獸隨從
多者未必善以希見言之有鸜鵒嗛以相奇言之聖
人有奇骨體賢者亦有奇骨聖賢俱奇人無以別由
聖賢言人聖鳥聖獸亦與恒鳥庸獸俱有奇怪聖人
賢者亦有知而絕殊骨無異者聖賢鳥獸亦有仁善
廉清體無奇者世或有富貴不聖身有骨爲富貴表

不爲聖賢驗然則鳥亦有五采獸有無角而仁聖者
夫如是上世所見鳳皇騏驎何知其非恒鳥獸今之
所見鵲麞之屬安知非鳳皇騏驎也方今聖世堯舜
之主流布道化仁聖之物何爲不生或時以有鳳皇
騏驎亂於鵠鵲麞驎世人不知美玉隱在石中楚王
令尹不能知故有抱玉泣血之痛今或時鳳皇騏驎
以仁聖之性隱於恒毛角羽無一角五色表之世人
不之知猶玉在石中也何用審之爲此論草於永平
之初時來有瑞其孝明宣惠衆瑞並至至元和章和
之際孝章耀德天下和洽嘉瑞奇物同時俱應鳳皇

騏驎連出重見盛於五帝之時此篇已成故不得載
或問曰講瑞謂鳳皇騏驎難知世瑞不能別今孝章
之所致鳳皇騏驎不可得知乎曰五鳥之記四方中
央皆有大鳥其出衆鳥皆從小大毛色類鳳皇實難
知也故無世瑞不能別別之如何以政治時王之德
不及唐虞之時其鳳皇騏驎目不親見然而唐虞之
瑞必真是者堯之德明也孝宣比堯舜天下太平萬
里慕化仁道施行鳥獸仁者感動而來瑞物小大毛
色足翼必不同類以政治之得失主之明闇準況衆
瑞無非真者事或難知而易曉其此之謂也又以甘

露驗之甘露和氣所生也露無故而甘和氣獨已至矣和氣至甘露降德洽而衆瑞湊案永平以來訖於章和甘露常降故知衆瑞皆是而鳳皇騏驎皆真也

第十六

論衡卷第十七　王充

指瑞篇

是應篇

治期篇

指瑞篇

儒者說鳳皇騏驎為聖王來以為鳳皇騏驎仁聖禽也

思慮深避害遠中國有道則來無道則隱稱鳳皇騏

驎之仁知者欲以褒聖人也非聖人之德不能致

[illegible]國以是謂騏驎聖王[illegible]亦聖[illegible]

[illegible]聖人游於世間鳳皇[illegible]

[illegible]遠跡[illegible]

人[illegible]不同也如以
聖人[illegible]嘗見鳳凰而
[illegible]則文王拘於羑
里孔子[illegible]非也文王孔子仁聖之人憂世閔
民不圖利害故其有仁聖之知遭拘厄之患凡人操
行能修身正節不能禁人加非於己案能操行[illegible]
過聖之人聖人不能自免於厄而鳳麟獨能自全於
世是鳥獸之操賢於聖人也且鳥獸之知不與人通
何以能知國有道與無道也人同性類好惡均等[illegible]
不相知鳥獸與人[illegible]何能知之[illegible]不能知[illegible]

賢聖亦不能知人兩不能知鳥獸為愚於人何以反
能知之儒者咸稱鳳皇之德欲以表明王之治反
令人有不及鳥獸論過使實不著且鳳驎豈獨為
聖王至哉孝宣皇帝之時鳳皇五至騏驎一至神雀
黃龍甘露醴泉莫不畢見故有五鳳神雀甘露黃龍
之紀使鳳驎審為聖王見則孝宣皇帝聖人也如孝
宣帝非聖則鳳驎為賢來也為賢來則儒者稱鳳皇
騏驎失之矣黃帝來亦為宣帝來矣
如是為聖且賢也儒者之論則論鳳驎亦過
矣春秋曰西狩獲死驎人以示孔子孔子曰孰為

也故孔子見麟而自知者據其見得而死也非據其本所為來也然則麟之至也自與獸會聚也其死人殺之也使麟有知為聖王來時無聖王何為來乎思慮深避害遠何故為魯所獲殺乎夫以時無聖王而麟至知不為聖王來也為魯所獲殺知其避害不能遠也聖獸不能自免於難聖人亦不能自免於禍禍難之事聖者所不能避而云鳳麟思慮深避害遠妄也且鳳麟非生外國也中國有聖王乃來至也生於中國長於山林之間性廉見希人不得害也則謂之思慮深避害遠矣稱與聖王同時行與治乎相遇世

間謂之聖王之瑞為聖王來矣剖巢破卵鳳皇為之不翔焚林而畋漉池而魚龜龍為之不遊鳳皇龜龍之類也皆生中國與人相近巢剖卵破屏竄不翔林焚池漉伏匿不遊無遠去之文何以知其在外國也龜龍鳳皇同一類也希見不害謂在外國龜龍希見亦在外國矣孝宣皇帝之時鳳皇騏驎黃龍神雀皆至其至同時則其性行相似類則其生出宜同處矣龍不生於外國外國亦有龍鳳驎不生外國外國亦有鳳麟然則中國亦有未必外國之鳳驎也人見鳳麟希見則曰在外國見遇太平則曰為聖王來夫鳳皇

騏驎之至也猶醴泉之出朱草之生也謂鳳皇在外

國閭有道而來醴泉朱草何知而生於大平之時醴

泉朱草和氣所生然則鳳皇騏驎亦和氣所生也和

氣生聖人聖人生於衰世物生因瑞聖王為人同時

俱然時其長大相逢遇矣衰世亦有和氣和氣時生

聖人聖人生於衰世亦時有鳳驎也孔子旣以生於

周之末世騏驎見於魯之西澤光武皇帝生於成哀

之際鳳皇集於濟陽之地聖人聖物生於盛衰世聖

王道一有出聖物遭字身聖物猶吉命之人逢吉祥之類也

其實相遇非相為出也夫鳳驎之與白魚赤烏之

至無以異也逢遭自然王者遇之矣偶為烏王仰見
之非魚聞武王之德而入其舟烏知周家當起集於
王屋也謂鳳驎為聖王來是謂魚烏為武王至也王
者受富貴天命故其動出見吉祥異物見則謂之瑞
瑞有小大各以所見定德薄厚若夫白魚赤烏小物
小安之兆也鳳皇騏驎大物太平之象也故孔子曰
鳳鳥不至河不出圖吾已矣夫不見太平之象自知
不遇太平之時矣且鳳皇騏驎何以為太平之象鳳
皇騏驎仁聖之禽也仁聖之物至天下將為仁聖之
行矣尚書大傳曰高宗祭成湯之廟有雉升鼎耳而

昔高宗問祖乙祖乙曰遠方君子殆有至者祖乙見
雉有似君子之行今從外來則曰遠方君子將有至
者矣夫鳳皇騏驎猶雉也其來不之象亦與雉同孝武
皇帝西巡狩得白驎一角而五趾又有木枝出復合
於本武帝議問群臣謁者終軍曰野禽并角明同本
也衆枝內附示無外也如此瑞者外國宜有降者
若應殆且有解編髮削左衽襲冠帶而蒙化焉其後
數月越地有降者匈奴名王亦將數千人來降竟如
終軍之言終軍之言得瑞應之實矣推此以況白魚
赤烏猶此類也魚木精白者殷之色也烏者孝鳥赤

者周之應氣也先得白魚後得赤烏穀之統絕邑務
者周矣據魚烏之見以占武王則知周之必得天下
也世見武王誅紂出遇魚烏則謂天用魚烏命使武
王誅紂事相似類其實非也春秋之時鸜鵒來巢占
者以為凶夫野鳥來巢魯國之都且為丘墟昭公之
身且出奔也服鳥入室主人當去其後賈誼竟去夫
鸜鵒之來與野鳥巢服鳥之集無以異他禍福後昭
公為季氏所攻出奔於齊死不歸魯賈誼為長沙太
傅服鳥集舍發書占之云野鳥雖殊其占不異鸜鵒
之巢服鳥之集偶巢適集占者因其野澤之物巢集

城亡之内則見魯國且凶傳舍人不吉之瑞矣非鸜
鵒服鳥知二國禍將至而故爲之巢集也王者以天
下爲家家人將有吉凶之事而吉凶之兆豫見於人
知者占之則知吉凶將至非吉凶之物有知故爲吉
凶之人來也猶蓍龜之有兆數矣龜兆蓍數常有吉
凶吉人卜筮與吉相遇凶人與凶相逢非蓍龜神靈
知人吉凶出兆見數以告之也虛居卜筮前無過客
猶得吉凶然則天地之間常有吉凶吉凶之物來至
見當與吉凶之人相逢遇矣或言天使之所爲也夫
巨大之天使細小之物音語不通情指不達何能使

物物亦不爲天能其來神怪若天使之則謂天使矣夏后孔甲畋于首山天雨晦冥入于民家主人方乳或曰后來之子必大貴或曰不勝之子必有殃夫孔甲之入民室也偶遭雨而廕庇也非知民家將生子而其子必凶爲之至也既至人占則有吉凶矣夫吉凶之物見於王朝若入民家猶孔甲遭雨入民室也孔甲不知其將生子爲之故到謂鳳皇諸瑞有知應吉能至誤矣

是應篇

儒者論太平瑞應皆言氣物卓異朱草醴泉翔鳳甘

露景星嘉禾萐脯蓂莢屈軼之屬又言山出車澤出馬男女異路市無二價耕者讓畔行者讓路頒白不提挈關梁不閉道無虜掠風不鳴條雨不破塊五日一風十日一雨其盛茂者致黃龍騏驎鳳皇夫儒者之言有溢美過實瑞應之物或有或無夫言鳳皇騏驎之屬大瑞較然不得增飾其小瑞徵應恐多非是夫風氣雨露本當和適言其鳳翔甘露風不鳴條雨不破塊可也言其五日一風十日一雨褒之也風雨雖適不能五日十日正如其數言男女不相干市價不相欺可也言其異路無二價褒之也太平之時豈

更為男女各作道哉不更作道一路而行安得異乎太平之時無商人則可如有必求便利以為業買物安肯不求賤賣貨安肯不求貴有求貴賤之心必有二價之語此皆有其事而褒增過其實也若夫萐脯蓂莢屈軼之屬殆無其物何以驗之說以實者太平無有此物儒者言萐脯生於庖廚者言廚中自生肉脯薄如萐形搖鼓生風寒涼食物使之不臭夫太平之氣雖和不能使廚生肉萐以為寒涼若能如此則能使五穀自生不須人為之也能使廚自生肉萐何不使飯自蒸於甑火自然於竈乎凡生萐者欲以風

吹食物也何不使食物自不臭何必生萐以風之乎廚中能自生萐則冰室何事而復伐冰以寒物乎人夏月操萐須手搖之然後生風從手握持以當疾風萐不鼓動言萐脯自鼓可也須風乃鼓不風不動從手風來自足以寒廚中之物何須萐脯世言燕太子丹使日再中天雨粟烏白頭馬生角廚門象夫生肉萐論之則虛萐脯之語五應之類恐無其實儒者又言古者蓂莢夾階而生月一日一莢生至十五日而十五莢於十六日日一莢落至月朔莢盡來月朔一莢復生王者南面視莢生落則知日數多少不須煩

擾案日曆以知之也夫天既能生莢以爲日數何不
使莢有日名王者視莢之字則知今日名乎徒知日
數不知日名猶復案曆然後知之是則王者視日則
更煩擾不省蓂莢之生安能爲福夫蓂草之實也猶
豆之有莢也春夏未生其生必於秋末冬月隆寒霜
雪霣零萬物皆枯儒者敢謂蓂莢逹冬獨不死乎如
與萬物俱生俱死莢成而以秋末是則已秋得察莢
春夏冬三時不得案也且月十五日生十五莢於十
六日莢落二十一日六莢落落莢棄殖不可得數猶
當計未落莢以知日數是勞心苦意非善祐也使莢

生於堂上人君坐戶牖間望察莢生以知日數豈謂
善美今云夾階而生生於堂下也王者之堂墨子稱
堯舜高三尺儒家以爲卑下假使之然高三尺之堂
蓂莢生於階下王者欲視其莢不能從戶牖之間見
也須臨堂察之乃知莢數夫起視堂下之莢孰與懸
曆日於東西傍乃顧見之也天之生瑞欲以娛王者
須起察乃知日數是生煩物以累之也且蓂莢草也王
者之堂旦夕所坐古者雖質宮室之中草生輒耘安
得生莢而人得經月數之乎且凡數日一二者欲以
紀識事也古有史官典曆主日王者何事而自數莢

堯候四時之中命羲和察四星以占時氣四星至重
猶不躬視而自察莢以數日也儒者又言太平之時
屈軼生於庭之末若草之狀主指佞人佞人入朝屈
軼庭末以指之聖王則知佞人所在夫天能故生此
物以指佞人不使聖王性自知之若佞人本不生出
必復更生一物以指明之何天之不憚煩也聖王莫
過堯舜堯舜之治最爲平矣即屈軼已自生於庭之
末佞人來輒指知則舜何難於知佞人而使皐陶
陳知人之術經曰知人則哲惟帝難之人含五常音
氣交通且猶不能相知屈軼草也安能知佞如儒者

之言是則太平之時草木踰賢聖也獄訟有是非人
情有曲直何不并令屈軼指其非而不直者必苦心
聽（一有公字）訟三人斷獄乎故夫屈軼之草或時無有而空
言生或時實有而虛言能指假令能指或時草性見
人而動古者質朴見草之動則言能指能指則言指
佞人司南之酌投之於地其柢指南魚肉之蟲集地
北行夫蟲之性然也今草能指亦天性也聖人因草
能指宣言曰庭末有屈軼能指佞人百官臣子懷姦
心者則各變性易操為忠正之行矣猶今府廷畫皋
陶觟䚦也儒者說云觟䚦者一角之羊也性知有罪

皐陶治獄其罪疑者令羊觸之有罪則觸無罪則不
觸斯蓋天生一角聖獸助獄爲驗故皐陶敬羊起坐
事之此則神奇瑞應之類也曰夫鮭觤則復屈軼之
語也羊本二角鮭觤一角體損於群不及衆類何以
爲奇鼈三足曰能龜三足曰賁案能與賁不能神於
四足之龜鼈一角之羊何能聖於兩角之禽狌狌知
往乾鵲知來鸚鵡能言天性能一不能爲二或時鮭
觤之性徒能觸人未必能知罪人皐陶欲神事助政
惡受罪者之不厭服因鮭觤觸人則罪之斯欲刑之
不犯受罪之家沒齒無怨言也夫物性之所知時有

如以觟𧣾能觸謂之爲神則狌狌之徒皆爲神也巫
知吉凶占人禍福無不然者如以觟𧣾謂之巫類則
巫何奇而以爲善斯皆人神事欲立化也師尚父爲
周司馬將師伐紂到孟津之上杖鉞把旄號其衆曰
倉光倉光者水中之獸也善覆人舡因神以化欲令
急渡不急渡倉光害汝則復觟𧣾之類也河中有此
之物時出浮揚一身九頭人畏惡之未必覆人之舟
也尚父緣河有此異物因以威衆夫觟𧣾之觸罪人
猶倉光之覆舟也蓋有虛名無其實效也人畏怪奇
故空褒增又言太平之時有景星尚書中候曰堯時

景星見於軫夫景星或時五星也太者歲星太白也
彼或時歲星太白行於軫度古質不能推步五星不
知歲星太白何如狀見大星則謂景星矣詩又言東
有啓明西有長庚亦或時復歲星太白也或時昏見
於西或時晨出於東詩人不知則名曰啓明長庚矣
然則長庚與景星同皆五星也太平之時日月精明
五星日月之類也太平更有景星可復更有日月乎
詩人俗人也中候之時質世也俱不知星王莽之時
太白經天精如半月使不知星者見之亦則復名之
曰景星爾雅釋四時章曰春爲發生夏爲長養秋爲

收成冬為安寧四氣和為景星夫如爾雅之言景星乃四時氣和之名也恐非着天之大星爾雅之書五經之訓故儒者所共觀察也而不信從更謂大星為景星豈爾雅所言景星與儒者之所說異哉爾雅又言甘露時降萬物以嘉謂之醴泉醴泉乃謂甘露也今儒者說之謂從地中出其味甘若醴泉故曰醴泉二說相違實未可知爾雅釋水章泉一見一否而曰瀸檻泉正出正出涌出也沃泉懸出懸出下出也道泉出之異輒有異名使太平之時更有醴泉從地中出當於此章中言之何故反居釋四時章中言甘露

着松 木而帶 柑者名 日贊誘 其家得 此不祥之 恨

為醴泉乎若此儒者之言醴泉從地中出又言甘露其味甚甜未可然也儒曰道至大者日月精明星辰不失其行翔風起甘露降雨濟而陰一者謂之甘雨非謂雨水之味甘也推此以論甘露非謂其降下時適潤養萬物未必露味甘也亦有露甘味如飴蜜者俱太平之應非養萬物之甘露也何以明之案甘露如飴蜜者着於樹木不着五穀徒露味不甘者其不時土地潤流濕萬物洽沾濡溥由此言之爾雅且近得實緣爾雅之言驗之於物案味甘之露下着樹木察所着之樹不能茂於所不着之木然今日甘露飴

異於爾雅之所謂甘露欲驗爾雅之甘露以萬物豐熟災害不生此則甘露降下之驗也甘露下是則醴泉矣

治期篇

世謂古人君賢則道德施行施行則功成治安人君不肖則道德頓廢頓廢則功敗治亂古今論者莫謂不然何則見堯舜賢聖致太平桀紂無道致亂得誅如實論之命期自然非德化也吏百石以上若升食以下居位治民爲政布教教行以正民治與亂皆有命焉或才高行潔居位職廢或智淺操洿治民而立上

古之黜陟幽明考功據有功而加賞案無功而施罰是考命而長祿非實才而厚能也論者因考功之法據效而定賢則謂民治國安者賢君之所致民亂國危者無道之所爲也故危亂之變至論者以責人君歸罪於爲政不得其道人君受以自責愁神苦思撼動形體而危亂之變終不減除空憤人君之心使明知之主虛受之責世論傳稱使之然也夫賢君能治當安之民不能化當亂之世良醫能行其針藥使方術驗者遇未死之人得未死之病也如命窮病困則雖扁鵲末如之何夫命窮病困之不可治猶困亂民

之不可安也藥氣之愈病猶教道之安民也皆有命時不可令勉力也公伯寮愬子路於季孫子服景伯以告孔子孔子曰道之將行也與命也道之將廢也與命也由此言之教之行廢國之安危皆在命時非人力也夫世亂民逆國之危殆災害繫於上天賢君之德不能消郤詩道周宣王遭大旱矣詩曰周餘黎民靡有孑遺言無有可遺一人不被害者宣王賢者嫌於德微仁惠盛者莫過堯湯堯遭洪水湯遭大旱水旱災害之甚者也而二聖逢之豈二聖政之所致哉天地歷數當然也以堯湯之水旱準百王之災害

非德所致非德所致則其福祐非所爲也賢者子
治國也猶慈父之治家慈父耐平明令耐使子孫
皆爲孝善子孫孝善是家興也田平安是國昌也
昌必有衰興則有廢興昌非德所成然則衰廢非
德所能敗也昌衰興廢皆天時也此善惡之實未言
苦樂之效也家安人樂富饒財用足也案富饒者命
厚所致非賢愚所護也人皆知富饒居安樂者命祿
厚而不知國安治化行者歷數吉也故世治非賢聖
之功衰亂非無道之致國當衰貞聖不能盛時當
治惡人不能亂世之治亂在敗國之安危在

數不在教賢不賢之君明不明之政無能損益世言
五帝之時天下太平家有十年之蓄人有君子之行
或時不然世增其美亦（一有然字）或時政所致何以審之夫
世之所以爲亂者不以賊盜衆多兵革並起民棄禮
義負畔其上乎若此者由穀食乏絶不能忍饑寒夫
饑寒並至而能無爲非者寡然則温飽並至而能不
爲善者希傳曰倉廩實民知禮節衣食足民知榮辱
讓生於有餘爭起於不足穀足食多禮義之心生禮
豐義重平安之基立矣故饑歲之春不食親戚穰歲
之秋召及四鄰不食親戚惡行也召及四鄰善義也

爲善惡之行不在人質性在於歲之饑穰由此言之禮義之行在穀足也案穀成敗自有年歲年歲水旱五穀不成非政所致時數然也必謂水旱政治所致不能爲政者莫過桀紂桀紂之時宜常水旱案桀紂之時無饑耗之災災至自有數或時返在聖君之世實事者論說堯之洪水湯之大旱皆有遭遇非政惡之所致說百王之害獨謂爲惡之應此見堯湯德優百王劣也審一足以見百明惡足以照善堯湯證百王至百王遭變非政所致以變見而明禍福五帝致太平非德所就明矣人之温病而死也先有凶色見於面

部其病遇邪氣也　其病不愈至於身死命壽訖也國之亂亡與此同驗　有變見於天地猶人溫病而死色見於面部也有水旱之災猶人遇氣而病也災禍不除至於國亡猶病不愈至於身死也論者謂變政治賢人溫病色凶可謂操行所生乎謂水旱者無道所致賢者遭病可謂無狀所得乎謂亡者爲惡極賢者身死可謂罪重乎夫賢人有被病而早死惡人有完彊而老壽人之病死不在操行爲惡也然則國之亂亡不在政之有非惡人完彊而老壽非政平安而常存由此言之禍變不足以明惡福瑞不足以表善明

夫在天之變日月薄蝕四十二月日一食五月六月月亦一食食有常數不在政治百變千災皆同一狀未必人君政教所致歲害鳥帑周楚有禍綝然之氣見宋衛陳鄭皆災當此之時六國政教未必失誤也歷陽之都一夕沈而爲湖當時歷陽長吏未必誑妄也成敗繫於天吉凶制於時人事未爲天氣已見非時而何五穀生地一豐一耗穀糴在市一貴一賤豐者未必賤耗者未必貴豐耗有歲貴賤有時時當貴豐穀價增時當賤耗穀直減夫穀之貴賤不在豐耗猶國之治亂不在善惡賢君之立偶在當治之世德自明於

上民自善於下世平民安瑞祐並至世則謂之聖君所致無道之君偶生當生亂之時世擾俗亂災害不絶遂以破國亡身滅嗣世皆謂之爲惡所致若此明於善惡之外形不見禍福之内實也禍福不在善惡善惡之證不在禍福長吏到官未有所行政教因前無所改更然而盜賊或多或寡災害或無或有夫何故哉長吏秩貴當階平安以升遷或命賤不任當由危亂以貶詘也以今之長吏況古之國君安危存亡可得論也

論衡卷第十七

論衡卷第十八　王充

自然篇　感類篇

齊世篇

自然篇

天地合氣萬物自生猶夫婦合氣子自生矣萬物之
生含血之類知飢知寒見五穀可食取而食之見絲
麻可衣取而衣之或說以爲天生五穀以食人生絲
麻以衣人此謂天爲人作農夫桑女之徒也不合自
然故其義疑未可從也試依道家論之天者普施氣萬
物之中穀愈飢而絲麻救寒故人食穀衣絲麻也夫天

天之不故生五穀絲麻以衣食人由其有災變不
欲以譴告人也物自生而人衣食之氣自變而人畏
懼之以若說論之厭於人心矣如天瑞爲故自然焉
在無爲可居何以天之自然也以天無口目也案有
爲者口目之類也口欲食而目欲視有嗜欲於內發之
於外口目求之得以爲利欲之爲也今無口目無欲於
物無所求索夫何爲乎何以知天無口目也以地知之
地以上爲體土本無口目天地夫婦也地體無口目亦
知天無口目也使天體乎宜與地同使天乎氣氣若雲烟
雲煙之屬安得口目或曰凡動行之類皆本無有爲

有故欲動〻則有為今天動行與人相似女得無為

曰天之動行也施氣也體動氣乃出物乃生矣由人

動氣也體動氣乃出子亦生也夫人之施氣也非欲

以生子氣施而子自生矣天動不欲以生物而物自

生此則自然也施氣不欲為物而物自為此則無為

也謂天有為無為者何氣也恬澹無欲無為無事者

也老聃得以壽矣老聃禀之於天使天無此氣老聃

安所禀受此性師無其說而弟子獨言者未之有也或

復於桓公公曰以告仲父左右曰一則仲父二則仲

父為君乃易乎桓公曰吾未得仲父故難已得仲父

何為不易夫桓公得仲父任之以事委之以政不復
與知皇天以至優之德與王政而譴告人則天德不
君桓公而霸君之操過上帝也或曰桓公知管仲賢
故委任之如非管仲亦將譴告之矣使天遭堯舜必
無譴告之变曰天能譴告人君則亦能故命聖君擇
才若堯舜受以王命委以王事勿復與知今則不然
生庸庸之君失道廢德隨譴告之何天不憚勞也曹
參為漢相縱酒歌樂不聽政治其子諫之笞之二百
當時天下無擾亂之变淮陽鑄偽錢吏不能禁汲黯
為太守不壞一爐不刑一人高枕安臥而淮陽政清

夫曹參爲相若不爲相汲黯爲太守若郡無人然而漢朝無事淮陽刑錯者參德優而黯威重也計天之威德孰與曹參汲黯而謂天與王政隨而譴告之是謂天德不若曹參厚而威不若汲黯重也蘧伯玉治衛子貢使人問之何以治衛對曰以不治治之夫不治之治無爲之道也或曰太平之應河出圖洛出書不畫不就不爲不成天地出之有爲之驗也張良遊泗水之上遇黄石公授太公書蓋天佐漢誅秦故命令神石爲鬼書授人復爲有爲之效也曰此皆自然也夫天安得以筆墨而爲圖書乎天道自然故圖書自

成晉唐叔虞〔一有生字〕魯成季友生文在其手故叔曰虞季

曰友宋仲子生有文在其手曰爲魯夫人三者在母

之時文字成矣而謂天爲文字在天之時天使神持

雖筆墨刻其身手自然之化固疑難知外若有爲內

實自然是以太史公紀黃石事疑而不能實也趙簡

子夢上天見一男子在帝之側後出見人當道則前

所夢見在帝側者也論之以爲趙國且昌之狀也黃

石授書亦漢且興之象也妖氣爲鬼鬼象人形自然

之道非或爲之也草木之生華葉青葱皆有曲折象

類文章謂天爲文字復爲華葉乎宋人或刻木爲楮

一本作約 葉者三年乃成孔子曰使地三年乃成一葉則萬物之有葉者寡矣如孔子之言萬物之葉自爲生也故能並成如天爲之其遲當若宋人刻楮葉矣觀鳥獸之毛羽毛羽之采色通可爲乎鳥獸未能盡實春觀萬物之生秋觀其成天地爲之乎物自然也知謂天地爲之爲之宜用手天地安得萬萬千手並爲萬千千物乎諸物在天地之間也猶子在母腹中也母懷子氣十月而生鼻口耳目髮膚毛理血脈脂腴骨節爪齒自然成腹中乎母爲之也偶人千萬不名爲人者何也鼻口耳目非性自然也武帝幸王夫人

王夫人死思見其形道士以方術作夫人形形成出
入宮門武帝大驚立而迎之忽不復見蓋非自然之
真方士巧妄之僞故一見荒忽消散滅亡有爲之化
其不可久行猶王夫人形不可久見也道家論自然
不知引物事以驗其行言故自然之說未見信也然
雖自然亦須有爲輔助耒耜耕耘因春播種者人爲
之也及穀入地日夜長大人不能爲也或爲之者敗之
道也宋人有閔其苗之不長者就而揠之明日枯死
夫欲爲自然者宋人之徒也問曰人生於天地天地
無爲人稟天性者亦當無爲而有爲何也曰至德純

㥄之人禀天氣多故能則天自然無爲禀氣薄少不
遵道德不似天地故曰不肖不肖者不似也不似天
地不類聖賢故有爲也天地爲爐造化爲工禀氣不
一安能皆賢純者黄老是也黄者黄帝也老者
老子也黄老之操身中恬澹其治無爲正身共已而
陰陽自和無心於爲而物自化無意於生而物自成
易曰黄帝堯舜垂衣裳而天下治垂衣裳者垂拱無
爲也孔子曰大哉堯之爲君也惟天爲大惟堯則之
又曰巍巍乎舜禹之有天下也而不與焉周公曰上
帝引佚上帝謂舜禹也舜禹承安繼治任賢使能恭

已無爲而天下治舜禹承堯之安堯則天而行不作
爲邀名無爲之化自成故曰蕩蕩乎民無能名焉年
五十者擊壤於途不能知堯之德蓋自然之化也易
曰大人與天地合其德黃帝堯舜大人也其德與天
地合故知無爲也天道無爲故春不爲主而夏不爲
長秋不爲成冬不爲藏陽氣自出物自生長陰氣自
起物自成藏汲水決陂灌溉園田物亦生長霈然而
雨物之莖葉根荄莫不洽濡程量澍澤孰與汲井決
陂哉故無爲之爲大矣本不求功故其功立本不求
名故其名成沛然之雨功名大矣而天地不爲也氣

和而雨自集儒家說夫婦之道取法於天地知夫婦
法天地不知推夫婦之道以論天地之性可謂惑矣
夫天覆於上地偃於下下氣烝上上氣降下萬物自
生其中間矣當其生也天不須復與也由子在母懷
中父不能知也物自生子自成天地父母何與知哉
及其生也人道有教訓之義天道無爲聽恣其性故
放魚於川縱獸於山從其性命之欲也不驅魚令入
陵不逐獸令入淵者何哉拂詭其性失其所宜也夫
百姓魚獸之類也上德治之若烹小鮮與天地同操
也商鞅變秦法欲爲殊異之功不聽趙良之議以取

車裂之患德薄多欲君臣相憎怨也豈家德厚下當其上上安其下純蒙無爲何復譴告故曰政之適也君臣相忘於治魚相忘於水獸相忘於林人相忘於世故曰天也孔子謂顏淵曰吾服汝忘也汝之服於我亦忘也以孔子爲君顏淵爲臣尚不能譴告況以老子爲君文子爲臣乎老子文子似天地者也淳酒味甘飲之者醉不相知薄酒酸苦賓主顰蹙夫相譴告道薄之驗也謂天譴告曾謂天德不若淳酒乎禮者忠信之薄亂之首也相譏以禮故相譴告三皇之時坐者于于行者居居乍自以爲馬乍自以爲牛純

德行而民瞳矇曉悉之心未形生也當時亦無災異雖有灾異不名曰譴告何則時人愚惷不知相繩責也末世衰微上下相非灾異時至則造譴告之言矣夫今世之天古之天也非古之天厚而今之天薄也譴告之言生於今者人以心准況之也誥誓不及五帝要盟不及三王交質子不及五伯德彌薄者信彌衰心險而行誠則犯約而負教教約不行則相譴告譴告不改舉兵相滅由此言之譴告之言衰亂之語也而謂之上天為之斯蓋所以疑也且凡言譴告者以人道驗之也人道君譴告臣上天譴告君也謂灾異爲譴告夫人道臣亦

有諫君以災異爲譴告而王者亦當時有諫上天之
義其效何在苟謂天德優人不能諫優而亦宜玄默
不當譴告萬石君子有過不言對案不食至優之驗
也夫人之優者猶能不言皇天德大而乃謂之譴告
乎夫天無爲故不言災變時至氣自爲之夫天地不
能爲亦不能知也腹中有寒腹中疾痛人不使也氣
自爲之夫天地之間猶人背腹之中也謂天爲災變
凡諸怪異之類無小大薄厚皆天所爲乎牛生馬桃
生李如論者之言天神入牛腹中爲馬把李實提桃
間乎牢曰子云吾不試故藝又曰吾少也賤故多能

鄙事人之賤不用於大者類多伎能天尊貴高大安
能撰為災變以譴告人且吉凶蜚色見於面人不能
為色自發也天地猶人身氣變猶蜚色人不能為蜚
色天地安能為氣變然則氣變之見殆自然也自
見色自發占候之家因以言也夫寒溫譴告變動招
致四疑皆已論矣譴告於天道尤詭故重論之論之
所以難別也說合於人事不入於道意從道不隨事
雖違儒家之說合黃老之義也

感類篇

陰陽不和災變發起或時先世遺咎或時氣自然賢

聖感類慊懼自思災變惡徵何爲至乎引過自與恐
有罪畏慎恐懼之意未必有其實事也何以明之以
湯遭旱自責以五過也聖人純完行無缺失矣何自
責有五過然如書曰湯自責天應以雨湯本無過以
五過自責天何故雨以無過致旱亦知自責不能得
雨也由此言之旱不爲湯至雨不應自責然而前旱
後雨（之字衍）者自然之氣也此言書之語也難之曰春秋
大雩董仲舒設土龍皆爲一時間也一時不雨恐懼
雩祭求陰請福憂念百姓也湯遭旱七年以五過自
責謂何時也夫遭旱一時輒自責乎旱至七年乃自

也謂一時輙自

之誠

也始謂亡年乃自責憂

也不

之沫不厭憂民之義書之言未可信也由此論之周

成王之雷風發亦比類也金縢曰秋大熟未穫天大

雷電以風禾盡偃大木斯拔邦人大恐當此之時周

公死儒者説之以爲成王狐疑於周公欲以天子禮

葬公公人臣也欲以人臣禮葬公公有王功狐疑於葬

周公之間天大雷雨動怒示變以彰聖功古文家以

武王崩周公居攝管蔡流言王意狐疑周公周公奔

楚故天雷雨以悟成王夫一雷一雨之變或以爲葬

疑或以為信讒二家未可審且訽斁疑之說秋夏之
際陽氣尚盛未嘗無雷雨也顧其拔木偃禾頗為狀
耳當雷雨時成王感懼開金縢之書見周公之功執
書泣過自責之深自責適已天偶反風書家則謂天
為周公怒也千秋萬夏不絕雷雨茍謂雷雨為天怒
乎是則皇天歲歲怒也正月陽氣發泄雷聲始動秋
夏陽至極而雷折茍謂秋夏之雷（一有陽至極字）為天大怒
正月之雷天小怒乎雷為天怒雨為恩施使天為周
公怒徙當雷不當雨今雨[illegible]至天怒且喜乎子於是
日也哭則不歌周禮子卯稷食菜羹哀樂不並行哀

祭不遂行喜怒反并至乎秦始皇帝東封岱嶽雷雨
暴至劉媼息大澤雷雨晦冥始皇無道自同前聖治
亂自謂太平天怒可也劉媼息大澤夢與神遇是生
高祖何怒於生聖人而為雷雨乎堯時大風為害堯
繳大風於青丘之野舜入大麓烈風雷雨堯舜世之
隆王何過於天天為風雨也大旱春秋雩祭又董仲
舒設土龍以類招氣如天應雩龍必為雷雨何則秋
夏之雨與雷俱也必從春秋仲舒之術則大雩龍求
怒天乎師曠奏白雪之曲雷電下擊鼓清角之音風
雨暴至苟為雷雨為天怒天何憎於白雪清角而如

師曠爲之乎此雷雨之雜也又問之曰成王不以天
子禮葬周公天爲雷風偃禾拔木武王競悟執書泣
過天乃反風偃禾復起何不爲疾反風以立大木必
須国人起築之乎應曰天不能曰然則天有所不能
乎應曰然雖曰孟賁推人仆接人而起接人立天
能拔木不能復起是則天力不如孟賁也秦時三山
亡猶謂天所徙也夫木之輕重孰與三山能徙三山
不能起大木非天用力宜也如謂三山非天所亡
雷雨獨天所爲乎問曰天之欲令成王以天
葬周公以公有聖德以

公所自以爲功代武王之說今天動威以彰周公之
德也難之曰伊尹相湯伐夏爲民興利除害致天下
太平湯死復相太甲太甲佚豫放之桐宮攝政三年
乃退復位周公曰伊尹格于皇天天所宜彰也伊尹
死時天何以不爲雷雨應曰以百雨篇曰伊尹死大霧
三日大霧三日亂氣矣非天怒之變也東海張霸造
百雨篇其言雖未可信且假以問天爲雷雨以悟成
王成王未開金匱雷止乎已開金匱雷雨乃止也應
曰未開金匱雷止也開匱得書見公之功覺悟泣過
决以天子禮葬公出郊觀變天乃雨反風禾盡起由

此言之成王未覺悟雷雨止矣難曰伊尹霧三日天
何不三日雷雨須成王覺悟乃止乎太戊之時桑穀
生朝七日大拱太戊思政桑穀消亡宋景公時熒守
心出三善言熒惑徙舍使太戊不思政景公無三善
言桑穀不消熒惑不徙何則災變所以譴告也所譴
告未覺災變未除天之至意也爲天怒爲雷雨非責
成王成王未覺雨雷之息何其早也又問曰禮諸侯
之子稱公子諸侯之孫稱公孫皆食菜地殊之衆庶
何則公子公孫親而又尊得體公稱又食菜地名實
相副猶文質相稱也天彰周公之功令成王以天　子

禮葬何不令成王號周公以周公副天子之禮乎應
曰王者名之尊號也人臣不得名也難曰人臣猶得
名大禮乎武王伐紂下車追王太王王季文王三人
諸侯亦人臣也以王號加之何獨可於三王不可
周公天意欲彰周公豈能明乎豈以王迹起於三人哉
然而王功成亦於周公江起岷山流爲濤瀨相濤瀨
之流孰與初起之源秬鬯之所爲到白雉之所爲來三
王乎周公乎猶也周公功德盛於三王不加王號豈天
惡人妄稱之哉周衰六國稱王齊秦更爲帝當時天
無禁怒之變周公不以天子禮葬天爲雷雨以責成

王何天之好惡不純一乎又問曰魯季孫賜曾子
簀曾子病而寢之童子曰華而睆者大夫之簀而曾
子感愍命元易簀盖禮大夫之簀士不得寢也今周
公人臣也以天子禮葬魂而有靈將安之不也應曰
成王所爲天之所子何爲不安難曰季孫亦賜大夫
之簀豈曾子之所自制乎何獨不安乎子疾病子路遣
門人爲病間曰久矣哉由之行詐也無臣而爲有臣
吾誰欺欺天乎孔子非子路者也已非人一有也字子路
使門人爲臣非天之心而妄爲之是欺天也周公
亦非天子也以孔子之心況周公周公必不安也

也季氏旅於太山孔子曰曾謂泰山不如林放乎以
曾子之細猶却非禮周公至聖豈安天子之樂曾謂
周公不如曾子乎由此原之周公不安也大人與天
地合德周公不安天亦不安何故爲雷雨以責成王
乎又曰死生有命富貴在天武王之命何可代乎應
曰九齡之夢天奪文王年以益武王克殷二年之
時九齡之年未盡武王不豫則請之矣人命不可
請獨武王可非世常法故藏於金縢不可復爲故掩
而不見難曰九齡之夢武王已得文王之年未應曰
已得之矣難曰已得文王之年命當自延克殷二年

雖病猶將不死周公何爲請而代之應曰人君爵人
以官議定奏之印與曹下案縣然後可諾天雖奪文王
年以益武王猶須周公請乃能得之命數精微非一
臥之夢所能得也應曰九齡之夢能得也難曰九齡
之夢文王夢與武王九齡武王夢帝予其九齡其天
已予之矣武王已得之矣何須復請人且得官先夢
得爵真後莫舉猶自得官何則兆象先見其驗必至
也古者謂年爲齡已得九齡猶人夢得爵也周公因
必然之夢請之於天功安能大乎又聞曰功無大
德無多少人須仰恃賴之者則爲美矣使周公不

武王武王病死周公與成王而致天下太平乎應曰
成事周公輔成王王天下不亂使武王不見代遂病
至死周公致太平何疑乎難曰若是武王之若無益
其死無損須周公功乃成也周衰諸侯背畔管仲九
合諸侯一匡天下孔子曰微管仲吾其被髮左衽矣
使無管仲不合諸侯夷狄交侵中國絕滅此無管仲
有所傷也程言者無管仲之功偶於周公管仲死桓
公不以諸侯禮葬以周公況之天亦宜微雷薄雨
不至何以設豈以周公聖而管仲不賢乎夫管仲爲反
坫有三歸孔子譏之以爲不賢反坫三歸諸侯之禮

天子禮王者之制皆以人臣俱不得為大人與天
地合德孔子大人也讖皆仲之借禮皇天欲君公之
侵制非合德之驗書家之說未可然也以見鳥跡而
知為書見蜚蓬而知為車天非以鳥跡命倉頡以蜚
蓬使奚仲也奚仲感蜚蓬而倉頡起鳥跡也晉文反
國命徹麋墨舅犯心感辭位歸家夫文公之徹麋墨
非欲去舅犯舅犯感慚自同於麋墨也宋華臣弱其
宗使家賊六人以鈹殺華吳於宋合左師之後左
師懼曰老夫無罪其後左師怨咎華臣華臣備之國
人逐瘈狗瘈狗入華臣之門華臣以為左師來攻已

也。踰墻而走夫華臣自殺華吳而左師懼國人自逐
瘈狗而華臣自走成王之畏懼猶此類也心疑於不
以天子禮葬公卒遭雷雨之至則懼而畏過矣夫雷
雨之至天未必責成王也雷雨至成王懼以自責也
夫惑則蒼頡奚仲之心懼則左師華臣之意也懷嫌
疑之計遭暴至之氣以類之驗見則天怒之效成矣
自類驗於寂寞猶感動而畏懼況雷雨揚軒轞之聲
成王庶幾能怵惕乎迅雷風烈孔子必變禮君子聞
雷雖夜衣冠而坐所以敬雷懼激氣也聖人君子於
道無嫌然猶順天變動況成王有周公之疑聞雷

雨之變安能不振懼乎然則雷雨之至也殆且自天
氣成王畏懼殆且感物也夫天道無為如天以雷
雨責怒人則亦能以雷雨殺無道古無道者多可以
雷雨誅殺其身必命聖人興師動軍頓兵傷士難以
一雷行誅輕以三軍尅敵何天之不憚煩也或曰紂
父帝乙射天毆地游涇渭之間雷電激而殺之斯天
以雷電誅無道也帝乙之惡孰與桀紂鄒伯奇論桀
紂惡不如亡秦亡秦不如王莽然而桀紂秦莽之死
不以雷電孔子作春秋采毫毛之善貶纖介之惡采
善不踰其美貶惡不溢其過責小以大天人無之成

且[illegible]天大雷雨如定以臣葬公其變何以過此[illegible]
[illegible]不悟變者人之才不能盡曉天不以譴責之
[illegible]於人[illegible]心疑未決天以大雷雨責之殆非皇
天之意書家之說恐失其實也

齊世篇

語稱上世之人侗長佼好堅彊老壽百歲左右下世
之人短小陋醜夭折早死何則上世和氣純渥婚姻
以時人民稟善氣而生生又不傷骨節堅定故長大
老壽狀貌美好下世反此故短小夭折形面醜惡此
言妄也夫上世治者聖人也下世治者亦聖人也聖

人之德前後不殊則其治世古今不異上世之天下世之天也天不變易氣不改更上世之民下世之民世俱稟元氣元氣純和古今不異則稟以爲形體者何故不同夫稟氣等則懷性均懷性均則形體同形體同則醜好齊醜好齊則夭壽適一天一地並生萬物萬物之生俱得一氣氣之薄渥萬世若一帝王治世百代同道人民嫁娶同時共禮雖言男三十而娶女二十而嫁法制張設未必奉行何以效之以今不奉行也禮樂之制存見於今今之人民肯行之乎今人不肯行古人亦不肯舉以今之人民知古之人民

也物亦物也人生一世壽至一百歲生爲十歲兒時
所見地上之物生死改易者多矣至百歲臨且死時
所見諸物與年十歲時所見無以異也使上世下世
民人無有異則百歲之間足以卜筮六畜長短五穀
大小昆蟲草木金石珠玉蜎蜚蠕動跂行喙息無有
異者此形不異也古之水火今之水火也今氣爲水
火也使氣有異則古之水清火熱而今水濁火寒乎
人生長六七尺大三四圍面有五色壽至於百萬世
不異如以上世人民侗長佼好堅彊老壽下世反此
則天地初立始爲人時長可如防風之君色如宋朝

壽如彭祖乎從當今至千世之後人可長如莢英色
如嫫毋壽如朝生乎王莽之時長人生長一丈名曰
霸出建武年中潁川張仲師長一丈二寸張湯八尺
有餘其父不滿五尺俱在今世或長或短儒者之言
竟非誤也語稱上世使民以宜傴者抱關侏儒俳優
如皆侗長佼好安得傴侏之人乎語稱上世之人質
朴易化下世之人文薄難治故易曰上古之時結繩
以治後世易之以書契先結繩易化之故後書契難
治之驗也故先宓犧之前人民至質朴卧者居居坐
者于于羣居聚處知其母不識其父至宓犧時人民

頑文知欲詐愚勇欲恐怯彊欲淩弱衆欲暴寡故宓
犧作八卦以治之至周之時人民文薄八卦難復因
襲故文王衍爲六十四首極其變使民不倦至周之
時人民久薄故孔子作春秋采毫毛之善貶纖介之
惡稱曰周監於二代郁郁乎文哉吾從周孔子知世
浸弊文薄難治故加密致之罔設纖微之禁檢押守
持備具悉極此言妄也上世之人所懷五常也下世
之人亦所懷五常也俱懷五常之道共稟一氣而生
上世何以質朴下世何以文薄彼見上世之民飲血
茹毛無五穀之食後世穿地爲井耕土種穀飲井食

粟有水火之調又見上古巖居穴處衣禽獸之皮後
世易以宮室有布帛之飾則謂上世質朴下世文薄
矣夫器業變易性行不異然而有質朴文薄之語者
世有盛衰衰極久有弊也譬猶衣食之於人也初成
鮮完始熟香絜少久穿敗連日臭茹矣文質之法古
今所共一質一文一衰一盛古而有之非獨今也何
以效之傳曰夏后氏之王教以忠上教以忠君子忠
其失也小人野救野莫如敬殷王之教以敬上教用
敬君子敬其失也小人鬼救鬼莫如文故周之王教
以文上教以文君子文其失也小人薄救薄莫如忠

承周而王者當教以忠夏所承唐虞之教薄故教以忠唐虞以文教則其所承有鬼失矣世人見當今之文薄也狎侮非之則謂上世朴質下世文薄猶家人子弟不謹則謂他家子弟謹良矣語稱上世之人重義輕身遭忠義之事得己所當赴死之分明也則必赴湯趨鋒死不顧恨故弘演之節陳不占之義行事比類書籍所載亡命捐身衆多非一今世趨利苟生棄義妄得不相勉以義不相激以行義廢身不以爲累行隳事不以相畏此言妄也夫上世之士今世之士也俱含仁義之性則其遭事並有奮身之節古有無

義之人今有建節之士善惡雜廁何世無有述事者
好高古而下今貴所聞而賤所見辨士則談其久者
文人則著其遠者近有奇而辨不稱今有異而筆不
記若夫琅邪倪子明歲敗之時兄為飢人所食自縛
叩頭代兄為食餓人美其義兩舍不食兄死收養其
孤愛不異於己之子歲敗穀盡不能兩活餓殺其子
活兄之子臨淮許君叔亦養孤兄子歲倉卒之時餓
其親子活兄之子與子明同義會稽孟章父英為郡
決曹掾郡將撾殺非辜事至覆考英引罪自予卒代
將死章後復為郡功曹從役攻賊兵卒北敗為賊所

射以身代將卒死不去此弘演之節陳不占之義何以異當今著文書者肯引以為此喻乎此喻之證上則求虞夏下則索殷周秦漢之際功奇行殊猶以為後又況當今在百代下言事者目親見之乎畫工好畫上代之人秦漢之士功行譎奇不肯圖今世之士者尊古卑今也貴鵠賤雞鵠遠而雞近也使當今說道深於孔墨名不得與之同立行崇於曾顏聲不得與之鈞何則世俗之性賤所見貴所聞也有人於此立義見節實校其操古無以過為文書者肯載於篇籍表以為行事乎竹奇論造新文不損於前人好

事者肯合久遠之書而妄意觀讀之乎揚子雲作太玄造法者言張伯松不肯壹觀與之併肩故賤其使子雲在伯松前伯松以爲金匱矣語稱上世之時聖人德優而功治有奇故孔子曰大哉堯之爲君也唯天爲大唯堯則之蕩蕩乎民無能名焉巍巍乎其有成功也煥乎其有文章也舜承堯不墮洪業禹襲舜不虧大功其後至湯舉兵伐桀武王把鉞紂無巍巍蕩蕩之文而有動兵討伐之蓋施德劣而兵試武用而化薄化不能相違之明驗也及至秦兵革擾　優戰力角勢秦以但得天下既得天下既得天下無嘉

瑞之善者叶和萬　國鳳凰來儀之類非德劣不及功薄
不若之徵乎此言妄也夫天地氣和即生聖人聖人之治
即立大功和氣不獨在古先之聖人何故獨優世俗
之性好褒古而毀今少所見而多所聞又見經傳增
聖賢之美孔子就大堯舜之功又聞堯禹禪而相讓
湯武伐而相奪則謂孔聖優於今功化渥於後矣夫
經有褒增之文世有空加之言讀經覽書者所共見
也孔子曰紂之不善不若是之甚也是以君子惡居
下流天下之惡皆歸焉世常以桀紂與堯舜相反稱
美則說堯舜言惡則舉紂桀孔子曰紂之不善不若

是之甚也則知堯舜之德不若是之盛也堯舜之禪
湯武之誅皆有天命非優劣所能為人事所能成也
使湯武在唐虞亦禪而不伐堯舜在殷周亦誅而不
讓蓋有天命之實而世空生優劣之語經言叶和萬
國時亦有丹朱鳳凰来儀時亦有苗兵皆動而並用
則知德亦優劣而用大也世論桀紂之惡甚於亡秦
實事者謂亡秦惡甚於桀紂秦漢善惡相反猶堯舜
桀紂相違也秦與漢皆在後世亡秦惡甚於桀紂則
亦知大漢之德不劣於唐虞也唐之萬國固增而非
實者也有虞之鳳凰宣帝已五致之矣孝明帝符瑞

又至夫德優故有瑞瑞鈞則必不相下宣帝孝明如劣不及堯舜何以能致堯舜之瑞光武皇帝龍興鳳舉取天下若拾遺何以不及殷湯周武世稱周之成康不虧文王之隆舜巍巍不虧堯之盛功也方今聖朝承光武襲孝明有浸鄷溢美之化無細小毫髮之虧上何以不逮舜禹下何以不若成康世見五帝三王事在經傳之上而漢之記故尚（一有書字）爲文書則謂古聖優而功大後世劣而化薄矣

論衡卷第十九

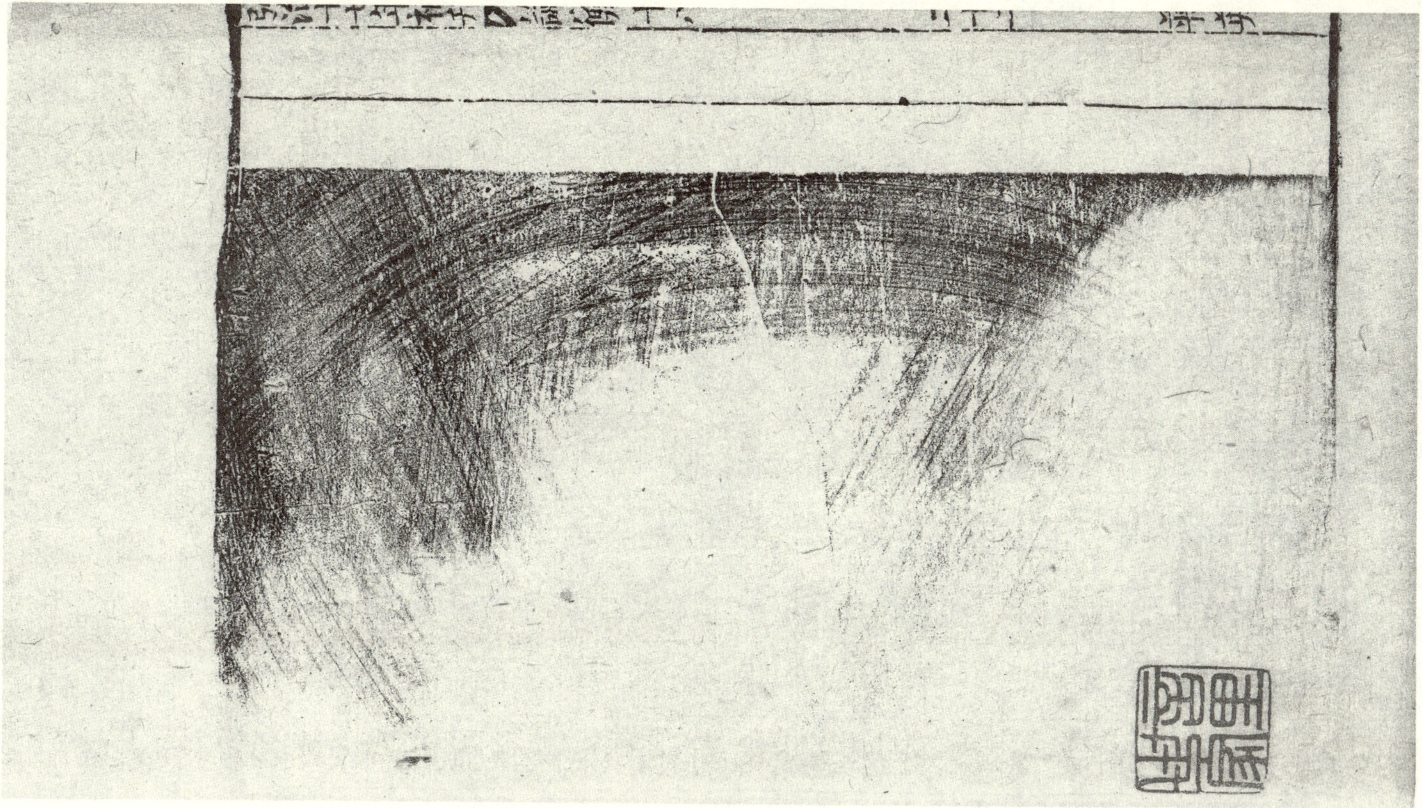

論衡卷第十九　　王充

宣漢篇　　恢國篇

驗符篇

宣漢篇

儒者稱五帝三王致天下太平漢興已來未有太平彼謂五帝三王致太平漢未有太平者見五帝三王聖人也聖人之德能致太平謂漢不太平者漢無聖帝也賢者之化不能太平又見孔子言鳳鳥不至河不出圖吾已矣夫方今無鳳鳥河圖瑞應未至悉具故謂未太平此言妄也夫太平以治定為效百姓以

安樂爲符孔子曰修己以安百姓堯舜其猶病諸百
姓安者太平之驗也夫治人以人爲主百姓安而陰
陽和陰陽和則萬物育萬物育則奇瑞出視今天下
安乎危乎安則平矣瑞雖未具無害於平故夫王道
定事以驗立實以效效驗不彰實誠不見時或實然
證驗不具是故王道立事以實不必具驗聖主治世
期於平安不須符瑞且夫太平之瑞猶聖主之相也
聖王國法未必同太平之瑞何爲當等彼聞堯舜之
時鳳皇景星皆見河圖洛書皆出以爲後王治天下
當復若等之物乃爲太平用心若此猶謂堯當復比

堯舜當復八眉也夫帝王聖相前後不同則符瑞古
今不等而今王無鳳鳥河圖爲未太平妄矣孔子言
鳳皇河圖者假前瑞以爲語也未必謂世當復有鳳
皇與河圖也夫帝王之瑞衆多非一或以鳳鳥麒麟
或以河圖洛書或以甘露醴泉或以陰陽和調或以
百姓又安今瑞未必同於古古應未必合於今遭以
所得未必相襲何以明之以帝王興起命祐不同也
周則烏魚漢斬大虵推論唐虞猶周漢也初興始起
異於物氣無相襲者太平瑞應何故當鈞以已至之
瑞效方來之應猶守株待兎之蹊藏身破置之路也

天下太平瑞應各異猶家人富殖物不同也或積米
穀或藏布帛或畜牛馬或長田宅夫樂米穀不愛布
帛歡牛馬不美田宅則謂米穀愈布帛牛馬勝田宅
矣今百姓安矣符瑞至矣終謂古瑞河圖鳳皇不至
謂之未安是猶食稻之人入飯稷之鄉不見稻米謂
稷爲非穀也實者天下已太平矣未有聖人何以致
之未見鳳皇何以效實問世儒知聖何以知今無聖
人也世人見鳳皇何以知之既無以知之何以知今
無鳳皇也委不能知有聖與無又不能別鳳皇是鳳
與非則必不能定今太平與未平也孔子曰如有王

者必世然後仁三十年而天下平漢興至文帝時二十餘年賈誼創議以爲天下洽和宜改正朔服色制度定官名興禮樂文帝初即位謙讓未遑夫如賈生之議文帝時已太平矣漢興二十餘年應孔子之言必世然後仁也漢一代之年數已滿太平立矣賈生知之況至今且三百年謂未太平誤也且孔子所謂一世三十年也漢家三百歲十帝耀德未平如何夫文帝之時固已平矣歷世持平矣至平帝時前漢已滅光武中興復致太平問曰文帝有瑞可名太平光武無瑞謂之太平如何曰夫帝王瑞應前後不同雖

無物瑞百姓寧集風氣調和是亦瑞也何以明之帝
王治平升封太山告安也秦始皇升封太山遭雷雨
之變治未平氣未和光武皇帝升封太山晏然無雲太
平之應也治平氣應光武之時氣和人安物瑞等至
人氣已驗論者猶疑孝宣皇帝元康二年鳳皇集於
太山後又集于新平四年神雀集於長樂宮或集于
上林九真獻麟神雀二年鳳凰甘露降集京師四年
鳳皇下杜陵及上林五鳳三年帝祭南郊神光並見
或興于谷燭燿齋宮十有餘日明年祭后土靈光復
至至如南郊之時甘露神雀降集延壽萬歲宮其年

三月鸞鳳集長樂宮東門中樹上甘露元年黃龍至
見于新豐醴泉滂流彼鳳皇雖五六至或時一鳥而
數來或時異鳥而各至麒麟神雀黃龍鸞鳥甘露醴
泉祭后土天地之時神光靈耀可謂繁盛累積矣孝
明時雖無鳳皇亦致麟甘露醴泉神雀白雉紫芝嘉
禾並出鼎見離木復合五帝三王經傳所載瑞應莫
盛孝明如以瑞應效太平宣明之年倍五帝三王也
夫如是孝宣孝明可謂太平矣能致太平者聖人也
世儒何以謂世未有聖人天之稟氣豈爲前世者渥
後世者泊哉周有三聖文王武王周公並時猥出漢

亦一代也何以當之於周周之聖王何以當多於漢
漢之高祖光武周之文武也文帝武帝宣帝孝明今
上過周之成康宣王非以身生漢世可褒增頌歎以
求媚稱也核事理之情定説者之實也俗好褒遠稱
古講瑞上世為美論治則古王為賢睹奇於今終不
信然使堯舜更生恐無聖名獵者獲禽觀者樂獵不
見漁者之心不顧也是故觀於齊不虞魯遊於楚不
懽宋唐虞夏殷同載在二尺四寸儒者推讀朝夕講
習不見漢書謂漢劣不若亦觀獵不見漁游齊楚不
願宋魯也使漢有弘文之人經傳漢事則尚書春秋

也儒者宗之學者習之將襲舊六爲七今上上王至
高祖皆爲聖帝矣觀社撫班固等所上漢頌頌功德
符瑞汪濊深廣滂沛無量踰唐虞入皇域三代陿睦
厥深洿沮也殷監不遠在夏后之世且舍唐虞夏殷
近與周家斷量功德實商優劣周不如漢何以驗之
周之受命者文武也漢則高祖光武也文武受命之
降怪不及高祖光武初起之祐孝宣明之瑞美於周
之成康宣王孝宣孝明符瑞唐虞以來可謂盛矣今
上即命奉成持滿四海混一天下定寧物瑞已極人
應訂隆唐世黎民雍熙今亦天下修仁歲遭運氣穀

廣不當迂路無絕道之憂深幽無屯蒙之難周家越
常獻白雉方今匈奴鄯善哀牢貢獻牛馬周時僅治
五千里內漢氏廓土收荒服之外牛馬珍於白雉近
屬不若遠物古之戎狄今爲中國古之裸人今被朝
服古之露首今冠章甫古之跣跗今履商舄以盤石
爲沃田以桀暴爲良民夷埳坷爲平均化不賓爲齊
民非太平而何夫實德化則周不能過漢論符瑞則
漢盛於周度土境則周狹於漢漢何以不如周獨謂
周多聖人治致太平儒者稱聖泰隆使聖卓而無跡
稱治亦泰盛使太平絕而無續也

此八國篇

顏淵喟然歎曰仰之彌高鑽之彌堅此言遠習孝多

孔子精竆氣月見道彌深也宣蕩之篇高虞次居次

漢過周論者未極也救而極之彌見虞奇夫經典□

者要妙乃見國極論者校奇彌出棱論虞國在百世

之上審矣何以驗之皇帝有涿鹿之戰堯有丹水之

師舜時有苗不服夏啓有扈叛逆高宗伐鬼方三年

克之周成王管蔡作亂周公東征黄帝以來一統

此高祖之時陳豨反彭越叛治世安也孝景之時吳

楚七國悉皆逆也國及□□□正朔不及天荒之地王

功不加兵今宮內府亨高祖馬之開漢之威靈宣威
死也新爲至惡天下叛之武王奪之兵三宮顧氣輒八百
諸侯不期會至項羽惡衆而國之其高祖衆是廣
力輕重未有先定而有手力舉之衆壹於崔本高祖
誅項羽新莽武三伐紂崔本集以天意力勝周多矣凡
克敵　則易二者美湯武伐紂以紂一家也高君甚秦
殺項羨勝二家力倍羨武武王亦爲喪西伯臣事於紂以
臣伐周夷齊恥之知馬而諫武王工不聽不食周粟而
死首陽高祖不爲秦臣光武不仕王莽誅惡伐罪
伯夷之識可謂順於周矣立山曰勿以處之尚淵孝易以

爲深起於微賤無所因階卄八難襲爵秉位尊祖統業者易堯以唐侯入嗣帝位舜以司徒因堯授禪禹以司空緣功代舜湯由七十里文王百里武王爲西伯襲文王位三郊五代之起皆有因緣力易爲也高祖從亭長提三尺劒取天下光武由白水奮威武海内無尺土所因一位所乘直奉天命推自然此則起高於淵洿爲深於丘山也比方五代孰者爲優傳書或稱武王伐紂太公陰謀食小兒以丹令身純赤長大教言殷亡殷民見兒身赤以爲天神及言殷亡皆謂商滅兵至牧野晨舉脂燭姦謀惑民權奄不備周之

所謂也世謂之虛漢取天下無此虛言武成之篇言
周伐紂血流浮杵以武成言之食兒以丹晨舉脂燭
殆且然矣漢伐亡新光武將五千人王莽遣二公將
三萬人戰于昆陽雷雨晦冥前後不相見漢兵出昆
陽城擊二公軍一而當十二公兵散天下以雷雨助
漢威敵孰與舉脂燭以人事諭取殷哉或云武王伐
紂紂赴火死武王就斬以鉞懸其首於大白之旌齊
宣王憐釁鐘之牛睹其角之觳觫也楚莊王赦鄭伯
之罪見其肉袒而形暴也君子惡不惡其身紂尸赴
於火中所見悽愴非徒角之觳觫袒之暴形也武王

以鉞懸韋其首何其忍哉高祖入咸陽閻樂誅二世項羽殺子嬰高祖雍容入秦不戮二屍光武入長安劉聖公已誅王莽乘兵即宮不忍王莽之死夫斬赴火之首與貫被刃者之身德虐孰大也豈以羑里之恨哉以人君拘人臣其逆孰與秦奪周國莽酖平帝也鄒伯奇論桀紂之惡不若亡秦亡秦不若王莽然則紂惡微而周誅之痛秦莽罪重而漢伐之輕寬狹誰也高祖母妊之時蛟龍在上夢與神遇好酒貰飲酒舍負讎及醉留卧其上常有神怪夜行斬蛇蛇嫗悲哭與呂后俱之田廬時自隱匿光氣暢見呂后輒

知始皇望見東南有天子氣及起五星聚於東井楚
望漢軍雲氣五色光武且生鳳皇集於城嘉禾滋於
屋皇妣之身夜半無燭空中光明初者蘇伯阿望舂
陵氣鬱鬱葱葱光武起過舊廬見氣憧憧上屬於天
五帝三王初生始起不聞此怪堯母感於赤龍及起
不聞奇祐禹母吞薏苡將生得玄圭契母咽鷰子湯
起白狼銜鉤后稷母履大人之跡文王起得赤雀武
王得魚烏皆不及漢太平之瑞黃帝堯舜鳳皇一至
凡諸衆瑞重至者希漢文帝黃龍玉棓武帝黃龍麒
麟連木宣帝鳳皇五至麒麟神雀甘露醴泉黃龍神

光乎帝白雉黑雉孝明麒麟神雀甘露醴泉白雉黑雉芝草連木嘉禾與宣帝同奇有神鼎黄金之怪一代之瑞累仍不絶此則漢德豐茂故瑞祐多也孝明天崩今上嗣位元二之間嘉德布流三年零陵生芝草五本四年甘露降五縣五年芝復生六年黄龍見大小凡八前世龍見不雙芝生無二甘露一降而今八龍並出十一芝累生甘露流五縣德惠盛熾故瑞繁夥也自古帝王孰能致斯儒者論曰王者推行道德受命於天論衡初稟以爲王者生稟天命性命難審且兩論之酒食之賜一則爲薄再則爲厚如儒者

之言五代皆一受命唯漢獨在此則天命於漢厚也
如審論衡之言生稟自然此亦漢家此稟元世絕而
復屬死而復生世有死而復生之人人必謂之神漢
統絕而復屬光武存亡可謂優矣武王伐紂庸蜀之
夷佐戰牧野成王之時越常獻雉倭人貢暢幽厲衰
微戎狄攻周平王東走以避其難至漢四夷朝貢孝
平元始元年越常重譯獻白雉一黑雉二夫以成王
之賢輔以周公越常獻一平帝得三後至四年金城
塞外羌良橋橋種良願等獻其魚鹽之地願內屬漢
遂得西王母石室因為西海郡周時戎狄攻王至漢

内屬獻其實地西王母國在絶極之外而漢屬之德
孰大壞孰廣方今哀牢鄯善諸降附歸德匈奴時擾
邊將攙討獲虜生口千萬數夏禹倮入吳國太伯採
藥斷髮文身唐虞國界吳爲荒服越在九夷罽衣關
頭今皆夏服褒衣履舄巴蜀越嶲鬱林日南遼東樂
浪周時被髮椎髻今戴皮弁周時重譯今吟詩書春
秋之義君親無將將而必誅廣陵王荊迷於巽巫楚
王英惑於狹容事情列見孝明三宥二王吞藥周誅
管蔡違斯遠矣楚外家許氏與楚王謀議孝明曰許
氏有屬於王欲王尊貴人情也聖心原之不繩於法

隱彊侯傳懸書市里誹謗聖政令上海恩免奪爵土
惡其人者書其胥餘二工之子安楚廣陵彊第負嗣
祀陰氏二王帝族也位爲王侯與管蔡同管蔡滅嗣
二王立後恩已褒矣隱彊異姓也尊重父祖復存其
祀立武庚之義繼禄父之恩方斯亂矣何則並爲帝
王舉兵相征貪天下之大絶成湯之統非聖君之義
也承天之意也隱彊臣子也漢統自在絶滅陰氏無
損於義而猶存之惠滂沛也故夫雨露之施內則注
於骨肉外則布於他族唐之晏晏舜之烝烝豈能喻
吒雝兜之行靖言庸回共工私之稱薦於堯三苗巧

佞之人或言有罪之國鯀不能治水知力極盡罪皆
在身不加於上唐虞放流死於不毛怨惡謀上懷挾
叛逆考事失實誤國殺將罪惡重於四子孝明加恩
則論徙邊今上寬惠還歸州里開闢以來恩莫斯大
晏子曰鈎星在房心之間地其動乎夫地動天時非
政所致皇帝振畏猶歸於治廣徵賢良訪求過闕高
宗之側身周成之開匱勵能逮此穀登歲平庸主因
緣以建德政顛沛危殆聖哲優者乃立功化是故微
病恆醫皆巧篤劇扁鵲乃良建初孟年無妄之氣至歲
之疾疫也比旱不雨牛死民流可謂劇矣皇帝敦德

後文在官第三句空股肱國維轉穀振贍民不乏飢

天下慕德雖危不亂民饑於穀飽於道德身流在道

心回鄉內以故道路無盜賊之跡深谿絕無劫奪

之姦以危為寧以困為通五帝三王孰能堪與哉

驗符篇

永平十一年廬江皖侯國民際有湖皖民小男曰陳

爵陳挺年皆十歲以上相與釣於湖涯挺先釣爵後

往爵問挺曰釣寧得乎挺曰得爵即歸取竿綸去挺

四十步所見湖涯有酒罇色正黃沒水中爵以為銅

也涉水取之滑重不能舉挺望見號曰何取爵曰是

有銅不能舉也挺往助之涉水未持鐏頓行更為盟
盤動行入深淵中復不見挺爵留顧見如錢等正黃
數百千枚即共掇摝各得滿手走歸示其家爵父國
故免吏字君賢驚曰安所得此爵言其狀君賢曰此
黃金也即馳與爵俱往到金處水中尚多賢自涉水
掇取爵挺鄰伍並聞俱競採之合得十餘斤賢自言
於相相言太守太守遣吏收取遣門下掾程躬奉獻
具言得金狀詔書曰如章則可不如章有正法躬奉
詔書歸示太守太守以下思省詔書以為疑隱言之
不實苟飾美也即復因却上得黃金實狀如前章事

寶十二年，賢等上書曰：賢等得金湖水中，郡牧獻，言今不得直。詔書下廬江，上不畀賢等金直狀。郡上：賢等所採金，自官湖水，非賢等私瀆，故不與直。十二年，詔書曰：視時金價，畀賢等金直。漢瑞非一，金出奇怪，故獨紀之。金玉神寶，故出詭異。金物色先為酒尊，後為盟盤，動行入淵，豈不怪哉？夏之方盛，遠方圖物，貢金九牧，禹謂之瑞，鑄以為鼎。周之九鼎，遠方之金也。人來貢之，自出於淵者，其實一也。皆起盛德，為聖王瑞。金玉之世，故有金玉之應。文帝之時，玉棓見。金之與玉，瑞之最也。金聲玉色，人之奇也。永昌郡中亦有金焉，纖靡大

類黍粟在水涯沙中民採得日重五銖之金一色也
黃土生金土色黃漢土德也故金化出金有三品黃
比兒者黃為瑞也圯橋老父遺張良書化為黃石黃
石之精出為符也夫石金之類也質異色鈞皆土瑞
也建初三年零陵泉陵女子傅寧宅土中内生芝草
五本長者尺四五寸短者七八寸莖葉紫色蓋紫芝
也太守沈酆遣門下掾衍盛奉獻皇帝悦懌賜錢衣
食詔會公卿郡國上計吏民皆在以芝告示天下天
下並聞吏民歡喜咸知漢德豐雍瑞應出也四年甘
露下泉陵零陵洮陽始安冷道五縣榆柏梅李葉皆

洽濤威委流漉民嗽吮之甘如飴蜜五年芝草復生
泉陵男子周服宅上六本色狀如三年芝并前凡十
一本湘水去泉陵城七里水上聚石曰燕室丘臨水
有俠山其下巖唫水深不測二黃龍見長出十六丈
身大於馬舉頭顧望狀如圖中畫龍燕室丘民皆觀
見之去龍可數十步又見狀如駒馬小大凡六出水
遨戲陵上蓋二龍之子也并二龍爲八出移一時乃
入宣帝時鳳皇下彭城彭城以聞宣帝詔侍中宋翁
一翁一曰鳳皇當下京師集於天子之郊乃遠下彭
城不可收與無下等宣帝曰方今天下合爲一家下彭

城與京師等耳何命可與無下等乎令左右通經語
論難翁一翁一窮免冠叩頭謝宣帝之時與今無異
鳳皇之集黄龍之出鈞也彭城零陵遠近同也帝宅
長遠四表爲界零陵在内猶爲近矣魯人公孫臣孝
文時言漢土德其符黄龍當見其后黄龍見于成紀
成紀之遠猶零陵也孝武孝宣時黄龍皆出黄龍比
出於茲爲四漢竟土德也賈誼創議於文帝之朝云
漢色當尚黄數以五爲名賈誼智囊之臣云色黄數
五土德審矣芝生於土土氣和故芝生土土爰稼穡
稼穡作甘故甘露集龍見往世不雙帷夏殷時二龍

在庭今龍雙出應夏之數治諧偶也龍出往世其子
希出今小龍六頭並出遨戲象乾坤六子嗣後多也
唐虞之時百獸率舞今亦八龍遨戲良久芝草延年
仙者所食往世生出不過一二今并前後凡十一本
多獲壽考之徵生育松喬之糧也甘露之降往世一
所今流五縣應土之數德布濩也皇瑞比見其出不
空必有象爲隨德是應孔子曰知者樂仁者壽皇帝
聖人故芝草壽徵生黃爲土色位在中央故軒轅德
優以黃爲號皇帝寬惠德侔黃帝故龍色黃示德不
異東方曰仁龍東方之獸也皇帝聖人故仁瑞見其

者養育之味也皇帝仁惠愛黎民故甘露降龍潛藏之物也陽見於外皇帝聖明招拔巖穴也瑞出必由嘉士祐至必依吉人也天道自然厥應偶合聖主獲瑞亦出群賢君明臣良庶事以康文武受命力亦周邵也

論衡卷第十九

（漢）王充　撰

宋本論衡

第五册

國家圖書館出版社

第五册目録

論衡卷第二十　王充

須頌篇　佚文篇

論死篇

須頌篇

古之帝王建鴻德者須鴻筆之臣褒頌紀載鴻德乃彰萬世乃聞問說書者欽明文思以下誰所言也曰篇家也篇家誰也孔子也然則孔子鴻筆之人也自衛反魯然後樂正雅頌各得其所也鴻筆之奮蓋斯時也或說尚書曰尚者上也上所爲下所書也下者誰也曰臣子也然則臣子書上所爲矣問儒者禮言

制樂言作何也曰禮者上所制故曰制樂者下所作
故曰作天下太平頌聲作方今天下太平矣頌詩樂
聲可以作未傳者不知也故曰拘儒衛孔悝之鼎銘
周臣勸行孝宣帝稱潁川太守黃霸有治狀賜金百
斤漢臣勉政夫以人主頌稱臣子臣子當褒君父於
義較矣虞氏天下太平夔歌舜德宣王惠周詩頌
其行召伯述職周歌棠樹是故周頌三十一殷頌五
魯頌四九頌四十篇詩人所以嘉上也由此言之臣
子當頌明矣儒者謂漢無聖帝治化未太平宣漢之
論漢已有聖帝治已太平恢國之篇極論漢德非

佐實然乃在百代之上表德頌功宣褒主上詩之頌
言右臣典也舍其家而觀他人之室忽其父而稱異
人之翁未爲德也漢今天下之家也先帝今上民臣
之翁也夫曉主德而頌其美識國奇而恢其功孰與
疑暗不能也孔子稱大哉堯之爲君也唯天爲大唯
堯則之蕩蕩乎民無能名焉或年五十擊壤於途
或曰大哉堯之德也擊壤者曰吾日出而作日入而
息鑿井而飲耕田而食堯何等力孔子乃言大哉堯
之德也者皆知堯者也涉聖世不知聖主是則盲者
不能別青黃也知聖主不能頌是則暗者不能言是非

也然則方今育晴之儒與唐擊壤之民同一才矣夫
孔子及唐人言大哉者知堯德蓋堯盛也擊壤之民
云堯何等力是不知堯德也夜舉燈燭光耀所及可
得度也日照天下遠近廣狹難得量也浮於淮濟
皆知曲折入東海者不曉南北故夫廣大［一又有廣大字］從橫難
數極深揭厲難測漢德酆廣日光海外也知者知之
不知者不知漢盛也漢家著書多上及殷周諸子並
作皆論他事無褒頌之言論衡有之又詩頌國名周
頌與杜撫固所上漢頌相依類也宣帝之時畫圖漢
列士或不在於畫上者子孫恥之何則父祖不賢故

不畫圖也夫頌言非徒畫文也如千世之後讀經書
不見漢美後世恠之故夫古之通經之臣紀主令功
記於竹帛頌上令德刻于鼎銘文人涉世以此自勉
漢德不及六代論者不德之故也地有丘洿故有高
平或以钁鍤平而夷之爲平地矣世見五帝三王爲
經書漢事不載則謂五三優於漢矣或以論爲钁鍤
損三五少豐滿漢家之下豈徒並爲平哉漢將爲丘五
三轉而爲洿矣湖池非一廣從同也樹竿測之深淺可
度漢與百代俱爲主也實而論之優劣可見故不樹
長竿不知深淺之度無論衡之論不知優劣之實漢

在百代之末上與百代料德湖池相與比也無鴻筆
之論不免庸庸之名論好稱古而毀今恐漢將在百
代之下豈徒同哉謚者行之迹也謚之美者成宣也
惡者靈厲也成湯遭旱周宣亦然然而成湯加成宣
王言宣無妄之災不能虧政臣子累謚不失實也由
斯以論堯堯亦美謚也時亦有洪水百姓不安猶言
堯者得實考也夫一字之謚尚有明主況千言之論
萬文之頌哉船車載人孰與其徒之多也素車朴船孰
與加漆采畫也然則鴻筆之人國之船車采畫也農
無疆夫穀粟不登國無疆文德闇不彰漢德不休亂

在百代之間彊筆之儒不著載也高祖以來著書者不講論漢司馬長卿爲封禪書文約不具司馬子長紀皇帝以至孝武楊子雲録宣帝以至哀平陳平仲紀光武班孟堅頌孝明漢家功德頗可觀見今上即命未有褒載論衡之人爲此畢精故有齊世宣漢恢國驗符龍無雲雨不能參天鴻筆之人國之雲雨也載國德於傳書之上宣昭明於萬世之後厥高非徒參天也城墻之土平地之壤也人加築蹈之力樹立臨池國之功德崇於城墻文人之筆勁於築蹈聖王德盛功立莫不褒頌紀載奚得傳馳流去無彊乎人

有高行或譽得其實或欲稱之不能言或謂不善不
肯陳一斷此三者孰者爲賢五三之際於斯爲盛孝
明之時衆瑞並至百官臣子不爲少矣唯班固之徒
稱頌國德可謂譽得其實矣頌文譎以奇彰漢德於
百代使帝名如日月孰與不能言言之不美善哉秦
始皇東南遊升會稽山李斯刻石紀頌帝德至瑯琊
亦然秦無道之國刻石文世觀讀之者見堯舜之美
由此言之須頌明矣當今非無李斯之才也無從升
會稽歷瑯琊之階也絃歌爲妙異之曲坐者不曰善
弦歌之人必怠不精何則妙異難爲觀者不知善也

聖國揚妙異之政衆臣不頌將順其美安得所施哉
今方板之書在竹帛無主名所從生出見者忽然不
御服也如題曰甲甲某子之方若言已驗嘗試人爭
刻寫以爲珍秘上書於國記奏於郡譽薦士吏稱術
行能章下記出士吏賢妙何則章表其行記明其才
也國德溢熾莫有宣褒使聖國大漢有庸庸之名咎
在俗儒不實論也古今聖王不絶則其符瑞亦宜累
屬符瑞之出不同於前或時已有世無以知故有講
瑞俗儒好長古而短今言瑞則渥前而薄後是應實
而定之漢不爲少漢有實事儒者不稱古有虛美誠

心然之信久遠之僞忽近今之實斯蓋三增九虛所
以成也能聖實聖所以興也儒者稱聖過實稽合於
漢漢不能及非不能及儒者之說使難及也實而論
之漢更難及穀熟歲平聖王因緣以立功化故治期
之篇爲漢激發治有期亂有時能以亂爲治者優優
者有之建初孟年無妄氣至聖世之期也皇帝執德
救備其災故順鼓明雩爲漢應變是故災變之至或
在聖世時旱禍湛爲漢論災是故春秋爲漢制法論
衡爲漢平說從門應庭聽堂室之言什而失九如升
至門室百不失一論衡之人在古荒流之地其遠非

從門庭也日刻徑重千里人不謂之廣者遠也望夜甚雨月光不暗人不睹曜者隱也聖者垂日月之明遂在中州隱於百里遙聞傳授不實形耀不實難得論詔書到計吏至乃聞聖政是以褒功失丘山之積頌德遺膏腴之美使至臺閣之下蹈班賈之跡論功德之實不失毫釐之微武王封比干之墓孔子顯三累之行大漢之德非直比干三累也道立國表路出其下望國表者昭然知路漢德明著莫立邦表之言故浩廣之德未光於世也

佚文篇

孝武皇帝封弟為魯恭王恭王壞孔子宅以為宮得佚尚書百篇禮三百春秋三十篇論語二十一篇闡絃歌之聲懼復封塗上言武帝武帝遣吏發取古經論語此時皆出經傳也而有闡絃歌之聲文當興於漢喜樂得闡之祥也當傳於漢寢藏牆壁之中恭王闡之聖王感動絃歌之象此則古文不當掩漢佚以為符也孝成皇帝讀百篇尚書博士郎吏莫能曉知徵天下能為尚書者東海張霸通左氏春秋案百篇序以左氏訓詁造作百二篇具成奏上成帝出祕尚書以考校之無一字相應者成帝下霸於吏吏當器

辜大不謹敬成帝奇霸之才赦其辜亦不滅其經故
百二尚書傳在民間孔子曰才難能推精思作經百
篇才高卓譎希有之人也成帝赦之多其文也雖姦
非實次序篇句依倚事類有以真是故不燒滅之疏
一櫝相遺以書書十數札奏記長吏文成可觀讀之
滿意百不能一張霸推精思至於百篇漢世實類成
帝赦之不亦宜乎楊子山爲郡上計吏見三府爲哀
牢傳不能成歸郡作上孝明奇之徵在蘭臺夫以三
府掾吏叢積成才不能成一篇子山成之上覽其文
子山之傳豈必審是傳聞依爲之有狀會三府之士

終不能爲子山爲之斯須不難成帝赦張霸豈不有
以哉孝武之時詔百官對策董仲舒策文最善王莽
時使郎吏上奏劉子駿章尤美美善不空才高知深
之驗也易曰聖人之情見於辭文辭美惡足以觀才
永平中神雀羣集孝明詔上爵頌百官頌上文皆比
瓦石唯班固賈逵傅毅楊終侯諷五頌金玉孝明覽
焉夫以百官之衆郎吏非一唯五人文善非奇而何
孝武善子虛之賦徵司馬長卿孝成玩弄衆書之多
善楊子雲出入遊獵子雲乘從使長卿桓君山子雲
作吏書所不能盈牘文所不能成句則武帝何會成

歸魯歎故曰玩揚子雲之篇樂於居千石之官挾桓

君山之書富於積猗頓之財韓非之書傳在秦庭始

皇歎曰獨不得與此人同時陸賈新語每奏一篇高

祖左右稱曰萬歲夫嘆思其人與喜稱萬歲豈可空

漢哉誠見其美歡氣發於内也候氣變者於天不於

地天文明也[illegible]不在於衆[illegible]天

也察[illegible]左文明也[illegible]不觀[illegible]

文服也易曰大人虎變其文炳君子豹變其文蔚又

曰觀乎天文觀乎人文此言天人以文爲觀大人君

子以文爲操也高祖在母身之時[illegible]陂蛟龍在

上龍𪚥玄燿及起藂望[illegible]入虞陽五
星聚東井星有五色天或著[illegible]文章[illegible]
之故先受命以文為瑞也惡人[illegible]意前後[illegible]道[illegible]皇
前數韓非之書後惑李斯之議燔五經之文設挾書
之律五經之儒抱經隱匿伏生之徒穴藏土中殄賢
聖之文厥辜深重嗣不及孫李斯創議身伏五刑漢
興易亡秦之軌削李斯之跡高祖始令陸賈造書未
與五經惠景以至元成經書並修漢朝郁郁厥語所
聞孰與亡秦王莽無道漢軍雲起臺閣廢頓文書棄
散光武中興修存未詳孝明世好文人並徵蘭臺之

官文雅會聚今上即令詔求亡失購募以金安得有
好文之聲唐虞既遠所在書散殷周頗近諸子存焉
漢興以來傳文浸還以所聞見伍唐虞而什殷周煥
炳郁郁莫盛於斯天晏暘者星辰曉爛人性奇者掌
文藻炳漢今爲盛故文繁奏也孔子曰文王既歿文
不在茲乎文王之文傳在孔子孔子爲漢制文傳在
漢也受天之文文人宜遵五經六藝爲文諸子傳書
爲文造論著說爲文上書奏記爲文文德之操爲文
立五文在世皆當賢也造論著說之文尤宜勞焉傳
則發胷中之思論世俗之事非徒諷古經續故文也

論發胷臆文成手中非説經藝之人所能爲也周秦之際諸子並作皆論他事不頌主上無益於國無補於化造論之人頌上恢國國業傳在千載主德參貳日月非適諸子書傳所能立也上書陳便宜奏記薦吏士一則爲身二則爲人繁文麗辭無上書文德之操治身完行徇利爲私無爲主者夫如是五文之中論者之文多矣則可尊明矣孔子稱周曰唐虞之際於斯爲盛周之德其可謂至德已矣孔子周之文人也設生漢世亦稱漢之至德矣趙他王南越倍主滅使不從漢制箕踞椎髻沉溺夷俗陸賈動以漢德懼

以帝感心覺醒悟蹶然起坐世傳之愚有趙他之惑
鴻文之陳陸賈之說觀見論者將有蹶然起坐世傳
之悟漢氏浩爛不有殊卓之聲文人之休國之符也
觀豐屋知名家睹喬木知舊都鴻文在國聖世之徵
也孟子相人以牟子焉心清則牟子瞭瞭者目文瞭也
夫候國占人同一實也國君聖而文人聚人心惠而
目多采蹂蹈文錦於泥塗之中聞見之者莫不痛
知文錦之可惜不知文人之當尊不通類也夫文人
文章豈徒調墨弄筆爲美麗之觀哉載人之行傳人
之名也善人顧載恩勉爲善邪惡人載力自禁裁然

則文人之筆勸善懲惡也謚法所以章善即以著惡也加一字之謚人猶勸懲聞知之者莫不自勉況極筆墨之力定善惡之實言行畢載文以千數傳流於萬歲爲冊靑故可尊也楊子雲作法言蜀富人賚錢十萬願載於書子雲不聽夫富無仁義之行圈中之鹿欄中之牛也安得妄載班叔皮續太史公書載鄉里人以爲惡戒邪人枉道繩墨所彈安得避諱是故子雲不爲財勸叔皮不爲恩撓文筆之文獨已公矣賢聖定意於筆筆集成文文具情顯後人觀之見以正邪安宜妄記足蹈於地跡有好醜文集於札志

有善悪故夫占跡以睹足觀文以知情詩三百一言
以蔽之曰思無邪論衡篇以十數亦一言也曰疾虚
矣

論死篇

世謂死人為鬼有知能害人試以物類驗之死人不
為鬼無知不能害人何以驗之驗之以物人物也物
亦物也物死不為鬼人死何故獨能為鬼世能别人
物不能為鬼則為鬼不為鬼尚難分明如不能别則
亦無以知其能為鬼也人之所以生者精氣也死而
精氣滅能為精氣者血脉也人死血脉竭竭而精氣

滅滅而形體朽朽而亡何用爲鬼人無耳目則
無所知故聾盲之人比於草木夫精氣去人豈徒與
無耳目同哉朽則消亡荒忽不見故謂之鬼神人見
鬼神之形故非死人之精也何則鬼神荒忽不見之
名也人死精神升天骸骨歸土故謂之鬼鬼者歸也
神者荒忽無形者也或說鬼神陰陽之名也陰氣逆
物而歸故謂之鬼陽氣導物而生故謂之神神者伸
也申復無已終而復始人用神氣生其死復歸神氣
陰陽稱鬼神人死亦稱鬼神氣之生人猶水之爲冰
也水凝爲冰氣凝爲人冰釋爲水人死復神其名爲

神也猶冰釋更名水也人見名異則謂有知能為
而害人無據以論之也人見鬼若生人之形以其見
若生人之形故知非死人之精也何以效之以囊橐
盈粟米米在囊中若粟在橐滿盈堅彊立樹可見人
瞻望之則知其為粟米囊橐何則囊橐之形其容可
察也如囊穿米出橐敗粟棄則囊橐委辟人瞻望之
弗復見矣人之精神藏於形體之內猶粟米在囊橐
之中也死而形體朽精氣散猶囊橐穿敗粟米棄出也
粟米棄出囊橐無復有形精氣散亡何能復有體而
人得見之乎禽獸之死也其肉盡索皮毛尚在制以

為豪人望見之似禽獸之形故世有豕狗衰為狗盜
者人不意知假狗之皮毛故人不意疑也今人死皮
毛朽敗雖精氣尚在神安能復假此形而以行見乎
夫死人不能假生人之形以見猶生人不能假死人
之魂以亡矣六畜能變化象人之形者其形尚生精
氣尚在也如死其形腐朽雖虎兕勇悍不能復化魯
公牛哀病化為虎亦以未死也世有以生形轉為生
者矣未有以死身化為生象者也
天地開闢人皇以來隨壽而死若中年夭亡以億萬
數計今人之數不若死者多如人死輒為鬼則道路

之上一步一鬼也人且死見鬼宜見數百千萬滿堂
盈廷填塞巷路不宜徒見一兩人也人之兵死也世
言其血爲燐血者生時之精氣也人夜行見燐不象
人形渾沌積聚若火光之狀燐死人之血也其形不
類生人之血也其形不類生人之形精氣去人何故
象人之體人見鬼也皆象死人之形則可疑死人爲
鬼或反象生人之形病者見鬼云甲來甲時不死氣
象甲形如死人爲鬼病者何故見生人之體乎
天地之性能更生火不能使滅火復燃能更生人不
能令死人復見能使滅灰更爲燃火吾乃頗疑死人

能復爲形案火滅不能復燃以況之死人不能復爲鬼明矣夫爲鬼者人謂死人之精神如審鬼者死人之精神則人見之宜徒見裸袒之形無爲見衣帶被服也何則衣服無精神人死與形體俱朽何以得貫穿之乎精神本以血氣爲主血氣常附形體形體雖朽精神尚在能爲鬼可也今衣服絲絮布帛也生時血氣不附着而亦自無血氣敗朽遂已與形體等安能自若爲衣服之形由此言之見鬼衣服象之則形體亦象之矣象之則知非死人之精神也

夫死人不能爲鬼則亦無所知矣何以驗之以未生

之時無所知也人未生在元氣之中既死復歸於氣元氣荒忽人氣在其中人未生無所知其死歸無知之本何能有知乎人之所以聰明智惠者以含五常之氣也五常之氣所以在人者以五藏在形中也五藏不傷則人智惠五藏有病則人荒忽荒忽則愚病矣人死五藏腐朽腐朽則五常無所託矣所用藏智者已敗矣所用爲智者已去矣形須氣而成氣須形而知天下無獨燃之火世間安得有無體獨知之精火之死也其猶夢也夢者殄之次也殄者死之比也人殄不悟則死矣案人殄復悟死從來者與夢相似

然則夢殄死一實也人夢不能知覺時所作猶死不能識生時所爲矣人言談有所作於卧人之旁卧人不能知猶對死人之棺爲善惡之事死人不能復知也夫卧精氣尚在形體尚全猶無所知況死人精神消亡形體朽敗乎人爲人所歐傷詣吏告苦以語人有知之故也或爲人所殺則不知何人殺也或家不知其尸所在使死人有知必恚人之殺己也當能言於吏旁告以賊主名若能歸語其家告以尸之所在今則不能無知之效也世間死者今生人殄而用其言及巫叩元絃下死人魂因巫口談皆誇誕之言也

如不誇誕物之精神爲之象也或曰不能言也夫不
能言則亦不能知矣知用氣言亦用氣焉人之未死
也智惠精神定矣病則惛亂精神擾也夫死病之甚
者也病死之微猶惛亂況其甚乎精神擾自無所知
況其散也人之死猶火之滅也火滅而耀不照人死
而知不惠二者門同一實論者猶謂死有知惑也人
病且死與火之且滅何以異火滅光消而燭在人死
精亡而形存謂人死有知是謂火滅復有光也隆冬
之月寒氣用事水凝爲冰踰春氣温冰釋爲水人生
於天地之間其猶冰也陰陽之氣凝而爲人年終壽盡

蓋死還為氣夫人之死猶冰不能復為冰死魂安能復為人
妬夫媢妻同室而處淫亂失行忿怒鬭訟夫死妻更
嫁妻死夫更娶以有知驗之宜大忿怒今夫妻死者
寂寞無聲更嫁娶者平忽無禍無知之驗也
孔子葬母於防既而雨甚至防墓崩孔子聞之泫然
流涕曰古者不修墓遂不復修使死有知必恚人不
修也孔子知之宜輒修墓以喜魂神然而不修聖人
明審曉其無知也枯骨在野時嗚呼有聲若夜聞哭
聲謂之死人之音非也何以驗之生人所以言語吁
呼者氣括口喉之中動搖其舌張歙其口故能成言

譬猶吹簫笙簫笙折破氣越不括手無所弄則不成
音夫簫笙之管猶人之口喉也手弄其孔猶人之動
舌也人死口喉腐敗舌不復動何能成言然而拾骨
時呻鳴者人骨自有能呻鳴者焉或以為秋也是與
夜鬼哭無以異也秋氣為呻鳴之變自有所為依倚
死骨之側人則謂之骨尚有知呻鳴於野草澤暴體
以千萬數呻鳴之聲宜步屬焉夫有能使之言者言
未有言者死能復使之言言者亦不能復使之言猶
物生以青為氣或予之也物死青者去或奪之也予
之物青奪之青去去後不能復予之青物亦不能復

自青声色復通並稟於天青青之色猶梟梟之声色
死物之色不能復青獨爲死人之聲能復自言惑也
人之所以能言語者以有氣力也氣力之盛以能飲食
食也飲食損減則氣力衰衰則声音嘶困不能食則
口不能復言夫死困之甚何能復言或曰死人歆肴
食氣故能言夫死人之精生人之精也使生人不飲
食而徒以口歆肴食之氣不過三日則餓死矣或曰
死人之精神於生人之精故能歆氣爲音夫生人之
精在於身中死則在於身外死之與生何以殊身中
身外何以異取水實於大盎中盎破水流地地水何

異於盎中之水水之地水不異於盎中之水身外之精何故殊於身中之精人死不爲鬼無知不能語言則不能害人矣何以驗之夫人之怒也用氣其害人用力用力須筋骨而彊彊則能害人忿怒之人呴呼於人之旁口氣喘射人之面雖勇如賁育氣不害人使舒手而擊舉足而蹶則所擊蹶無不破折夫死骨朽筋力絕手足不舉雖精氣尚在猶呴吁之時無嗣助也何以能害人也凡人與物所以能害人者手臂把刃爪牙堅利之故也今人死手臂朽敗不能復持刃爪牙墮落不能復嚙噬安能害人兒之始生也手足

具成手不能搏足不能蹶（一有蹷字）者氣適凝成六能堅彊
也由此言之精氣不能堅強審矣氣為形體形體微
弱猶未能害人況死氣去精神絕微弱手安能害人
寒骨謂能害人者邪死人之氣不去邪何能害以雞
卵之未孚也須溶於轂中潰而視之若水之形良雌
傴伏體方就成就成之後能啄蹶之夫人之死歸須
溶之時須溶之氣安能害人人之所以勇猛能害人
者以飲食也飲食飽足則彊壯勇猛彊壯勇猛則能
害人矣人病不能飲食則身羸弱羸弱困甚故至於
死病困之時仇在其旁不能咄叱人盜其物不能

奪羸弱困劣之故也。夫死，羸弱困劣之甚者也，何能害人？有雞犬之畜，爲人所盜竊，雖怯無勢之人，莫不忿怒，忿怒之極，至相賊滅。敗亂之時，人將啖食，使其神有知，宜能害人身，貴於雞犬，已死於見盜，忿怒於雞犬，無怨於食己，不能害人之驗也。蟬之未蛻也，爲復育；已蛻也，去復育之體，更爲蟬之形。使死人精神去形體，若蟬之去復育乎，則夫爲蟬者不能害爲復育。夫蟬不能害復育，死人之精神何能害生人之身？夢者之義疑。惑言：夢者，精神自止身中，爲吉凶之象。或言：精神行，與人物相更。今其審止身中，死之

精神亦將復然今其審行人夢傷殺人夢殺傷人若
爲人所復殺明日視彼之身絡巳之所無兵刃創傷
之驗夫夢用精神精神死之精神也夢之精神不能
害人死之精神安能爲害火熾而釜沸沸止而氣歇
以火爲主也精神之怒也乃能害人不怒不能害人
火猛竈中釜涌氣蒸精怒胷中力盛身熱今人之將
死身體涼涼益清清甚遂以死亡當死之時精神不
怒身亡之後猶湯之離釜也安能害人物與人通人
有癡狂之病如知其物然而理之病則愈矣夫物未
死精神依倚形體故能變化與人交通巳死形體

精神散亡無所復依不能變化夫人之精神猶物
之精神也物生精神爲病其死精神消亡人與物同
死而精神亦滅安能爲害禍欲謂人貴精神有異成
事物能變化人則不能是反人精神不若物物精奇
於人也水火燒溺凡能害人者皆五行之物金傷人
木毆人土壓人水溺人火燒人使人死精神爲五行
之物乎害人不爲乎不能害人不爲物則爲氣矣氣
之害人者太陽之氣爲毒者也使人死其氣爲毒乎
害人不爲乎不能害人夫論死不爲鬼無知不能害
人則夫所見鬼者非死人之精其害人者非其精所

爲明矣

論衡卷第二十

論衡卷第二十一

死僞篇 死僞

傳曰周宣王殺其臣杜伯而不辜宣王將田於囿杜伯起於道左執彤弓而射宣王宣王伏韔而死趙簡公殺其臣莊子義而不辜簡公將入於桓門莊子義起於道左執彤杖而棰之斃於車下二者死人爲鬼之驗鬼之有知能害人之效也無之奈何曰夫人萬物之中物也物死不能爲鬼人死何故獨能爲鬼如以人貴能爲鬼則死者皆當爲鬼杜伯莊子義何獨爲鬼也

如以被非辜者能爲鬼世間臣子被非辜者多矣比
干子胥之輩不爲鬼夫杜伯莊子義無道忿恨報殺
其君罪莫大於弑君則夫死爲鬼之尊者當復誅之
非杜伯莊子義所敢爲也凡人相傷憎其生惡見其
身故殺而亡之見殺之家諸吏從其仇仇人亦惡見
之生死異路人鬼殊處如杜伯莊子義怨宣王簡公
不宜殺也當復爲鬼與己合會人君之威固嚴一本作壓
人臣營衛卒使固多衆兩臣殺二君二君之死亦當
報之非有知之深計憎惡之所爲也如兩臣神宜知
二君死當報已如不知也則亦不神不神胡能害人

世多似是而非虛僞類真故杜伯莊子義之語往往
而存
晉惠公改葬太子申生秋狐突適下國遇太子
太子使登僕車而告之曰夷吾無禮余得請於帝矣
將以晉畀秦秦將祀余狐突對曰臣聞之神不歆非
類民不祀非族君祀無乃殄乎且民何罪失刑乏祀
君其圖之君曰諾吾將復請七日新城西偏將有巫
者而見我焉許之遂不見及期狐突之新城西偏巫
者之舍復與申生相見申生告之曰帝許罰有罪矣
斃之於韓其後四年惠公與秦穆公戰於韓地爲穆

公所獲竟如其言非神而何曰此亦杜伯莊子義之
類何以明之夫改葬私怨也上帝公神也以私怨爭
於公神何肯聽之帝許以晉畀秦狐突以爲不可申
生從狐突之言是則上帝許申生非也神爲上帝不
若狐突必非上帝明矣且臣不敢求私於君者君尊
臣卑不敢以非干也申生比於上帝豈徒臣之與君
哉恨惠公之改葬干上帝之尊命非得所爲也驪姬
譖殺其身惠公改葬其尸葬之惡微於殺人惠公之
罪輕於驪姬請罰惠公不請殺驪姬是則申生憎改
葬不怨見殺也秦始皇用李斯之議燔燒詩書後

又坑儒博士之怨不下申生坑儒之惡痛於改葬然
則秦之死儒不請於帝見形爲鬼諸生會告以始皇
無道李斯無狀
周武王有疾不豫周公請命設三壇同一墠植璧秉
圭乃告于太王王季文王史乃策祝辭曰予仁若考
多才多藝能事鬼神乃元孫某不若旦多才多藝不
能事鬼神鬼神者謂三王也即死人無知不能爲鬼
神周公聖人也聖人之言審則得幽冥之實得幽冥
之實則三王爲鬼神明矣曰實人能神乎不能神也
如神宜知三王之心不宜徒審其爲鬼也周公請命

史策告祝，祝畢辭已，不知三王所以與不，乃卜三龜，
三龜皆吉，然後乃喜。能知三王有知爲鬼，不能知三
王許已與不，須卜三龜，乃知其實。定其爲鬼，須有所
問，然后知之；死人有知無知，與其許人不許人，一實
也。能知三王之必許已，則其謂三王爲鬼可信也；如
不能知，謂三王爲鬼，猶世俗之人也，與世俗同知，則
死人之實未可定也。且周公之請命，用何得之？以至
精得之乎？以辭正得之也？如以至誠，則其請之銳精
誠致鬼，不顧辭之是非也。董仲舒請雨之法，設土龍
以感氣。夫土龍非實，不能致雨，仲舒用之致精誠，不

顧物之僞眞也然則周公之請命猶仲舒之請雨也

三王之非鬼猶聚土之非龍也

晉荀偃伐齊不卒事而還癉疽生瘍於頭及著雍之地病目出卒而視不可含范宣子浣而撫之曰事吳敢不如事主猶視宣子睹其不瞑以爲恨其子吳也人情所恨莫不恨子故言吳以撫之猶視者不得所恨也欒懷子曰其爲未卒事於齊故也乎乃復撫之曰主苟死所不嗣事于齊者有如河乃瞑受含伐齊不卒荀偃所恨也懷子得之故目瞑受含宣子失之目張口噤曰荀偃之病卒苦目出目出則口噤口噤

則不可啥新死氣盛本病若目出宣子撫之早故目不瞑口不闓少久氣衰懷子撫之故目瞑口受啥此自荀偃之病非死精神見恨於口目也凡人之死皆有所恨志士則恨義事未立學士則恨閻多不及農夫則恨耕未畜穀商人則恨貨財未殖仕者則恨官位未極勇者則恨材未優天下各有所欲乎然而各有所恨必有目不瞑者爲有所恨夫天下之人死皆不瞑也且死者精魂消索不復聞人之言不能聞人之言是謂死也離形更自爲鬼立於人傍雖人之言已與形絶安能復入身中瞑目闓口乎能入身中以

則能不免與形相守案世人論死謂其精神
有若能更以精魂立形見面使尸若生人者誤矣楚
成王廢太子商臣欲立王子職商臣聞之以宮甲圍
王王請食熊蹯而死弗聽王縊死謚之曰靈不瞑
曰成乃瞑夫為靈不瞑為成乃瞑成王有知之效也
謚之曰靈心恨故目不瞑更謚曰成寧心喜乃瞑精
神聞人之議見人變易其謚故喜目瞑本不病目人
不撫慰目自翕張非神而何曰此復荀偃類也雖不
病目亦不空張成王於時縊死氣尚盛新絶目尚開
因謚曰靈少久氣衰目適欲瞑連更曰成目之視瞑

與謚之為靈保應也時人見其應成乃瞑則謂成王
之魂有所知則宜終不瞑也何則太子殺已大惡也
加謚為靈小過也不為大惡懷忿反為小過有恨非
有神之效見示告人之驗也夫惡謚非灵則厉也紀
於竹帛為灵厉者多矣其尸未斂之時未皆不瞑也
豈世之死君不惡而獨成王憎之哉何其為灵者衆
不瞑者寡也
鄭伯有貪愎而多欲子晢好在人上二子不相得子
晢攻伯有伯有出奔駟帶率國人以伐之伯有死其
後九年鄭人相驚以伯有曰伯有至矣則皆走不知

所徃後歲人或夢見伯有介而行曰壬子余將殺帶
也明年壬寅余又將殺段也及壬子之日駟帶卒國
人益懼後至[illegible]公孫段又卒國人愈懼子產爲
之立後以撫之乃止矣伯有見夢曰壬子余將殺帶
壬寅又將殺段及至壬子日駟帶卒至壬寅公孫段
死其後子產適晉趙景子問曰伯有猶能爲鬼乎子
產曰能人生始化曰魄既生魄陽曰魂用物精多則
魂魄彊是以有精爽至於神明匹夫匹婦彊死其魂魄
猶能憑依人以爲淫厲况伯有我先君穆公之胄子
良之孫子耳之子敝邑之卿從政三世矣鄭雖無腆

抑諺曰蕞爾小國而三世執其政柄其用物弘矣取精多矣其族又大所馮厚矣而彊死能爲鬼不亦宜乎伯有殺駟帶公孫段不失日期神審之驗也子產立其後而止知鬼神之操也知其操則知其實矣實有不空故對問不疑子產智人也知物審矣如死者無知何以能殺帶與段如不能爲鬼子產何以不疑曰與伯有爲怨者子晳也子晳攻之伯有犇駟帶乃率國人遂伐伯有公孫段隨駟帶不造本辯其惡微小殺駟帶不報子晳公孫段惡微與帶俱死是則伯有之魂無知爲鬼報仇輕重失宜也且子產言曰彊

死者能爲鬼何謂彊死謂伯有命未當死而人殺之
邪將謂伯有無罪而人寃之也如謂命未當死而人
殺之未當死而死者多如謂無罪人寃之被寃者亦
非一伯有彊死能爲鬼比干子胥不爲鬼春秋之時
弒君三十六君爲所弒可謂彊死矣典長一國用物
之精可謂多矣繼體有土非直三世也貴爲人君非
與卿位同也始封之祖必有穆公子良之類也以至
尊之國君受亂臣之弒禍其魂魄爲鬼必明於伯有
報仇殺讎禍繁於帶段三十六君無爲鬼者三十六
臣無見報者如以伯有無道其神有知世間無道莫

如桀紂桀紂誅死魂不能爲鬼然則子産之說因成
事者也見伯有彊死則謂彊死之人能爲鬼如有不
彊死爲鬼者則將云不彊死之人能爲鬼子晳在鄭
與伯有何異死與伯有何殊俱以無道爲國所殺伯
有能爲鬼子晳不能彊死之說通於伯有塞於子晳
然則伯有之說杜伯之語也杜伯未可然伯有亦未
可是也

秦桓公伐晉次于輔氏晉侯治兵于稷以略翟土立
黎侯而還及魏顆敗秦師于輔氏獲杜回杜回秦之
有力人也初魏武子有嬖妾無子武子疾命顆曰必嫁

是妾病困則更曰必以是爲殉及武子卒顆不殉妾人或難之顆曰疾病則亂吾從其治也及輔氏之役魏顆見老人結草以亢杜回杜回躓而顛故獲之夜夢見老父曰余是所嫁婦人之父也尔用先人治命是以報汝夫嬖妾之父猶知魏顆之德故見體爲鬼結草助戰神曉有知之效驗也曰夫婦人之父能知魏顆之德爲鬼見形以助其戰必能報其生時所善殺其生時所惡矣凡人交遊必有厚薄厚薄當報猶婦人之當謝也今不能報其生時所厚獨能報其死後所善非有知之驗能爲鬼之效也張良行泗水上

老父授書光武困厄河北老人教誨命貴時吉當遇
福喜之應驗也魏顆當獲杜回戰當有功故老人妖
象結草於路人者也
王季葬於滑山之尾欒水擊其墓見棺之前和文王
曰嘻先君必欲一見群臣百姓也夫故使欒水見之
於是也而爲之張朝而百姓皆見之三日而后更葬
文王聖人也知道事之實見王季棺見知其精神欲
見百姓故出而見之曰古今帝王死葬地地中有以
千萬數無欲復出見百姓者王季何爲獨然河泗之
濱丘冢非一水湍崩壞棺槨露見不可勝數皆欲復

見百姓者乎欒水擊滑山之尾猶河泗之流洒濱者
也文王見棺和露惻然悲恨當先君欲復出乎慈孝
昔之心幸與之意賢聖惻怛不暇思論推生況死故
復改葬世俗信賢聖之言則謂王季欲見百姓者也
齊景公將伐宋師過太山公夢二丈人立而怒甚盛
公告晏子晏子曰是宋之先湯與伊尹也公疑以為
泰山神晏子曰公疑之則嬰請言湯伊尹之狀湯晳
以長顧以髯銳上而豐下据身而揚聲公曰然是已
伊尹黑而短蓬而髯豐上而銳下僂身而下聲公曰
然是已今奈何晏子曰夫湯太甲武丁祖已天下之

戚君也不宜無後今唯宋耳而公伐之故湯伊尹怒請散師和於宋公不用終伐宋軍果敗夫湯伊尹有知惡景公之伐宋故見夢戚怒以禁止之景公不止軍果不吉曰夫景公亦曾夢見彗星其時彗星不出果不吉曰夫然而夢見之者見彗星其實非夢見湯伊尹實亦非也或時景公軍敗不吉之象也晏子曰夢明言湯伊尹之形景公順晏子之言然而是之奈并天下絕伊尹之後遂至於今湯伊尹不祀何以不怒乎

鄭子產聘於晉侯有疾韓宣子逆客私焉曰寡君

寢疾於今三月也並走羣望有加而無瘳今夢黃熊
入於寢門其何厲鬼也對曰以君之明子為大政其
何厲之有昔堯殛鯀于羽山其神化為黃熊以入于羽
淵實為夏郊三代祀之晉為盟主其或者未之祀乎
韓子祀夏郊晉侯有間黃熊之精神晉侯不祀故
入寢門晉知而祀之故疾有間非死人有知之驗乎
夫鯀殛於羽山人知也神為黃熊入于羽淵人何以
得知之使若魯公牛哀病化為虎在故可實也今鯀
遠殛於羽山人不與之處何能知之且文曰其神為
熊是死也死而魂神為黃熊非人所得知也人死世

謂鬼象生人之形見之與人無異然猶非死人之
神況熊非人之形不與人相似乎審鯀死其神為黃
熊則熊之死其皮毛亦或時為人人夢見之何以知非
死禽獸之神也信黃熊謂之鯀神又信所見之鬼以
為死人精也此人物之精未可定黃熊為鯀之神未
可審也且夢象也吉凶且至神明示象熊羆之占自
有所為使鯀死其神審為黃熊夢見黃熊必鯀之神
乎諸侯祭山川設諸侯夢見山川山川何復不以祀山川
山川自見乎人禱祭或夢見先祖死人來立其側可
復謂先祖死人求食故來見形乎人夢所見更為他

故未必以所見爲實也何以驗之夢見生人明日問
所見之人不與已相見夫所夢見之人不與已相見
則知鯀之黄能不入寢門不入則鯀一不求食不求食
則晉侯之疾非廢夏郊之禍非廢夏郊之禍則晉侯
有間非祀夏郊之福也無福之實則無有知之驗矣
亦猶淮南王劉安坐謀反而死世傳以爲仙而升天
本傳之虚子産聞之亦不能實謂晉侯之疾適當自
衰子産連言黄能之占則信黄熊鯀之神矣
高皇帝以趙王如意爲似我而欲立之呂后恚恨後
酖殺趙王其後呂后出見蒼犬噬其左腋怪而卜之

趙王如意爲祟遂病腋傷不愈而死蓋以如意精神
爲蒼犬見變以報其仇也曰勇士忿怒交刃而戰負
者被劇仆地而死目見彼之中已死後其神尚不能
報呂后酖如意時身不自往使人飲之不如其爲酖
毒憒不知殺已者爲誰安能爲祟以報呂后使死人
有知恨者莫過高祖高祖愛如意而呂后殺之高祖
魂怒宜如雷霆呂后之死宜不旋日豈高祖之精不
若如意之神將死後憎如意害呂后之殺也
丞相武安侯田蚡與故大將軍灌夫杯酒之恨事至
上聞灌夫繫獄竇嬰救之勢不能免灌夫坐法竇嬰

誅死其後田蚡病甚號曰諾諾使人視之見竇
嬰俱坐其側蚡病不衰遂至死曰相殺不一人也殺
者後病不見所殺田蚡見所殺田蚡獨然者心負生
恨病亂妄乙也或時見他鬼而占鬼之人聞其往時
與夫嬰爭欲見神審之名見其狂諾諾則言夫嬰坐
其側矣
淮陽都尉尹齊爲吏酷虐及死怨家欲燒其尸尸亡去
歸葬夫有知故人且燒之也神故能亡去曰尹齊亡
神也有所應秦時三山亡周末九鼎淪必以亡者爲
神三山九鼎有知也或時吏知怨家之謀竊舉持亡

懼怨家怨己云自去凡人能亡足能步行也今死血
脉斷絶足不能復動何用亡去吳烹伍子胥漢葅彭
越燒葅一僇也胥越一勇也子胥彭越不能避烹亡
葅獨謂尹齊能歸葬失實之言不驗之語也
亡新改葬元帝傅后發其棺取玉柙印璽送定陶以
民禮葬之發棺時臭憧（一本作燻）于天洛陽丞臨棺聞臭
而死又改葬定陶共王丁后火從藏中出燒殺吏士
數百人夫改葬禮卑又損奪珍物二恨怨故爲臭出
火以中傷人臭聞於天多藏食物腐朽猥發人不
能堪毒憤而未爲怪也火出於藏中者怪也非丁后

之神也何以驗之改葬之恨孰與掘墓盜財物也義亂之時掘丘墓取衣物者以千萬數死人必有知人奪其衣物倮其尸骸時不能禁後亦不能報此尚微賤未足以言秦始皇葬於驪山二世末天下盜賊掘其墓不能出見爲火以殺一人貴爲天子不能爲神丁傅婦人安能爲怪變神非一發起殊處見火聞臭以爲丁傅之神誤矣

論衡卷第二十一

論衡卷第二十二　王充

紀妖篇　訂鬼篇

紀妖篇

衛靈公將之晉，至濮水之上，夜聞鼓新聲者，說之，使人問之，左右皆報弗聞。召師涓而告之曰：「有鼓新聲者，使人問左右，盡報弗聞，其狀似鬼，子為我聽而寫之。」師涓曰：「諾。」因靜坐撫琴而寫之。明日報曰：「臣得之矣，然而未習，請更宿而習之。」靈公曰：「諾。」因復宿。明日已習，遂去之晉。晉平公觴之施夷之臺，酒酣，靈公起曰：「有新聲，願請奏以示公。」公曰：「善。」乃召師涓，令坐師

曠之旁援琴鼓之未終撫而止之曰此亡國之聲

不可遂也平公曰此何道出師曠曰此師延所作淫

聲與紂爲靡靡之樂也武王誅紂懸之白旄師延東

走至濮水而自投故聞此聲者必於濮水之上先聞

此聲者其國削不可遂也平公曰寡人好者音也子

其使遂之師涓鼓究之平公曰此所謂何聲也師曠

曰此所謂清商公曰清商固最悲乎師曠曰不如清

徵公曰清徵可得而聞乎師曠曰不可古之得聽清徵

者皆有德義之君也今吾君德薄不足以聽之公曰

寡人所好者音也願試聽之師曠不得已援琴鼓之

一奏之有玄鶴二八從南方來集於郭門之上危再奏
而列三奏延頸而鳴舒翼而舞音中宮商之聲聲聞
于天平公大悅坐者皆喜平公提觴而起爲師曠壽
反坐而問曰樂莫悲於清徵乎師曠曰不如清角平
公曰清角可得聞乎師曠曰不可昔者黃帝合鬼神
於西大山之上駕象車六交龍畢方並轄蚩尤居前
風伯進掃雨師灑道虎狼在前鬼神在後蟲蛇伏地
白雲覆上大合鬼神乃作爲清角今主君德薄不足
以聽之聽之將恐有敗平公曰寡人老矣所好者音
也願遂聽之師曠不得已而鼓之一奏之有玄雲從西

下不必

[illegible]之[illegible]三大[illegible]之[illegible]成[illegible]
[illegible]八十公[illegible]室晉國[illegible]三年
平公之身[illegible]何謂也曰[illegible]公國[illegible]
晉平公[illegible]之[illegible]也[illegible]先聞[illegible]
國削二國亢聞之[illegible]何知[illegible]非師延所鼓也曰師
延自投濮水形[illegible]於水也[illegible]氣清於泥塗[illegible]能復
鼓[illegible]屈原自沉於江屈原善[illegible]文師延善鼓[illegible]如師
延能鼓[illegible]則屈原[illegible]言之大揚子[illegible]屈原[illegible]原何
不[illegible]屈原生[illegible]文無[illegible]作不能報[illegible]死為泥塗
手[illegible]無用書也屈原[illegible]無用[illegible]則師延[illegible]無

風□□□□孔□□□泗水□□□□□□□□

而許□□泗水之孔子好教授以禮師之之□□□□□

能或言今於濮水之中孔子何為不能□□□□□□

倒之乎

趙簡子病五日不知人大夫皆懼於是召[illegible]

鵲入視病出董安于問扁鵲扁鵲曰血脈治也而[illegible]

昔秦穆公嘗如此矣七日悟悟之日告公孫支與子[illegible]

輿曰我之帝所甚樂吾所以久者適有學也帝告我[illegible]

晉國且大亂五世不安其後將霸未老而死霸者之子[illegible]

子且令而國男女無別公孫支書而藏之秦讖於是出

晉獻公之亂文公之霸襄公敗秦師於崤而歸縱淫此子之所聞今主君之病與之同不出三日病必間間必有言也居二日半簡子悟告大夫曰我之帝所甚樂與百神游于鈞天廣樂九奏萬舞不類三代之樂其聲動人心有一熊欲援我帝命我射之中熊熊死有羆來我又射之中羆羆死帝甚喜賜我二笥皆有副吾見兒在帝側帝屬我一翟犬曰及而子之長也以賜之帝告我晉國且衰十世而亡嬴姓將大敗周人於范魁之西而亦不能有也今余將思虞舜之勳適余將以其胄女孟姚配而十世之孫董安于受言

而書藏之以扁鵲言告簡子簡子賜扁鵲田四萬畝
他日簡子出有人當道辟之不去從者將拘之當道
者曰吾欲有謁於主君從者以聞簡子召之曰譆吾
有所見子遊也當道者曰屏左右願有謁簡子屏人
當道者曰日者主君之病臣在帝側簡子曰然有之
子見我何爲當道者曰帝令主君射熊與羆皆死簡
子曰是何也當道者曰晉國且有大難主君首之帝
令主君滅二卿夫熊與羆皆其祖也簡子曰帝賜我二
笥皆有副何也當道者曰主君之子將克二國於翟
皆子姓也簡子曰吾見兒在帝側帝屬我一翟犬曰

以帝予之長以賜之夫兒何說以賜翟犬當道者曰
兒主君之子也翟犬代之先也主君之子且必有代
及主君之後嗣且有革政而胡服并二國於翟簡子問
其姓而延之以官當道者曰臣野人致帝命耳遂不見
是何謂也曰是皆妖也其占皆如當道者言也
宮前則之喜所見當道之人妖人也其後晉二卿范氏
中行氏作亂簡子攻之中行昭子范文子敗出奔齊始
之簡子使姑布子卿相諸子莫吉至翟婦之子無恤
以為貴簡子與語賢之簡子募一本作乃告諸子曰吾藏
寶符於常山之上先得者賞諸子皆上山無所得

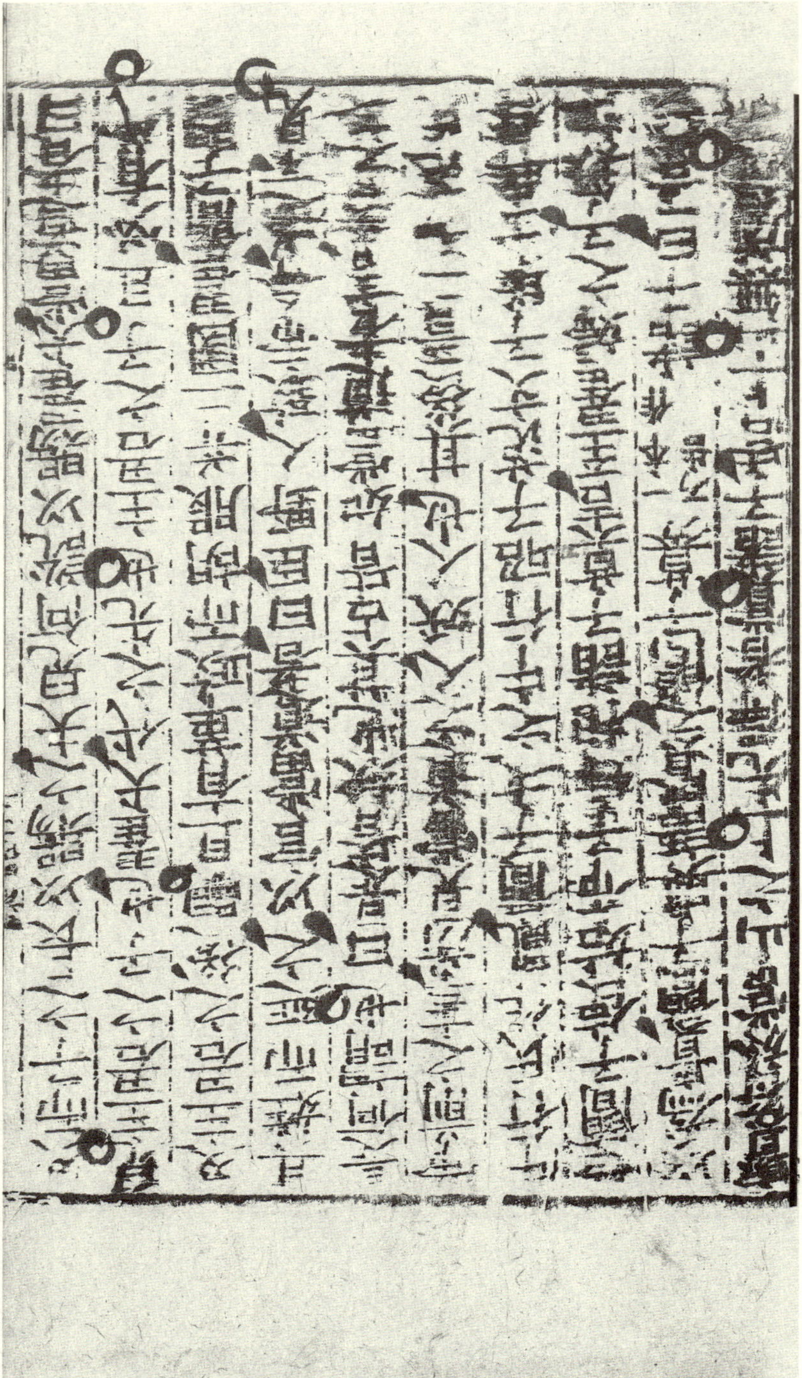

恤還曰已得符矣簡子問之無恤曰從常山上臨代
代可取也簡子以爲賢乃廢太子而立之簡子死無
恤代是爲襄子襄子既立誘殺代王而并其地又并
知氏之地後取空同戎自簡子後十世至武靈王吴
廣入其母姓嬴子孟姚其後武靈王遂取中山并胡
地武靈王之十九年更爲胡服國人化之皆如其言
無不然者蓋妖祥見兆審矣非實事吉凶之漸
若天告之何以不知天審告之也以當道之人在帝
側也在天帝之側皆貴神也致帝之命是天使者
也人君之使車騎備具天帝之使單身當道非其狀

也天官百二十與地之三者無以異也地之三者官屬備具公家天官畢良劃度天地之官同則其使者亦宜鈞官同人异者未可然也何以知簡子所見帝非實帝也以夢占知之樓臺山陵官位之象也人夢上樓臺升山陵輒得官位實樓臺山陵非官位也則知簡子所夢見帝者非天帝也人臣夢見人君人君必不見又必不賜以人臣夢占之知帝賜二笥翟犬者非天帝也非天帝則其言與百神游于鈞天非人也魯叔孫穆子夢天壓已者審然是天下至地也至地則有樓臺之抗不得及已及已則樓臺宜壞

不壞是天不至地不至地則不得壓已不得壓已則
壓已者非天也則天之象也叔孫穆子所夢壓已之
天非天則知趙簡子所游之天非天也或曰人亦有
直夢見甲明日則見甲矣夢見君明日則見君矣曰
然人有直夢直夢皆象也其象直耳何以 之直夢
者夢見甲夢見君明日見甲與君此直也 甲與
君甲與君則不見也甲與君不見所夢見甲與君者
象類之也乃甲與君象類之則知簡子所見帝者象
類帝也且人之夢也占者謂之魂行夢見帝是魂之
上天也上天猶上山也夢上山足登山手引木然后

能升升天無所緣何能得上天之去人以萬里數人
之行日百里魂與體形俱尚不能疾況魂獨行安能
速乎使魂行與形體等則簡子之上下天宜數歲乃
悟七日輒覺期何疾也夫魂者精氣也精氣之行與
雲煙等案雲煙之行不能疾使魂行若蜚鳥乎行不
能疾人或夢蜚者用魂蜚也其蜚不能疾於鳥天地
之氣尤疾速者飄風也飄風之發不能終一日使魂
行若飄風乎則其速不過一日之行亦不能至天人
夢上天一臥之頃也其盬卄或　回在天上未終下也若
丶夢行至雒陽覺因從雒陽　魂神蜚　何疾也

此自六葉失祝錯

上天也上天猶上山也夢上山足登山手引木然后

能升升天無所緣何能得上天之去人以萬里數人
之行日百里魂與體形俱尚不能疾況魂獨行安能
速乎使魂行與形體等則簡子之上下天宜數歲乃
悟七日輒覺期何疾也夫魂者精氣也精氣之行與
雲煙等案雲煙之行不能疾使魂行若蜚鳥乎行不
能疾人或夢蜚者用魂蜚也其蜚不能疾於鳥天地
之氣尤疾速者飄風也飄風之發不能終一日使魂
行若飄風乎則其速不過一日之行亦不能至天人
夢上天一卧之頃也其覺或尚在天上未終下也若
人夢行至雒陽覺因從雒陽 魂神蜚 何疾也

□訓必非其狀必非其狀則其上天非實事也非實
象則爲妖祥矣夫當道之人簡子病見於帝側後見
於道今來人可言與相見帝側之狩無異也由此言
之卧夢爲陰侯覺爲陽占審矣
趙襄子既立智伯益驕請地韓魏韓魏予之請地於
趙趙不予知伯益怒遂率韓魏攻趙襄子襄子懼乃
奔保晉陽原過從後至於託平驛見三人自帶以上
可見自帶以下不可見予原過竹二節莫通曰爲我
以是遺趙無恤原過既至以告襄子襄子齊三日親自剖
竹有朱書曰趙無恤余霍太山陽侯天子三月丙戌

使女滅知氏女亦祀我百邑余將賜女林胡之
地襄子再拜受神之命是何謂也曰是蓋襄子且勝
之祥也三國攻晉陽歲餘引汾水灌其城城不浸者
三板襄子懼使相張孟談私於韓魏韓魏與合謀以
於三月丙戌之日大滅知氏共分其地蓋妖祥之氣
象人之形稱霍大山之神猶夏庭之妖象龍稱褒之
二先君也簡子之祥象人稱帝之使也何以知非霍大
山之神也曰大山地之體猶人有骨節骨節安得神
如大山有神宜象大山之形何則人謂鬼者死人之
精其象如生人之形今大山廣長不與人同而其精

祥不異於人不異於人則鬼之類人鬼之類人則妖
祥之氣也
秦始皇帝三十六年熒惑守心有星墜下至地爲石
刻其石曰始皇帝死而地分始皇聞之令御史逐問莫
服盡取石旁家人誅之因燔其石妖使者從關東夜
過華陰平野或有人持璧遮使者曰爲我遺鎬池君
因言曰今年祖龍死使者問之因忽不見置其璧去
使者奉璧具以言聞始皇帝默然良久曰山鬼不過
知一歲事乃言曰祖龍者人之先也使御府視璧乃
二十八年行渡江所沉璧也明三十七年夢與海神

戰如人狀是何謂也曰昔始皇且死之妖也始皇夢
與海神戰恚怒入海候神射大魚自琅邪至勞成山
不見至之罘山還見巨魚射殺一魚遂旁海西至平
原津而病到沙丘而崩當星墜之時熒惑爲妖故石
旁人家刻書其石若或爲之文曰始皇死或教之也
猶世間童謠非童所爲氣導之也凡妖之發或象人
爲鬼或爲人象鬼而使其實一也晉公子重耳失國
乏食於道從耕者乞飯耕者奉塊土以賜公子公子
怒咎犯曰此吉祥天賜土地也其後公子得國復土
如咎犯之言齊田單保即墨之城欲詐燕軍云天神

下助我有一人前曰我可以為神乎田單卻走再拜
事之竟以神下之言聞於燕燕軍信其有神又見
牛若五采之文遂信畏懼軍破兵北田單卒勝復
侵地此人象鬼之妖也使者過華陰人持璧遮道委
璧而去妖鬼象人之形也夫沉璧於江欲求福也今
還璧示不受物福不可得也璧者象前所沉之璧其
實非也何以明之以鬼象人而見非實人也人見鬼
象生存之人定問生存之人不與己相見妖氣象類
人也妖氣象人之形則其所齎持之物非真物矣祖
龍死謂始皇也祖人之本龍人君之象也人物類則

其言禍亦放矣

漢高皇帝以秦始皇崩之歲爲泗上亭長送徒至驪山徒多道亡因縱所將徒遂行不還被酒夜經澤中令一人居前前者還報曰前有大虵當道願還高祖醉曰壯士行何畏乃前拔劒擊斬虵虵遂分兩徑開行數里醉因卧高祖後人至虵所有一老嫗夜哭之人曰嫗何爲哭嫗曰人殺吾子人曰嫗子爲何見殺嫗曰吾子白帝子化爲虵當徑今者赤帝子斬之故哭人以嫗爲妖言因欲笞之嫗因忽不見何謂也曰是高祖初起威勝之祥也何以明之以嫗忽然不見

也不見非人非人則鬼妖矣夫以嫗非人則知所斬
之蛇非蛇也云白帝子何故爲蛇夜而當道謂蛇爲
帝子高祖赤帝子白帝子爲蛇赤帝子爲人五帝皆
天之神也子或爲蛇或爲人人與蛇異物而其爲帝
同神非天道也且蛇爲白帝子則嫗爲白帝后乎帝
者之后前後宜儷帝者之子官屬宜盛今一蛇死於
徑一嫗哭於道云白帝子非實明矣夫非實則象象
則妖也妖則所見之物皆非物也非物則氣也高祖
所殺之蛇非蛇也則夫鄭厲公將入鄭之時邑中之
蛇與邑外之蛇鬬者非蛇也厲公將入鄭妖氣象蛇

而鬪也鄭國鬪虵非虵則知夏庭二龍之龍象非龍
象則知鄭子産之辭龍戰非龍也天道尊命使非妖
也使是亦妖也
留侯張良椎秦始皇誤中副車始皇大怒索求張良
張良變姓名亡匿下邳常閑從容步游下邳泗上有
一老父衣褐至良所直墮其履泗下顧謂張良孺子
下取履良愕然欲敺之以其老爲彊忍下取履因跪
進履父以足受履笑去良大驚父去里所復還曰孺
子可教矣後五日平明與我期此良怪之因跪曰諾
五日平明良往父已先在怒曰與老人期後何也去

後五日早會五日雞鳴復往父又已先在復怒曰後何也去後五日復早來五日良夜未半往有頃父至喜曰當如是矣出一篇書曰讀是則爲帝者師後十三年子見我濟北穀成山下黃石即我也遂去無他言弗復見旦日視其書乃太公兵書也良因異之習讀之是何謂也曰是高祖將起張良爲輔之祥也良居下邳任俠十年陳涉等起沛公略地下邳良從遂爲師將封爲留侯後十三年從高祖過濟北界得穀成山下黃石取而葆祠之及留侯死并葬黃石蓋吉凶之象神矣天地之化巧矣使老父象黃石黃石象

老父何其神邪問曰黃石審老父老父審黃石耶黃石不能爲老父老父不能爲黃石妖祥之氣見故驗也何以明之晉平公之時石言魏榆平公問其師曠曰石何故言對曰石不能言或憑依也不然民聽惑也夫石不能人言則亦不能人形矣石言與始皇時石墜東郡民刻之無異也刻爲文言爲辭辭之與文一實也民刻文氣發言民之與氣一性也黃石不能自刻則亦不能言不能言則亦不能爲人矣太公兵法氣象之也何以知非實也以老父非人知書亦非太公之書也氣象生人之形則亦能象太公之書問

日氣無刀華何以爲文曰魯惠公夫人仲子生而有
文在其掌曰爲魯夫人晉唐叔虞文在其手曰虞魯
成季友文在其手曰友三文之書性自然老父之書
氣自成也性自然氣自成與夫童謡口自言無以異
也當童之謡也不知所受口自言之口自言文自成
或爲之也推此以省太公釣得巨魚刳魚得書云呂
尚封齊及武王得白魚喉下文曰以予發蓋不虛矣
因此復原河圖洛書言興衰存亡帝王際會審有其
文矣皆妖祥之氣吉凶之端也

訂鬼篇

凡天地之間有鬼非人死精神爲之也皆人思念存
想之所致也致之何由由於疾病人病則憂懼憂懼
則鬼出凡人不病則不畏懼故傳病寢衽畏懼鬼至
畏懼則存想存想則目虛見何以效之傳曰伯樂學
相馬觀玩所見無非馬者宋之庖丁學解牛三年不
見全牛所見皆死牛也二者用精至矣思念存想虛
見其物也人病見鬼猶伯樂之見馬庖丁之見牛也
伯樂庖丁所見非馬與牛則亦知夫病者所見非鬼
也病者困劇身體痛則謂鬼持箠杖敺擊之若見鬼
把椎鏁繩纆立守其旁病痛恐懼妄見之也初疾畏

經見鬼之來疾困恐死見鬼之怒身自疾痛見鬼之
子皆存想虛致未必有其實也夫精念存想或泄於
目或泄於口或泄於耳泄於目目見其形泄於耳耳
聞其聲泄於口口言其事晝日則鬼見暮卧則夢聞
獨卧空室之中若有所畏懼則夢見夫人據案其身
哭矣夫覺見卧聞俱用精神畏懼存想同一實也
一曰人之見鬼目光與卧亂也人之晝也氣倦精盡
夜則欲卧卧而目光反反而精神見人物之象矣人
病亦氣倦精盡目雖不卧光已亂於卧也故亦見人
物象病者之見也若卧若否與夢相似當其見也其

人能自知覺見與夢故其見物不能知其鬼與人精盡

氣衰之效也何以驗之以在者見鬼也在寢獨言不

與善人相得者病困精亂也夫病且死之時亦與在

等卧病及在三者皆精衰倦目光反照故皆獨見人

物之象焉

一曰鬼者人所見得病之氣也氣不和者中人中人

爲鬼其氣象人形而見故病篤者氣盛氣盛則象人

而至至則病者見其象矣假令得病山林之中其見

鬼則見山林之精人或病越地者病見越人坐其側

由此言之灌夫竇嬰之徒或時氣之形象也凡天地

之間氣皆純於天天文垂象於上其氣降而生物氣
和者養生不和者傷害本有象於天則其降下有形
於地矣故鬼之見也象氣爲之也衆星之體爲人與
鳥獸故其病人則爲人與鳥獸之形
一曰鬼者老物精也夫物之老者其精爲人亦有未
老性能變化象人之形人之受氣有與物同精者則
其物與之交及病精氣衰劣也則來犯陵之矣何以
效之成事俗間與物交者見鬼之來也夫病者所見
之鬼與彼病物何以異人病見鬼來象其墓中死人
來迎呼之者宅中之六畜也及見他鬼非是所素知

者依家若草野之中更爲之也
一曰鬼者本生於人時不成人變化而去天地之性
本有此化非道術之家所能論辯與人相觸犯者病
人人命當死死者不離人何以明之禮曰顓頊氏有
三子生而亡去爲疫鬼一居江水是爲虐鬼一居若
水是爲魍魎鬼一居人宮室區隅漚庫善驚人小兒
前顓頊之世生子必多若顓頊之鬼神以百數也諸
鬼神有形體法能立樹與人相見者皆生於善人得
善人之氣故能似類善人之形能與善人相害陰陽
浮游之類若雲煙之氣不能爲也

一曰鬼者甲乙之神也甲乙者天之別氣也其
形象如人人病且死甲乙之神至矣假令甲乙之日病
則死見庚辛之神矣何則甲乙鬼庚辛報甲乙故病
人且死殺鬼之至者庚辛之神也何以效之以甲乙
日病者其死生之期常在庚辛之日此非論者所以
爲實也天道難知鬼神闇昧故具載列令世察之也
一曰鬼者物也與人無異天地之間有鬼之物常在
四邊之外時往來中國與人雜則凶惡之類也故人
病且死者乃見之天地生物也有人如鳥獸及其生
凶物亦有似人象鳥者故凶禍之家或見蜚尸

是夫凶或見人形三者皆鬼也或謂之鬼或謂之凶或謂之魅或謂之魑皆生存實有非虛無象類之也何以明之成事俗間家人且凶見流光集其室或見其形若鳥之狀時流人堂室察其不謂若鳥獸矣夫物有形則能食能食則便利便利有驗則形體有實矣左氏春秋曰投之四裔以禦魑魅山海經曰北方有鬼國說螭者謂之龍物也而魅與龍相連魅則龍之類矣又言國人物之黨也山海經又曰滄海之中有度朔之山上有大桃木其屈蟠三千里其枝間東北曰鬼門萬鬼所出入也上有二神人一曰神荼一

曰鬱壘主閱領萬鬼惡害之鬼執以葦索而以
於是黃帝乃作禮以時驅之立大桃人門戶畫神荼
鬱壘與虎懸葦索以禦凶魅有形故執以食虎案可
食之物無空虛者其物也性與人殊時見時匿與龍
不常見無以異也
一曰人且吉凶妖祥先見人之且死見百怪鬼在百
怪之中故妖怪之動象人之形或象人之聲為應故
其妖動不離人形天地之間妖怪非一言有妖聲有
妖氣有妖或妖氣象人之形或人含氣為妖象人之
形諸所見鬼是也人含氣為妖巫之類是也是以實

巫之辭無所因據其吉凶自從口出若童之謠矣童謠口自言巫辭意自出口自言意自出則其為人與聲氣自立音聲自發同一實也世稱紂之時夜郊鬼哭及倉頡作書鬼夜哭氣能象人聲而哭則亦能象人形而見則人以為鬼矣鬼之見也人之妖也天地之間禍福之至皆有兆象有漸不卒然有象不猥來天地之道人將亡凶亦出國將亡妖亦見猶人且吉吉祥至國至昌昌瑞到矣故夫瑞應妖祥其實一也而世獨謂鬼者不在妖祥之中謂鬼猶神而能害人不通妖祥之道不睹物氣之變也國將亡妖見其亡也

非妖也人將死鬼來其死非鬼也亡國者兵也人死者病也何以明之齊襄公將爲賊所殺游于姑棼遂田于貝丘見大豕從者曰公子彭生也公怒曰彭生敢見引弓射之豕人立而啼公懼墜于車傷足喪屨而爲賊殺之夫殺襄公者賊也先見大豕於路則襄公且死之妖也人謂之彭生者有似彭生之狀也世人皆知殺襄公者非豕而獨謂鬼能殺人一惑也天地之氣爲妖者太陽之氣也妖與毒同氣中傷人者謂之毒氣變化者謂之妖世謂童謡熒惑使之彼言彼所見也熒惑火星火有毒熒故當熒惑守宿國有

禍敗大氣恍惚故妖象存亡龍陽物也故時變化鬼
陽氣也時藏時見陽氣赤故世人盡見鬼其色純朱
蜚凶陽也陽火也故蜚凶之類為火光光熱焦物
止集樹木枝葉枯死洪範五行二曰火五事二曰言
言火同氣故童謠詩謌為妖言言出文成故世有文
書之怪世謂童子為陽故妖言出於小童童巫含陽故大
雩之祭舞童暴巫雩祭之禮倍正合陽故猶日食陰
勝攻社之陰也日食陰勝故攻陰之類天旱陽勝故
愁陽之黨巫為陽黨故僖遭旱議欲焚巫巫含陽氣
以故陽地之民多為巫巫黨於鬼故巫者能鬼巫鬼

鬼巫比於童謠故巫之審者能處吉凶吉凶能處吉
凶之徒也故申生之妖見於巫巫含陽能見爲妖也
申生爲妖則知杜伯莊子義厲鬼之徒皆妖也杜伯
之厲爲妖則其弓矢投措皆妖毒也妖象人之形其
毒象人之兵鬼毒同色故杜伯弓矢皆朱彤也毒象
人之兵則其中人人輒死也中人微者即爲腓病者
不即時死何則腓者毒氣所加也妖或施其毒不見
其體或見其形不施其毒或出其聲不成其言或明
其言不知其音若夫申生見其體成其言者也杜伯
之屬見其體施其毒者也詩妖童謠石言之屬明其

言者也濮水琴聲紂郊鬼哭出其聲者也妖之見出
也或且凶而豫見或凶至而因出因出則妖與其毒
俱行豫見妖出不能毒申生之見豫見之妖也杜伯
莊子義之厲凶至因出之妖也周宣王燕簡公宋夜姑
時當死故妖見毒因擊晉惠公身當獲命未死故妖
直見而毒不射然則杜伯莊子義厲鬼之見周宣王
燕簡夜姑且死之妖也申生之出晉惠公且見獲之
妖也伯有夢驷帶公孫段且死之妖也老父結草魏顆且
勝之祥亦或時杜回見獲之妖也蒼犬噬呂后呂后且死
妖象犬形也魏其灌夫守武安武安且卒妖象魏其灌

鬼巫比於童謡故巫之審者能處吉凶吉凶能處吉凶之徒也故申生之妖見於巫巫含陽能見爲妖也申生爲妖則知杜伯莊子義厲鬼之徒皆妖也杜伯之厲爲妖則其弓矢投措皆妖毒也妖象人之形其毒象人之兵鬼毒同色故杜伯弓矢皆朱彤也毒象人之兵則其中人人輒死也中人微者即爲腓病者不即時死何則腓者毒氣所加也妖或施其毒不見其體或見其形不施其毒或出其聲不成其言或明其言不知其音若夫申生見其體成其言者也杜伯之厲見其體施其毒者也詩妖童謡石言之屬明其

言者也濮水琴聲紂郊鬼哭出其聲者也妖之見出

缺末葉

夫之面也故凡世間所謂妖祥所謂鬼神者皆太陽之氣爲之也太陽之氣天氣也天能生人之體故能象人之容夫人之所以生者陰陽氣也陰氣主爲骨肉陽氣主爲精神人之生也陰陽氣具故骨肉堅精氣盛精氣爲知骨肉爲彊故精神言談形體固守骨肉精神合錯相持故能常見而不滅亡也太陽之氣盛而無陰故徒能爲象不能爲形無骨肉有精氣故一見恍惚輒復滅亡也

論衡卷第二十二

正德十六年九[illegible]

令人毒螫爲蜂液蜂則陽物也人行無所觸犯體無故痛痛處若箠杖之跡人腓腓謂鬼敺之鬼者太陽之祆也微者疾謂之邊其治用蜜與丹蜜丹陽物以類治之也夫治風用風治熱用熱治邊用蜜丹則知邊者陽氣所爲流毒所加也天地之間毒氣流行人當其衝則面腫疾世人謂之火流所刺也人見鬼者言其色赤太陽祆氣自如其色也鬼爲烈毒犯人輒死故杜伯射周宣立崩鬼所賫物陽火之類杜伯弓矢其色皆赤南道名毒曰短狐杜伯之象執弓而射陽氣因而激激而射故其中人象弓矢之形火困而

氣熱血毒盛故食走馬之肝殺人氣困爲熱也盛夏暴行暑暍而死熱極爲毒也人疾行汗出對鑪汗出鄕日亦汗出疾温病者亦汗出四者異事而皆汗出困同熱等火日之變也天下萬物含太陽氣而生者皆有毒螫毒螫渥者在蟲則爲蝮蛇蜂蠆在草則爲巴豆冶（一作野字）葛在魚則爲鮭與鮗鰍故人食鮭肝而死爲鮗鰍螫有毒魚與鳥同類故鳥蜚魚亦蜚鳥卵魚亦卵蝮蛇蜂蠆皆卵同性類也其在人也爲小人故小人之口爲禍天下小人皆懷毒氣陽地小人毒尤酷烈故南越之人祝禁輒效諺曰衆口爍金口者

火也五行二曰火五事二曰言言與火直故云爍金道口舌之爍不言扶木陷火必云爍金金制於火火口同類也爍生非一地太伯辭之吳鑄多非一工世稱楚棠溪溫氣天下有路畏入南海鴆鳥生於南人飲鴆死辰爲龍巳爲蛇辰巳之位在東南龍有毒蛇有螫故蝮有利牙龍有逆鱗木生火火爲毒故蒼龍之獸含火星治葛巳豆皆有毒螫故冶在東南巳在西南土地有燥濕故毒物有多少生出有處地故毒有烈不烈蝮蛇與魚比故生於草澤蜂蠆與鳥同故產於屋樹江北地燥故多蜂蠆江南地濕故多蝮蛇

生高燥比陽陽物懸垂故蜂蠆以尾剌生下濕比陰
陰物柔伸故蝮蛇以口齧毒或藏於首尾故螫齧有
毒或藏於體膚故食之輒懣或附於脣吻故舌鼓爲
禍毒螫之生皆同一氣發動雖異內爲一類故人夢
見火占爲口舌夢見蝮蛇亦口舌火爲口舌之象口
舌見於蝮蛇同類共本所稟一氣也故火爲言言爲
小人小人爲妖由口舌口舌之徵由人感天故五事
二曰言言之咎徵僭恒陽若僭者奢麗故蝮蛇多文
文起於陽故若致文暘若則言從故時有詩妖妖氣
生美好故美好之人多邪惡叔虎之母美叔向之母

之不使視寢叔向諫其母深山大澤實生龍蛇彼
美吾懼其生龍蛇以禍汝汝弊族也國多大寵不
仁之人間之不亦難乎余何愛焉使往視寢生叔
虎美有勇力嬖於欒懷子及范宣子逐懷子殺叔
虎禍及叔向夫深山大澤龍蛇所生也比之叔虎之母者
美色之人懷毒螫也生子叔虎美有勇力勇力所生
生於美色禍難所發由於勇力火有光耀木有容貌
龍蛇東方木含火精故美色貌麗膽附於肝故生勇
力火氣猛故多勇木剛強故多怒生妖怪故常由好
為禍難者常發勇力為毒害者皆在好色美酒

為毒酒雖多飲蜂液為蜜蜜雖益食勇夫強国易失雖近好女說（一作悅）心好女雖畜辯士快意辯士雖信故美味腐腸好色惑心勇夫招禍辯口致殃四者世之毒也辯口之毒為害尤酷何以明之孔子見陽虎却行白汗交流陽虎辯有口舌口舌之毒中人病也人中諸毒一身死之中於口舌一国潰乱詩曰讒言罔極交乱四国四国猶乱況一人乎故君子不畏虎獨畏讒夫之口讒夫之口為毒大矣

薄葬篇

聖賢之業皆以薄葬省用為務然而世尚厚葬

泰之失者儒家論不明墨家議之非故也墨家之議右鬼以爲人死輒爲神鬼而有知能形而害人故引杜伯之類以爲效驗儒家不從以爲死人無知不能爲鬼然而賻祭備物者示不負死以觀生也陸賈依儒家而說故其立語不肯明處劉子政舉薄葬之奏務欲省用不能極論是以世俗內持狐疑之議外聞杜伯之類又見病且終者墓中死人來與相見故遂信是謂死如生閔死獨葬魂孤無副丘墓閉藏穀物乏匱故作偶人以侍尸柩多藏食物以歆精魂積浸流至或破家盡業以充死棺殺人以殉葬以快生意

非知其内無益而奢侈之心外相慕也以爲死人有知與生人無以異孔子非之而亦無以定實然而陸賈之論兩無所處劉子政奏亦不能明儒家無知之驗墨家有知之故事莫明於有效論莫定於有證空言虛語雖得道心人猶不信是以世俗輕愚信禍福者畏死不懼義重死不顧生竭財以事神空家以送終辯士文人有效驗若墨家之以杜伯爲據則死無知之實可明薄葬省財之教可立也今墨家非儒儒家非墨各有所持故乖不合業難齊同故二家爭論世無祭祀復生之人故死生之義未有所定實者死

闇昧與人殊途其實荒忽難得深知有知無知之
情不可定爲鬼之實不可是通人知士雖博覽古今
窺涉百家條入葉貫不能審知唯聖心賢意方比物
類能實之夫論不留精澄意苟以外效立事是非
信聞見於外不詮訂於内是用耳目論不以心意議
也夫以耳目論則以虚象爲言虚象效則以實事爲
非是故是非者不徒耳目必開心意墨議不以心而
原物苟信聞見則雖效驗章明猶爲失實失實之議
難以教雖得愚民之欲不合知者之心喪物索用無
益於世此蓋墨術所以不傳也魯人將以璵璠斂孔

子聞之徑庭麗級而諫夫徑庭麗級非禮也孔子爲救患也患之所由常由有所貪璵璠寶物也魯人用斂姦人聞之欲心生矣姦人欲生不畏罪法不畏罪法則丘墓抽矣孔子睹微見著故徑庭麗級以救患直諫夫不明死人無知之義而著丘墓必抽之諫雖盡比干之執人人必不聽何則諸侯財多不憂貧威彊不懼抽死人之議狐疑未定孝子之計從其重者如明死人無知厚葬無益論定議立較著可聞則璵璠之禮不行徑庭之諫不發矣今不明其說而彊其諫此蓋孔子所以不能立其教孔子非不明死生之

實其意不分別者亦陸賈之語指也夫言死無知則
臣子倍其君父故曰喪祭禮廢則臣子恩泊臣子恩
泊則倍死亡先倍死亡先則不孝獄多聖人懼開不
孝之源故不明死無知之實異道不相連事生化厚
自生雖事死泊何損於化使死者有知倍之非也如
無所知倍之何損明其無知未必有倍死之害不明
無知成事已有賊生之費孝子之養親病也未死之
時求卜迎醫冀禍消藥有益也既死之後雖審如巫
咸良如扁鵲終不復使何則知死氣絕終無補益治
死無益厚葬何差乎倍死恐傷化絕卜拒醫獨不傷

義乎親之生也坐之高堂之上其死也葬之黄泉之
下黄泉之下非人所居然而葬之不疑者以死絶異
處不可同也如當亦如生存恐人倍之宜葬於宅與
生同也交接不明無知為人倍其親獨其兩不為離
其先乎親在獄中罪疑未定孝子馳走以救其難如
罪定法立終無門戶雖曾子子騫坐泣而已何則計
動無益空為煩也今死親之魂定無所知與拘親之
罪決不可救何以異不明無知恐人倍其先獨明罪
定不為忽其親乎聖人立義有益於化雖小弗除無
補於政雖大弗與今厚死人何益於恩倍之弗事何

損於義孔子又謂爲明器不成示意有明膚則偶
象類生人故魯用偶人葬孔子歎息用人殉之兆也
故嘆以痛之即如生當備物不示如生意悉其數用
偶人葬恐後用生殉用明器獨不爲後用吾器葬乎
絶用人之源不防喪物之路重人不愛用痛人不憂
國傳議之所失也救漏防者悉塞其穴則水泄絶穴
不悉塞水有所漏漏則水爲患害論死不悉則奢禮
不絶不絶則喪物索用用索物喪民貧耗之至危亡之
道也蘇秦爲燕使齊國之民高大丘冢多藏財物蘇
秦身弗以勸勉之財盡民貧國空兵弱燕軍卒至無

以自衛國破城亡坐出民散今不明死之無知使民
自竭以厚葬親與[illegible]秦姦計同一敗墨家之議自違
其術其薄葬而又右鬼右鬼引效以杜伯爲驗杜伯
死人如謂杜伯爲鬼則夫死者審有知如有知而薄
葬之是怒死人也情欲厚而惡薄以薄受死者之責
雖右鬼其何益哉如以鬼非死人則其信杜伯非也
如以鬼是死人則其薄葬非也術用乖錯首尾相違
故以爲非非與是不明皆不可行夫如是世俗之人
可一詳覽詳覽如斯可一薄葬矣

四諱篇

俗有大諱四。一曰諱西益宅。西益宅謂之不祥，不祥

必有死亡，相懼以此，故世莫敢西益宅，防禁所從來

者遠矣。傳曰：魯哀公欲西益宅，史爭以為不祥，哀公

作色而怒，左右數諫而弗聽，以問其傅宰質睢曰：吾

欲西益宅，史以為不祥，何如？宰質睢曰：天下有三不

祥，西益宅不與焉。哀公大悅，有頃，復問曰：何謂三不

祥？對曰：不行禮義，一不祥也；嗜欲無止，二不祥也；不

聽規諫，三不祥也。哀公繆然深惟，慨然自反，遂不益

宅。令史與宰質睢止其益宅，徒為煩擾，則西益宅祥

與不祥未可知也。令史與質睢以為西益宅審不祥，則

安實雖與今俗人等也夫宅之四面皆地也三面不謂之凶益西面獨謂不祥何哉西益宅何傷於地體何害於宅神西益不祥損之能善乎西益不祥東益能吉乎夫不祥必有祥者猶不吉必有吉矣宅有形體神有吉凶動德致福犯刑起禍今言西益宅謂之不祥何益而祥者且惡人西益宅者誰也如地惡之益東家之西損西家之東何傷於地如以宅神不欲西益神猶人也人之處宅欲得廣大何故惡之而以宅神惡煩擾則四面益宅皆當不祥諸工技之家說吉凶之占皆有事狀宅家言治宅犯凶神移徙言

忌歲月祭祀言觸血忌喪葬言犯刑柔皆有鬼神所
惡之禁人不忌避有疾死之禍至於西益宅何害而
謂之不祥不祥之禍何以爲敗實說其義不祥者義
理之禁非吉凶之忌也夫西方長老之地尊者之位
也尊長在西卑幼在東尊長主也卑幼助也主少而
助多尊無二上卑有百下也西益宅益主不增助二
上不百下也於義不善故謂不祥不祥者不宜也於
義不宜未有凶也何以明之夫墓死人所藏田人所
飲食宅人所居處三者於人吉凶宜等西益宅不祥
西益墓與田不言不祥夫墓死人所居因忌不慎其

非人所與不設置于宅者長幼所共於情長言意者何
可不之謹善詳於宅略於墓與田也
二曰謹被刑爲徒不上丘墓但知不可不能知其示
可之意問其禁之者不能知其昔禁會禁行者亦不要
其忌運相效效至或于被刑父母死不送葬者亦甚
側不敢臨葬其失之矣不行弔傷見亡人之柩去矣
善人也被刑罰之徒丘墓之上二親也死亡之謂之竟
宅與墓何别親與先何異如以徒被刑先人責之則
不宜入宅與親相見如徒不得與死人相見則親死
在堂不得哭柩如以徒不得升丘墓則徒不得上土一

陵世俗禁之執據何義實說其意徒不上丘墓有二
義義理之諦非凶惡之忌也徒用心以爲先祖全而
生之子孫亦當全而歸之故曾子有疾召門弟子曰
開予足開予手而今而後吾知免夫小子曾子重慎
臨絶效全喜免毀傷之禍也孔子曰身體髮膚受之
父母弗敢毀傷孝者怕入刑辟刻畫身體毀傷髮膚
少德泊行不戒慎之所致也愧負慙辱自刻責謀故
不升墓祀於先古禮廟祭今俗墓祀故不升墓慙負
先入一義也墓者鬼神所在祭祀之處祭祀之禮齊
戒潔清重之至也今已被刑刑殘之人不宜與祭供

侍先人畀謙謹敬退讓自賤之意也緣先祖之意見子孫被刑惻怛憯傷恐其臨祀不忍歆享故不上墓二義也昔太伯見王季有聖子文王知太王意欲立之入吴采藥斷髮文身以隨吴俗太王甍太伯還王季辟主太伯再讓王季不聽三讓曰吾之吴越吴越之俗斷髮文身吾刑餘之人不可爲宗廟社稷之主王季知不可權而受之夫徒不上丘墓太伯不爲主之義也是謂祭祀不可非謂柩當葬身不送也塟死人先祖痛見刑人先祖哀權可哀之身送可痛之屍使先祖有知痛屍哀形何愧之有如使無知丘墓亰

野也何慙之有慙愧先者謂身體刑殘與人異也右
有用刑形毀不全乃不可耳方今象刑象刑重者髡
鉗之法也若完城旦以下施刑綵衣系躬冠帶與俗
人殊何爲不可世俗信而謂之皆凶其失至於不弔
鄉黨屍不升佗人之丘惑也
三曰諱婦人乳子以爲不吉將舉吉事入山林遠行
度川澤者皆不與之交通乳子之家亦忌惡之丘墓
廬道畔踰月乃入惡之甚也暫卒見若爲不吉極原
其事何以爲惡夫人之乳毋子也子含元氣而出元
氣天地之精微也何凶而惡之人物也子亦物也子

生與萬物之生何以異諱人之生謂之惡萬物之生又惡之乎生與胞俱出如以胞爲不吉人之有胞猶木實之有扶也包裹兒身因與俱出若鳥卵之有㲉何妨謂之惡如惡以爲不吉則諸生物有扶㲉者宜皆惡之萬物廣多難以驗事人生何以異於六畜皆含血氣懷子子生與人無異獨惡人而不憎畜豈以人體天氣血盛乎則夫牛馬體大於人凡可惡之事無與鈞等獨有一物不見比類乃可疑也今六畜與人無異其乳皆同一狀六畜與人無異諱人不諱六畜不曉其故也世能別人之産與六畜之乳吾將聽

其諱如不能別則吾謂世俗所諱妄矣且凡人所惡
莫有腐臭死腐臭之氣敗傷人心故自鼻聞臭死口食腐心
損口惡霍亂嘔吐夫更衣之室可謂臭死矣鮑魚之肉
可謂腐臭然而有甘之更衣之室不以為忌肴食之腐
魚之肉不以為諱意不存以為惡故不計其可與不
也凡可憎惡者若潛垂漆附著人身令自見自鼻聞一
過則已忽忘之輒去何以故惡之出見負豕於塗之腐澌於
不以為凶者洿辱自在彼人不著己之身也今婦
人乳子自在其身齋戒之人何故忌之江北乳子不
出房室知其無惡也至於犬乳置之宅外此復惑也

江北諱犬不諱人江南諱人不諱犬諺俗防惡名不同也夫人與犬何以異房室宅外何以殊或惡或不惡或諱或不諱世俗防禁竟無經也月之晦也日月合宿紀爲一月猶八日月中分謂之弦十五日日月相望謂之望三十日日月合宿謂之晦晦與弦望一實也非月晦日月光氣與月朔異也何故踰月謂之吉乎如實凶踰月未可謂吉如實吉雖未踰月猶爲可也實說諱忌產子乳犬者欲使人常自潔清不欲使人被汙辱也夫自潔清則意精意精則行清行清而貞廉之節立矣

四曰：諱舉正月五月子，以爲正月五月子殺父與母，
不得已舉之，父母獨死，則信而謂之真矣。夫正月五
月子何故殺父與母？人之含氣在腹腸之內，其生十
月而產，共一元氣也。正與二月何殊？五與六月何異？
而謂之凶也。世傳此言，久尚數之人莫敢犯之。弘識
大材，實核事理，深睹吉凶之分者，然後見之。昔齊相
田嬰賤妾有子，名之曰文。文以五月生，嬰告其母勿
舉也。其母竊舉生之。及長，其母因兄弟而見其子文
於田嬰。田嬰怒曰：吾令女去此子，而敢生之，何也？文頓首，
因曰：君所以不舉五月子者，何故？嬰曰：五月子者，長

至户將不利其父母文曰人生受命於天乎將受命
於户邪嬰嘿然文曰必受命於天君何憂焉必受命
於户即高其户誰能至者嬰善其言曰子休矣其後
使文主家待賓客日進名聞諸侯文長過户而
嬰不死以田文之説言之以田嬰不死效之世俗所
諱虚妄之言也夫田嬰俗父而田文雅子也嬰信忌
不實義文信命不辟諱雅俗異材舉措殊操故嬰名
闇而不明文聲馳而不滅實説世俗諱之亦有緣也
夫正月歲始五月盛陽子以生精熾熱烈厭勝父母
父母不堪將受其患傳相仿傚莫謂不然有空諱之

代掃。不解。

言吉凶之效世俗惑之誤非之甚也夫忌諱非一忌諱之神怪者設以死亡然后世人信用畏避忌諱之語四方不同略舉通語令世觀覽若夫曲俗微小之諱衆多非一咸勸人爲善使人重慎無鬼神之害凶醜之禍也諱作豆醬惡聞雷一人不食欲使人急作不欲積家逾至春也諱厲刀井上恐刀墮井中也或說以爲刑之字井與刀也厲刀井上井刀相見恐被刑也毋承屋檐而坐恐瓦墮擊人首也毋反懸冠爲似死人服 或說惡其反而承塵溜也毋偃寢爲其象屍也毋以箸相受爲其不固也毋相代掃爲眚家

之吉其人交代已也諸言毋者教人重愼勸人爲善

禮曰毋摶飯毋流歠禮義之禁未必吉凶之言也

譋時篇

世俗起土興功歲月有所食所食之地必有死者假令太歲在子歲食於酉正月建寅月食於巳子寅地興功則酉巳之家見食矣見食之家作起厭勝以五行之物懸金木水火假令歲月食西家西家懸金歲月食東家東家懸炭設祭祀以除其凶或空亡徙以辟其殃連相放效皆謂之然如考實之虛妄迷也何以明之夫天地之神用心等也人民無狀加罪行罰

有二心兩意前後相反也移徙不晉歲月歲月惡
其不避已之衛位怨之也今起功之家亦動地體無
從之過與移徙等起功之家當為歲所食何故反令
已首之地受其咎乎豈歲月之神在移徙而咎起功
者用心措意何其不平也鬼神罪過人猶縣官謫罰
民也民犯刑罰多非一小過而罪大惡犯辟者咎以
有過受罪無過而受罪世謂之冤今已酉之家無過
於歲十家是宅空為見食此則歲冤無罪也且夫
天歲在十二子之宅直符午宅為破不須興功起事空居
無為道被害今歲月所食待子宅有為已酉乃凶

立歲歲月之神用罰爲害動靜殃敗非天從歲月神
意之道也審論歲月之神歲則太歲也在天邊際立
於子位起室者在中國一州之內假令揚州在東南
使如鄒衍之言天下爲一州又在東南歲食於酉食
西羌之地東南之地安得凶禍假令歲在人民之間
西宅爲酉地則起功之家宅中亦有酉地何以不近
食其宅中之酉地而反食佗家乎且食之者審誰也
如審歲月歲月天之從神飲食與天同天食不食人
故郊祭不以爲牲如非天神亦不食人天地之間百
神所食聖人謂當與人等推生事死推人事鬼故

神之祀皆用衆物無用人者物食人者虎與狼也歲月之神豈虎狼之精哉倉卒之世穀食乏匱人民饑餓自相啖食豈其啖食死者其精爲歲月之神哉歲月有神日亦有神歲食月食日何不食積日爲月積月爲時積時爲歲千五百三十九歲爲一統四千六百一十七歲爲一元增積相倍之數分餘終竟之名耳安得鬼神之怪禍福之驗乎如歲月終竟者宜有神則四時有神統元有神月三日魄八日弦十五日望與歲月終竟何異歲月有神魄與弦復有神也一日之中分爲十二時平旦寅日出卯也十二月建寅

卯則十二月時所加寅卯也日加十二辰不食月建十二辰獨食豈日加無神月建獨有哉何故月建獨食日加不食乎如日加無神用時決事非也如加時有神獨不食非也神之口腹與人等也人饑則食飽則止不爲起功乃一食也歲月之神起功乃食一歲之中與功者希歲月之神饑乎倉卒之世人民亡室宅荒廢興功者絶歲月之神饑乎且田與宅俱人所治興功用力勞佚鈞等宅掘土而立木田鑿溝而起堤堤與木俱立掘與鑿俱爲起宅歲月食治田獨不食豈起宅時歲月饑治田時飽乎何事鈞作同飲食

不等也說歲月食之家必銓功之小大立遠近之步

假令起三尺之功食一步之內起十丈之役食一

里之外功有大小禍有近遠豈蒙恬爲秦築長城極天

下之半則其爲禍宜以萬數案長城之造秦民不多

死周公作雒興功至大當時歲月多於故聖人知其

審食宜徙所食地置於吉祥之位如不知避人民多

凶經傳之文賢聖宜有刺譏今聞築雒之民四方和

會功成事畢不聞多死說歲月之家殆虛非實也且

歲月審食猶人口腹之饑必食也且爲巳酉地有厭

勝之故畏一金刃懼一死炭豈閉口不敢食哉如實

畏懼宜如其數五行相勝物氣鈞適如泰山失火沃
以一杯之水河决千里塞以一掊之土能勝之乎非
失五行之道小大多少不能相當也天地之性人物
之力少不勝多小不厭大使三軍持木杖匹夫持一
刃伸力角氣匹夫必死金性勝木然而木勝金負者
木多而金寡也積金如山燃一炭火以燔爍之金必
不銷非失五行之道金多火少少多水火不鈞也五
尺童子與孟賁爭童子不勝非童子怯力少之故也
狼衆食人人衆食狼適力角氣能以小勝大者希爭
彊適功能以寡勝衆者鮮天道人物不能以小勝大

者少不能服多以一刃之金一炭之火厭除凶咎却
歲之殃如何也

論衡卷第二十三

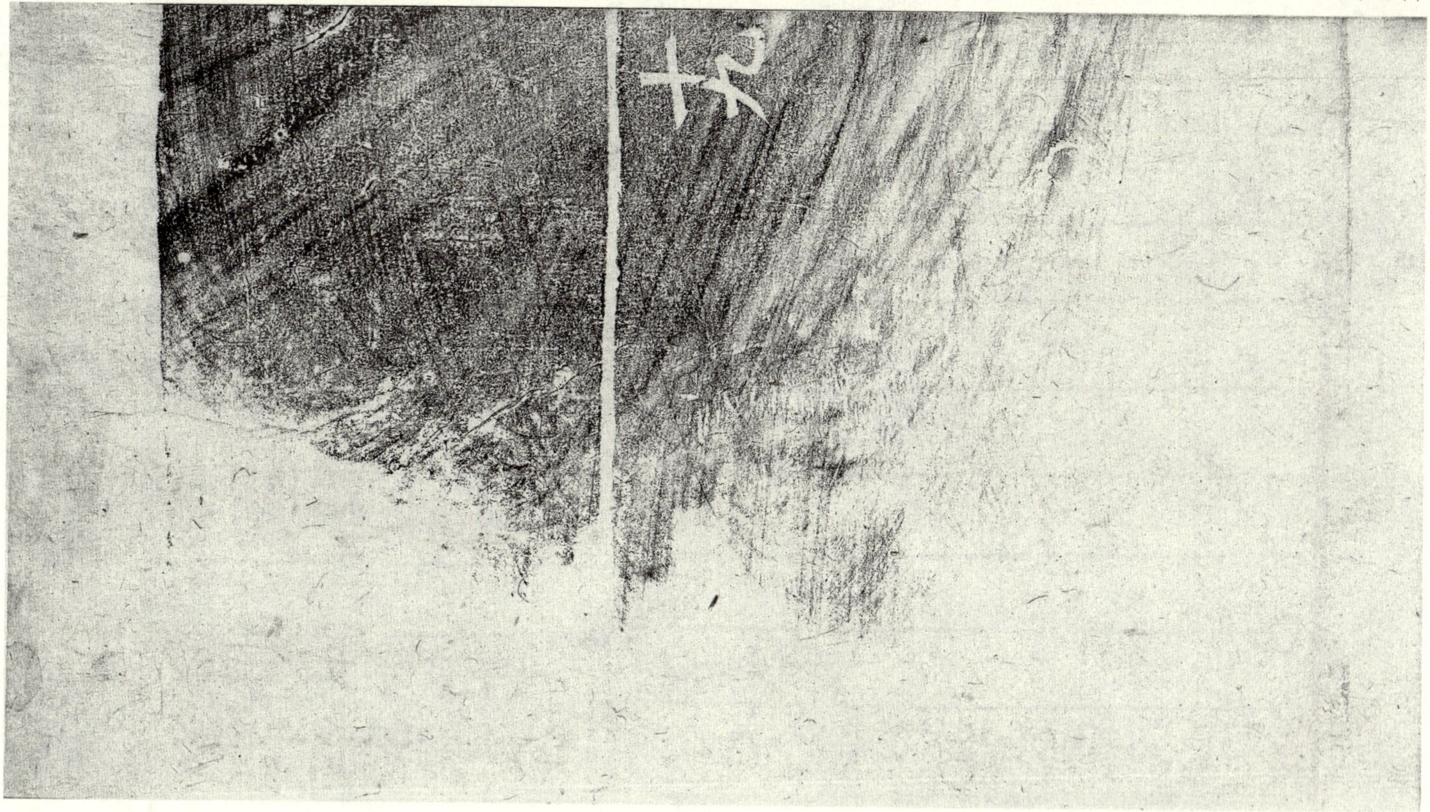
十九

論衡卷第二十四　王充

譏日篇　卜筮篇

辨祟篇　難歲篇

譏日篇

世俗既信歲時而又信日舉事若病死災患大則謂之犯觸歲月小則謂之不避日禁歲月之傳既用日禁之書亦行世俗之人委心信是辯論之士亦不能定是以世人舉事不考於心而合於日不參於義而致於時時日之書衆多非一略舉較著明其是非使信天時之人將一疑而倍之夫禍福隨盛衰而至代謝而

然舉事曰凶人畏凶有效曰吉人冀吉有驗禍福自至則述前之吉凶以相戒懼此日禁所以累世不疑惑者所以連年不悟也葬歷曰葬避九空地臽及日之剛柔月之奇耦日吉無害剛柔相得奇耦相應乃爲吉良不合此歷轉爲凶惡夫葬藏棺也斂藏尸也初死藏尸於棺少久藏棺於墓墓與棺何別斂與葬何異斂於棺不避凶葬於墓獨求吉如以墓爲重夫墓土也棺木也五行之性木土鈞也治木以贏尸穿土以埋棺治與穿同事尸與棺一實也如以穿土賊地之體鑿溝耕園亦宜擇日世人能異其事吾將聽

且禁不能異其事吾不從其諱日之不害又求日之
剛柔剛柔既合又索月之奇耦夫日之剛柔月之奇
耦合於葬歷驗之於吉無不相得何以明之春秋之
時天子諸侯卿大夫死以千百數案其葬日未必合
於歷又曰雨不克葬庚寅日中乃葬假令魯小君以
剛日死至葬日己丑剛柔等矣剛柔合善日也不克
葬者避雨也如善日不當以雨之故廢而不用也何
則雨不便事耳不用剛柔重凶不吉欲便事而犯凶
非魯人之意臣子重慎之義也今廢剛柔待庚寅日
中以暘爲吉也禮天子七月而葬諸侯五月卿大夫

士三月假令天子正月崩七月葬二月崩八月葬諸侯卿大夫士皆然如驗之葬曆則天子諸侯葬月常奇常耦也衰世好信禁不肖君好求福春秋之時可謂衰矣隱哀之間不肖甚矣然而葬埋之日不見所諱無忌之故也周文之世法度備具孔子意密春秋義纖如廢吉得凶妄舉觸禍宜有微文小義貶譏之辭今不見其義無葬歷法也祭祀之歷亦有吉凶假令血忌月殺之日固凶以殺牲設祭必有患禍夫祭者供食鬼也鬼者死人之精也若非死人之精人未嘗見鬼之飲食也推生事死推人事鬼見生人有飲

食死爲鬼當能復飲食感物思親故祭祀也右他神
百鬼之祠雖非死人其事之禮亦與死人同蓋以不
見其形但以生人之禮准況之也生人飲食無日鬼
神何故有日如鬼神審有知與人無異則祭不宜擇
日如無知也不能飲食雖擇日避忌其何補益實者
百祀無鬼死人無知百祀報功示不忘德死如事生
示不背亡祭之無福不祭無禍祭與不祭尚無禍福
況日之吉凶何能損益如以殺牲見血避血忌月殺
則生人食六畜亦宜辟之海內屠肆六畜死者日數
千頭不擇吉凶早死者未必屠工也天下死罪各月

斷囚亦數千人其利於市不擇吉日更禍者未必獄
吏也肉盡殺牲獄具斷囚因斷牲殺創血之實何以
異於祭祀之牲獨爲祭祀設歷不爲屠工獄吏立見
世俗用意不實類也祭非其鬼又信非其諱持二非
徃求一福不能得也沐書曰子日沐令人愛之卯日
沐令人白頭夫人之可愛憎在容貌之好醜頭髮白黑
在年歲之稚老使醜如嫫母以子日沐能得愛乎使十
五女子以卯日沐能白髮乎且沐者去首垢也洗去
足垢盥去手垢浴去身垢皆去一形之垢其實等也
洗盥浴不擇日而沐獨有日如以首爲最尊尊則汚

亦治面面亦首也如以髮爲最尊則櫛亦宜擇日櫛
用木沐用水水與木俱五行也用木不避忌用水獨擇
日如以水尊於木則諸用水者宜皆擇日且水不若
火尊如必以尊卑則用火者宜皆擇日且使子沐人
愛之卯沐其首白者誰也夫子之性水也卯木也水
不可愛木色不白子之禽鼠卯之獸兔也鼠不可愛
兔毛不白以子日沐誰使可愛卯日沐誰使凝白者
夫如是沐之日無吉凶爲沐立日歷者不可用也裁
衣有書書有吉凶凶日製衣則有禍吉日則有福夫
衣與食俱輔人體食輔其內衣衛其外飲食不擇日

製衣避忌豈以衣爲於其身重哉人道所重莫如
食急故八政一曰食二曰貨衣服貨也如以加之於
形爲尊重在身之物莫大於冠造冠無禁裁衣有忌
是於尊者略卑者詳也且夫沐去頭垢冠爲首飾浴
除身垢衣衛體寒沐有忌冠無諱浴無吉凶衣有利
害俱爲一體共爲一身或善或惡所諱不鈞俗人淺
知不能實也且供服不如車馬九錫之禮一曰車馬
二曰衣服作車不求良辰裁衣獨求吉日俗人所重
夫輕重之實也工伎之書起宅蓋屋必擇日夫屋覆
人形宅居人體何害於歲月而必擇之如以障蔽人身

者神惡之則夫裝車治船着蓋施帽亦當擇日如以
動地穿土神惡之則夫鑿溝耕園亦宜擇日夫動土
擾地神地神能原人無有惡意但欲居身自安則神
之聖心必不忿怒不忿怒雖不擇日猶無禍也如土
地之神不能原人之意苟惡人動擾之則雖擇日何
益哉王法禁殺傷人殺傷人皆伏其罪雖擇日犯法
終不免罪如不禁也雖妄殺傷終不入法縣官之法猶
鬼神之制也穿鑿之過猶殺傷之罪也人殺傷不在
擇日繕治室宅何故有忌又學書諱丙日云倉頡以
丙日死也禮不以子卯舉樂殷夏以子卯日亡也如

以丙日言子卯日舉樂未必有禍重先王之亡日悽
愴感動不忍以舉事也忌日之法蓋丙與子卯之類
也殆有所諱未必有凶禍也堪輿曆曆上諸神非一
聖人不言諸子不傳殆無其實天道難知假令有之
諸神用事之日也忌之何福不諱何禍王者以甲子
之日舉事民亦用之王者聞之不刑法也夫王者不怒
民不與己相避天神何為獨當責之王法舉事以人
事之可否不問日之吉凶孔子曰卜其宅兆而安厝
之春秋祭祀不言卜日禮曰內事以柔日外事以剛
日剛柔以愼內外不論吉凶以為禍福

卜筮篇

俗信卜筮謂卜者問天筮者問地蓍神龜靈兆數報
應故捨人議而就卜筮違可否而信吉凶報意謂天
地審告報蓍龜真神靈也如實論之卜筮不問天地
蓍龜未必神靈有神靈問天地俗儒所言也何以明之
子路問孔子曰猪肩羊膊可以得兆雚葦藁芼可以
得數何必以蓍龜孔子曰不然蓋取其名也夫蓍之
爲言耆也龜之爲言舊也明狐疑之事當問耆舊也
由此言之蓍不神龜不靈蓋取其名未必有實也無
其實則知其無神靈無神靈則知不問天地也且天

地口耳何在而得聞之天與人同道欲知天以人事
相問不自對見其人親問其意意不可知欲問天天
高耳與人相遠如天無耳非形體也非形體則氣也
氣若雲霧何能告人蓍以問地地有形體與人無異
問人不近耳則人不聞人不聞則口不告人夫言問
天則天爲氣不能爲兆問地則地耳遠不聞人言信
謂天地告報人者何據見哉人在天地之間猶蟣虱
之着人身也如蟣虱欲知人意鳴人耳傍人猶不聞
何則小大不均音語不通也今以微小之人問巨大
天地安能通其聲音天地安能知其旨意或曰人懷

天地之氣天地神之氣在形體之中神明是矣人將
卜筮告令蓍龜則神以耳聞口言若已思念神明從
胷腹之中聞知其旨故鑽龜揲蓍兆見數矣夫人用
神思慮思慮不決故問蓍龜蓍龜兆數與意相應則
是神可謂明告之矣時或意以爲可兆數不吉或兆
數則之意以爲凶夫思慮者己之神也爲兆數者亦
己之神也一身之神在胷中爲思慮在胷外爲兆數
猶人入戶而坐出門而行也行坐不異意出入不易
情如神明爲兆數不宜與思慮異天地有體故能搖
動搖動者生之類也生則與人同矣問生人者須以生

人乃能相報如使死人問生人則必不能相荅今天
地生而著龜死以死問生安能得報枯龜之骨死蓍
之莖問生之天地世人謂之天地報應候矣如蓍龜
爲若版牘兆數爲若畫字象類人君出教令乎則天
地口耳何在而有教令孔子曰天何言哉四時行焉
百物生焉天不言則亦不聽人之言天道稱自然無
爲今人問天地天地報應是人然之有爲以應天也
案易之文觀揲蓍之法二分以象天地四揲以象四
時歸奇於扐以象閏月以象類相法以立卦數耳豈
云天地告報人哉人道相問則對不問不應無求

人之門無問虛辯人之前則主人笑而不應若忝
而不對試使卜筮之人空鑽龜而卜虛揲蓍而筮戲
弄天地亦得兆數天地妄應乎又試使人罵天而上
毆地而筮無道至甚亦得兆數苟謂兆數天地之神
何不滅其火灼其手振其指而亂其數使之身體疾
痛血氣湊涌而猶爲之見兆出數何天地之不憚勞
困心不惡也由此言之卜筮不問天地兆數非天地
之報明矣然則卜筮亦必有吉凶論者或謂隨人善
惡之行也猶瑞應應（應一作隨）善而至災異隨惡而到治
之善惡善惡所致也疑非天地故應之也吉人鑽龜

輒善從兆凶人揲著輒得逆數何以明之紂至惡之
君也當時災異繁多七十卜而皆凶故祖伊曰格人
元龜罔敢知吉賢者不舉大龜不兆災異亦多至周武
受命高祖龍興天人並佑奇怪既多豐沛子弟卜之
又吉故吉人之體所致無不良凶人之起所招無不
醜衛石駘卒無嫡子有庶子六人卜所以爲後者曰
沐浴佩玉則兆五人皆沐浴佩玉石祁子曰孰有執
親之喪而沐浴佩玉不沐浴佩玉石祁子兆衛人
以龜爲有知也龜非有知石祁子自知也祁子行善
政有嘉言言嘉政善故有明瑞使時不卜謀之於衆

猶稱善何則人心神意同吉凶也此言若然然非卜
筮之實也夫鑽龜揲蓍自有兆數兆數之見自有吉
凶而吉凶之人適與相逢吉人與善兆合凶人與惡
數遇猶吉人行道逢吉事顧睨見祥物非吉事祥物
爲吉人瑞應也禍人遭遇之道凶惡亦如之夫見善
惡非天應荅適與善惡相逢遇也鑽龜揲蓍有吉凶
之兆者逢吉遭見之類也何以明之周武王不豫周
公卜三龜公曰乃逢是吉魯卿莊叔生子穆叔以周
易筮之遇明夷之謙夫卜曰逢筮曰遇實遭遇所得
非善惡所致也善則逢吉惡則遇凶天道自然非爲

人也推此以論人君治有吉凶之應亦猶此也君德遭賢時適當平嘉物奇瑞偶不肖之君亦及此焉世人言卜筮者多得實誠者寡論者或謂蓍龜可以參事不可純用夫鑽龜揲蓍兆數輒見見無常占者生意吉兆而占謂之凶凶數而占謂之吉吉凶不效則謂卜筮不可信周武王伐紂卜筮之逆占曰大凶太公推蓍蹈龜而曰枯骨死草何知而凶夫卜筮兆數非吉凶誤也占之不審吉凶吉凶變亂變亂故太公黜之夫蓍筮龜卜猶聖王治世卜筮兆數猶王治瑞應瑞應無常兆數詭異詭異則占者惑無常則議

者疑疑則謂乎未治惑則謂吉不良何以明之夫吉
光數吉人可遭也治遇符瑞聖盛之驗也周武王伐紂
遇烏魚之瑞其十昌為逢不吉之兆使武王不當起
出不宜逢瑞使武王命當興亦不宜得凶由此言之
武王之卜不得凶占謂之凶者失其實也魯將伐越
筮之得鼎折足子貢占之以為凶何則鼎而折足行
用足故謂之凶孔子占之以為吉曰越人水居行用
舟不用足故謂之吉魯伐越果克之夫子貢占鼎折
足以為凶猶周之占者謂之逆矣逆中必有吉猶
鼎折足之占宜以伐越矣周多子貢直占之知寡若

孔子論之，於此觀非常之兆，不能審也。世因武王卜無非而得吉，故謂卜筮不可純用，略以助政，示有鬼神，明已不得專。著書記者，采掇行事，若韓非飾邪之篇，明已效之驗，毀卜訾筮，非世信用。夫卜筮非不可用，卜筮之人占之誤也。洪範稽疑，卜筮之變，必問天子卿士，或時審是。夫不能審占，兆數不驗，則謂卜筮不可信用。晉文公與楚子戰，夢與成王搏，成王在上而盬其腦，占曰凶。咎犯曰：吉。君得天，楚伏其罪。君之以戰，果勝，如咎犯占。夫占夢與占龜同。晉占夢者不見象指，猶周占龜者不見兆者為

也象無不然兆無不審人之知闇論之失實也
言武王伐紂卜之而龜燋占者曰凶太公曰龜燋以
祭則凶以戰則勝武王從之卒克紂焉審若此傳亦
復孔子論卦咎犯占夢之類也蓋兆數無不然而吉
凶失實者占不巧工也

辨祟篇

世俗信禍祟以爲人之疾病死亡及更患被罪戮辱
懽笑皆有所犯起功移徙祭祀喪葬行作入官嫁娶
不擇吉日不避歲月觸鬼逢神忌時相害故發病生
禍絓法入罪至於死亡殫家滅門皆不重慎犯觸忌

言之所致也如實驗之乃妄言也凡人在世不能不
作事作事之後不能不有吉凶見吉則指以為前時
擇日之福見凶則刻以為往者觸忌之禍多或擇日
而得禍觸忌而獲福至以射事者欲遂其術見禍忌
而不言聞福匿而不達禍以讖不信列福以勉畏
時故世人無愚智咸皆以人君布衣皆畏懼信向不
敢抵犯歸之久遠莫能令明以為天地之書賢聖之
術世人君惜其官人畏其身相隨信之不復狐疑
故人君興事三使蒲閭人一氏有爲觸傷問時對書僞
文由此滋生巧惠生意作之求利薦惑愚暗漁官爲偷

貧愈非古法度聖人之云主意也聖人舉事先定於義
義已定立決以卜筮示不專已明與鬼神同意共指
欲令衆下信用不疑故書列七卜易載八卦從之未
必有福遠之未必有禍然而禍福之至時也死生之
到命也人命懸於天吉凶存於時命窮操行善矣不
能續命長操行惡矣不能奪天百神主也道德仁義
天之道也戰栗恐懼天之心也廢道滅德賤天之道
嶮隘恣睢悖天之意世間不行道德莫過桀紂妄行
不軌莫過幽厲桀紂不早死幽厲不夭折由此言之
逢福獲喜不在擇日避時涉患麗禍不在觸歲犯月

明矣孔子曰死生有命富貴在天若有時日誠有禍
祟聖人何惜不言何畏不説案古圖籍仕者安危千
君萬臣其得失吉凶官位高下位禄降升各有差品
家人治産貧富息耗壽命長短各有遠近非高大尊
貴舉事以吉日下小卑賤以凶時也以此論之則亦
知禍福死生不在遭逢吉祥觸犯凶忌也然則人之
生也精氣育也人之死者命窮絶也人之生未必得
吉逢喜其死獨何爲謂之犯凶觸忌以孔子證之以
死生論之則亦知夫百禍千凶非動作之所致也孔
子聖人知府也死生大事也大事道效也孔子云死

生有命富貴在天衆寸八微言不能奪俗人愚夫不能
易頭言人之於世禍福四者有命人之操行亦自致之其
究居無爲禍福自至命也其作事起功吉凶至身人
也人之疾病希有不由風濕與飲食者當風卧濕握
飲聞祟飽飯饜食齋精解禍而病不治謂祟不得命
自絶謂筮不審俗人之知也夫倮蟲三百六十人爲
之長人物也萬物之中有知慧者也其受命於天禀
氣於元與物無異鳥有巢棲獸有窟穴蟲魚介鱗各
有區處猶人之有室宅樓臺也能行之物死傷病困
小大相害或人捕取以給口腹非作窠穿穴有所觸

東西行徙有所犯也人有死生物亦有終始人有是
居物亦有動作血脈首足耳目鼻口與人不別離好
惡與人不同也人不能曉其音不見其指耳乃其游
於黨類接於同品其知去就與人無異共天同地並
仰日月而鬼神之禍獨加於人不加於物未曉其故
也天地之性人爲貴豈天禍爲貴者作不爲賤者設
哉何其性類同而禍患別也刑不上大夫聖王於貴
者闊也聖王刑賤不罰貴鬼神禍貴不殃賤非易所
謂大人與鬼神合其狀而曰我有所犯抵觸縣官羅
麗刑法不曰過所致而曰家有負居處不慎飲食過

節不曰失調和而曰從綱病死者皆屬惡罪至丁未
曰氣相汙而曰葬日凶有事歸之有祀無為歸之所
居居衰宅耗非凶流戶集人室居又禱寢禍先祖遺
疾病不請醫曰患不修行動歸於禍名曰犯綱用
知淺路原事不責俗人之材也猶繫罪司空作徒未
必到吏曰惡繫及時凶也使如赦人者求吉日出詣吏
剔罪捨善時入獄繫豈能令其解赦令至幾人不觸
禍不夜罪不被罪不入獄一日令至解獄後出不必
有解陰然其凶者也一入下千獄獄中萬囚其皋事不然
觸忌諱也居位食祿事減長己以千萬數其言從日

示陰陽言壽也歷陽之都一夕沉而爲湖其民未必
皆犯歲月也高祖始起豐沛俱復其民未必皆慎時
日也項羽攻襄安襄安無噍類未必禱不賽也趙軍
爲秦所坑於長平之下四十萬衆同時俱死其出家
時未必不擇時也辰日不哭哭有重喪戊己死者復
尸有隨一家滅門先死之日未必辰與戊己也血忌
下表牲屠宰亦多禍上朔不會衆會不[illegible]殘塗上
之暴凡未必凶以往亡室中之殯柩未必還以歸忌
由此言之諸占射禍祟者皆不可信用信用之者皆
不可是夫使食口十人居一宅之中不動鑁鍤不更

居處祠祀嫁娶皆擇吉日從春至冬不犯忌諱則夫十人比至百年能不死乎占射事者必將復曰宅有盛衰君歲破直符不知避也夫如是令數問工伎之家宅盛即留衰則避之及歲破直符輙舉家移比至百年能不死乎占射事者必將復曰移徙觸時往逢不吉夫如是復令輙問工伎之家可徙則往可還則來比至百年能不死乎占射事者必將復曰壽命已極夫如是人之死生竟自有命非觸歲月之所致無負凶忌之所爲也

難歲篇

俗人險心好信禁龍知者亦疑莫能實定是以儒雅
服從工伎得勝吉凶之書伐經典之義工伎之說陵
儒雅之論今略實論令親覽總核是非使世一悟移
徙法曰徙抵太歲凶負太歲亦凶抵太歲名曰歲下
負太歲名曰歲破故皆凶也假令太歲在甲子天下
之人皆不得南北徙起宅嫁娶亦皆避之其移東西
若徙四維相之如者皆吉何者不與太歲相觸亦不
抵太歲之衝也實問避太歲者何意也令太歲惡人
徙乎則徙者皆有禍令太歲不禁人徙惡人抵觸之乎
則道上之人南北行者皆有殃太歲之意猶長吏之

心也長吏在塗人行觸車馬干其吏從長吏怒之豈獨抱器載物去宅徙居觸犯之者而乃責之哉昔文帝出過霸陵橋有一人行逢車駕逃於橋下以爲文帝之車已過疾走而出驚乘輿馬文帝怒以屬廷尉張釋之釋之當論使太歲之神行若文帝出乎則人犯之者必有如橋下走出之人矣方今行道路者暴病仆死何以知非觸遇太歲之出也爲移徙者又不能處不能處則犯與不犯未可知未可知則其行與不行未可審也且太歲之神審行乎則宜有曲折不宜直南北也長吏出舍行有曲折如天神直道不曲

折乎則從東西四維從者猶干之也若長吏之南北
行人從東如西四維相之如猶抵觸之如不正南北
南北之徙又何伌如太歲不動行乎則宜有宮室營
南不與人相見人安得而觸之如太歲無體與長吏
異若煙雲虹蜺亘經天地極子午南北陳乎則東西
徙若四維徙者亦干之譬若今時人行觸繁霧蜮氣
無從橫負鄉皆中傷焉如審如氣人當見之雖不移
徙亦皆中傷且太歲天別神也與青龍無異龍之體
不過數千丈如令神者宜長大饒之數萬丈令體掩北
方當言太歲在北方不當言在子其東有丑其西有

亥明不專掩北方極東西之廣明矣今正言在子位
觸土之中直子午者不得南北徙耳東邊直丑巳之
地西邊直亥未之民何爲不得南北徙丑與亥地之
民使太歲左右通得南北徙及東西徙可則丑在子
東亥在子西丑亥之民東西徙觸歲之位巳未之民
東西徙忌歲所破儒者論天下九州以爲東西南北
盡地廣長九州之內五千里竟三河土中周公卜宅
經曰王來紹上帝自服于土中雒則土之中也鄒衍論
之以爲九州之內五千里竟合爲一州在東南位名
曰赤縣州自有九州者九焉九九八十一凡八十一

州此言殆虛地形難審假令有之亦一難也使天下九州如儒者之議直雒邑以南對三河以北豫州荆州冀州之部有太歲耳雍梁之間青兗徐揚之地安得有太歲使如鄒衍之論則天下九州在東南位不直子午安得有太歲如太歲不在天地極分散在民間則一家之宅輒有太歲雖不南北徙猶抵觸之假令從東里徙西里西里有太歲從東宅徙西宅西宅有太歲或在人之東西或在人之南北猶行途上東西南北皆逢觸人太歲位數千萬億天下之民徙者皆凶爲移徙者何以審之如審立於天地之際猶王者

之位在土中也東方之民張弓西射人不謂之射王者以不能至王者之都自止射其處也今徙豈能北至太歲位哉自止徙百步之內何爲謂之傷太歲乎且移徙之家禁南北徙者以爲歲在子位子者破午南北徙者抵觸其衝故謂之凶夫破者須有以椎破之也如審有所用則不徙之民皆被破害如無所用何能破之夫雷天氣也盛夏擊折折木破山時暴殺人使太歲所破若迅雷也則聲音宜疾死者宜暴如不若雷亦無能破如謂衝抵爲破衝抵安能相破東西相與爲衝而南北相與爲抵如必以衝抵爲凶則

東西常凶而南北常惡也如以太歲神其衝獨凶神
莫過於天地天地相與爲衝則天地之間無生人也
或上十二神登明從魁之輩工伎家謂之皆天神也
常立子丑之位俱有衝抵之氣神雖不若太歲宜有
微敗移徙有雖避太歲之凶猶觸十二神之害爲移
徙者何以不禁冬氣寒水也水位在北方夏氣熱
火也火位在南方案秋冬寒也夏熱者天下並然非
獨南北之方水火衝也今太歲位在子耳天下皆爲
未歲非獨子午衝也審以所立者爲主則午可爲大
見千可爲大冬冬夏南北徙者可復凶乎立春艮王

震相巽胎離沒坤死兌囚乾廢坎休王之衝死相之衝囚王相衝位有死囚之氣乾坤六子天下正道伏羲文王象以治世文為經所載道為聖所信明審於太歲矣人或以立春東北徙抵艮之下不被凶害太歲立於子彼東北殺坤卦也於午猶艮以坤徙觸子位何故獨凶正月建於寅破於申從寅申徙相之如者無有凶害太歲不指午而空曰數破午實無凶禍而虛禁南北豈不妄哉十二月為一歲四時節竟陰陽氣終竟復為一歲日月積聚之名耳何故有神而謂之立於子位乎積分為日累日為月連月為時結

時爲歲歲則日月時之類也歲而有神日月時亦復
有神乎千五百三十九爲一統四千六百一十七歲
爲一元歲猶統元也歲有神統元復有神乎論之以
爲無假令有之何故害人神莫過於天地天地不害
人人謂百神百神不害人太歲之氣天地之氣也何
憎於人觸而爲害且文曰甲子不徙言甲與子殊位
太歲立子不居甲爲移徙者運之而復居甲爲之而
復居甲爲移徙時者亦宜復禁東西徙甲與子鈞其
凶宜同不禁甲而獨忌子爲移徙時者竟妄不可用
也人居不能不移徙移徙不能不觸歲觸歲不能

不得時死工伎之人見今人之死則歸禍於往時之

從俗心險危死者不絕故太歲之言傳世不滅

論衡卷第二十四

（漢）王充　撰

宋本論衡

第六册

國家圖書館出版社

第六册目録

論衡卷第二十五　王充

詰術篇　解除篇

祀義篇　祭意篇

詰術篇

圖宅術曰宅有八術以六甲之名數而第之第定名立宮商殊別宅有五音姓有五聲宅不宜其姓姓與宅相賊則疾病死亡犯罪遇禍詰曰夫人之在天地之間也萬物之貴者耳其有宅也猶鳥之有巢獸之有穴也謂宅有甲乙巢穴復有甲乙乎甲乙之神獨在民家不在鳥獸何夫人之有宅猶有田也以田飲

食以宅居處人民所重莫食最急先田後宅田重於
宅也田間阡陌可以制八術比土爲田一有不字可以數甲
乙甲乙之術獨施於宅不設於田何也府廷之內吏
舍比屬吏舍之形制何殊於宅吏之居處何異於民
不以甲乙第舍獨以甲乙數宅何也民間之宅與鄉
比屋相屬接界相連不弁數鄉亭獨第民家甲乙之
神何以獨立於民家也數宅之術行市亭數巷術以
第甲乙入市門曲折亦有巷術人晝夜居家朝夕坐
市其實一也市肆戶何以不第甲乙州郡列居縣邑
雜處與街巷民家何以異州郡縣邑何以不數甲乙

也天地開闢有甲乙邪後王乃有甲乙如天地開闢本有甲乙則上古之時巢居穴處無屋宅之居街巷之制甲乙之神皆何在數宅既以甲乙五行之家數曰亦當以甲乙甲乙有支干支干有加時支干加時專比者吉相賊者凶當其不舉也未必加憂支辱也事理有曲直罪法有輕重上官平心原其獄狀未有支干吉凶之驗而有事理曲直之效爲支干者何以對此武王以甲子日戰勝紂以甲子日戰負二家俱期兩軍相當旗幟相望俱用一日或存或亡且甲與子專比昧爽時加寅寅與甲乙不相賊武王終以破

紂何也曰火也在天爲日在地爲火何以驗之陽燧
鄉日火從天來由此言之火日氣也日有甲乙火無
甲乙何日十而辰十二日辰相配故甲與子連所謂
日十者何等也端端之日有十邪而將一有十名也
如端端之日有十甲乙是其名何以不從言甲乙必
言子丑何日廷圖甲乙有位子丑亦有處各有部署
劉布五方君王者營衛常居不動今端端之日衛旦
出東方夕入西方行而不已與日廷異何謂甲乙爲
日之日乎術家更說日甲乙者自天地神也日更用
事自用甲乙勝負爲吉凶非端端之日名也夫如是

於五行之象徒當用甲乙決吉凶而已何爲言加時乎按加時者端端之日加也端端之日安得勝負五音之家用口調姓名及字用姓定其名用名正其字口有張歙聲有外內以定五音宮商之實夫人之有姓名者用稟於天天得五行之氣爲姓耶以口張歙聲外內爲姓也如以本所稟於天者爲姓若五穀萬物稟氣矣何故用張口歙聲內外定正之乎古者因生以賜姓因其所生賜其姓也若夏吞薏苡而生則姓苡氏商吞燕子而生則姓爲子氏周履大人跡則姬氏其立名也以信以義以像以類以名生爲信若

魯公子友生文在其手曰友也以德名爲義若文王
爲昌武王爲發也以類名爲像若孔子名丘也取於
物爲假若宋公名杵臼也取於父爲類有似類於父
也其立字也展名取同義名賜字子貢名予字子我
其立姓則以本所生置名則以信義像假類字則展
名取同義不用口張歙外內調宮商之義爲五音術
何據見而用古者有本姓有氏姓陶氏田氏事之氏
姓也上官氏司馬氏吏之氏姓也孟氏仲氏王父字
之氏姓也氏姓有三事乎吏乎王父字乎以本姓則
用所生以氏姓則用事吏王父字用口張歙調姓之

義何居匈奴之俗有名無姓字無姓與相調諧自以
壽命終禍福何在禮買妾不知其姓則卜之不知者
不知本姓也夫妾必有父母家姓然而必卜之者父
母姓轉易失實禮重取同姓故必卜之姓徒用口調
諧姓族則禮買妾何故卜之
圖宅術曰商家門不宜南向徵家門不宜北向則商
金南方火也徵火北方水也水勝火火賊金五行之
氣不相得故五姓之宅門有宜向向得其宜富貴吉
昌向失其宜貧賤衰耗夫門之與堂何以異五姓之
門各有五姓之堂所向無宜何門之掩地不如堂廡

朝夕所處於堂不於門圖吉凶者宜皆以堂如門人
所出入則戶亦宜然孔子曰誰能出不由戶言戶不
言門五祀之祭門與戶均如當以門正所向則戶何以
不當與門相應乎且今府廷之內吏舍連屬門向有
南北長吏舍傳閒居有東西長吏之姓必有宮商諸
吏之舍必有徵羽安官遷徙必有角姓門南向也失
位貶黜未必商姓門北出也或安官遷徙或失位
貶黜何姓有五音人之質性亦有五行五音之家商
家不宜南向門則人稟金之性者可復不宜南向坐
南行步乎一曰五音之門有五行之人假令商姓口

食五人五人中各有五色木人青火人赤水人黑金
人白土人黃五色之人俱出南向之門或凶或吉壽
命或短或長凶而短者未必色白吉而長者未必色
黃也五行之家何以爲決南向之門賊商姓家其實
如何南方火也使火氣之禍若火延燔徑從南方來
乎則雖爲北向門猶之凶也火氣之禍若夏日之熱
四方洽浹乎則天地之閒皆得其義南向門家何以
獨凶南方火者火位南方一曰其氣布在四方非必
南方獨有火四方無有也猶水位在北方四方猶有
水也火滿天下水辯四方火或在人之南或在人之北

謂火常在南方是則東方可無金西方可無木乎

解除篇

世信祭祀謂祭祀必有福又然解除謂解除必去凶
解除初禮先設祭祀比夫祭祀若生人相賓客矣先
爲賓客設膳食已驅以刃杖鬼神如有知必恚止戰
不肯徑去若懷恨反而爲禍如無所知不能爲凶解
之無益不解無損且人謂鬼神何如狀哉如謂鬼有
形象形象生人生人懷恨必將害人如無形象與煙
雲同驅逐雲煙亦不能除形既不可知心亦不可圖
鬼神集止人宅欲何求乎如勢欲殺人當驅逐之時

避人隱匿驅逐之止則復還立故處如不欲殺人寄託人家雖不驅逐亦不爲害貴人之出也萬民並觀填街滿巷爭進在前士卒驅之則走而郤士卒還去即復其處士卒立守終日不離僅能禁止何則欲在於觀不爲一驅還也使鬼神與生人同有欲於宅中猶萬民有欲於觀也士卒驅逐不久立守則觀者不郤也然則驅逐鬼者不極一歲鬼神不去今驅逐之終食之間則舍之矣舍之鬼復還來何以禁之暴穀於庭雞鳥啄之主人驅彈則走縱之則來不終日立守雞雀不禁使鬼神乎不爲驅逐去止使鬼不神乎

與鷄雀等不常驅逐不能禁也虎狼入都弓弩秦之
雖殺虎狼不能除虎狼所爲來之患盜賊攻城官軍
擊之雖盜賊却不能滅盜賊所爲至之禍虎狼之來
應政失也盜賊之至起世亂也然則鬼神之集爲命
絕也殺虎狼却盜賊不能使政得復也然則盛解除
驅鬼神不能使凶去而命延病人困篤見鬼之至性
猛剛者挺劍操杖與鬼戰鬭戰鬭一再錯指受服知
不如必不終也夫解除所驅逐鬼與病人所見鬼無
以殊也其驅逐之與戰鬭無以異也病人戰鬭鬼猶
不去宅主解除鬼神猶不離由此言之解除宅者何

益於事信其凶去不可用也且夫所除宅中客鬼也宅中主神有十二焉青龍白虎列十二位龍虎猛神天之正鬼也飛尸流凶安敢妄集猶主人猛勇姦客不敢闚也有十二神舍之宅主驅逐名爲去十二神之客恨十二神之意安能得吉如無十二神則亦無飛尸流凶無神無凶解除何補驅逐何去解逐之法緣古逐疫之禮也昔顓頊氏有子三人生而皆亡一居江水爲虐鬼一居若水爲魍魎一居歐隅之間主疫病人故歲終事畢驅逐疫鬼因以送陳迎新内吉也世相倣效故有解除夫逐疫之法亦禮之失也行

堯舜之德天下太平百災消滅雖不逐疫疫鬼不往
行桀紂之行海内擾亂百禍並起雖日逐疫疫鬼猶
來衰世好信鬼愚人好求福周之季世信鬼脩祀以
求福助愚主心惑不顧自行功猶不立治猶不定故
在人不在鬼在德不在祀國期有遠近人命有長短
如祭祀可以得福解除可以去凶則王者可竭天下
之財以興延期之祀富家翁嫗可求解除之福以取
踰世之壽案天下人民夭壽貴賤皆有禄命操行吉
凶皆有衰盛祭祀不爲福福不由祭祀世信鬼神故
好祭祀祭祀無鬼神故通人不務焉祭祀厚事鬼神

之道也猶無吉福之驗況盛力用威驅逐鬼神其何
利哉祭祀之禮解除之法衆多非一且以一事效其
非也夫小祀足以況大祭一鬼足以十百神世間繕
治宅舍鑿地掘土功成作畢解謝土神名曰解土爲
土偶人以像鬼神令巫祝延以解土神已祭之後心
快意喜謂鬼神解謝殃禍除去如討論之乃虛妄也
何以驗之夫土地猶人之體也普天之下皆爲一體
頭足相去以萬里數人民居土上猶蚤虱着人身也
蚤蝨食人賊人肌膚猶人鑿地賊地之體也蚤蝨內
知有欲解人之心相與聚會解謝於所食之肉旁人

能知之乎夫人不能知蟪蛄之音猶地不能曉人民之言也胡越之人耳口相類心意相似對口交耳而談尚不相解況人不與地相似地之耳口與人相遠乎今所解者地乎則地之耳遠不能聞也所解一宅之土則一宅之土猶人一分之肉也安能曉之如所解宅神乎則此名曰解宅不名曰解土禮入宗廟無所主意斬尺二寸之木名之曰主主心事之不為人像今解土之祭為土偶人像鬼之形何能解乎神荒忽無形出入無門故謂之神今作形像與禮相違失神之實故知其非象似布藉不設鬼形解土之禮立

土偶人如祭山可爲石形祭門戶可木人乎晉中行
寅將亡召其太祝欲加罪焉曰子爲我祀犧牲不肥
澤也且齊戒不敬也使吾國亡何也祝簡對曰昔者
吾先君中行密子有車十乘不憂其薄也憂德義之
不足也今主君有革車百乘不憂義之薄也唯患車
之不足也夫船車飾則賦斂厚賦斂厚則民謗詛君
苟以祝爲有益於國乎詛亦將爲亡矣一人祝之一
國詛之一祝不勝萬詛國亡不亦宜乎祝其何罪中
行子乃慙今世信祭祀中行子之類也不修其德行
而豐其祝不敬其上而畏其鬼身死禍至歸之於祟

謂祟未得得祟修祀禍繫不止歸之於祭謂祭未敬
夫論解除解除無益論祭祀祭祀無補論巫祝巫祝
無力竟在人不在鬼在德不在祀明矣哉

祀義篇

世信祭祀以爲祭祀者必有福不祭祀者有禍是以
病作卜祟祟得修祀祀畢意解意解病已執意以爲
祭祀之助勉奉不絶謂死人有知鬼神飲食猶相賓
客賓客悦喜報主人恩矣其修祭祀是也信其享之非
也實者祭祀之義主人自盡恩懃而已鬼神未必歆享
之也何以明之今所祭者報功則緣生人爲恩義耳

何歆享之有今所祭死人死人無知不能飲食何以
審其不能歆享飲食也夫天者體也與地異天有列
宿地有宅舍宅舍附地之體列宿著天之形形體具
則有口乃能食使天地有口能食祭食宜盡如無
口則無體無體則氣也若雲霧耳亦無能食如天地
之精神若人之有精神矣以人之精神何宜飲食中
人之體七八尺身大四五圍食斗食歠斗羹乃能飽
足多者三四斗天地之廣大以萬里數圜丘之上一
繭栗牛粢飴太羹不過數斛以此食天地天地安能
飽天地用心猶人用意也人食不飽足則怨主人不

報以德矣必謂天地審能飽食則夫古之郊者負天
地山猶人之有骨節也水猶人之有血脈也故人食
腸滿即骨節與血脈因以盛矣今祭天地則山川隨
天地而飽今別祭山川以爲異神是人食已更食骨
節與血脈也社稷報生穀物之功萬民生於天地猶
毫毛生於體也祭天地則社稷設其中矣人君重之
故復別祭必以爲有神是人之膚肉當復食也五祀
初本在地門戶用木與土土木生於地井竈室中霤
皆屬於地祭地五祀設其中矣人君重之故復別祭
必以爲有神是食已當復食形體也風伯雨師雷公

是群神也風猶人之有吹呴也雨猶人之有精液也雷猶人之有腹鳴也三者附於天地祭天地三者在矣人君重之故復別祭必以爲有神則人吹呴精液腹鳴當復食也日月猶人之有目星辰猶人之有髮三光附天祭天三光在矣人君重之故復別祭必以爲有神則人之食已復食目與髮也宗廟巳之先也生存之時謹敬供養死不敢不信故脩祭祀緣生事死示不忘先五帝三王郊宗黃帝帝嚳之屬報功重力不敢忘德未必有鬼神審能歆享之也夫不能享則不能神不能神則不能爲福亦不能爲禍禍福之起

由於喜怒，喜怒之發，由於腹腸。有腹腸者輒能飲食，不能飲食則無腹腸，無腹腸則無用喜怒，無用喜怒則無用爲禍福矣。或曰：「歆氣，不能食也。」夫歆之與飲食，一實也。用口食之，用口歆之。無腹腸則無口，無口無用食，則亦無用歆矣。何以驗其不能歆也？以人祭祀有過，不能即時犯也。夫歆不用口則用鼻矣，口鼻能歆之，則目能見之，目能見之則手能擊之。今手不能擊，則知口鼻不能歆之也。或難曰：「宋公鮑之身有疾，祝曰夜姑，掌將事於厲者。厲鬼杖檝而與之言曰：『何而粢盛之不膏也？何而芻犧之不肥碩也？何而珪璧之不

中度量也而罪歟其鮑之罪歟夜姑順色而對曰鮑
身尚幼在繈葆不預知焉審是掌之厲鬼舉檝而棓
之斃於壇此非不能言用手之驗乎曰夫夜姑之死未
必厲鬼擊之也時命當死也祅象厲鬼象鬼之形則象
鬼之言象鬼之言則象鬼而擊矣何以明之夫鬼者
神也神也先知先知則宜自見粢盛之不膏珪璧之
失度犧牲之臞小則因以責讓夜姑以檝擊之而已
無爲先問先問不知之效也不知不神之驗也不知
不神則不能見體出言以檝擊人也夜姑義臣也引
罪自子已故鬼擊之如無義自歸之鮑身則厲鬼將

復以檝棓鮑之身矣且祭祀不備神怒見體以殺掌祀如禮備神喜肯見体以食賜主祭乎人有喜怒鬼亦有喜怒人不為怒者身存不為喜者身亡厲鬼之怒見體而罰宋國之祀必時中體天神何喜見體以賞之乎夫怒喜不與人同則其賞罰不與人等賞罰不與人等則其掊夜姑不可信也且夫歆者內氣也言者出氣也能歆則能言猶能吸則能呼矣如鬼神能歆則宜言於祭祀之上今不能言知不能歆一也凡能歆者口鼻通也使鼻鼽不通口鉗不開則不能歆之矣人之死也口鼻腐朽安能

復歆之也禮曰人死也斯惡之矣與人異類故惡之
也爲死人不動朽敗滅亡其身不與生人同則知不與
生人通矣身不同知不通其飲食不與人鈞矣胡越
異類飲食殊味死之與生非直胡之與越也由此言
之死人不歆三也當人之卧也置食物其旁不能知
也覺乃知之知乃能食之夫死長卧不覺者也安能
知食不能歆之四也或難曰祭則鬼亨之何謂也曰
言其修具謹潔粢牲肥香人臨見之意飲食之推已意
以況鬼神鬼神有知必享此祭故曰鬼享之祀難曰
易曰東鄰殺牛不如西鄰之禴祭夫言東鄰不若西

鄰言東鄰牲大福少西鄰祭少福多也今言鬼不享
何以知其福有多少也曰此亦謂修具謹敬與不謹敬
也紂殺牛祭不致其禮文王祭竭盡其敬夫禮不
至則人非之禮敬盡則人是之是之則舉事多助非
之則言行見畔見畔若祭不見享之禍多助若祭見
歆之福非鬼為祭祀之故有喜怒也何以明之苟鬼
神不當須人而食須人而食是不能神也信鬼神歆
祭祀祭祀為禍福謂鬼神居處何如狀哉自有儲偫
邪將以人食為饑飽也如自有儲偫儲偫必與人異
不當食人之物如無儲偫則人朝夕祭乃可耳壹祭

壹不否則與神壹饑壹飽壹饑壹飽則神譽怒[illegible]
病人見鬼及卧夢與死人相見如人之物苟其祭也
如人之食緣有飲食則宜有衣服故復以繒製衣以
象生儀其祭如生人之食人欲食之冀鬼饗之其[illegible]
衣也廣縱不過一尺若五六寸以所見長大之神貴[illegible]
一尺之衣其肯言而加福於人乎以所見之鬼爲[illegible]
死人乎則其製衣宜若生人之服如以所製之衣審
鬼衣之乎則所見之鬼宜如偶人之狀夫如是也苎
所見鬼非所衣之神非所衣之神非所見之鬼也鬼
神未定厚禮事之安得福祐而堅信之乎[illegible]

祭意篇

樹王者祭天地諸侯祭山川卿大夫祭五祀士庶人祭其先宗廟社稷之祀自天子達於庶人尚書曰肆類于上帝禋于六宗望于山川徧于羣臣禮曰有虞氏禘黃帝而郊嚳祖顓頊而宗堯夏后氏亦禘黃帝而郊鯀祖顓頊而宗禹殷人禘嚳而郊冥祖契而宗湯周人禘嚳而郊稷祖文王而宗武王燔柴於大壇祭天也瘞埋於大折祭地也用騂犢埋少牢於太昭祭時也相近於坎壇祭寒暑也王宮祭日也夜明祭月也幽禜祭星也雩禜祭水旱也四坎壇祭四方也

山林川谷丘陵能出雲爲風雨見怪物皆曰神有天下者祭百神諸侯在其地則祭亡其地則不祭此皆法度之祀禮之常制也王者父事天母事地推人事父母之事故亦有祭天地之祀山川以下報功之義也緣生人有功得賞鬼神有功亦祀之山出雲雨潤萬物六宗居六合之間助天地變化王者尊而祭之故曰六宗社稷報生萬物之功社報萬物稷報五穀五祀報門戶井竈室中霤之功門戶人所出入井竈人所飲食中霤人所託處五者功鈞故俱祀之周棄曰少昊有四叔曰重曰該曰脩曰熙實能金木及

使重為句芒該為蓐收脩及熙為玄冥世不失德遂濟窮桑此其三祀也顓頊氏有子曰黎為祝融共工氏有子曰句龍為后土此其二祀也后土為社稷田正也有烈山氏之子曰柱為稷自夏以上祀之周棄亦為稷自商以來祀之禮曰烈山氏之有天下也其子曰柱能殖百穀夏之衰也周棄繼之故祀以為稷共工氏之霸九州也其子曰后土能平九土故祀以為社傳或曰炎帝作火死而為竈禹勞力天下水死而為社禮曰王為君羣姓立七祀曰司命曰中霤曰国門曰国行曰泰厲曰戶曰竈諸侯為国立五祀曰司命曰中霤曰国門曰国行曰公厲大夫立三祀曰族厲曰門曰行適子

立二祀曰門曰行庶人立一祀或立戶或立竈社稷
五祀之祭未有所定皆爲思其德不忘其功也中心
愛故飲食愛之愛鬼神者祭祀之自禹興脩社稷祀
后稷其後絶廢高皇帝四年詔天下祭靈星七年使
天下祭社稷靈星之祭祭水旱也於禮舊名曰雩雩
之禮爲民祈穀雨祈穀實也春求雨秋求實一歲再祀蓋重
穀也春以二月秋以八月故論語曰暮春者春服既
成冠者五六人童子六七人浴乎沂風乎舞雩詠而
歸暮春四月也周之四月正歲二月也二月之時龍
星始出故傳曰龍見而雩龍星見時歲已啓蟄而雩

春雩之禮廢秋雩之禮存故世常脩靈星之祀到今
不絶名變於舊故世人不識禮廢不具故儒者不知
世儒案禮不知靈星何祀其難曉亦不識說縣官名曰用
星縁明星之名說曰歲星歲星東方也東方主春春
主生物故祭歲星求春之福也四時皆有力於物獨
求春者重本尊始也審如儒者之說求春之福反以
秋祭此求春也月令祭戶以春祭門以秋各宜其時
如或祭門以秋謂之祭戶論者肯然之乎不然則明
星非歲星也乃龍星也龍星二月見則雩祈穀雨龍
星八月將入則秋雩祈穀實儒者或見其義語不空

生春雩廢秋雩興故秋雩之名自若爲明星也實曰
靈星靈星者神也神者謂龍星也羣神謂風伯雨師
雷公之屬風以摇之雨以潤之雷以動之四時生成
寒暑變化日月星辰人所瞻仰水旱人所忌惡四方
氣所由來山林川谷民所取材用此鬼神之功也凡
祭祀之義有二一曰報功二曰脩先報功以勉爲脩
先以崇恩力勉恩崇功立化通聖王之務也是故聖
王制祭祀也法施於民則祀之以死勤事則祀之以
定國則祀之能禦大災則祀之能捍大患則祀之
帝嚳能序星辰以著衆堯能賞均刑法以義終舜

勤民事而野死鯀勤洪水而殛死禹能脩鯀之功黄
帝正名百物以明民共財顓頊能脩之契為司徒而
民咸冥勤其官而水死湯以寬治民而除其虐文王
以文治武王以武功去民之災凡此功烈施布於民
賴其力故祭報之宗廟先祖己之親也生時有養親
之道死亡義不可背故脩祭祀示如生存推人事鬼
神緣生事死人賞功供養之道故有報恩祀祖之義孔
子之畜狗死使子貢埋之曰吾聞之也弊帷不棄為
埋馬也弊盖不棄為埋狗也丘也貧無盖於其
逝對發音定也亦與之席毋使其首陷焉延陵季子過除

徐君好其劍季子以當使於上國未之許與季子使
還徐君已死季子解其劍帶於冢樹御者曰徐君已
死尚誰爲乎季子曰前已心許之矣可以徐君死故
負吾心乎遂帶劍於冢樹而去祀爲報功者其用意
猶孔子之埋畜狗也祭不爲不背先者其恩猶季子帶
劍於冢樹也聖人知其若此祭猶齋戒畏敬若有鬼
神脩與弗絕若有禍福重恩尊功殷勤厚恩未必有
鬼而享之者何以明之以飲食祭地也人將飲食謙
退示當有所先孔子曰雖疏食菜羹瓜祭必齊如也
禮曰侍食於君君使之祭然後飲食之祭猶禮之諸

祀也飲食亦可毋祭禮之諸神亦可毋祀地祀地之實一也用物之費同也知祭地無神猶謂諸祀有鬼不知類也經傳所載賢者所紀尚無鬼神況不著篇籍世間淫祀非鬼之祭信其有神爲禍福矣好道學仙者絕穀不食與人異食欲爲清潔也鬼神清潔於仙人如何與人同食乎論之以爲人死無知其精不能爲鬼假使有之與人異食則不肯食人之食不肯食人之食（一有食字）則無求於人無求於人則不能爲人禍福矣凡人之有喜怒也有求得與不得得則喜不得則怒喜則施恩而爲福怒則發怒而爲禍鬼神無

喜怒一其有則雖常祭而不絶以廢而不脩豈能爲福禍於人哉

二十五卷　十九

論衡卷第二十六　　王充

實知篇　　知實篇

實知

儒者論聖人以爲前知千歲後知萬世有獨見之明獨聽之聰事來則名不學自知不問自曉故稱聖則神矣若蓍龜之知吉凶蓍　稱神龜稱靈矣賢者才下不能及智劣不能料故謂之賢夫名異則實殊質同則稱鈞以聖名論之知聖人卓絕與賢殊也孔子將死遺讖書曰不知何一男子自謂秦始皇上我之堂踞我之牀顛倒我衣裳至沙丘而亡其後秦王兼

并天下號始皇巡狩至魯觀孔子宅乃至沙丘道病
而崩又曰董仲舒亂我書其後江都相董仲舒論思
春秋造著傳記又書曰亡秦者胡也其後二世胡亥
竟亡天下用三者論之聖人後知萬世之效也孔子之
不知其父母匿之吹律自知殷宋大夫子氏之世也
不案圖書不聞人言吹律精思自知其世聖人前
知千歲之驗也曰此虛也案神怪之言皆在讖記
所表皆效圖書亡秦者胡河圖之文也孔子條暢增
益以表神怪或後人詐記以明效驗高皇帝封吳王
送送拊其背曰漢後五十年東南有反者豈汝邪到

景帝時濞與七國通謀反漢建此言者或時觀氣見
象處其有反不知主名高祖見濞之勇則謂之是矣
無論孔子見始皇仲舒或時但言將有觀我之宅
亂我之書者後人見始皇入其宅仲舒讀其書則增
益其辭著其主名如孔子神而空見始皇仲舒則其
自知殷後子氏之世亦當默而知之無為吹律以自定
也孔子不吹律不能立其姓及其見始皇睹仲舒亦
復以吹律之類矣案始皇本事始皇不至魯安得上
孔子之堂踞孔子之床顛倒孔子之衣裳乎始皇三
十七年十月癸丑出遊至雲夢望祀虞舜於九嶷浮

江下觀籍柯度梅諸過丹陽至錢唐臨浙江濤惡乃西百二十里從陝中度上會稽祭大禹立石刊頌望于南海還過從江乘旁海上北至琅邪自琅邪北至勞成山因至之罘遂並海西至平原津而病崩於沙丘平臺既不至魯讖記何見而云始皇至魯至魯未可知其言孔子曰不知何一男子之言亦未可用不知何一男子之言不可用則言董仲舒亂我書亦復不可信也行事文記譎常人之耳非天地之書則皆緣前因古有所據狀如無聞見則無所狀凡聖人見禍福也亦揆端推類原始見終從閭巷論明堂由照

照察冥冥讖書云文遠見未然空虛闇昧豫睹未有
遠聞暫見卓譎怪神若非庸口所能言放象事類以
見禍推原往驗以處來事者亦能非獨聖也周公治
魯太公知其後世當有削弱之患太公治齊周公睹
其後世當有劫殺之禍見法術之極睹禍亂之前矣
紂作象箸而箕子譏魯以偶人葬而孔子歎緣象箸
見龍干之患偶人睹殉葬之禍也太公周公俱見未
然箕子孔子並睹未有所由見方來者賢聖同也魯
侯老太子弱次室之女倚柱而嘯由老弱之徵見敗
亂之兆也婦人之知尚能推類以見方來況聖人君

子言高智明者乎。秦始皇十年，嚴襄王母夏太后薨。孝文王后曰華陽后，與文王葬壽陵。夏太后嚴襄王葬於范陵，故夏太后別葬杜陵，曰：「東望吾子，西望吾夫，後百年旁當有萬家邑。」其後皆知其言，必以推類見方來為聖，次言夏太后聖也。秦昭王十年，樗里子卒，葬于渭南章臺之東，曰：「後百年當有天子宮挾我墓。」至漢興，長樂宮在其東，未央宮在其西，武庫正直其墓。竟如其言，先知之效，見方來之驗也。如以此效聖，樗里子聖人也。如非聖人先知見方來，不足以明聖，然則樗里子見天子宮挾其墓也，亦猶辛有知伊

川之當爲戎昔辛有過伊川見被髮而祭者曰不及百
年此其戎乎其後百年晉遷陸渾之戎於伊川焉竟
如辛有之知當爲戎見被髮之兆也樗里子之見天子
挾其墓亦見博平之墓也韓信葬其母亦行營高敞
地令其旁可置萬家其後竟有萬家處其墓旁故樗
里子之見博平王有宮臺之兆猶韓信之睹高敞萬
家之臺也先知之見方來之事無達視洞聽之聰明
皆案兆察跡推原事類春秋之時卿大夫相與會遇
見動作之變聽言談之詭善則明吉祥之福惡則處
凶妖之禍明福處禍遠圖未然無神怪之知皆由兆

類以今論之故夫可知之事者思慮所能見也不可
知之事不學不問不能知也不學自知不問自曉古
今行事未之有也夫可知之事惟精思之雖大無難
不可知之事厲心學問雖小無易故智能之士不學
不成不問不知難曰夫項託年七歲教孔子案七歲
未入小學而教孔子性自知也孔子曰生而知之上
也學而知之其次也夫言生而知之不言學問謂若
項託之類也王莽之時勃海尹方年二十一無所師
友性智開敏明達六藝魏郡牧淳于倉奏方不學得
文能讀誦論義引五經文文說議事厭合人之心帝

欲友使射甚蟲蛟叶無非知者天下謂之聖人夫無
所師友明達六藝卒不學書得文能讀此聖人也不
學自能無師自達非神如何曰雖無師友亦已有所
聞矣不學書已三年筆墨矣兒始生產耳目始開雖
有聖性安能有知吾嘗記七歲其三四歲而受納人
言矣吾今年二十一其六十四五時多聞見矣性敏才
茂獨思無所據一下諸兆象不見類驗卻念百世之後
有馬生牛牛生驢桃生李李生梅聖人能知之乎臣
繼吾子繼父仁如顏淵孝如曾參勇如孟賁辯如賜
子聖人能見之乎孔子曰其或繼周者雖百世可知

也。注曰：後生可畏，焉知來者之不如今也。論損益言可知，稱後生言焉知，後生難處，損益易明也。此尚為遠，非所聽察也。使一人立於牆東，令之出聲，使聖人聽之牆西，能知其黑白短長、鄉里姓字所自從出乎？溝有流壍，澤有枯骨，髮首陋亡，肌肉腐絕，使人詢之，能知其農商老少若所犯而坐死乎？非聖人無知，其知無以知也。知無以知，非問不能知也。不能知，則賢聖所共病也。難曰：詹何坐，弟子侍，有牛鳴於門外。弟子曰：是黑牛也而白蹄。詹何曰：然，是黑牛也而白其蹄。使人視之，果黑牛而以布裹其蹄。詹何賢者也，尚

能聽聲而知其色，以聖人之智，反不能知乎？曰：能知
黑牛白其蹄，能知此牛誰之牛乎？白其蹄者以何事
乎？夫術數直見一端，不能盡其實，雖審一事，曲辯問
之，輙不能盡知。何則？不目見口問，不能盡知也。魯僖
公二十九年，介葛盧來朝，舍于昌衍之上，聞牛鳴，曰：
是牛生三犧，皆已用矣。或問：何以知之？曰：其音云。人
問牛主，竟如其言。此復用術數，非知所能見也。廣漢
楊翁仲聽鳥獸之音，乘蹇馬之野，田閒有放眇馬，相
去鳴聲相聞。翁仲謂其御曰：彼放馬知此馬而目眇。
其御曰：何以知之？曰：罵此轅中馬蹇，此馬亦罵之眇。

其御不信往視之自言人眇焉翁神之知焉詹何猶詹何
介葛盧之聽牛鳴也蓋以術任數相合其意不違視聽
遼見流目以察之也夫以聽聲有術則察色亦有數矣推
用術數若先聞見眾人不知則謂神聖若孔子之見
獸名之曰狌狌太史公之見張良似婦人之形矣案
孔子未嘗見狌狌至輒能名之太史公與張良異世
而目見其形使眾人聞此言則謂神而先知然而孔
子知狌狌聞昭人之歌太史公之見張良觀宣室之
圖像陰見默識用思深秘眾人闊略寡所意識見賢
聖之名物則謂之神推此以論詹何見黑牛白蹄猶

比類也彼不以術数則先時聞見於外矣方今占射
事之工據正術数術数不中集以人事人事於術数
而用之者與神無異詹何之徒方今占射事者之類
也如以詹何之徒性能知之不用術数是則巢居者
先知風穴處者先知雨智明早成項託尹方其是也
難曰黄帝生而神靈弱而能言帝嚳生而自言其名
未有聞見於外生輒能言稱其名非神靈之效生知
之驗乎曰黄帝生而言然而母懷之二十月生計朞
数亦已二歲在母身中矣帝嚳能自言其名然不能
言他人之名雖有一能未能遍通謂神而生知者豈

謂生而能言其名乎乃謂不受而能知之未得能見
之也黄帝帝嚳雖有神靈之驗亦皆早成之才也人
才早成亦有晚就雖未就師家問空學人見其幼成
早就稱之過度云項託七歲是必十歲云教孔子是
必孔子問之云黄帝帝嚳生而能言是亦數月云尹
方年二十一是亦且三十云無所師友有不學書是
亦遊學家習世俗褒稱過實毀敗踰惡世俗傳顔淵
年十八歲升太山望見呉昌門外有繫白馬定考
實顔淵年三十不升太山不望呉昌門項託之稱尹
方之譽顔淵之類也人才有高下知物由學學之

知不問不識子貢曰夫子焉不學而亦何常師之
有孔子曰吾十有五而志乎學五帝三王皆有所師
曰是欲為人法也曰精思亦可為人法何必以學者
事難空知賢聖之才能立也所謂神者不學而知所
謂聖者須學以聖以聖人學知其非聖天地之間含
血之類無性知者狌狌知往鳱鵲知來稟天之性自
然者也如以聖人為若狌狌乎則夫狌狌之類鳥獸
也僮謠不學而知可謂神而先知矣如以聖人為若
僮謠乎則夫僮謠者妖也世間聖神以為巫與鬼神
用巫之口告人如以聖人為若巫乎則夫為巫者亦

妖也與妖同氣則與聖賢同類夫巫與聖賢同則聖賢不能
神矣不能神則賢之黨也同黨則所知者無以異也
及其有異以入道也聖人疾賢者遲賢者才多聖人
智多所知同業多少異量所道一途步騶相過事有
難知易曉賢聖所共關思也若夫文質之復三教之
重正朔相緣損益相因賢聖所共知也古之水火今
之水火也今之聲色後世之聲色也鳥獸草木人民
好惡以今而見古以此而知來千歲之前萬世之後
無以異也追觀上古探察來世文質之類水火之輩
賢聖共之見兆聞象圖畫禍福賢聖共之見怪名物

所疑惑賢聖共之事可知者賢聖所共知也不可知者聖人亦不能知也何以明之使聖空坐先知雨也性能一事知遠道孔竅不普未足以論也所論先知性達者盡知萬物之性畢睹千道之要也如知一不通二達左不見右偏駮不純踦校不具非所謂聖也如必謂之聖是明聖人無以奇也詹何之徒聖孔子之黨亦稱聖是聖無以異於賢賢無以乏於聖也聖聖皆能何以稱聖奇於賢乎如俱任用術數賢何以不及聖實者聖賢不能知性須任耳目以定情實其任耳目也可知之事思之輒決不可知之事待問乃

解天下之事世間之物可思而愚夫能開精不可思而知上聖不能省孔子曰吾嘗終日不食終夜不寢以思無益不如學也天下事有不可知猶結有不可解也見說善解結結無有不可解結有不可解見說不能解也非見說不能解也結有不可解及其解之用不能也聖人知事事無不可知事有不可知不能知聖人不能知事有不可知及其知之用不知也故夫難知之事學問所能及也不可知之事問之學之不能曉也

知實篇

凡論事者違實不引效驗則雖甘義繁說衆不見信論聖人不能神而先知先知之間不能獨見非徒空設虛言直以才智准況之工也事有證驗以效實然何以明之孔子問公叔文子於公明賈曰信乎夫子不言不笑不取有諸對曰以告者過也夫子時然后言人不厭其言樂然后笑人不厭其笑義然后取人不厭其取孔子曰豈其然乎豈其然乎天下之人有如伯夷之廉不取一芥於人未有不言不笑者也孔子既不能如心揣度以決然否心怪不信又不能遠覽遥見以審其實問公明賈乃知其情孔子不能先

知一也陳子禽問子貢曰夫子至於是邦也必聞其政求之與抑與之與子貢曰夫子溫良恭儉讓以得之溫良恭儉讓尊行也有尊行於人人親附之人親附之則人告語之矣然則孔子聞政以人言不神而自知之也齊景公問子貢曰夫子賢乎子貢對曰天子乃聖豈徒賢哉景公不知孔子聖子貢正其名子禽亦不知所以聞政孔子子貢定其實對景公云夫子聖豈徒賢哉則其對子禽亦當云神而自知之不以人言以子貢對子禽言之聖人不能先知二也顏子炊飯塵落甑中欲置之則不清投地則棄飯掇而

食之孔子望見以爲竊食聖人不能先知三也淺人所
狂夫投刃而候澤有猛虎厲牙而望知見之者不敢
前進如不知見則遭狂夫之刃犯猛虎之牙矣臣人
之園孔子孔子如審先知當早易道以違其害不知
而觸之故遇其患以孔子圍言之聖人不能先知四
也子畏於匡顏淵後孔子曰吾以汝爲死矣如孔子
先知當知顏淵必不觸害匡人必不加悖見顏淵之
來乃知不死未來之時謂以爲死聖人不能先知五
也陽貨欲見孔子孔子不見饋孔子豚孔子時其亡
也而往拜之遇諸塗孔子不欲見既往候時其亡是

勢必不欲見也反過於陳以孔子爲陽虎言之聖人
不能先知六也長沮桀溺耦而耕孔子過之使子路
問津焉如孔子知津不當更問論者曰欲觀隱者之
操則孔子先知當自知之無爲觀也如不知而問之
是不能先知七也孔子母死不知其父墓殯於五甫
之衢人見之者以爲葬也蓋以無所合葬殯之謹故
人以爲葬也鄰人鄒曼甫之母告之然后得合葬於
防有塋自在防殯於衢路聖人不能先知八也既得
合葬孔子反門人後雨甚至孔子問曰何遲也曰防
墓崩孔子不應三孔子泫然流涕曰吾聞之古不修

豈知孔子先知當先知防墓崩比門人至宜流涕以
候之人至乃知之聖人不能先知九也子入太廟每
事問不知故問爲人法也孔子未嘗入廟廟中禮器
衆多非一孔子雖聖何能知之以嘗見實已知而復
問爲人法孔子曰疑思問疑乃當問所當已知當變
問爲人法孔子知五經請問入從之學當復行問以
爲人法何故專問授弟子乎不以二一知三復問爲
人法何以已知太廟復問爲人法言主人用心何其不
一也以孔子入太廟言之聖人不能先知一也主人
請賓飲食吞畢賓食竟含賓如聞其家有註子泊孫

必養親饑饉患難不得飲食罰譽問念不得賴賓之
執計則必不往何則知請呼無喜之行勞辱也知往
無喜勞辱遭患亦不知其家不饒其富是以言直知言凶
雖圖知孔子先知宮知諸侯貪穢讒臣必不能用空
勞辱己聘召之到宮衰不往君子一不爲無益之事不
履辱身之行無爲困窮應聘以取其用跡之辱空說非
主以犯絕禮之危由此言之道不出能知論者曰孔子
自知不用聖恩閔道之不行民在塗炭之中庶幾欲往
諸侯行道濟民故轍轉周流不避患恥爲道不爲己
故逢患而不惡爲民不爲名故蒙恥而不避曰此非

實也孔子曰吾自衛反魯然後樂正雅頌各得其所是謂孔子自知時也何以自知魯衛天下最賢之国也魯衛不能用已則天下莫能用已也故退作春秋刪定詩書以自衛反魯言之知行應聘時未自知也何則無兆象效驗聖人無以定也魯衛不能用自知極也魯人獲麟自知絶也道極命絶兆象著明心懷望沮退而幽思夫周流不休猶病未死禱卜使瘥也死兆未見冀得活也然則應聘未見絶證冀得用也死兆見舍卜遂壓絶攬筆定書以應聘周流言之聖人不能先知十一也孔子曰游者可爲綸走者可爲網

至於龍吾不知其乘雲風上升今日見老子其猶龍
邪聖人知物知事老子與龍人物也所從上下事
何故不知如老子神龍亦神聖人亦神神者同道
氣交通何故不知以孔子不知龍與老子言之聖人
不能先知十二也孔子曰孝哉閔子騫人不間於其
父母昆弟之言虞舜大聖隱藏骨肉之過宜愈子騫
瞽叟與象使舜治廩浚井意欲殺舜當見殺己之情
早諫豫止既無如何宜避不行若病不為何故使父
與弟得成殺己之惡使人聞非父弟萬世不滅以虞
舜不復見聖人不能先知十三也武王不豫周公請

既設遂况已畢不知天之許已與不乃卜三

三龜皆吉如聖人先知周公當知天已許之無為頓

卜三龜知聖人不以獨見立法則更請命秘藏不

天意難知故卜而合兆兆決心定乃以從事聖人

不能先知十四也晏子聘於魯堂上不趨晏子趨授

立不跪晏子跪門人怪而問於孔子孔子不知問於

晏子晏子解之孔子乃曉聖人不能先知十五也陳

賈問於孟子曰周公何人也曰聖人使管叔監殷管

叔畔也二者有諸曰然周公知真畔而使不知而使

之與曰不知也然則聖人且有過與曰周公弟也管

叔兄也周公之過也不亦宜乎孟子實事之人也言
周公之聖處其下不能知管叔之畔聖人不能先知
十六也孔子曰賜不受命而貨殖焉億則屢中罪
子貢善居積意貴賤之期數得其時故貨殖多言此
陶朱然則聖人先知也子貢億數中之類也聖人據
象兆原物類意而得之其見變名物博學而識之巧
商而善意廣見而多記由微見較若揆之今睹千載
所謂智如淵海孔子見竅睹微思慮洞達材智纖
彊力不倦超踰倫等耳目非有達視之明知人不可
知之狀也使聖人達視遠見洞聽潛聞與天地談與鬼

神言知天上地下之事乃可謂神而先知與人卓異
今耳目聞見與人無別遭事覩物與人無異差賢一
等爾何以謂神而卓絕夫聖猶賢也人之殊者謂之
聖則聖矣差小大之稱非絕殊之名也何以明之齊
桓公與管仲謀伐莒謀未發而聞於國桓公怪之問
管仲曰與仲甫謀伐莒未發聞於國其故何也管仲
曰國必有聖人也少頃當東郭牙至管仲曰此必是
已乃令賓延而上之分級而立管仲曰子言伐莒邪對
曰然管仲曰我不伐莒子何故言伐莒對曰臣聞君
子善謀小人善意臣竊意之管仲曰我不言伐莒子

何以意之對曰臣聞君子有三色驩然喜樂者鍾鼓
之色愁然清淨者衰絰之色怫然充滿手足者兵革
之色君口垂不喰所言莒也君舉臂而指所當又莒
也臣竊虞國小諸侯不服者其唯莒乎臣故言之夫
管仲上智之人也其別物審事矣云國必有聖人者
至誠謂國必有也東郭牙至云此必是已謂東郭牙
聖也如賢與聖絕輩管仲知時無十二聖之黨當云
國必有賢者無為言聖也謀未發而聞於國管仲謂
國必有聖人是謂聖人先知也及見東郭牙云此必
是已謂賢者聖也東郭牙知之審是與聖人同也客

有見淳于髡於梁惠王者再見之終無言也惠王怪之以讓客曰子之稱淳于生管晏不及及見寡人寡人未有得也寡人不足為言邪客謂髡曰固也吾前見王志在遠後見王志在音吾是以默然客具報王大駭曰嗟乎淳于生誠聖人也前淳于生之來人有獻龍馬者寡人未及視會生至後來人有獻謳者未及試亦會生至寡人雖屏左右私心在彼夫髡之見惠王在遠與音也雖湯禹之察不能過也志在胸臆之中藏匿不見髡能知之以髡等為聖則髡聖人也如以髡等非聖則聖人之知何以過髡之知惠王

也觀色以窺心皆有因緣以准的之楚靈王會諸侯鄭子產曰魯邾宋衛不來及諸侯會四國果不至趙堯為符璽御史趙人方與公謂御史大夫周昌曰君之史趙堯且代君位其後堯果為御史大夫然則四國不至子產原其理也趙堯之為御史大夫方與公睹其狀也原理睹狀處著方來有以審之也魯人公孫臣孝文皇帝時上書言漢土德其符黃龍當見後黃龍見成紀然則公孫臣知黃龍將出案律歷以處之也聖賢之知事宜驗矣聖賢之才皆能先知其先知也任術用數或善商而巧意非聖人空知神怪與

聖賢殊道異路也聖賢知不踰故用思相出入遭事無神怪故名號相貿易故夫賢聖者道德智能之號神者眇茫恍惚無形之實實異質不得同實鈞效不得殊聖神號不等故謂聖者不神神者不聖東郭牙善意以知國情子貢善意以得貨利聖人之先知子貢東郭牙之徒也與子貢東郭同則子貢東郭之徒亦聖也夫如是聖賢之實同而名號殊未必才相懸絕智相兼倍也太宰問於子貢曰夫子聖者與何其多能也子貢曰故天縱之將聖又多能也將者且也不言已聖言且聖者以為孔子聖未就也夫聖若為賢

矣治行厲操操行未立則謂且賢今言且聖聖可為
之故也孔子曰吾十有五而志於學三十而立四十
而不惑五十而知天命六十而耳順從知天命至耳
順學就知明成聖之驗也未五十六十之時未能知
天命至耳順也則謂之且矣當子貢荅太宰時殆三
十四十之時也魏昭王問於田詘曰寡人在東宮之
時聞先王之議曰為聖易有之乎田詘對曰臣之所
學也昭王曰然則先王聖乎田詘曰未有功而知其
聖者堯之知舜也待其有功而後知其聖者市人之
知舜也今詘未有功而王問詘曰若聖乎敢問王亦

其堯乎夫聖可學爲故田誠謂之易如卓興人殊稟
天性而自然焉可學而爲之必能成田誠之言爲易
聖未必能成田誠之言爲易未必能是言臣之所學
蓋其實也此可學爲蔣佚殊故賢聖之號仁智共之
子貢問於孔子夫子聖矣乎孔子曰聖則吾不能我
學不厭而教不倦子貢曰學不厭者智也教不倦者
仁也仁且智夫子既聖矣由此言之仁智之人可謂
聖矣孟子曰子夏子游子張得聖人之一體冉牛閔
子騫顏淵則具體而微不至於其世言有聖人之才或
顏有而不合或業有而不明然者稱聖人聖人可[illegible]

成也孟子曰非其君不事非其民不使治則進亂
則退伯夷也何事非君何使非民治亦進亂亦進伊
尹也可以仕則仕可以止則止可以久則久可以速
則速孔子也皆古之聖人也又曰聖人百世之師也
伯夷柳下惠是也故聞伯夷之風者頑夫廉懦夫有
立志聞柳下惠之風者薄夫敦鄙夫寬奮乎百世之
上百世之下聞之者莫不興起也非聖而若是乎而況
親炙之者乎夫伊尹伯夷柳下惠不及孔子而孟子皆
曰聖人者皆聖同類可以共一稱也宰予曰以予觀
夫子賢於堯舜遠矣孔子聖直言聖於堯舜而言賢

者聖賢相褒人形以其名稱相貿易也

論衡卷第二十六

論衡卷第二十七　　王充

定賢篇

定賢篇

聖人難知賢者比於聖人為易知世人且不能知賢安能知聖乎世人雖言知賢此言妄也知賢何用知之如何以仕宦得高官身富貴為賢乎則富貴者天命也命富貴不為賢命貧賤不為不肖必以富貴較賢不肖是則仕宦以才不以命也以事君調合寡過為賢乎夫順阿之臣佞倖之徒是也准主而説適時而行無廷逆之郄則無斥退之患或骨體嫺麗面色

稱娟上不憎而善生恩澤洋溢過度未可謂賢以朝
廷選舉皆歸善為賢乎則夫著見之人所知者舉多
幽隱人所不識者薦少虞舜是也堯求則咨於鯀共
工則獄已不得由此言之選舉多少未可以知實或
德高而舉之少或才下而薦之多明君求善察惡於
多少之間時得善惡之實矣且廣交多徒求索衆心
者人愛而稱之清直不容鄉黨志潔不交非徒失衆
心者人憎而毀之故名生多於知謝毀譽失於衆意
齊威王以毀封即墨大夫以譽烹阿大夫即墨有功
而無譽阿無效而有名也子貢問曰鄉人皆好之何

如孔子曰未可也鄉人皆惡之何如曰未可也不如
鄉人之善者好之其不善者惡之夫如是稱譽多而
小大皆言善者非賢也善人稱之惡人毀之毀譽者
半乃可有賢以善人所稱惡人所毀可以知賢乎夫
如是孔子之言可以知賢不知譽此人也者賢毀此
人者惡也或時稱者惡而毀者善也人眩惑無別也
以人衆所歸附賓客雲合者為賢乎則夫人衆所附
歸者也亦廣交多徒之人也衆愛而稱之則蟻附而
歸之矣或尊貴而為利或好士下客折節俟賢信陵
孟嘗平原春申食客數千稱為賢君大將軍衛青及

霍去病門無一客稱為名將故賓客之會在好下之
若利害之賢或不好士不能為輕重則衆不歸而士
不附也以居位治人得民心歌詠之為賢乎則夫得
民心者與彼得士意者無以異也為虛恩拊循其民
民之歡得即喜心樂矣何以效之齊田成子越王句
踐是也成子欲專齊政以大斗貸小斗收而民悅句
踐欲雪會稽之恥拊循其民弔死問病而民喜二者
皆自有所欲為於他而偽誘屬其民誠心不加而民亦
說孟嘗君夜出秦關雞未鳴而關不開下坐賤客鼓
臂為雞鳴而雞皆和之關即開而孟嘗得出又雞可

以僞聲感則人亦可以僞恩動也人可以僞恩動則天
亦可巧詐應也動致天氣宜以精神而人用陽燧取
火於天消鍊五石五月盛夏鑄以爲器乃能得火今
又但取刀劍恒銅鉤之屬切磨以嚮日亦得火焉夫
陽燧刀劍鉤能取火於日恒非賢聖亦能動氣於天
若董仲舒信土龍之能致雲雨蓋亦有以也夫如是
應天之治尚未可謂賢況徒得人心民謂之賢如何
以居職有成功見效爲賢乎夫居職何以爲功效以
人民附之則人民可以僞恩説也陰陽和百姓安者
時也時和不肖遭其安不和雖聖逢其危如以陰陽

和而效賢不肖則堯以洪水得黜湯以大旱爲殿下
矣如功效謂事也身爲之者功著可見以道爲計者
效沒不章鼓無當於五音五音非鼓不和師無當於
五服五服非師不親水無當於五釆五釆非水不章
道爲功本功爲道效據功謂之賢是則道人之不肖
也高祖得天下賞羣臣之功蕭何爲賞首何則高祖
論功比獵者之縱狗也狗身獲禽功歸於人羣臣力
戰其猶狗也蕭何持重其猶人也必據成功謂之賢
是則蕭何無功功賞不可以效賢一也夫聖賢之治
世也有術得其術則功成失其術則事廢譬猶醫

之治病也有方篤癘猶治無方變微不愈天方猶術病
猶亂醫猶吏藥猶教也方施而藥行術設而教從教
從而亂止藥行而病愈治病之醫未必惠於不爲醫
者然而治國之吏未必賢於不能治病者偶得其方
遭曉其術也治國須術以立功亦有時當自亂雖有
術功終不立者亦有時當自安雖無術功猶成者故
夫治國之人或得時而功成或失時而無效術人能
因時以立功不能逆時以致安良醫能治未當死之
人命如命窮壽盡方用無驗矣故時當亂也堯舜施
術不能立功命當死矣扁鵲行方不能愈病射御之

枝百工之人皆以法術然后功成事立效驗可見夫
治國百工之類也功立猶事成也謂有功者賢是謂
百工皆賢人也趙人吾丘壽王武帝時待詔上使從
董仲舒受春秋高才通明於事後與東郡都尉上以
壽王之賢不置太守時軍發民騷動歲惡盜賊不息
上賜壽王書曰子在朕前時輻湊並至以爲天下無
雙海內寡二至連十餘城之勢任四千石之重而盜
賊浮船行攻取於庫兵甚不稱在前時何也壽王謝
言難禁復召爲光祿大夫常居左右論事說議無不
是者才高智深通明多見然其爲東郡都尉歲惡

盜賊不息人民騷動不能禁止不知壽王不得治東郡之術邪亡將東郡適當復亂而壽王之治偶逢其時也夫以壽王之賢治東郡不能立功必以功觀賢則壽王棄而不選也恐必世多如壽王之類而論者以無功不察其賢燕有谷氣寒不生五穀鄒衍吹律致氣既寒更爲溫燕以種黍黍生豐熟到今名之曰黍谷夫和陰陽當以道德至誠然而鄒衍吹律寒谷更溫黍穀育生推此以況諸有成功之類有若鄒衍吹律之法故得其術也不肖無不能失其數也賢有聖不治此功不可以效賢二也人之舉事或意至而功

不成事不立而勢貫山荆軻醫夏無且是矣荆軻入
秦之計本欲劫秦王生致於燕邂逅不偶爲秦所擒
當荆軻之還秦王秦王環柱而走醫夏無且以藥囊
提荆軻既而天下名軻爲烈士秦王賜無且金二百
鎰夫爲秦所擒生致之功不立藥囊提刺客益於救
主然猶稱賞者意至勢盛也天下之士不以荆軻功
不成不稱其義秦王不以無且無見效不賞其志志
善不效成功義至不謀就事義有餘效不足志巨大
而功細小智者賞之愚者罰之必謀功不察志論陽
效不存陰計是則豫讓拔劍斬襄子之衣不足識也

伍子胥鞭笞平王尸不足載也張良椎始皇誤中副車不足記也三者道地不便計畫不俱同有其勢而無其功懷其計而不得為其事是功不可以效賢三也以孝於父弟於兄為賢乎則夫孝弟之人有父兄者也父兄不慈孝弟乃章舜有瞽瞍參有曾晳孝立名成衆人稱之如無父兄父兄慈良章顯[illegible]之效孝弟之名無所見矣忠於君者亦與此同龍逢比干忠著夏殷桀紂惡也稷契皋陶忠闇唐虞堯舜賢也故螢火之明掩於日月之光忠臣之聲蔽於賢君之名死君之難出命捐身與此同臣遭其時死其難故立其義

而獲其名大賢之涉世也翔而有集色斯而舉亂君之患不累其身危國之禍不及其家安得逢其禍而死其患乎齊詹問於晏子曰忠臣之事其君也若何對曰有難不死出亡不送君曰列地而與之疏爵而貴之君有難不死出亡不送可謂忠乎對曰言而見用臣奚死焉諫而見從終身不亡臣奚送焉若言不見用有難而死是妄死也諫而不見從出亡而送是詐偽也故忠臣者能盡善於君不能與陷於難案晏子之對以求賢於世死君之難立忠節者不應科矣是故大賢寡可名之節小賢多可稱之行可得者小

可得量者少也至大難弗能數至多解兆弗能
有小少異名之行又發於衰亂易見之世故節行顯
而名著負明也浮於海者迷於東西大也行於溝咸識
舟檝之跡小也小而易見衰亂亦易察故世不危亂
奇行不見主不悖惑忠節不立鴻卓之義發於顛沛
之朝清高之行顯於衰亂之世以全身免害不被刑
戮若南容惧白圭者為賢乎則夫免於害者幸而命
禄吉也非才智所能禁推行所能却也神蛇能斷而
復屬不能使人弗斷聖賢能困而復通不能使人弗
害南容能自免於刑戮公冶以非罪在縲絏伯玉可

懷於無道之國文王拘羑里孔子厄陳蔡非行所至
之難掩已而至則有不得自免之患累已而滯矣夫
不能自免於患者猶不能延命於世也命窮賢不能
自續時厄聖不能自免以委國去位棄富貴就貧賤
為賢乎則夫委國者有所迫也若伯夷之徒昆弟相
讓以國恥有分爭之名及大王亶甫重戰其故民皆
委國及去位者道不行而志不得也如道行志得亦
不去位故委國去位皆有以也謂之為賢無以者可
不肖乎且有國位者故得委而去之無國位者何
夫割財用及讓下受分與此同實無財何割口飢

何讓倉廩實民知禮節衣食足知榮辱讓生於有餘
爭生於不足人或割財助用袁將軍再與孔子分
財多有以為恩義崑山之下以玉為石彭蠡之濱以
魚食犬豕使推讓之人財若崑山之玉彭蠡之魚
財再分不足為也韓信寄食於南昌亭長何財之割
顏淵簞食瓢飲何財之讓管仲分財取多無廉讓之
節貧之不足忘義發也以避世離俗清身潔行為賢
乎是則委國去位之類也富貴人情所貪高官大位
人之所欲樂去之而隱生不遭遇志氣不得也長沮
桀溺避世隱居伯夷於陵去貴取賤非其志也恬憺

無欲志不在於仕苟欲全身養性為賢乎是則老聃之徒也道人與賢殊聖者憂世濟民於難是以孔子棲棲墨子遑遑不進與孔墨合務而遠與黃老同操非賢也以舉義千里師將朋友無廢禮為賢乎則夫家富財饒筋力勁彊者能堪之匱乏無以舉禮羸弱不能奔走不能任也是故百金之家境外無絕交千乘之國同盟無廢贈財多故也使穀食如水火雖貪恡之人越境而布施矣故財少則正禮不能舉一有餘則妄施能 於千家貧無斗筲之儲者雖責以交施矣舉檐千里之人材策越疆之士手足胼胝面

驪黑無傷感不任之疾筋力皮革必有與人異者矣推此以況爲君要證之吏身被疾痛而口無一辭者亦肌肉骨節堅彊之故也堅彊則能隱事而立義軟弱則誣時而毁節豫讓自賊妻不能識貫高被箠身無完肉實體有不與人同者則其節行有不與人鈞者矣以經明帶徒聚衆爲賢乎則夫經明儒者是也儒者學之所爲也儒者學學儒矣傳先師之業習口說以教無胷中之造思定然否之論郵人之過書門者之傳教也封完書不遺教審令不遺誤者則爲善矣傳者傳學不妄一言先師古語到今具存雖帶徒

百人以上位慱士文學郵人門者之類也以通覽古今祕隱傳記無所不記爲賢乎是則傳者之次也才高好事勤學不舍若專成之苗裔有世祖遺文得成其篇業覯覽諷誦若典官文書若太史公及劉子政之徒有主領書記之職則有慱覽通達之名矣以權譎早謫能將兵御衆爲賢乎是韓信之徒也戰國獲其功稱爲名將世平能無所施還入禍門矣高鳥死良弓藏狡兎得良犬亨權詐之臣高鳥之弓狡兎之犬也安平身無宜則弓藏而犬亨安平之主非棄臣而賤士世所用助上者非其宜也向令韓信用權變

之才爲若叔孫通之事安得謀反誅死之禍哉有功
彊之權無守平之智曉將兵之計不見已定之義居
平安之時爲反逆之謀此其所以功滅國絶不得稱
爲賢也辯於口言甘辭巧爲賢乎則夫子貢之徒是
也子貢之辯勝顔淵孔子序置於下實才不能高口
辯機利人決能稱之夫自文帝尚多虎圈嗇夫少上
林尉張釋之稱周勃張相如文帝乃悟夫辯於口虎
圈嗇夫之徒也難以觀賢以敏於筆文墨兩集爲賢
乎夫筆之與口一實也口出以爲言筆書以爲文口
辯才未必高然則筆敏知未必多也且筆用何爲敏

以敏於官曹事事之難者莫過於獄獄疑則有請讞

蓋世優者莫過張湯張湯文深在漢之朝不稱爲賢

太史公序累以湯爲酷酷非賢者之行魯林中哭婦

虎食其夫又食其子不能去者善政不苛吏不暴也

夫酷苛暴之黨也難以爲賢以敏於賦頌爲弘麗於之

文爲賢乎則夫司馬長卿楊子雲是也文麗而務巨

言眇而趨深然而不能處定是非辯然否之實雖文

如錦繡深如河漢民不覺知是非之分無益於彌爲

崇實之化以清節自守不降志辱身爲賢乎是則避

世離俗長沮桀溺之類也雖不離俗節與離世者鈞

青其身而輔其主守其節而不勞其民大賢之在世
也時行則行時止則止銓可否之宜以制清濁之行
子貢讓而止善子路受而觀德夫讓廉也受則貪也
貪有益廉有損推行之節不得常清眇也伯夷無可
孔子謂之非操違於聖難以爲賢矣或問於孔子曰
顏淵何人也曰仁人也丘不如也子貢何人也曰辯
人也丘弗如也子路何人也曰勇人也丘弗如也客
曰三子者皆賢於夫子而爲夫子服役何也孔子曰
丘能仁且忍辯且詘勇且怯以三子之能易丘之道
弗爲也孔子知所設施之矣有高才潔行無知明以

設施之則與愚而無操者同一實也夫如是皆有非也無一非者可以爲賢乎是則鄉原之人也孟子曰非之無舉也刺之無刺也同於流俗合於汚世居之似忠信行之似廉絜衆皆悅之自以爲是而不可與入堯舜之道故孔子曰鄉原德之賊也似之而非者孔子惡之夫如是何以知實賢知賢竟何用世人之檢苟見才高能茂有成功見效則謂之賢若此其易知賢何難書曰知人則哲惟帝難之據才高卓異者則謂之賢耳何難之有然而難之獨有難者之故也夫虞舜不易知人而世人自謂自能知賢誤也然則賢

者竟不可知乎曰易知也而稱難者不見所以知之則難聖人不易知也及見所以知之中才而察之譬猶工匠之作器也曉之則無難不曉則無易賢者易知於作器世無別故真賢集於俗士之間俗士以辯惠之能據官爵之尊望顯盛之寵遂專為賢之名賢者還在閭巷之間貧賤終老被無驗之謗若此何時可知乎然而必欲知之觀善心也夫賢者才能未必高也而心明智力未必多而舉是何以觀心必以言有善心則有善言以言而察行有善言則有善行矣言行無非治家親戚有倫治國則尊卑有序無善

心者白黑不分善惡同倫政治錯亂法度失平故心
善無不善也心不善無能善心善則能辯然否然否
之義定心善之效明雖貧賤困窮功不成而效不立
猶爲賢矣故治不謀功要所用者是行不責效期所
爲着正正是審明則言不須繁事不須多故曰言不
務多務審所謂行不務遠務審所由言得道理之心
口雖訥不辯辯在胸臆之内矣故人欲心辯不欲口
辯心辯則言醜而不違口辯則辭好而無成孔子稱
少正卯之惡曰言非而博順非而澤内非而外以才
能飾之衆不能見則以爲賢夫内非外飾是世以爲賢

則夫内是外無以自表者衆亦以爲不肖矣是非
而不治聖人獨知之人言行多若少正卯之類賢聖
獨識之世有是非銷繆之言亦有審誤紛亂之事決
錯繆之言定紛亂之事唯賢聖之人爲能任之聖心
明而不闇賢心理而不亂用明察非非無不見用理
銓疑疑無不定與世殊指雖言正是衆不曉見何者
沉溺俗言之日久不能自還以從實也是故正是之
言爲衆所非離俗之禮爲世所譏管子曰君子言堂
滿堂言室滿室怪此之言何以得滿如正是之言出
堂之人皆有正是之知然后乃滿如非正是人之言

刻異安得爲滿夫歌曲妙者和者則寡言得實者信
者則鮮和歌與聽言同一實也曲妙人不能盡和言
是人不能皆信魯文公逆祀去者三人定公順祀畔
者五人貫於俗者則謂禮爲非曉禮者寡則知是者
希君子言之堂室安能滿夫人不謂之滿世則不
得見口談之實語筆墨之餘跡陳在簡策之上乃可
得知故孔子不王作春秋以明意案春秋虛文業以
知孔子能王之德孔子聖人也有若孔子之業者雖
非孔子之才斯亦賢者之實驗也夫賢與聖同實而
殊名賢可得定則聖可得論也聞周道不弊孔子不

作春秋春秋之作起周道之弊也如周道不弊孔子不
作者未必無孔子之才無所起也夫如是孔子之作
春秋未可以觀聖有着孔子之業者未可知賢也夫
周道之弊孔子起而作之文義褒貶是非得道理之實
無非僻之誤以故見孔子之賢實也夫無言則察之
以文無文則察之以言設孔子不作猶有遺言言有
起猶文之必有爲也觀文之是非不顧作之所起執
間爲文者衆矣是非不分然否不定桓君山論之可
謂得實矣論文以察實則君山漢之賢人也陳平宰
社割肉閭里分均若一能爲丞相之驗也夫割肉與

割文同一實也如君山得執漢平用心與爲論不殊指矣孔子不王素王之業在於春秋然則桓君山不相丞相之跡存於新論者也

論衡第二十七

論衡卷第二十八　　王充

正說篇

書解篇

正說篇

儒者說五經多失其實前儒不見本末空生虛說後儒信前師之言隨舊述故滑習辭語苟名一師之學趨爲師教授及時蚤仕汲汲競進不暇留精用心考實根核故虛說傳而不絕實事沒而不見五經並失其實尚書春秋事較易略正題目麤粗之說以照篇中微妙之文

說尚書者或以爲本百兩篇後遭秦燔詩書遺在者

二十九篇夫言秦燔詩書是也言本百兩篇者妄也
蓋尚書本百篇孔子以授也遭秦用李斯之議燔燒
五經濟南伏生抱百篇藏於山中孝景皇帝時始存
尚書伏生已出山中景帝遣鼂錯從受尚書二十餘
篇伏生老死書殘不竟鼂錯傳於倪寬至孝宣皇帝
之時河內女子發老屋得逸易禮尚書各一篇奏之
宣帝下示博士然后易禮尚書各益一篇而尚書二
十九篇始定矣至孝景帝時魯共王壞孔子教授堂
以爲殿得百篇尚書於牆壁中武帝使使者取視莫
能讀者遂祕於中外不得見至孝成皇帝時徵爲古

文尚書學東海張霸案百篇之序空造百兩之篇獻
之成帝帝出秘百篇以校之皆不相應於是下霸於
吏吏白霸罪當至死成帝高其才而不誅亦惜其文
而不滅故百兩之篇傳在世間者傳見之人則謂尚
書本有百兩篇矣

或言秦燔詩書者燔詩經之書也其經不燔焉夫詩
經獨燔其詩書五經之總名也傳曰男子不讀經則
有博戲之心子路使子羔爲費宰孔子曰賊夫人之
子子路曰有民人焉有社稷焉何必讀書然後爲學
五經總名爲書傳者不知秦燔書所起故不審燔書

之實秦始皇二十四年置酒咸陽宮博士七十人前爲壽僕射周青臣進頌秦始皇齊人淳于越進諫以爲始皇不封子弟卒有田常六卿之難無以救也譏青臣之頌謂之面諛秦始皇下其議丞相府丞相斯以爲越言不可用因此謂諸生之言惑亂黔首乃令史官盡燒五經有敢藏諸書百家語者刑唯博士官乃得有之五經皆燔非獨諸家之書也傳者信之見言詩書則獨謂經謂之書矣

傳者或知尚書爲秦所燔而謂二十九篇其遺脫不燒者也審若此言尚書二十九篇火之餘也七十一

篇為炭灰二十九篇獨遺邪夫伏生年老鼂錯從之
斈時適得二十餘篇伏生死矣故二十九篇獨見七
十一篇遺脫遺脫者七十一篇反謂二十九篇遺脫
矣
或說尚書二十九篇者法曰斗七宿也四七二十八
篇其一曰斗矣故二十九夫尚書滅絕於秦其見在
二十九篇安得法乎宣帝之時得佚尚書及易禮
各一篇禮易篇數亦始足焉得有法案百篇之序闕
遺者七十一篇獨為二十九篇立法如何或說曰
孔子更選二十九篇二十九篇獨有法也蓋俗儒之

說也未必傳記之明也二十九篇殘而不足有傳之者
因不足之數立取法之說失聖人之意違古今之實
天經之有篇也猶有章句有章句也猶有文字也文
字有意以立句句有數以連章章有体以成篇篇則
章句之大者也謂篇有所法是謂章句復有所法也
詩經舊時亦数千篇孔子删去復重正而存三百篇
猶二十九篇也謂二十九篇有法是謂三百五篇復
有法也或說春秋十二月也春秋十二公猶尚書之
百篇百篇無所法十二公安得法　春秋者曰二百
四十二年人道浹王道備善善惡惡撥亂世反諸正

莫近於春秋若此者人道王道適具足也三軍六師
万二千人足以陵敵伐寇橫行天下令行禁止未必
有所法也孔子春秋紀魯十二公猶三軍之有六
師也士衆万二千猶年有二百四十二也六師万二
千人足以成軍十二公二百四十二年足以立義說
事者好神道恢義不肖以遭禍是故經傳篇數皆有
所法考實根本論其文義與彼賢者作書詩無以異
也故聖人作經賢者作書義窮理竟文辭備足則為
篇矣其立篇也種類相從科條相附殊種異類論說
不同更別為篇意異則文殊事改則篇更據事意作

安得法象之義乎

或說春秋二百四十二年者上壽九十中壽八十下壽七十孔子據中壽三世而作三八二十四故二百四十年也又說為赤制之中數也又說二百四十二年人道浹王道備夫據三世則浹備之說非言浹備之說為是則據二世之論誤二者相伐而立其義聖人之意何定哉凡紀事言年月日者詳悉重之也洪範五紀歲日月星紀事之文非法象之言也紀十二公享國之年凡有二百四十二凡此以立三世之說

孔子紀十二公者以為十二公事適足以見王

義邪據三世三世之數適得十二公而足也如據十
二公則二百四十二年不爲三世見也如據三世取
三八之數二百四十年而已何必取二說者又曰欲
合隱公之元也不取二年隱公元年不載於經夫春
秋自據三世之數而作何用隱公元年之事爲始須
隱公元年之事爲始是竟以備足爲義據三世之說
不復用矣說隱公享國五十年將盡紀元年以來邪
中斷以備三八之數也如盡紀元年以來三八之數
則中斷如中斷以備三世之數則隱公之元不合何
如且年與月日小大異耳其所紀載同一實也二百

四十二年謂之據三世二百四十二年中之日月必有數矣年據三世月日多少何據哉夫春秋之有年也猶尚書之有章章以首義年以紀事謂春秋之年有據是謂尚書之章亦有據也

說易者皆謂伏羲作八卦文王演爲六十四夫聖王起河出圖洛出書伏羲王河圖從河水中出易卦是也禹之時得洛書書從洛水中出洪範九章是也故伏羲以卦治天下禹案洪範以治洪水古者烈山氏之王得河圖夏后因之曰連山烈山氏之王得河圖殷人因之曰歸藏伏羲氏之王得河圖周人曰周易

其經卦皆六十四文王周公因彖十八章究六爻世
之傳說易者言伏羲作八卦不實其本則謂伏羲真
作八卦也伏羲得八卦非作之文不得成六十四非
演之也演作之言生於俗傳苟信一文使夫真是幾
滅不存既不知易之爲河圖又不知存於俗何家易
也或時連山歸藏或時周易案禮夏殷周三家相損
益之制較著不同如以周家在後論今爲周易則禮
亦文宜爲周禮六典不與今禮相應今禮未必爲周
則亦疑今易未必爲周也案左丘明之傳引周家以卦
與今易相應殆周易也說禮者皆知禮也爲禮何家

盛也孔子曰殷因於夏禮所損益可知也周因於殷
禮所損益可知也由此言之夏殷周各自有禮方今
周禮也夏殷也謂之周禮周禮六典案今禮經不見
六典或時殷禮未絕而六典之禮不傳世因謂此爲
周禮也案周官之法不與今禮相應然則周禮六典
是也其不傳猶古文尚書春秋左氏不興矣
說論者皆知說文解語而已不知論語本幾何篇但
可以八寸爲尺不知論語所獨一尺之意夫論語者
弟子共紀孔子之言行勑記之時甚多數十百篇以
八寸爲尺紀之約省懷持之便也以其遺非經傳文

紀識恐忘故以但八寸尺不二尺四寸也漢興失亡
至武帝發取孔子壁中古文得二十一篇齊魯二河
間九篇三十篇至昭帝女讀二十一篇宣帝下太常
博士時尚稱書難曉名之曰傳後更隸寫以傳誦初
孔子孫孔安國以教魯人扶卿官至荊州刺史始曰
論語今時稱論語二十篇又失齊魯河間九篇本三
十篇分布亡失或二十一篇目或少文讀或是
或異説論語者但知以剝解之問以纖微之難不知
存問本根篇數章目温故知新可以為師今不知古
稱師如何

孟子曰王者之迹熄而詩亡詩亡然後春秋作晉之
乘楚之檮杌魯之春秋一也若孟子之言春秋者魯
史記之名乘檮杌同孔子自舊故之名以爲春秋之
經者必有奇說異意又爲之據也今所謂說之春者
歲之始秋者其終也春秋之經可以春始養終故號
爲春秋春秋之經何以異尚書尚書者以爲上古帝
王之書或以爲上所爲下所[illegible]乎相實而爲名不
依違作意以見奇說尚書者得經之實說春秋者失
聖之意矣春秋左氏傳桓公十有七年冬十月朔日
有食之不書日官失之也言官失之者其實實也史

官記事若今時縣官之書矣其年月尚大難失日者微小易忘也蓋紀以善惡爲實不以日月爲意若夫公羊穀梁之傳日月不具輒爲意使失平常之事有恠異之說徑直之文有曲折之義非孔子之心夫春秋實及言夏不言者亦實不書日月同一實也唐虞夏殷周者土地之名堯以唐侯嗣位舜從虞地得達禹由夏而起湯因殷而興武王階周而伐皆本所興昌之地重本不忘始故以爲號若人之有姓矣說尚書謂之有天下之代號唐虞夏殷周者功德之名盛隆之意也故唐之爲言蕩蕩也虞者樂也夏者

大也蕩者中也周者至也堯則蕩蕩民無能名舜則
天下巍巍焉然二帝之世未使道尚蕩蕩民無能名數
則道得中周武則功德之未不至其立義美也其衰五
家大矣然而違其正實六其初意唐虞夏商同稱秦
之爲秦漢之爲漢秦起秦漢興於漢中故曰着秦
漢猶王莽纂新都侯起故曰立新使秦漢在經傳之
上說者將復爲秦漢作道德之說矣
堯老求禪四嶽舉舜一曰我其試哉說尚書曰試者
用也我其用之爲天子也文爲天子也文又曰女于
時觀厥刑于二女觀其行觀爾虞舜於天下不謂堯自

觀之也若此者高大堯舜以為聖人相見已審不須觀試精耀相炤曠然相信又曰四門穆穆入于大麓烈風雷雨不迷言大麓三公之位也居一公之位大總錄二公之事衆多並吉若疾風大雨夫聖人才高未必相知也聖成事舜難知佞使皋陶陳知人之法佞難知聖亦難別堯之才猶舜之知也舜知佞堯知聖堯聞舜賢四嶽舉之心知其奇而未必知其能故曰我其試哉試之於職妻以二女觀其夫婦之法職治脩而不廢夫道正而不僻復令人庶之野而觀其聖逢烈風疾雨終不迷惑堯乃知其聖授以天下夫

之人言實矣。觀試其才也說家以為譬諭增飾使事失正是誠而不存曲折失意使偽說傳而不絕造說之傳失之久矣後生精者苟欲明經不原實而原之者非夜古隨舊聖是之文以為說證經之傳不可從五經皆多失實之說尚書春秋行事成文較著可見故頗獨論

書解篇

或曰士之論高何必以文答曰夫人有文質乃成物有華而不實有實而不華者易曰聖人之情見乎辭出口為言集扎為文文辭施設實情敷烈夫文德世

服也空書為文實行為德著之於衣為服故曰德彌
盛者文彌縟德彌彰者人彌明大人德擴其文炳小
人德熾其文斑官尊而文繁德高而文積華而睆者
大夫之簀曾子寢疾命元起易由此言之衣服以品
賢賢以文為差愚傑不別須文以立折非唯於人物亦
咸然龍鱗有文於蛇為神鳳羽五色於鳥為君虎
猛毛蚡蜦龜知背負文四者體不質於物為聖賢
且夫山無林則為土山地無毛則為瀉土人無文則為僕
人土山無麋鹿瀉土無五穀人無文德不為聖賢
上天多文而后土多理二氣協和聖賢稟受法象本

類故多文彩瑞應符命莫非文者晉唐叔虞魯成
季子友惠公夫人號曰仲子生而怪奇文在其手張良當
貴出與神會老父授書卒封留侯河神故出圖洛靈
故出書竹帛所記怪奇之物不出潢洿物以文為表
人以文為基棘子成欲彌文子貢譏之謂文不足
奇者子成之徒也
著作者為文儒說經者為世儒二儒在世未知何者為
優或曰文儒不若世儒世儒說聖人之經解賢者
之傳義理廣博無不實見故在官常位位最尊者
為博士門徒聚眾招會千里身雖死亡學傳於後文儒

爲華淫之說於世無補故無常官弟子門徒不見一
人身死之後莫有紹傳此其所以不如世儒者也答
曰不然夫世儒說聖情共起並驗俱追聖人事殊而
務同言異而義鈞何以謂之文儒之說無補於世世
儒業易爲故世人學之多非事可析第故宮廷設其
位文儒之業卓絕不循人寡其書業雖不講門雖無
人書文奇偉世人亦傳彼虛說此實篇折累二者孰
者爲賢案古俊乂著作辭說自用其業自明於世世
儒當時雖尊不遭文儒之書其跡不傳周公制禮樂
名垂而不滅孔子作春秋聞傳而不絕周公孔子難

以論言漢世文章之徒陸賈司馬遷劉子政楊子雲其材能若奇其稱不由人世傳詩家魯申公書家千乘歐陽公孫不遭太史公世人不聞大以業自顯孰與須人乃顯夫能紀百人孰與廑能顯其名

或曰著作者思慮間也未必材知出異人也居不幽思不至使著作之人總衆事之凢典國境之職汲汲忙忙或暇著作試使庸人積閑暇之思亦能成篇八十數文王日昃不暇食周公一沐三捉髪何暇優游爲麗美之文於筆札孔子作春秋不用於周也司馬長卿不預公卿之事故能作子虛之賦楊子雲存中

郎之官故能成太玄經就法言伸以孔子得王春秋不
作長卿子雲爲相賦玄不二籍各曰文王日昃不暇
食此謂須易而益卦周公一沐三捉髮爲周改法而
制周道不弊孔子不作休思慮聞也周法闕疎不可
因也夫稟天地之文發於胸臆豈爲間作不暇日哉
感僞起妄源流氣烝管仲相桓公致於九合商鞅相
孝公爲秦開帝業然而二子之書篇章數十長卿子
雲二子之倫也與感故才并才同故業鈞皆士而各
著不以思慮間也附事彌多而見彌博官彌劇而識
彌泥居不幽則思不至思不至則筆不利邑頹之人

有幽室之思雖無憂不能著一字蓋人材有能無有
不暇有無材而不能思無有知而不能著有鴻材欲
作而無起細知以問而能記蓋奇有無所因無有不
能言兩有無所睹無不暇造作

或曰凡作者精思已極居位不能領職蓋人思有所
倚著則精有所盡索著作之人書言通奇其材已極
知其已罷索古作書者多位布散槃解輔傾寧危若
著作之人所能為也夫有所偏有所泥則有所自篇
章數百呂不韋作春秋舉家徙蜀淮南王作道書禍
至滅族韓非著治術身下秦獄身且不全安能輔國

夫有長於彼者安能不短於此深於作者安能不淺於
政治管曰人有所優固有所劣人有所工固有所拙
非劣也志意不爲也非拙也精誠不加也志有所存
顧不見泰山思有所至有身不暇徇也譬于將之利
刺則不能擊擊則不能刺非不利不能一旦二也
蟬彈雀則失鶴射鵠則失雁方員畫不俱成左右視
不並見人材有兩爲不能成一使于將寡剌而專擊
蟬捨鵠而射鶴則下射雞失矣人之委任焉言亦爲矣
治則子産子賤之跡不足算也言作者多立功不
用使管仲晏嬰習書籍作[illegible]治但爲當高祖

既得天下馬上之計未[illegible]向祖[illegible]
呂氏横逆劉氏將傾非[illegible]
無不能在所遭遇[illegible]勿去是則以[illegible]
書者也出口爲言者[illegible]
爲敗者希呂不韋淮南王以他[illegible]
客作書不身自爲如不作書[illegible]章[illegible]之禍又言
今遣屬未屬[illegible]著作材知極也[illegible]
徐樂上書身拜郎中材能以其文爲[illegible]於人[illegible]不
能營衛其身譽[illegible]信公子非國不[illegible]危及非之[illegible]
斷如奇非以著作材極不能[illegible]有[illegible]之傷或

之也。然物不偽，然亦大[illegible]矣[illegible]

賢才人能令其行可尊，不能使人必法己；能令其言

可行，不能使人必采取之矣。

或曰：古今作書者一，各穿鑿失經之實傳，違聖人

質，故謂之蕞殘，比之玉屑。故曰：蕞殘滿車，不成為道；

玉屑滿篋，不成為寶。前人近聖，猶為蕞殘，況遠聖從

後復重為者乎？其作必夸，其言必不明，安可采用

而施行？或曰：聖人作其經，賢者造其傳，述作者之意，

採聖人之志，故經須傳也。俱賢所為，何以獨謂經傳

是，他書記非？彼見經傳傳經之文，經須而解，故謂之

是他書豈與書相違更造端緒故謂之非若此者還是
於五經雖言非五經皆是不見五經在五經從孔門出
到今常令人不數咸著之純意在之可也今五經遭
亡秦之奢侈觸李斯之橫議燔燒禁防伏生之休抱
經深藏漢興收五經經書缺滅而不明篇章棄散不
不具鼂錯之輩各以私意分拆文字師徒相因相授
不知何者為是亡秦無道敗亂之也秦雖無道不燔
諸子諸子尺書文篇具在可觀讀以正說可采掇以
示後人後人復作猶前人之造也夫俱鴻而知皆是
[illegible]

此言之經缺而不完書無佚本經有遺篇折累二者
孰與蕞殘易據事象詩采民以爲篇樂須一不雜禮待
民平四經有遺篇章乃成尚書春秋采掇史記史記
興無異書以民事一意六經之作皆有據由此言之
書亦爲本經亦爲末末失事實本得道質折累二者
孰爲玉屑知屋漏者在宇下知政失者在草野知經
誤者在諸子諸子尺書文明實是說章句者終不昧
謝何明師師相違而欲爲章句者非通覽之人也

論衡卷第二十九　王充

案書篇　對作篇

案書篇

儒家之宗孔子也墨家之祖墨翟也儒家儒道傳而墨法廢者儒之道義可為而墨之法議難從也何以驗之墨家薄葬右鬼道乖相反違其實宜以難從也乖違如何使鬼非死人之精也右之未可知今墨家謂鬼審人之精也厚其精而薄其屍此於其神厚而於其體薄也薄厚不相勝華實不相副則怒而降禍雖有其鬼終以死恨人情欲厚惡薄神心猶然用墨

子之法事鬼求福福罕至而禍常來也以一況百而墨家為法皆若此類也廢而不傳蓋有以也春秋左氏傳者蓋出孔子壁中孝武皇帝時魯共王壞孔子教授堂以為宮得佚春秋三十篇左氏傳也公羊高穀梁寘胡母氏皆傳春秋各門異戶讀左氏傳為近得實何以驗之禮記造於孔子之堂太史公漢之通人也左氏之言與二書合公羊高穀梁寘胡母氏不相合又諸家去孔子遠遠不如近聞不如見劉子政玩弄左氏童僕妻子皆呻吟之光武皇帝之時陳元范叔上書連屬條事是非左氏遂立范叔尋

因罷元叔天下極才誹論是非有餘力矣陳元言訥范叔章詘左氏得實明矣言多怪頗與孔子不語怪力相違返也呂氏春秋亦如此焉國語左氏之外傳也左氏傳經辭語尚略故復選錄國語以辭以實

然則左氏國語世儒之實書也

公孫龍著堅白之論析言剖辭務折曲之言無道理之較無益於治齊有三鄒衍之書瀁洋無涯其文少驗多驚耳之言案大才之人率多侈縱無實是之驗華虛誇誕無審察之實商鞅相秦作耕戰之術管仲相齊造輕重之篇富民豐國彊主弱威一作敵功賞罰

與鄒衍之書並言而太史公兩紀世人疑惑不知所
從案張儀與蘇秦同時蘇秦之死儀固知之儀知各
審宜從儀言以定其實而說不明兩傳其文東海張
商亦作列傳豈蘇秦商之所為邪何文相違甚也三
代世表言五帝三王皆黃帝子孫自黃帝轉相生不
更稟氣於天作殷本紀言契母簡狄浴於川遇玄鳥
墜卵吞之遂生契焉及周本紀言后稷之母姜嫄野
出見大人跡履之則妊身生后稷焉夫觀世表則靜
與后稷黃帝之子孫也讀殷周本紀則玄鳥大人之
精氣也二者不可兩傳而太史公兼紀不別案帝王

之妃不宜野出浴於川水今言浴於川吞玄鳥之卵
出於野履大人之跡違尊貴之節誤是非之言也
新語陸賈所造蓋董仲舒相被服焉皆言君臣政治
得失言可采行事美足觀鴻知所言參貳經傳雖古
聖之言不能過增陸賈之言未見遺闕而仲舒之言
雩祭可以應天土龍可以致雨頗難曉也夫致旱者
以雩祭不夏郊之祀豈晉侯之過邪以政失道陰陽
不和也晉廢夏郊之祀晉侯寢疾用鄭子產之言祀
夏郊而疾愈如審雩不脩龍不治與晉同禍為之再
也以政致旱宜復以政政虧而復脩雩治龍其何益

哉春秋公羊氏之說亢陽之節足以復政陰陽相渾
旱湛相報天道然也何乃脩雩設龍乎雩祀神喜哉
或雨至亢陽不改旱禍不除變復之義安所施哉且
夫寒溫與旱湛同俱政所致其咎在人獨為亢旱之
福不為寒溫求祐未曉其故如當復報寒溫宜為雩
龍之事鴻材巨識第兩疑焉
董仲舒著書不稱子者意殆自謂過諸子也漢作書
者多司馬子長楊子雲河漢也其餘涇渭也然而子
長少臆中之說子雲無世俗之論仲舒說道術奇矣
北方三家尚矣讖書云董仲舒亂我書蓋孔子言也

詞之者或爲亂我書者煩亂孔子之書也或以爲亂者
理也理孔子之書也共一亂字理之與亂相去甚遠
然而讀者用心不同不省本實故說誤也夫言煩亂
孔子之書才高之語也其言理孔子之書亦知言之
言也出入聖人之門亂理孔子之書[illegible]
言焉世俗用心不實省事失情二語不定論[illegible]不究
案仲舒之書不違儒家不及孔子其言煩亂孔子之
書者非也孔子之書不亂其言理孔子之書者亦非也
也孔子曰師摯之始關雎之亂洋洋乎盈耳哉亂者
於孔子言也孔子生周始其本仲舒在漢終其末

也皮續太史公書蓋其義也賦頌篇下其有亂曰章

蓋其類也孔子終論定於仲舒之言其脩雩始龍必

將有義未可怪也

顏淵曰舜何人也予何人也五帝三王顏淵獨慕舜

者知已步驟有同也知德所慕默識所追同一實也

仲舒之言道德政治可嘉美也質定世事論說世俗

桓君山莫上也故仲舒之文可及而君山之論難追

也驥與衆馬絕跡或蹈驥哉有馬於此足行千里終

不名驥者與驥毛色異也有人於此文偶仲舒論次

君山終不同於二子者姓名殊也故馬效千里不必驥

驗人期賢知不必孔墨何以驗之君山之論難追也兩刃相割利鈍乃知二論相訂是非乃見是故韓非之四難桓寬之鹽鐵君山新論之類也世人或疑言非是僞論者實之故難為也卿決疑訟獄定嫌罪是非不決曲直不立世人必謂卿獄之吏才不任職至於論不務全疑兩傳並紀不宜明處孰與剖破渾沌解決亂絲言無不可知文無不可曉哉案孔子作春秋采毫毛之善貶纖介之惡可褒則義以明其行善可貶則明其惡以譏其操新論之義與春秋會一也夫俗好珍古不貴今謂今之文不如古書夫古今一

也才有高下言有是非不論善惡而徒貴古是謂古人賢
今人也案東番鄒伯奇臨淮袁太伯袁文術會稽吳君高
周長生之輩位雖不至公卿誠能知之囊橐文雅之英雄
也觀伯奇之元思太伯之易章句文術之咸銘君高之越
紐錄長生之洞歷劉子政楊子雲不能過也蓋才有淺深
無有古今文有偽真無有故新廣陵陳子迴顏方今
尚書郎班固蘭臺令楊終傅毅之徒雖無篇章賦頌
記奏文辭斐炳賦象屈原賈生奏象唐林谷永並比
以觀好其美一也當今未顯使在百世之後則子政
子雲之黨也韓非著書李斯采以言事楊子雲作太

幺侯鋪子隨而宣之非斯同門雲鋪共朝覩奇見益不為古今變心易意實事貪善不遠為術併有以述相輕好奇無已故奇名無窮揚子雲反離騷之經非能盡反一篇文往往見非反而奪之六略之録萬一千篇雖不盡見指趣可知略借不合義者案而論之

對作篇

或問曰賢聖不空生必有以用其心上自孔墨之黨下至荀孟之徒教訓必作垂文何也對曰聖人作經藝者傳記匡濟薄俗驅民使之歸實誠也案六略之書萬三千篇增善消惡割截横拓驅役遊慢期便道

善歸正道焉孔子作春秋周民弊也故采求毫毛之善貶纖介之惡撥亂世反諸正人道浹王道備所以檢押靡薄之俗者悉具密致夫防决不備有水溢之害網解不結有獸失之患是故周道不弊則民不文薄民不文薄春秋不作楊墨之學不亂傳義則孟子之傳不造韓國不小弱法度不壞廢則韓非之書不為高祖不辨得天下馬上之計未轉則陸賈之語不奏衆事不失實凡論不壞亂則桓譚之論不起故夫賢聖之興文也起事不空為因可不妄作作有益於化化有補於正故漢立蘭臺之官校審其書以考其

言董仲舒作道術之書頗言災異政治所失書成文具表在漢室主父偃嫉之誣奏其書天子下仲舒於當謂之下愚仲舒當死天子赦之夫仲舒言災異之事孝武猶不罪而尊其身況所論無觸忌之言核道實之事收故實之語乎故夫賢人之在世也進則盡忠宣化以明朝廷退則稱論貶說以覺失俗俗也不知還則立道輕為非論者不追救則迷亂不覺悟是故論衡之造也起眾書並失實虛妄之言勝真美也故虛妄之語不黜則華文不見息華文放流則實事不見用故論衡者所以銓輕重之言立真偽之平非苟

調文飾辭爲奇偉之觀也其本皆起人間有非故盡
思極心以譏世俗世俗之性好奇怪之語說虛妄之
文何則實事不能快意而華虛驚耳動心也是故才
能之士好談論者增益實事爲美盛盛一作溢之語用筆
墨者造生空文爲虛妄之傳聽者以爲真然說而不
舍覽者以爲實事傳而不絕不絕則文載竹帛之上
不舍則誤入賢者之耳至或南面稱師賦姦僞之說
典城佩紫讀虛妄之書明辨然否疾心傷之安能不
論孟子傷楊墨之議大奪儒家之論引平直之說
褒是抑非世人以爲好辯孟子曰予豈好辯哉予

不得已今吾不得已也虛妄顯於真實誠亂於爲世人不悟是非不定紫朱雜厠瓦玉集糅以情言之豈吾心所能忍哉衛驂乘者越職而呼車惻怛發心恐土之危也夫論說者閔世憂俗與衛驂乘者同一心矣愁精神而幽魂魄動胷中之靜氣賊年損壽無益於性禍重於顏回違負黃老之教非人所貪不得已故爲論衡文露而旨直辭姦而情實其政務言治民之道論衡諸篇實俗間之凡人所能見與彼作者無以異也若夫九虛三增論死訂鬼世俗所久惑人所不能覺也人君遭弊改教於上人臣愚惑作論於下

下實得則二家從矣冀悟迷惑之心使知虛實之分
實虛之分定而（華一作浮）華偽之文滅華偽之文滅則純誠
之化日以孳矣（孳一作學）
或曰聖人作賢者述以賢而作者非也論衡政務可
謂作者非曰作也亦非述也論也論者述之次也五
經之興可謂作矣太史公書劉子政序班叔皮傳可
謂述矣桓山君新論鄒伯奇檢論可謂論矣今觀論
衡政務桓鄒之二論也非所謂作也造端更為前始
未有若倉頡作書奚仲作車是也易言伏羲作八卦
前是未有八卦伏羲造之故曰作也文王圖八自演

爲六十四故曰衍謂論衡之成猶六十四卦而又
也六十四卦以狀衍增益其卦溢其數多今論衡於
世俗之書訂其真僞辯其實虛非造始更爲無本於
前也儒生就先師之說詰而難之文吏就獄卿之事
覆而考之謂論衡爲作儒生文吏謂作乎上書奏記陳
列便宜皆欲輔政今作書者猶上書奏記說發胸臆文
成手中其實一也夫上書謂之奏奏記轉易其名謂
之書建初孟年中州頗歉潁川汝南民流四散聖主
憂懷詔書數至論衡之人奏記郡守宜禁奢侈以備
困乏言不納用退題記草名曰備乏酒縻五穀生起

盜賊沉湎飲酒盜賊不絕奏記郡守禁民酒退題記
草名曰禁酒由此言之夫作書上書奏記之文也記
謂造作上書上書奏記是作也晉之乘而楚之檮杌
魯之春秋人事各不同也易之乾坤春秋之元揚氏
之玄卜氣號不均也由此言之唐林之奏谷永之章
論衡政務同一趨也漢家極筆墨之林書論之造
漢家尤多陽城子張作樂揚子云造玄二經發
於臺下讀於闕掖達詭驚耳不述而作材擬聖
人而漢朝不譏況論衡細說微論解釋世俗之疑辯照
是非之理使後進曉然見然否之分恐其廢失著之簡牘

經章句之說先師奇說之類也其言伸繩彈割愶
俗傳蔽惑偽書放流賢通之人疾之無已孔子曰人
疾之不能默丘疾之不能伏是以論也玉亂於石人
不能別或若楚之王尹以玉為石卒使卞和受刖足
之誅是反為非虛轉為實安能不言俗傳既過俗書
又偽若夫鄒衍謂今天下為一州四海之外有若天
下者九州淮南書言共工與顓頊爭為天子不勝怒
而觸不周之山使天柱折地維絕堯時十日並出堯
上射九日魯陽戰而日暮援戈麾日日為卻還世間
書傳多若等類浮妄虛偽沒奪正是心漬涌筆手擾

安能不論論則考之以心效之以事浮虛之事輒立
證驗若太公之書據許由不隱燕太子丹不使日再
中讀見之者莫不稱善政務爲郡國守相縣邑令長
陳通政事所當尚務欲令全民立化奉稱國恩論衡
九虛三增所以使俗務實誠也論死訂鬼所以使俗
薄喪葬也孔子徑庭麗級被棺斂者不省劉子政
上薄葬奉藏者不約光武皇帝草車茅馬爲盟
器者不姦何世書俗言不載信死之語汶濁之也今
著論死及死僞之篇明死無知不能爲鬼冀觀覽
者將一曉解約葬更爲節儉斯蓋論衡有益之驗也

言苟有益雖作何害倉頡之書世以紀事奚仲之車
世以自載伯余之衣以辟寒暑桀之屋以避風雨
夫不論其利害而徒譏其造作是則倉頡之徒有非
世本十五家皆受責也故夫有益也雖作無害也雖
無害何補古有命使采詩欲觀風俗知下情也詩作
民間聖王可云汝民也何發作因罪其身歿滅其詩
乎今已不然故詩傳至今論衡政務其猶詩也冀望
見采而云有過斯蓋論衡之書所以興也且凡造作
之過意其言妄而謗誹也論衡實事疾妄齊世宣漢
恢國驗符盛褒須頌之言無誹謗之辭造作如此可

以免於罪矣

論衡卷第二十九

論衡卷第三十　　王充

自紀篇

自紀篇

王充會稽上虞人也字仲任其先本魏郡元城一姓孫一幾世嘗從軍有功封會稽陽亭一歲倉卒道絶因家焉以農桑為業世祖勇任氣卒咸不揆於人歲凶横道傷殺怨讎衆多會世擾亂恐為怨讎所害祖父　舉家擔載就安會稽留錢唐縣以賈販為業生子二人長曰蒙少曰誦誦即充父祖世任氣至蒙誦滋甚故蒙誦在錢唐勇勢凌人末復與豪家丁某

等結怨舉家徙處上虞建武三年充生爲小兒與儕
倫遨戲不好狎侮儕倫好掩雀捕蟬戲錢林熙充獨
不肯誦奇之六歲教書恭愿仁順禮敬具備矜重寂
寥有巨人之志父未嘗笞母未嘗非閭里未嘗讓八
歲出於書官書官小童百人以上皆以過失袒撻或
以書醜得鞭充書日進又無過失手書既成辭師受
論語尚書日諷千字經明德就謝師而專門援筆而
衆奇所讀文書亦日博多才高而不尚苟作口辯而
不好談對非其人終日不言論說始若詭於衆極
聽其終衆乃是之以筆著文亦如此焉操行事上亦

如此焉在縣位至掾功曹在都尉府位亦掾功曹在
太守為列掾五官功曹行事入州為從事不好徼名
於世不為利害見將常言人長希言人短專薦未達
解已進者過及所不善亦弗譽有過不解亦弗復陷
能釋人之大過亦悲忘人之細非好自周不肯自彰
勉以行操為基恥以材能為名衆會乎坐不問不言
賜見君將不及不對在鄉里慕蘧伯玉之節在朝廷
貪史子魚之行見汙傷不肯自明位不進亦不懷恨
貧無一畝庇身志佚於王公賤無斗石之秩意若食
萬鍾得官不欣失位不恨處逸樂而欲不放居貧苦

而志不倦淫讀古文甘聞異言世書俗說多所不安
幽處獨居考論實虛
充為人清重遊必擇友不好苟交所友位雖微卑年
雖幼稚行苟離俗必與之友好傑友雅徒不氾結俗
材俗材因其微過蜚條陷之然終不自明亦不非怨
其人或曰有良材奇文無罪見陷胡不自陳羊勝之
徒摩口膏舌鄒陽自明入獄復出苟有全完之行不
宜為人所缺既耐勉自伸不為人所屈荅曰不清不
見塵不高不見危不廣不見削不盈不見虧士茲多
口為人所陷蓋亦其宜好進故自明憎退故自陳吾

無好憎故默無言羊勝爲讒或使之也鄒陽得免或
拔之也孔子稱命孟子言天吉凶安危不在於人者
人見之故歸之於命委之於時浩然恬忽無所怨尤
福至不謂已所得禍到不謂已所爲故時進意不爲
豐時退志不爲虧不嫌虧以求盈不違險以趨平不
鬻知以干祿不辭爵以吊名不貪進以自明不惡退
以怨人同安危而齊死生鈞吉凶而一敗成遭十羊
勝謂之無傷動歸於天故不自明
充性恬澹不貪富貴爲上所知拔擢越次不慕高官
不爲上所知貶黜抑屈不恚位下比爲縣吏無所擇

避或曰心難而行易好友同志仕不擇地濁操傷行
世何效放荅曰可效放者莫過孔子孔子之仕無所
避矣為乘田委吏無於邑之心為司空相國無說豫
之色舜耕歷山若終不免及受堯禪若卒自得憂德
之不豐不患爵之不尊耻名之不白不惡位之不遷
垂棘與瓦同櫝明月與礫同囊苟有二寶之質不害
為世所同世能知善雖賤猶顯不能別白雖尊猶辱
處卑與尊齊操位賤與貴比德斯可矣
俗性貪進忽退收成棄敗充升擢在位之時衆人蟻
附廢退窮居舊故叛去志俗人之寡恩故閑居作譏

俗節義十二篇冀俗人觀書而自覺故直露其文集
以俗言或譴謂之淺答曰以聖典而示小雅以雅言
而說丘野不得所曉無不逆者故蘇秦精說於趙而
李兌不說商鞅以王說秦孝公不暇夫不得心意
所欲雖盡堯舜之言猶飲牛以酒啖馬以脯也故鴻
麗深懿之言關於大而不通於小不得已而強聽人
胃者少孔子失馬於野野人閉不與子貢妙稱而怒
馬圉諧說而懿俗曉露之言勉以深鴻之文猶和神
仙之藥以治齀欬制貂狐之裘以取薪菜也且禮有
所不備事有所不須斷決知辜不必皋陶調和葵韭
[illegible]

不候狄耒罟卷之業不用韶武里母之祀不待太牢
既有不須而又不宜牛刀割雞舒戟采葵鈇鉞裁箸
盆盎酌卮大小失宜善之者希何以為辯喻深以淺
何以為智喻難以易賢聖銓材之所宜故文能而深
淺之差

充既疾俗情作譏俗之書又閔人君之政徒欲治人
不得其宜不曉其務愁精苦思不睹所趨故作政務
之書又傷偽書俗文多不實誠故為論衡之書夫賢
聖歿而大義分蹉跎殊趨各自開門通人觀覽不能
釘銓遙聞傳授筆寫耳取在百歲之前歷日彌久以

爲昔古之事所言近是信之入骨不可自解故作是
論其文盛其辯爭浮華虛僞之語莫不澄定沒華虛之
文存敦厖之朴撥流失之風反宓戲之俗
充書形露易觀或曰口辯者其言深筆敏者其文沉
案經藝之文賢聖之言鴻重優雅難卒曉睹世讀之
者訓古乃下蓋賢聖之材鴻故其文語與俗不通玉
隱石間珠匿魚腹非玉工珠師莫能采得寶物以隱
閉不見實語亦宜深沉難測譏俗之書欲悟俗人故
形露其指爲分別之文論衡之書何爲復然豈材有
淺極不能爲復何文之察與彼經藝殊軌轍也答曰

玉隱石間珠匿魚腹故為深覆及玉色剖於石心珠
光出於魚腹其隱乎猶吾文未集於簡札之上藏於
胷臆之中猶玉隱珠匿也及出荴露猶玉剖珠出乎
爛若天文之照順若地理之曉嫌疑隱微盡可名處
且名白事自定也論衡者論之平也口則務在明言
筆則務在露文高士之文雅言無不可曉指無不可
睹觀讀之者曉然若盲之開目聆然若聾之通耳三
年盲子卒見父母不察察相識安肯說喜道畔巨樹
塹邊長溝所居照察人莫不知使樹不巨而隱溝不
長而匿以斯示人堯舜猶惑人面色部七十有餘頰

肌明潔五色分別隱微憂喜皆可得察占射之者十
不失一使面黝而黑醜垢重襲而覆部占射之者十
而失九夫文由語也或淺露分別或深迂優雅孰爲
辯者故口言以明志言恐滅遺故著之文字文字與
言同趨何爲猶當隱閉指意獄當嫌辜卿決疑事渾
沌難曉與彼分明可知孰爲良吏夫口論以分明爲
公筆辯以荴露爲通吏文以昭察爲良深覆典雅指
意難覩唯賦頌耳經傳之文賢聖之語古今言殊四
方談異也當言事時非務難知使指閉隱也後人不
曉世相離遠此名曰語異不名曰材鴻淺文讀之難

曉名曰不巧不名曰知明秦始皇讀韓非之書嘆曰猶獨不得此人同時其文可曉故其事可思如深鴻優雅須師乃學撥之於地何嘆之有夫筆著者欲其易曉而難爲不貴難知而易造口論務解分而可聽不務深迂而難睹孟子相賢以眸子明瞭者察文以義可曉

充書違詭於俗或難曰文貴夫順合衆心不違人意百人讀之莫譴千人聞之莫怪故管子曰言室滿室言堂滿堂今殆說不與世同故文刺於俗不合於衆荅曰論貴是而不務華事尚然而不高合論說辯然

否安得不譎常心逆俗耳衆心非而不從故喪黜其偽而存定其真如當從衆順人心者循舊守雅諷習而已何辯之有孔子侍坐於魯哀公公賜桃與黍孔子先食黍而啖桃可謂得食序矣然左右皆掩口而笑貫俗之日久也今吾實猶孔子之序食也俗人違之猶左右之掩口也善雅歌於鄭為人悲禮舞於趙為不好堯舜之典五伯不肯覩孔墨之籍季孟不肯讀寧危之計黜於閭巷撥世之言訾於品俗有美味於斯俗人不嗜狄牙甘食有寶玉於是俗人投之卞和佩服孰是孰非可信者誰禮俗相背何世不然魯

文逆祀畔者五人盖獨是之語高士不舍俗夫不好
感衆之書賢者欣頌愚者逃頓
充書不能純美或曰口無擇言筆無擇文文必麗以
好言必辯以巧言瞭於耳則事味於心文察於目則
篇留於手故辯言無不聽麗文無不寫今新書既在論
譬說俗為戾文不美好於觀不快盖師曠調音曲無
不悲狄牙和膳肴無澹味然則通人造書文無瑕穢
呂氏淮南懸於市門觀讀之者無訾一言今無二書
之美文雖衆盛猶多譴毁荅曰夫養食者不育華調
行者不飾辭豐草多華英茂林多枯枝為文欲顯白

否安得不譎常心逆俗耳衆心非而不從故喪黜其
僞而存定其真如當從衆順人心者循舊守雅諷習
而已何辯之有孔子侍坐於魯哀公公賜桃與黍孔
子先食黍而啖桃可謂得食序矣然左右皆掩口而
笑貫俗之日久也今吾實猶孔子之序食也俗人違
之猶左右之掩口也善雅歌於鄭為人悲禮舞於趙
為不好堯舜之典五伯不肯觀孔墨之籍季孟不肯
讀寧危之計黜於閭巷撥世之言訾於品俗有美味
於斯俗人不嗜狄牙甘食有寶玉於是俗人投之卞
和佩服孰是孰非可信者誰禮俗相背何世不然魯

上後當摟十葉
此是修版之誤非缺失也

之美文

行者不飾辭豐草多華英茂林多枯枝爲文欲顯白

飽謂文當與前合是謂舜目當復八采禹目當復重
瞳充書文重或曰文貴約而指通言尚省而趣明辯
士之言要而達文人之詞寡而章今所作新書出萬
言繁而不省則讀者不能盡篇非一則傳者不能領
彼躁人之名以多爲不善語約易言文重難得璵石
多者不爲珍龍少魚衆少者固爲神答曰有是言也
蓋寡言無多而華文無寡爲世用者百篇無害不爲
用者一章無補如皆爲用則多者爲上少者爲累積
千金比於一百孰爲富者蓋文多勝寡財寡愈貧世
無一卷吾有百篇人無一字吾有萬言孰者爲賢今

不曰所言非而云泰多不曰世不好善而云不能領斯蓋吾書所以不得省也夫宅舍多土地不得少戶口衆簿籍不得少今失實之事多華虛之語衆指實定宜爭辯之言安得約徑韓非之書一條無異篇以十第文以萬數夫形大衣不得褊事衆文不得褊事衆文饒水大魚多帝都穀多王市肩靡書雖文重所論百種按古太公望近董仲舒傳作書篇百有餘吾書亦財出百而云泰多傳斯蓋謂所以出者微觀之者不能不譴呵也河水沛沛比夫衆川孰者為大蟲繭重厚稱其出絲孰者為多入

充仕數不耦而徒著書自紀或戲曰所貴鴻材者仕
耦合身容說納事得功立故爲高也今吾子涉世
仕數黜斥材未練於事力未盡於職故徒幽思又著
記美言何補於身衆多欲以何趍乎答曰材莫過孔
子孔子才不容斥逐伐樹接淅見圍削迹餓陳蔡門
徒菜色今吾材不逮孔子不遇之厄未之等偏可輕
乎且達者未必知窮者未必愚遇者得不遇失之故
夫命厚祿善庸人尊顯命薄祿惡俊落魄必以偶命
稱量德則夫專城食土者材孔墨身貴而名賤則君
潔而行墨食千鍾之祿無一之德乃可戲也若夫

德高而名白官卑而禄泊才能之過未足以爲累
也士願與憲共廬不慕與賜同衡樂與夷俱旅
不貪與蹠比迹高士所貴不與俗均故其名稱
不與世同身與草木俱朽声與日月並彰行與
孔子與比窮文與楊雄爲雙吾榮之身通而知
困官大而德細於彼爲榮於我爲累偶合容說
身尊体佚百載之後與物俱殁名不流於一嗣
文不遺於一札官雖傾倉文德不豐非吾藏德
汪濊而淵懿知滂沛而盈溢筆瀧漉而雨集言溶瀶
而泉出富材羨知貴行尊志体列於一世名傳千載乃

爲妄能令文而無譏毀救火拯溺義不得好論辯是
非言不得巧入澤隨龜不暇調足深淵捕蛟不暇定
手言姦辭簡指趨妙遠語甘文峭務意淺小稻穀千
鍾糠皮太半閱錢滿億穿決出萬大羹必有淡味至
寶必有瑕穢大簡必有大好良工必有不巧然則辯
言必有所屈通文猶有所黶言金由貴家起文糞自
賤室出淮南呂氏之無累害所由出者家富官貴也
夫貴故得懸於市富故有千金副觀讀之者惶恐畏
忌雖見乖不合焉敢譏一字
充書既成或稽合於古不類前人或曰謂之飾文偶

辭或經或違或屈或舒謂之論道實事委瑣文給甘
酸諧於經不驗集於傳不合稽之子長不當內之
子雲不入文不與前相似安得名佳好稱工巧答曰
飾貌以彊類者失形調辭以務似者失情百夫之子
不同父母殊類而生不必相似各以所稟自爲佳好
文必有與合然後稱善是則代匠斲不傷手然後稱
工巧也文士之務各有所從或調辭以巧文或辯偽
以實事必謀慮有合文辭相　襲是則五帝不異事
三王不殊業也美色不同面皆佳於目悲音不共聲
皆快於耳酒醴異氣飲之皆醉　百穀殊味食之皆

所謂異也

充細族孤門或啁之曰家祖無淑懿之基文墨無篇籍之遺雖著鴻麗之論無所稟階終不為高夫氣無漸而卒至曰變物無類而妄生曰異不常有而忽見曰妖詭於衆而突出曰怪吾子何祖其先不載況未嘗履墨塗出儒門吐論數千萬言宜為妖變安得寶斯文而多賢答曰鳥無世鳳皇獸無種麒麟人無祖聖賢物無常嘉珍高見屈遭時而然士故孤與物貴故產節文孰常在有以放賢是則澧泉有故源而嘉禾有舊根也屈奇之士見倜儻之辭生度不與俗協

庸用不能程是故罕發之迹記於牒籍希出之物勸於鼎銘五帝不一世而起伊望不同家而出千里殊跡百載異發士貴雅材而慎興不因高據以顯達毋驪犢騂無害犧牲祖濁裔清不牓奇人牓讀為妨鯀惡禹聖叟頑舜神伯牛寢疾仲弓潔全顏路庸固回傑超倫孔墨祖愚丘翟聖賢楊家不通卓有子雲桓氏稽古譎出君山更稟於元故能著文

充以元和三年徙家辟詣楊州部丹陽九江廬江後入為治中材小任大職在刺劉筆扎之思歷年寢廢章和二年罷州家居年漸七十時可懸輿仕路隔絕

志窮無如年有不然身有利害髮白齒落日月踰邁
儔倫彌索鮮所恃賴貧無供養志不娛快冉庚辛域
際雖懼終徂愚猶沛沛乃作養性之書凡十六篇養
氣自守適食則酒閉明塞聰愛精自保適輔服藥引
導庶冀性命可延斯須不老既晚無還垂書示後惟
人性命長短有期人亦虫物生死一時年歷但記孰
使留之猶入黃泉消爲土灰上自黃唐下臻秦漢而
來折衷以聖道析理於通材如衡之平如鑑之開幼
老生死古今罔不詳該命以不延吁嗟悲哉

論衡卷第三十

論衡三十　十二

後序

王氏族姓行狀於自紀篇述之詳矣范曄東
漢列傳云充字仲任嘗受業太學師事班彪
博覽而不守章句家貧無書嘗遊雒陽市
肆閱所賣書一見輒能誦憶遂博通衆流百
家之言充好論説始若詭異終有理實以為俗儒
守文多失其真乃閉門潛思絶慶弔之禮戶牖墻
壁各置刀筆著論衡八十五篇二十餘萬言釋物類
同異正時俗嫌疑訂百氏之增虛詰九流之拘誕天
人之際悉所會通性命之理靡不窮盡析理折衷

此書爲充既作之後中土未有傳者蔡伯喈入吳會
始得之常秘玩以爲談助故時人嫌伯喈得異書
或搜求其帳中隱處果得論衡數卷持之去伯喈
丁寧之曰唯我與爾共之勿廣也其後王朗來守
會稽又得其書及還許下時人稱其才進或曰不
見異人當得異書問之果以論衡之益由是遂
見傳焉流行四方今殆千載撰六帖者但摘而
爲備用作意林者止鈔而同諸子吾鄉好事
者往往自守書[illegible]惧爲家寶然其篇卷脫漏
文字踳駮魯魚甚衆亥豕益訛或首尾顛

躓而不聯或句讀轉易而不紀是以覽者不能通其讀焉余幼好聚書於論衡尤多購求自一紀中得俗本七率二十七卷其一程氏西齋所貯蓋今起居舍人彭公乘曾所對者正也又得史館本二各三十卷乃庫部郎中李公秉前所校者也余嘗廢寢食討尋衆本雖畧經繕改尚互有闕遺意其謄錄者誤有推移校勘者妄加刪削致條綱紊亂旨趣乖違儻遂傳行必差理實今研覈數本之内率以少錯者爲主然後互質疑謬沿造本源譌者譯之散者聚之亡者追之俾斷者仍續闕者復補惟古今字有通用稍存之又

爲改正塗注凡一萬一千二百五十九字有如日星
之麗天順經躔而軌道河海之紀地自源委以安流
其文取譬連類雄辯宏博豈止爲談助才進而已哉
信乃士君子之先覺者也秉筆之士能無秘玩乎即
募工刊印廣傳不泯有益學者非矜已功不敢同王
蔡之徒待捜之然後得而共鬪之然後言其益也時
聖宋慶曆五祺二月二十六日前進士楊文昌題序

王充氏論衡崇文總目三十卷世所傳本或
爲二十七卷史館本與崇文總目同諸本繕
寫互有同異宋慶曆中進士楊文昌所定者
麤稱完善番陽洪公重刻於會稽蓬萊閣下
歲月既久文字湮滅不可復讀
江南諸道行御史臺經歷克莊公以所藏善
本重加校正紹興路總管宋公文瓚爲之補
刻而其本復完充生會稽而受業太學閱書
市肆遂過目成誦其爲學博矣閉門潛思著
論衡八十一篇凡二十餘萬言其用功勤矣

書成蔡邕得之秘之帳中以爲談助三閱得
之及桼許下人稱其才造故時人以爲得書
盡大行於世傳之至今盡其爲學博其見聞
勤其著述議有出於衆人之表者也昔議論
之天地之大萬物之衆無一定之形而責一
定之理人由之而不能知知之而不能名也古
昔聖人窮神知化著之爲編使天下之人皆
知其所以然之故而各有以全其才五三六
經爲萬世之准則者此也至王之澤熄家自
爲學人自爲書紫朱雜厠凡玉集操舉經專

門猶失其實諸子尺書■人或誣論説紛然莫知所宗充心不能忍於是作論衡之書以爲衡者論之平也其爲九虛三增論死訂鬼以祛世俗之惑使見者曉然知然否之分論者之大旨如此非所謂出於衆人之表者乎然觀其爲書其釋物類也好舉形似以相質正而其理之一者有所未明其辯詭謬也或疑或決或信其所聞而任其所見尚有不得其事實者況乎天人之際性命之理微妙而難知者乎故其爲書可以謂之異書而不可

以為經常之典觀其書者見謂才進而實無
以自成其才終則以為談助而已充之為書
或得或失不得而不論也雖然自漢以來操
觚之士焦心勞思求一言之傳而不可得論
衡之書獨傳至今譬之三代鼎彝之器宜乎
為世之所寶也且充之時去三代未遠文賢
所傳見於是書者多矣其可使之無傳乎今
世刻本會稽者最善克莊公為之校正而補
刻之傳之人人其與帳中之書戒人勿廣者
可謂遼絕矣至元七年仲春安陽韓性書

余聚此書四十餘年，所見論衡無逾此本，蓋此
真宋刻元修明又增補殘損板片者，故中間
每葉行款字形各異，至文字之勝於他本者
特多，其最著者，卷首至元七年仲春安陽韓
性書兩序，第一卷多七下一葉，餘之佳處不可
枚舉。近堪手校程榮本，知之程本實本通
津草堂本，通津草堂本乃出此本，故善勝
於程榮本，其最堪者，斷推此為第一本矣。通
辟疆園照出本洞翁手迹，言里世家其寶此
乙卯記之。侯與 月書二先生[illegible] 宋本一[illegible]